개정2판

Culture Tourism

문화와관광론

안대희
조문식
정민섭
윤지현
공저

백산출판사

머리말

문화(文化, culture)는 일반적으로 한 사회의 주요한 행동양식이나 상징체계를 말한다. 문화란 사회사상, 가치관, 행동양식 등의 차이에 따른 다양한 관점의 이론적 기반에 따라 여러 가지 정의가 존재한다. 인간이 주어진 자연환경을 변화시키고 본능을 적절히 조절하여 만들어낸 생활양식과 그에 따른 산물들을 모두 문화라고 부른다.

문화는 음악, 미술, 문학, 연극, 영화와 같은 예술 분야에서 두드러지게 나타난다. 사람들은 상품으로서 대중문화, 유행가와 같은 것들을 소비함으로써 문화를 접하기도 한다. 인류학 사회 전반의 기술, 예술, 관습, 양식 등 보다 광범위한 것들을 가리키는 용어를 문화로 정의한다. 그러나 현대사회에서 소비재로서의 문화상품은 문화의 다른 분야에 막대한 영향을 미친다.

문화관광이란 문화유산관광과 예술관광의 통합이며, 문화유산관광으로는 유적, 고궁, 사찰, 전통공예, 유 · 무형문화재, 기념물, 사적 박물관 등을 들 수 있고, 예술관광으로는 미술관, 콘서트 홀, 문화예술 축제와 이벤트, 공연 및 전시, 문화센터 등을 들 수 있다.

21세기 문화의 시대를 맞으면서 문화와 관광이 접목하여 '문화관광'이 여행업의 새로운 개념으로 떠오르고 있다. 선진국에서는 벌써부터 단순한 유람성 관광이 아닌 정신적 문화욕구를 충족시키는 관광으로 발전되어 기반이 정착되고 있다. 이제 관광은 '굴뚝 없는 산업'으로 가장 부가가치가 높은 고품격 · 고감성 상품으로 인식되고 있다.

이처럼 문화관광은 현대관광을 이끄는 새로운 패턴의 관광형태로서 선진국을 비롯한 대부분의 관광대국에서 이루어지고 있다. 그러나 아직 우리나라는 문화관광에 대한 업계 및 정부의 인식이 부족하고 이는 관광산업의 진흥을 저해하고 있다. 또한 학계의 문화관광에 대한 연구도 활발하지 않아 문화관광에 대한 명확한 정의를 제시하지 못하는 실정이다.

이에 본서는 기존의 문화관광에 대한 선행연구를 바탕으로 문화관광의 범위와 발전방향을 제시하고자 노력하였다. 실제로 선행연구가 많지 않기 때문에 문화관광의 범위를 규정하기가 쉽지 않았다. 독자들의 너그러운 이해를 부탁드리며 관광학을 배우는 학생들이나 관광정책 입안자, 관광업에 종사하는 분들의 문화관광에 대한 인식에 작은 도움이라도 된다면 저자는 큰 보람을 느낄 것이다.

마지막으로 이 책을 출간할 수 있도록 기꺼이 허락해 주신 진욱상 사장님을 비롯하여 편집부 직원들께도 감사의 말씀을 드린다.

저자 씀

차 례

CHAPTER 4 전통문화와 관광

CHAPTER 5 종교와 관광

CHAPTER 6 축제와 관광

CHAPTER 7 문화예술과 관광

CHAPTER 8 대중문화와 관광

CHAPTER 9 문화관광개발

1 CHAPTER 문화산업의 개관

[제1절] 문화의 이해

1. 문화의 개념

문화는 영어로 'culture', 독일어로 'Kultur'란 단어를 번역한 것이다. 어원은 라틴어 'cultura'에서 유래하여 17세기 이래로 유럽에서 사용되고 있다. 이 단어는 원래 '농사' 또는 '육체와 정신의 돌봄'이라는 두 가지 뜻을 가졌다. 이에 따라 이 단어는 처음부터 농경과 정신적 재산의 돌봄이라는 두 가지 의미로 쓰였다.

문화의 개념은 후자의 뜻에서 점차 한 민족이나 사회의 정신적 · 예술적 표현의 총체라는 의미로 형성되어 갔다. 오늘날의 문화 또한 두 가지 의미로 사용된다. 하나는 교양 있고 세련되었으며 예술적인 면을 가리키는 것으로 일반적인 개념이다. 교양 있고 세련된 사람을 '문화인'이라 부르는 것이 여기서 기인했다.

다른 하나는 이보다 훨씬 광범위한 문화를 뜻하는 것으로, 인간에 의하여 이루어진 모든 것이 그 범주에 포함된다. 문화인류학이 대상으로 다루는 것은 이 넓은 의미의 문화이다.

인간은 '문화를 지닌 유일한 동물'이라는 점에서 동물계의 다른 종(種)과 가장 두드러지게 구분된다. 이러한 문화의 개념을 두고 그동안 많은 학자들에 의하여 많은 정의가 내려져 왔다. 그러한 정의는 크게 총체론적 관점과 관념론적 관점으로 나누어진다.

전자에 의하면 문화는 한 인간집단의 생활양식의 총체를 뜻한다. 19세기 후반 영국 인류학자 타일러(Tylor, E.B.)는 문화를 '지식 · 신앙 · 법률 · 도덕 · 관습, 그리고 사회구성원으로서의 인간에 의하여 얻어진 다른 모든 능력이나 습성의 복합적 총체'라고 정의하였다. 이는 가장 오래되었을 뿐 아니라 가장 포괄적인 문화의 정의로써 널리 인용되고 있다.

문화를 관념론적으로 파악하는 사람들은 실제 소통되는 말과 그것을 지배하는 규칙 내지 원리를 구별하고, 문화를 단지 그 규칙 내지 원리에 한정시킨다. 이들에 따르면 문화는 구체적으로 관찰되는 행동 그 자체가 아니고, 그런 행위를 위하거나 또는 그것을 규제하는 규칙의 체계이다. 사람들은 그러한 규칙에 따라 행동한다는 것이다.

이러한 관점에서는 문화가 보다 좁은 의미에서 이해된다. 인간의 사고와 행위를 가능하게 하는 기본적인 원리를 밝히려는 관심에서는 이 관점이 효과적이다. 그러나 한 사회집단의 문화현상이 생겨나는 과정과 그 요소들 사이의 상호작용을 알기 위해서는 총체론적인 접근이 더 바람직하다.

한 인간집단의 전체 생활양식으로서의 문화는 매우 폭넓고 다양하다. 원주민사회와 역사가 오래되고 폭넓은 사회나 민족의 문화는 매우 다르다.

문화를 총체론적 관점에서 비교 · 연구하는 문화인류학은 인류의 진화, 문화의 발달, 혼인과 가족, 친족, 사회조직, 경제체계, 정치, 법, 종교, 인성(人性), 언어, 예술, 환경, 보건 및 의료, 의식주, 물질문화, 개발 및 도시와 농촌 문제 등을 그 연구대상으로 삼는다.

이들 문화의 요소는 각기 하나의 문화로 불리는데, 경제문화 · 정치문화 · 종교문화 · 도시문화 · 음식문화 등이 그런 것들이다. 그 밖에 청년문화 · 노인문화 · 대학문화를 비롯하여 호남문화 · 영남문화 등의 지역문화도 여기에 해당된다.

한 사회집단의 특수한 분야 내지 영역에서 이처럼 다른 것과 구분되어 나다나는 생활양식을 하위문화라 부른다. 이들 수많은 부분은 각기 독립적으로 존재하는 것이 아니다. 오히려 긴밀한 상호 관계 속에서 유기적으로 얽혀 하나의 체계를 구성하고 있다. 따라서 문화를 이해하는 데는 체계로서의 전체 문화를 살피고 그 하위문화가 전체문화 속에서 차지하는 위치와 기능을 헤아리는 구조적 인식이 매우 중요하다. 그러나 특정 문화의 모든 관습이나 측면을 다 밝히는 일은 거의 불가능하다. 문화의 요소는 엄청나게 많고 다양하며 하위문화 또한 무수히 생겨나기 때문이다.

이러한 사정은 뉴턴(Newton, I.)의 기계론적 우주관(機械論的宇宙觀)에 의하여 모든 사물을 전체문화의 부품으로 보고 안목과 지식을 분화 내지 전문화시켜 온 데 따른 것이다. 그리하여 오늘날 문화를 총체적으로 이해하기가 매우 어렵게 되어 있다.

러시아의 인류학자인 시로코고로프(Shirokogoroff, S.M.)는 1930년대에 이러한 문제의 경향을 파악, 예견하고 문화를 이해하는 데 보다 통합적인 방법을 제시한 바 있다. 그는 퉁구스족(Tungus族)을 연구하면서 그 민족의 문화를 사회조직 · 물질문화 · 심리정신복합체의 세 갈래로 크게 나누었다.

사회조직은 가족을 위시하여 인간이 제반관계에서 사회적으로 구성하는 모든 조직형태를 가리키고, 물질문화는 한 사회가 소유하는 온갖 물질적 형태의 문화를 포괄한다. 또한 종교, 언어 · 예술적 표현 등 인간의 심리정신 활동과 문화를 그는 심리정신복합체로 묶었다. 이들이 전체 문화 속에서 서로 유기적으로 얽혀 있음은 물론이다. 이와 같은 문화의 분류 · 이해는 복잡다단한 문화를 통합적으로 파악하는 데 유용한 틀을 제공해 준다.

2. 문화의 속성

문화는 인간이 만든 것이고(創造性), 인간에 의해서 학습되고 전승된다(學習性)는 뚜렷한 특성을 지니고 있다. 그 내용은 축적되고(蓄積性), 공유되며(共有性), 일정한 체계를 이루고(體系性), 보편적이면서도(普遍性) 다양하다(多樣性). 그리고 문화는 일정한 유형으로 고정된 것이 아니고 늘 변한다(變動性).

이상에서 열거한 문화의 특성을 좀 더 자세히 살펴보면 다음과 같다.

1) 창조성(創造性)

문화의 가장 중요한 특성은 문화는 인간이 만든 인간의 창조물이라는 것이다. 문화의 내용이 아무리 다양하고 오래된 것일지라도 모든 문화는 사람이 만든 것이라는 특징을 가지고 있다. 인간의 모든 인지(認知)와 사고, 행동, 감정이 문화의 영향을 깊이 받고 문화의 영향에서 벗어날 수 없다. 문화는 어느 자연조건에서 인간에게 주어진 것이 아니라 오히려 특정한 자연적 · 사회적 조건에 적응하기 위하여 인간이 만들어낸 인간의 산물이라는 점을 분명히 이해할 필요가 있다. 문화는 자연이 인간에게 베풀어준 혜택이 아니라 인간이 스스로 만들어낸 고안물이다.

2) 공유성(共有性)

문화는 집단구성원에 의해 공유된다. 개인의 독특한 신념이나 윤리, 도덕관 혹은 생활습관을 문화라고 하지 않는다. 즉 사회구성원 각 개인의 독특한 취향이나 버릇은 문화가 아닌 개성에 속한다. 그러나 특정집단 혹은 사회의 구성원들은 모두 유사하게 느끼고, 생각하고, 행동하고, 표현하며 유사한 생활습관을 보인다. 이것은 이들이 동일 문화를 공유하기 때문이다. 한 사회의 구성원들이 다른 사회와 구분되는 어떤 행위 · 관습 · 경향 등을 공유해야 비로소 문화가 되는 것이다. 하위문화가 그 좋은 예이다.

3) 학습성(學習性)

한 사회의 문화는 학습된다. 인간의 생리적 현상은 문화가 아니다. 인간은 누구나 태어난 후 사회 속에서 다른 사람과 상호작용하면서 그 사회의 문화를 학습하게 된다. 문화는 학습되고 세대에서 세대로 전승된다는 특징을 가지고 있다.

4) 축적성(蓄積性)

인간은 기존의 문화내용에 새로운 내용을 첨가시킨다. 전 세대에서 물려받은 문화를 당세대는 학습하고 학습한 문화의 내용에 그 세대가 만든 새로운 문화내용을 첨가하여 다음 세대에게 물려준다. 다음 세대는 전 세대가 물려준 문화의 창조과정을 되풀이하여 또 그 다음 세대에게 물려준다. 이렇게 하여 문화는 축적되고 그 내용이 점점 복잡하고 다양해져 간다.

현대문화는 20세기 이후 갑자기 출현한 것이 아니라 그 전 시대로부터 이어져 오는 계속적인 지식과 기술이 축적된 결과이다. 문화의 축적성은 인간의 탁월한 능력이며 문화의 중요한 특징 중 하나이다.

5) 체계성(體系性)

문화의 요소는 많고 다양하다. 이들 요소는 결코 홀로 존재하지 못한다. 그들은 서로 긴밀한 관계를 맺고 있으면서 하나의 체계를 구성하고 있다.

문화의 내용을 구성하고 있는 의식주의 양식 · 규범, 경제활동에 대한 규범, 통치규범 즉 경제제도와 정치제도 그리고 예술양식 등은 각각 독특한 양식과 규범으로 발전하는 것이 아니라 서로 영향을 주고받으며 조화를 이루면서 한 문화를 형성한다.

또한 도덕, 관습, 의식, 제도, 예술 등도 서로 관련성을 맺고 조화를 이루며 하나의 종합적인 문화를 형성한다. 유교사상이 강조되는 가치관에서는 가부장적인 권한이 극대화되고 부계혈통을 중시하는 가족제도와 더불어 여성차별을 가져오는 등의 일련의 윤리관, 의식, 제도 등을 형성하는 것을 알 수 있다.

어느 특정문화가 독특한 성격을 형성하는 데 작용하는 요인으로는 자연적 · 지리적 요인을 포한한 각종 환경적 조건을 들기도 하고 가치관 또는 인종적 요인을 들기도 한다. 그러나 문화의 특성은 그 문화만의 독특한 역사적 · 사회적 요인과 자연환경이 복합적으로 작용한 가장 적합한 적응방식을 택한 것이라고 이해하면 될 것이다.

6) 변동성(變動性)

문화는 끝없는 변화생성의 과정을 겪는다. 외부로부터 한 사회로 유입된 문화는 그 사회의 배경과 문화접변(文化接變)을 통하여 변한다. 또한 도입되었거나 개발된 새로운 지식이 유용한 것으로 판명되면 전체 사회에 확산되어 혁신이 일어난다. 그런 과정에서 기능을 상실한 낡은 문화요소들은 사멸된다.

문화는 이처럼 정지된 상태로 존재하지 않고 부단히 진화 또는 퇴화의 길을 밟는다. 문화인류학자들은 문화의 이러한 성격을 초유기체성(超有機體性)이라 부르기도 한다. 한 사회의 문화를 이해하기 위해서는 이들 문화의 성격에 대한 바른 이해가 전제되어야 한다.

7) 보편성(普遍性)과 다양성(多樣性)

문화는 보편적인 사회현상임에도 불구하고 매우 다양하다. 달리 말하면 세계 어느 사회나 문화가 있고 사회구성원 모두에게 영향을 미친다. 미개사회에도 현대사회에도 존재하고, 동양사회에도 서구사회에도 문화는 존재한다. 그럼에도 불구하고 세계 여러 나라의 문화가 매우 다양하다는 것을 알 수 있다. 윤리적 · 도덕적 가치규범이 다양하고 가족제도와 종교제도가 다르고 일상적인 행동양식이 다양하다. 즉 어느 특정문화의 가치가 인류 전체의 절대적인 가치가 될 수 없다는 것이다.

3. 문화의 기능

문화는 인간의 존재와 행동과 욕구를 제시해 주고 규제도 한다. 동시에 문화는 사회의 질서유지와 존속을 가능하게 해준다. 문화는 개인과 사회 양쪽 모두에게 중요한 기능을 한다. 다음에서 문화의 개인과 사회에 대한 기능을 간단히 살펴보기로 하자.

1) 사회화 기능

인간이 어떻게 세상을 인식할 것인가를 가르쳐주는 지침을 통해 개인의 성격을 형성하고 변화시키며, 개인에게 다양한 생활양식을 내면화시켜 개인이 사회에 적응하면서 살아갈 수 있게 하는 기능을 한다.

2) 욕구충족 기능

다양한 생활양식을 통해 의식주와 같은 개인의 기본적 욕구를 충족시켜 주는 기능을 한다.

3) 사회통제 기능

규범이나 관습 등으로 개인행동에 대한 규제와 사회악의 제거를 통해 사회통제의 기능을 수행한다.

4) 사회존속 기능

사회가 계속해서 존재할 수 있는 것은 사회가 문화를 학습하고 전승하여 새로운 구성원들에게 필요한 생활양식을 전승해 주기 때문이다. 즉 문화는 사회를 존속시켜 주는 기능을 한다.

문화는 인간이 동물과 구별되는 창조적 생활을 가능하게 해주고, 인간의 욕구를 규정해 주고 동시에 욕구를 충족할 수 있는 수단을 제공해 준다. 즉 사회질서를 유지하여 사회가 계속 존속할 수 있게 해준다.

베넷과 튜민(J.W. Bennett and M.M. Tumin, 1948)은 사회가 존속할 수 있는 몇 가지 기본조건을 제시했다. ① 사회성원을 재생산하여 계속 충원해야 하고, ② 사회성원들이 생물학적 기능을 유지할 수 있도록 해주어야 하고, ③ 그들을 사회화시키고, ④ 사회활동과 삶에 필요한 재화와 봉사를 생산하고 분배해야 하며, ⑤ 사회질서를 유지하고 외부의 침입으로부터 보호해야 하며, ⑥ 성원들에게 삶의 의미를 부여해 줄 수 있어야 하고, 어떤 일에 임하도록 자극과 동기를 주어야 한다. 이상의 여섯 가지 조건이 충족되어야 사회는 존속할 수 있다고 보았다. 이러한 사회존속에 필요한 기본조건의 충족을 문화가 가능하게 해준다.

4. 문화의 분류

문화는 여러 가지 요소가 복잡하게 결합되어 있고 다양한 체계를 이루고 있으므로 여러 가지로 분류할 수 있다.

첫째, 문화는 물질문화와 비물질문화로 크게 구분된다. 물질문화란 구체적인 물리적 업적과 그것을 사용하는 방법에 관한 문화이다. 예를 들면 우리 일상 생활 속에서 접촉하는 도구, 기구, 기계, 건물, 도로, 교량, 약품 등과 같은 것들을 이용 · 사용하는 기술적 방법 등이다. 물질문화를 표현하는 영어의 civilization은 라틴어의 civilitas(도시)에서 온 말인데 이 어원에 따르면 '도시적인 문화'를 의미한다. 서구에서는 문화와 문명을 양분하여 문화는 주로 정신적인 것을, 문명은 물질적인 것을 표현한다. 비물질문화는 물질적이 아닌 것을 모두 포함하는 것으로 과학, 신화, 전통, 문학, 미신, 속담 등에서부터 법률, 관습, 원규, 금기, 유행 등은 모두 이에 해당한다. 비물질문화는 다시 정신문화와 행동문화로 구분하는 것이 일반적이다. 정신문화는 학문, 종교, 예술과 같은 정신적 창조물을 말한다. 반면 행동문화는 정신문화가 공급하는 원리에 근거하여 의미와 가치를 객관화하고 전달하며 사회화하는 사람들의 상호작용의 기대체계를 의미한다. 사실 정신문화와 행동문화 사이에 현실적으로 상호 유기적인 관계가 있어야 인간의 사회집단에 있어서 원활한 이상을 추구할 수 있게 된다.

둘째, 문화를 단계에 따라 분류해 보면 문화품목 → 문화특질 → 문화복합 → 제도복합의 순서를 이루게 되며, 문화를 사회적 범주의 개념으로 살펴보면 여러 종류의 하위문화로 분류되는데, 예컨대 지역하위문화, 직업하위문화, 인종하위문화,

신분하위문화 등으로 나누어진다. 위에서 문화품목이란 개개의 사물(예 : 책, 피아노, TV 등)의 가공물을 말하며 이러한 것이 합쳐서 문화물질을 이루고 행동질서를 이룬다. 또한 문화복합이란 문화특질을 일정한 목적으로 조직하는 원리로서 교육제도, 정치제도, 경제제도 등을 이른다.

셋째, 문화는 관념문화, 행동문화, 물질문화로 구별하기도 한다. 관념문화는 상호작용하는 집단이나 개인이 소유하는 의미, 가치, 규범의 총체를 말하고, 행동문화는 의미, 가치, 규범을 표현하고 실현하는 행동의 총체를 말하며, 물질문화는 관념문화를 외현하고 고형화하고 사회화하는 물질적 생물, 물리적 에너지의 총체를 말한다. 이 분류법은 삼분법적 분류방법으로서 세 문화가 상호 의존적이고 영향력을 가지며 상호 보완적 의미를 가진다는 점에 주의해야 한다. 예컨대 관념적으로 개인이 아무리 문화적 요인을 소유한다고 해도 표면화·행동화되지 않는 행동양식은 의미가 약한 것이다. 따라서 표면화·행동화되어야 현실적으로 물질적 형태의 문화유산을 남기는 경우가 많다.

넷째, 문화가 채용되는 범위에 따라서 보편문화, 선택문화, 특수문화로 분류된다. 보편문화란 사회의 모든 구성원들에게 요구되는 문화요소를 말한다. 예컨대 한글, 형제우애, 부모의 사랑, 효도 등은 우리 사회를 사는 누구나가 공통적으로 여기는 보편문화이다. 선택문화란 사람들이 누구든지 자유롭게 선택할 수 있도록 허용되어 있는 문화내용으로서, 예컨대 어떤 종류의 직업을 선택하든지 종교를 자유롭게 선택하든지 또는 교통수단은 무엇을 택하든지 간에 그것은 자유이다. 또한 특수문화는 사회의 어떤 특수집단에만 소요되는 문화이다. 예컨대 청년이란 특수집단에서 유행하는 청년문화나 여성들에게 적용되는 여성집단의 문화 혹은 특수한 종교에서만 유행되고 인정되는 종교집단의 문화 등이 그것이다. 그런데 위의 세 문화는 상호 의존적이고, 유기적이고 또한 복합적이다. 어떤 사회집단에서는 보통문화일 수 있으나 어떤 집단에서는 선택적이다. 일부일처제가 한국에서는 보편문화이지만 유교사회에서는 선택문화이다. 또한 대체적으로 전통적인 사회에서는 보통문화와 특수문화가 엄한 기준이 있는가 하면 현대사회에서는 선택문화의 비중이 높은 편이다. 따라서 전통사회에서는 문화의 안전성과 비중이 높은 편이다. 그 결과로 전통사회에서는 문화의 안정성과 정체성이 있고 현대사회에서는 자유롭고 개방적이고 안정성이 결여되며 유동적이다. 그러므로 문화 간의 갈등을 제거하기 위해서는 선택문화가 보통문화에 정착하는 작업과 특수문화의 대립적이고 저항적인 면을 제거하는 작업이 문화발전에 많이 유익한 과제로 등장하게 되는 것이다.

다섯째, 용구문화와 규범문화, 그리고 가치문화로 분류하기도 한다. 용구문화란 인간이 일상생활에서 향유하는 여러 문화품목으로서 이러한 것에 대한 문화체계를 말한다. 예컨대 교통수단으로서 자동차, 또한 공부하는 데 필요한 책이나 필기도구 등은 이러한 생활용품에 대한 문화적 품목에 관한 것이다. 규범문화는 인간의 습관화된 행동의 준거기준으로서의 의미를 가지는 문화체계이다. 예컨대 도덕적 규범, 종교적 규범, 법규범 등은 모두 규범문화의 의미를 가지고 있다. 도덕적 규범은 양심의 주체적 판단과 도덕적 제도에 의하여 인간의 내면성에서 시인되는 규범이다. 이 규범문화는 인간 행동유형의 제시, 용구사용 절차로서의 작용, 특별한 보수체계의 정립 역할(예 : 규범을 잘 지키는 자에게 특별히 사회적 보상을 제공하는 등), 사회적 상호 인간관계에서 벌어지는 내용의 변질가능성 등이다. 또한 법은 확고한 행동양식을 제시해 주는 공식화된 규범문화적 요소이다. 그런데 이러한 법규범문화체계에서도 복잡한 구조가 있다. 즉 행위규범과 강제규범의 구조로서 가령 「형법」 제250조에 "사람을 살해한 자는 사형 등에 처한다."라고 명시했을 때 이 조문은 직접적으로 '살인자는 처벌된다'는 강제규범을 명시하고 있는 동시에, 문자로 표시하지는 아니하였으나 강제규범의 전제로서 '살인행위를 금하는' 금지 규정인 행위규범이 내포되어 있다. 법규범에 의한 강제는 재판에 의하여 집행되므로 강제규범을 재판규범이라고 하는 법규범의 중층구조를 이루고 있다. 뿐만 아니라 법규범은 조직규범(예 : 헌법, 정부조직법, 법원조직법)이라는 삼중구조를 갖고 있다. 그 외 행위규범은 제1차적 규범이고 강제규범은 제2차적 규범으로서 의미를 갖고 있다. 다음에 종교적 규범도 특수한 종교집단에서는 마치 규범적 의미를 가지고 문화체계를 이루고 있다. 다음에 가치문화는 사회구성원이 행동하는 과정에서 현실을 올바르고 바람직하게 합리화시키는 데 필요한 이념에 관계된 문화를 말한다. 즉 가치문화는 이념적 문화로서 인간행동의 방향을 설정해주는 이념체계를 이룬다. 다음으로 가치문화체계의 특징은 규범문화를 합리화하는 역할, 자발적인 행동 참여에 사명감을 유발시키고, 다른 집단이 제시하는 가치문화에 대항하여 허위성을 폭로하고, 사회의 위기상황을 지배하고 인간의 인격을 통합하는 정신적인 근거가 되고, 사회집단의 안녕과 복지에 관련되는 집합 표상의 학식적 · 적극적인 표현이다.

여섯째, 상부구조문화와 하부구조문화로 분류할 수도 있다. 상부구조문화는 주로 지배계층의 문화형성을 말한다. 예컨대 조선시대의 양반계층, 중세의 신분적 귀족계급, 현대의 경영자 관료층이 지배력을 취하고 있는 것을 말한다. 하부구조문화는 피지배층의 문화로서 하부구조문화를 조직화하고 합리화하는 문화이다. 실은 상부구조문화와 하부구조문화를 상호 연결시키는 역할은 이데올로기 및 제도적 장치가 담당한다.

일곱째, 클럭혼(Kluckhon)은 문화를 명시적 문화와 묵시적 문화로 양분한다. 명시적 문화란 외부자가 관찰할 수 있는 모든 생활설계를 의미하며 묵시적 문화란 문화의 배후에 존재하는 배경적 현상으로서 시대정신을 표현하고 있다.

이상으로 문화에 대해 살펴보았다. 문화의 의미와 종류는 매우 광범위하고 복잡하다. 그러나 문화란 삶의 총체이고 동시에 생활양식의 총체라는 공통점이 내포되어 있다. 문화를 다양화하면서 동시에 발전시키기 위해서는 우리 모두가 세계문화의 보편성과 상대성을 존중하면서 배워나가는 게 중요할 것이다.

주요 용어

① **문화마찰**(culture conflict)

서로 다른 문화가 접촉하면 사람들은 저마다 자기 문화의 기준으로 상대를 헤아리므로 서로 오해와 마찰이 생겨나는 일이 많다. 그러한 마찰과 갈등을 문화마찰이라고 한다.

② **문화변용**(acculturation)

독립된 문화를 지닌 둘 이상의 사회가 오랜 시간 이루어진 직접적인 접촉에 의해 한쪽 또는 양쪽의 문화체계에 변화가 일어나는 현상을 말한다.

③ **문화변화**(culture change)

사회와 문화체계가 변화하는 것을 말한다. 문화변화는 내부적 요인(자연환경의 변화, 경제적 요인, 인구요인 등)과 외부적 요인(외부문화로부터 다른 문화요소가 전파되는 경우 등)에 의해 일어난다.

④ **문화접촉**(culture contact)

둘 이상의 다른 문화가 서로 접촉하는 것을 말한다. 다른 문화를 지닌 사람들의 접촉에 의해서도 일어나고, 직접적인 인간의 접촉 없이 전파에 의해 일어날 수도 있다.

⑤ **문화상대주의**(cultural relativism)

고전적인 문화진화주의에 대한 비판의 하나로서, 어떤 문화든 저마다 독자적인 발전을 이뤄 왔으며, 이러한 문화에 대하여 특정한 문화 입장에서 다른 문화의 우열을 결정하는 것은 올바르지 않다고 주장하는 견해다. 문화상대주의와 대조적인 견해는 자신이 소속된 민족의 관점에서 다른 민족의 가치관·문화 일반의 일들을 받아들이는 자민족중심주의다.

⑥ **문화사대주의**

다른 사회의 문화만을 동경, 숭상한 나머지 자기문화를 업신여기거나 낮게 평가하는 태도를 말한다.

[제2절] 문화산업의 이해

1. 문화산업의 개념

초기의 문화산업은 문화 생산물이나 서비스가 문화발전에 대한 관심보다는 상업적, 경제적 고려에 입각한 전략하에서 하나의 상품으로 생산, 판매되는 현대의 산업형태로 보았다.

따라서 프랑크푸르트 학파의 호르크하이머와 아도르노가 자본주의 사회에서 대중문화의 발달성향을 비판하면서 사용했던 용어이다. 즉 문화산업이란 문화의 퇴보를 의미하며, 그 산업화 방식이 인간의 소외를 유발시키는 현상이었다. 말하자면 문화산업이란 용어는 그들이 문화의 철학적 · 정신적 가치의 퇴보라고 보았던 대중문화의 특징을 입증하기 위해서 사용한 것이지, 문화의 산업적 생산과 판매라는 새로운 제도적 유형의 출현이 갖는 비판적 개념에서 본 것은 아니었다.

1960년대에는 비판적인 측면보다 오히려 경제적 효과에 눈을 돌려 주목하게 되었다. 따라서 문화산업의 개념은 말 그대로 '문화'와 '산업'의 결합어로 보게 되었다.

그 후 '문화산업' 개념 외에도 미국의 경제학자 매클럽(F. Machlup)이 '지식산업(knowledge industry)'이라는 개념을 제안하고 독일의 철학자 엔첸스베르거(H.M. Enzensberger)가 '의식산업(consciousness industry)' 개념을 만들어 그 의미가 증폭되어 왔다. 예컨대 매클럽은 통신기계 및 지식 생산에 활용되는 기계를 포함한 지식산업이라는 새로운 분야가 국내 생산에서 차지하는 참여도를 평가해 보려고 했다. 한편 엔첸스베르거는 새로운 방송기술의 도래에도 불구하고 구미의 좌파들이 전자매체를 활용하지 못하는 타성을 자체 비판했던 것이다. 1970~1980년대에 들어 사회적 · 기술적 · 경제적 발전과 이것이 문화산업체들의 생산방식에 미치는 영향의 확대와 더불어, 문화산업 연구는 문화생산수단의 소유 및 유통 과정의 장악과 관리, 문화산업체의 집중과 다국적 기업화, 그리고 창조적 문화생산자들의 시장 예속성, 문화산업체에 작용하는 세력구조와 국가의 문화정책 등을 중심으로 논의가 전개되고 있다

이 논의들 중에서 가장 대립적인 입장은 자유주의 경제학적 입장과 정치경제학적 입장이다. 자유주의 경제학적 관점을 취하는 사람들은 문화산업을 옹호하면서, 문화산업이 문화발전과 문화의 민주주의적 실현에 크게 기여할 것이라고 주장한다. 그들은 문화상품이나 서비스를 소비자의 의사에 반해 강매한다는 것은 결코 가능한 일이 아니며, 문화산업으로 대중이 다량의 문화정보 및 지식을 얻을 수 있고, 창조적 예술가들과 그들의 작품이 대중과 접할 수 있는 기회가 확대될 수 있다고 한다. 그리고 개발도상국들의 경우 종속의 위험성은 있으나 문화산업에 따른 생산능력을 확보하게 되면 오히려 탈집중화현상을 가져와서 문화적 도약수단으로 활용할 수 있다는 등의 주장을 하고 있다. 이에 반해 정치경제학적 관점을 취하는 사람들은 문화산업의 산물이란 이윤 획득을 목표로 문화산업의 생산주체에 의해 하나의 상품으로 대량생산되어 시장판매되는 것으로 파악한다. 그들은

문화산업을 자본의 확대 재생산을 위한 생산영역에 따른 결과물로 간주하여, 문화생산물의 생산에 자본주의적 생산원리와 생산관계가 침투하며 그 소비양식에서는 소외현상이 나타나서 기존 체제를 강화하는 이념을 생성한다고 주장한다. 한마디로 그들은 상품의 대량생산과 시장판매에 연결된 자본주의적 생산원리 등에서 연유하는 문화산업의 역효과를 비판한 것이다.

2. 문화산업의 분류

우리도 문화산업의 시대라는 말을 자주 하곤 한다. 그러나 무엇을 문화산업이라고 하느냐는, 아직 역사가 짧아 이해가 충분치 않으며, 시각에 따라 다양하게 분류하고 있다. 이에 몇 곳의 분류 예를 살펴보면 다음과 같다.

1) 유네스코의 문화산업 분류

유네스코의 문화산업 분류를 보면 문화유산, 인쇄자료 및 문헌, 음악, 공연예술, 시각예술, 영화 및 사진, 라디오 및 텔레비전, 사회 · 문화활동, 체육활동, 자연과 환경, 문화일반운영 및 활동 등을 의미한다고 되어 있다.

2) 김문환 교수(서울대)의 분류

김 교수는 문화산업으로 다음과 같은 범주를 제시하고 있다. 즉 도서 · 신문 · 잡지 · 음반 · 라디오 · 텔레비전 · 영화 · 뉴미디어 제품과 서비스 · 사진 · 예술작품 복제 · 광고를 범주에 포함시키고 있다. 그러나 자본주의 체제가 확립된 사회에서는 유형문화재와 무형문화재를 포괄하는 문화유산 전반과 여러 가지 예술작품들도 문화산업의 대상에서 배제될 수 없다고 주장한다.

3) 문화산업진흥기본법(제2조)상의 분류

1998년 2월 8일 우리 정부가 공포한 문화산업진흥기본법은 문화산업을 9개 영역으로 분류하고 있다.

① 영화진흥법의 규정에 의한 영화와 관련된 산업
② 음반 · 비디오물 및 게임물에 관한 법률의 규정에 의한 음반, 비디오물, 게임물과 관련된 산업
③ 출판사 및 인쇄소의 등록에 관한 법률과 정기간행물의 등록 등에 관한 법률의 규정에 의한 출판 · 인쇄물 · 정기간행물과 관련된 산업
④ 방송법의 규정에 의한 방송프로그램과 관련된 산업
⑤ 종합유선방송법의 규정에 의한 방송프로그램과 관련된 산업
⑥ 문화재보호법의 규정에 의한 문화재와 관련된 산업
⑦ 예술성 · 창의성 · 오락성 · 여가성 · 대중성 등 '문화적 요소'가 구체화되어 경제적 부가가치를 창출하는 캐릭터, 애니메이션, 디자인(산업디자인을 제외한다), 광고, 공연, 미술품, 전통공예품과 관련된 산업
⑧ 영화 소프트웨어 중 양방향성 멀티미디어 기술을 이용한 멀티미디어 콘텐츠와 관련된 산업(정보통신 관련 기술지원은 제외한다)
⑨ 기타 전통의상 · 식품 등 대통령령으로 정하는 산업

〈표 1-1〉 각국의 문화산업 분류

국가명	명 칭	내 용
북미 (미국/ 캐나다/ 멕시코)	Information 사업으로 분류	• 신문 출판, 신문 이외의 정기간행물 출판, 서적 출판, 기타 출판업, 소프트웨어 제조 • 영화 및 비디오 프로덕션, 영화 및 비디오 배포, 영화관, 프리프로덕션 및 포스트 프로덕션 서비스, 기타 영화 및 비디오 산업, 레코드, 레코드 프로덕션/배포유통 • 사운드 레코딩 스튜디오, 라디오 네트워크, 라디오 방송국 • 텔레비전 방송, 케이블 텔레비전 네트워크, 기타 케이블 및 프로그램 배포 • 도서관 및 기록보관업(archive), 온라인 서비스, 기타 정보 서비스, 데이터 프로세싱 등을 포함
영국	창조산업 (Creative Industry)	• 기존의 문화산업이라는 단어 자체가 진부하다 하여 진취적 느낌의 단어 채택. 영역에는 광고, 건축, 예술 및 골동품, 공예, 디자인, 디자이너 패션, 영화, 인터액티브, 소프트웨어, 음악, 공연예술, 출판, 방송 등의 13개 산업이 포함됨
한국	문화산업 (Culture Industry)	• 문화산업 : 문화상품의 기획 · 개발/제작/생산/유통/소비 등과 이에 관련된 서비스를 행하는 산업(문화상품 : 문화적 요소가 체계화되어 경제적 부가가치를 창출하는 유/무형의 재화와 서비스 및 이들의 복합체) • 정부 지원 장려 문화산업 : 출판/방송/광고/영화/음악/캐릭터/게임/애니메이션/공예

3. 문화산업의 특성

문화산업은 문화와 예술을 상품의 소재로 삼아 그것을 시장에서 교환 · 거래하는 산업으로서 일반 제조업이나 여타 산업들과 몇 가지 구별되는 특징이 있다. 이를 보다 구체적으로 살펴보면 다음과 같다.

첫째, 문화산업은 문화를 소재로 한 '상품'을 생산한다는 점에서 일반산업과 동일하지만 일반상품과는 달리 문화상품은 한 나라의 정서, 가치 등이 종합적으로 함축되어 있기 때문에 그 상품을 소비하는 사회구성원의 정체성과 생활양식에도 커다란 영향을 미친다. 문화상품은 이를 생산하는 나라의 사상과 생활양식 등의 문화적 요소가 상품화된 것이기 때문에 한 나라의 문화정체성 형성에 있어 매우 중요한 바탕이 된다.

둘째, 문화상품은 사유재(private goods)이기보다는 공공재(public goods)적 성격이 강하다. 따라서 문화상품은 소비행위가 비배타적(non-exclusiveness)이라는 점과 비경합적(nonrivalry)인 특성을 동시에 갖고 있다. 예를 들면, 특정 박물관이나 식물원이 민간기업이나 특정 개인으로부터 건립된 사유재이지만, 그 건물이 관광객들에게 관람을 허용하게 되면 공공재로 자연히 전환된다.

한 관광객이 특정 박물관이나 식물원을 관람하기 위하여 아무리 많은 시간을 들인다 해도 다른 관광객이 관람할 수 있는 관람콘텐츠 자체가 줄어들거나 소멸되는 것이 아니므로 비경합적인 속성을 갖는다고 할 수 있다. 그리고 이러한 박물관 · 식물원상품의 비경합적 속성은 처음으로 상품이 생산된 뒤, 추가적인 소비를 위해 생산에 들어가는 비용이 거의 무시될 정도로 적기 때문에 기업의 비용구조와 또한 이들 기업이 세계를 상대로 경쟁하는 데 있어 매우 중요한 경제적 · 전략적 의미를 가진다.

셋째, 일반적으로 문화상품은 유행상품이기 때문에 상품수명주기가 짧은 것이 특징이다. 이는 달리 말해서 문화상품에는 네트워크 외부성이 존재한다는 것을 의미한다. 네트워크 외부성은 어떤 상품을 사용하는 사람들이 많으면 많을수록 그 상품의 가치가 증가한다는 것을 일컫는다. 예를 들어 예루살렘이나 로마 등지의 성지순례 상품이 인기가 많다면, 그 관광상품이나 그와 관련된 책자들을 소비

할 강한 유인을 갖게 되는데 이런 현상이 네트워크 외부성의 일종인 것이다.

넷째, 문화산업은 타 산업에 비해 창구효과(window effect)가 높다. 창구효과란 하나의 문화상품이 기술적 변화를 거쳐 생산 및 활용되면서 새로운 수요가 계속 창출되어 추가적인 이익이 발생되는 것을 말한다. 예를 들면, 어떤 인기 있는 드라마 한 편이 촬영지를 주제로 한 관광상품, 주인공의 캐릭터로 생산되면서 지속적인 이익창출이 되는 현상이다. 이는 일단 생산되고 나면 이를 재생산하는 경우에는 한계비용이 매우 낮아 거의 영에 가깝기 때문에 자연독점 또는 승자독식현상이 나타날 수 있다.

다섯째, 문화산업은 타 산업보다 창의성이 강조된다는 점이다. 그리고 문화산업은 경제학이론에서 설명되는 이른바 지대(rent)의 개념이 적용되어 창의력에 기반한 높은 부가가치가 형성되는 산업이다. 따라서 문화산업은 지식산업 중에서도 창의력이 가장 강조되는 산업이라 할 수 있다.

여섯째, 문화산업은 일반 유형재에 비해 매우 복잡한 유통경로를 가지고 있다. 문화상품은 다양한 경로로 접목되어 있고, 그 유통과정이 거듭될수록 무한한 수요가 창출된다는 점이다. 현재의 문화산업은 급속히 발달하는 미디어 기술과 접목되어 하나의 콘텐츠를 제작하면 이는 단계별 유통과정을 통해 분배하면서 수많은 수익을 창출하는 것이 일반적이다. 이로 인해 최초 상품의 판매시점에서 수익이 발생하는 것에 그치지 않고 오랜 기간 동안 투자수익이 발생하는 산업이다.

지대학설(地代學說)
Theory of Rent

지대학설이란 바로 지대이론을 가리키지만 이것이 문제가 된 것은 꽤 오래전부터이다. 이것과 관련해서 페티(Petty, W.), 앤더슨(Anderson, J.), 뷰캐넌(Buchanan, N.S.), 웨스트(West, E.), 토렌스(Torrens, R.), 멜서스(Malthus, Th. R.) 등을 예로 들 수 있다. 그러나 지대가 경제학상 명확히 형성된 것은 리카도(Ricardo, D.)에 의해서였다. 리카도의 지대론은 차액지대(different rent, differential rent)론이라고 불리며, 그것은 리카도의 자본주의 경제분석의 중요한 기초를 이룬다. 차액지대는 동일면적의 토지에 2가지 등량의 자본과 노동을 투하할 때 획득되는 생산물 간의 차액을 말하며, 한계개념의 맹아로써 주목할 만하다.

이것은 첫째, 토지의 비옥도나 입지조건에 차가 있을 때 둘째, 토지수확체감법칙의 작용에 의해서 성립한다. 따라서 차액지대는 두 개의 형태로 분류된다. ① 경작면적이 확장될 때, ②

동일한 토지에 투하되는 노동량이 증가할 때 먼저 ①의 경우를 검토하자. 인구가 희소하고 농산물수요가 적을 때에는 일등지만 경작되나, 인구가 증가하고 농산수요가 증대함에 따라 점차 열등지도 경작하게 된다. 이때 농산물의 가격은 열등지에서 생산되는 농산물도 보통이윤을 얻어 생산비를 보상받게 되는 수준에서 결정되므로 일등지의 가격은 등귀한다. 이 일등지와 이등지(열등지)의 우열에서 생기는 수익 또는 그 가격의 차는 일등지에 대한 지대로써 지불된다. 이렇게 해서 농산물의 가격은 경작된 열등지에서 생산되는 농산물도 보통이윤을 얻어 생산비를 보상받게 된다. 일반적으로 열등지가 경작됨에 따라 지대가 성립된다. 다음에 ②의 경우, 동일한 면적, 동질 동급의 토지에 자본과 노동을 증가시킬 때 수확체감의 법칙이 작용하면 최초의 투하자본은 그 이후의 투하자본에 비하여 초과이윤을 낳게 되며, 이것은 이윤율균등의 원칙에 의하여 토지의 임대계약을 갱신할 때 지주에게 귀속되는 것이다.

리카도는 이 차액지대설을 근거로 "지대는 결코 그 가격의 구성요소 중에 들지 않고, 또 들 수도 없는 것이다"라고 하여 지대는 잔여로써 발생하며 생산물의 가격을 구성하지 않음을 밝혔다. 그 이유는 가격과 생산비가 일치하는 조건하에서는 가격이 최열등지의 생산비에 의해 결정되며, 이것보다 우위에 있는 토지의 생산물은 최열등지의 생산물보다 저렴한 비용으로 생산되는데 이 생산비의 차액이 바로 차액지대이기 때문이다. 그 후 로드베르투스(Rodbertus, J.K.)는 리카도 비판자로서 절대지대(absolute grundrente)론을 제창하였으나, 여러 이론적 난점이 있어 마르크스에 의해 비판받기에 이르렀다. 차액지대론에 의하면 경작되는 최열등지대에는 지대가 발생하지 않는 것으로 되어 있다. 그러나 토지사유제하에서는 아무리 최열등지라고 해도 그 토지소유자가 무상으로 경작자에 임대하지는 않는다. 즉 지대가 지불되지 않으면 최열등지일지라도 자본투하가 허용되지 않는다. 이와 같이 차액지대가 성립하지 않는 최열등지에 대해서도 토지사유의 독점 때문에 지불해야 되는 지대를 절대지대라고 한다. 절대지대의 지불을 위해서는 농산물가격이 생산비 이상으로 등귀하여야 하므로 이 의미에서 지대는 농산물가격 앙등의 원인이 되며 토지 소유가 바로 지대를 창출한다고 할 수 있다.

마셜(Marshall, A.)은 지대의 개념을 공업생산의 경우에도 적용하여 그곳에서의 초과이윤을 준지대(quasi-rent)라고 하였다. 즉 이윤율균등의 원칙이 성립한다면, 보다 효율적인 조건들(공장의 입지조건 등)을 갖춘 기업가는 그렇지 못한 기업가들에 비해서 보다 높은 이윤(초과이윤)을 취득할 수 있을 것이다. 다만 지대라는 용어는 자연의 혜택으로 생기는 소득에만 한정된 것으로, 일반적으로는 토지와 유사하게 고정성이 강한 내구재가 지대의 특질을 갖는 소득을 낳게 될 때 준지대라고 칭하는 것이 적당하다고 하겠다.

4. 문화산업의 필요성

문화산업은 오늘날 세계적으로 고부가·고성장산업으로서 세계경제를 이끄는 가장 중요한 콘텐츠로 자리 잡고 있으며, 국가적으로 국민의 삶의 질을 향상시키는 가장 중요한 영역으로 자리 잡고 있다.

1) 창의적 문화콘텐츠가 세계경제성장의 새로운 동력원으로 부상

과거의 경제성장 동력원이 섬유, 철강, 화학, 전자를 거쳐 문화콘텐츠로 이동하고 있다. 세계 전체 문화산업의 규모는 2001년에 8,840억 달러, 2003년에는 1조 3천억 달러 규모였고, 2005년에는 1조 4천억 달러 정도였다. 한편 세계문화산업의 연평균 성장률은 약 5.2%로 전체 경제성장률인 3.2%를 훨씬 웃돌고 있어 문화산업의 규모는 계속 커질 전망이다. 한마디로 문화산업은 21세기의 새로운 엘도라도인 것이다. 오늘날 문화산업은 소위 '굴뚝 없는 공장'으로 표현되고 있다.

2) 문화산업은 고부가가치 · 고성장 산업

문화산업은 One-Source Multi-Use를 통한 고부가가치 창출이 가능하다. 창작캐릭터를 만화, 애니메이션 등의 한 부문에서 시작(One-Source)해서 영화, 방송, 게임 등으로 확장(Multi-Use)하는 방식으로 고부가가치를 창출한다.

예를 들면 게임 '리니지'는 연매출 1,548억 원에 순이익 531억 원(이익률 34.3%, 해외로열티로 218억 원)의 수익을 냈다. 또한 한국의 대표만화 '둘리'는 만화로 출발해 애니메이션, 게임, 교육교재 등으로 개발되어 매년 20억 원 이상의 로열티를 통한 수익을 창출하고, 문화선진국들은 문화상품 수출로 높은 부가가치를 실현하고 있다. 영국 '오페라의 유령'은 약 30조 원의 수익을 냈다. 일본은 애니메이션을 미국에 수출하여 43.5억 달러의 수익을 냈다. 이는 일본의 대미(對美) 철강수출의 4배에 달하는 규모이다.

3) 타 산업에 대한 파급효과가 크고 국가이미지 제고에도 기여

디지털콘텐츠의 발전은 통신산업, 전자산업, IT관련 산업 발전에도 기여하였다. 문화산업은 국가이미지 제고, 상품수출에도 기여한다. 노사분규, 북핵문제 등으로 각인된 부정적인 국가이미지는 문화산업 수출을 통해 보다 긍정적인 이미지로 개선할 수 있다.

동아시아 지역에서의 한류열풍으로 많은 중국인 · 아시아인들이 한국어를 배우는 등 국가이미지 제고에 기여했으며, 삼성전자는 한류 주역인 안재욱을 CF에 기용함으로써 중국 모니터시장 점유율 1위를 차지하는 데 한류열풍이 간접적으로 기여했음을 알 수 있다.

4) 지역 균형발전과 청년실업문제 해소에도 기여

지역별 문화원형(설화, 풍물, 전승 등)의 디지털콘텐츠화, 지역 문화클러스터 조성 등으로 지역 균형발전에 기여한다. '반지의 제왕', '해리포터' 등은 신화와 같은 문화원형에서 소재를 개발하여 세계적 수출상품으로 성공한 대표적인 사례이다. 국내 문화클러스터 성공사례로는 춘천(애니메이션산업), 부천(만화산업), 부산(국제영화제) 등이 있다. 저임금에도 불구하고 젊은층의 문화산업 유입은 지속되고 있어 청년 실업문제 해소에도 기여가 가능하다. 이는 3D업종 기피로 구직난 속에서도 구인난을 겪고 있는 일반 중소기업과 대비된다.

5. 문화산업의 지향

문화상품은 한 나라의 정서, 가치 등이 종합적으로 함축되어 있기 때문에 그 상품을 소비하는 사회구성원의 정체성과 생활양식에도 커다란 영향을 미친다. 또한 문화상품은 이를 생산하는 나라의 사상과 생활양식 등의 문화적 요소가 상품화된 것이기 때문에 한 나라의 문화정체성의 형성에 매우 중요한 바탕이 된다. 따라서 문화산업의 진흥을 위해 공공기관의 개입을 당연시한다는 점 역시 공통적이다. 그러나 문화산업들이 근대적인 문화정책의 발전에 기여할 수 있으려면 항상 다음의 목표들에서 벗어나지 않도록 관리되어야 한다.

① 일반 공중의 문화에 대한 접근을 확대할 것
② 대중매체들의 질을 개선할 것
③ 다원적인 창조적 작업을 발전시킬 것
④ 기존 제도들을 근대화할 것
⑤ 문화적 생산을 위한 잠재능력을 강화할 것
⑥ 해당 국가가 문화적 독립성을 향유하는 동시에 국경을 넘어서 좋은 영향을 미치도록 보장할 것

또한 중앙정부, 지방자치단체 등의 문화산업에의 공적 개입은 대체로 다음과 같은 근거 위에 확고히 설 때 정당화될 수 있다.

① 경제적으로 취약하지만 문화적으로는 중요한 가치들을 지원해야 할 필요
② 외국과의 경쟁에서 국내 산업들을 보호해야 할 필요
③ 국가적 관심의 대상이 되는 행동을 통제해야 할 필요
④ '공정한' 국제경쟁을 유지해야 할 필요
⑤ 국가적 연구 및 혁신을 효과적으로 활용해야 할 필요
⑥ 지적 소유권을 보호해야 할 필요
⑦ 문화산업 상품들의 특정한 내용 유형들을 통제해야 할 필요

⑧ 과잉한 기업집중을 중화시켜야 할 필요
⑨ 외국 산물들에 의한 시장 과잉점유를 저지해야 할 필요
⑩ 창조성을 보호하고 젊은 창조적 작가들을 위해 기회를 마련해야 할 필요
⑪ 모든 종류의 산물들에 모든 소비자들이 쉽게 접근할 수 있도록 보장해야 할 필요가 있을 때

2 CHAPTER 문화관광의 개요

[제1절] 관광의 이해

1. 관광의 이해

관광이 무엇인가에 대한 명확한 답을 내리기는 어렵다. 그나마 가장 보편적이고 종합적으로 정리된 관광에 대한 정의는 "인간이 자신의 자유의사에 의해 자유로운 시간을 이용하여 자신의 다양한 관광욕구를 충족시키기 위하여 일상생활권(영역)으로 돌아올 예정으로 잠시 그 영역을 벗어나 자연스럽게 이루어지는 경제적인 소비행동"이라고 할 수 있다. 이 정의에는 관광을 여가의 활용으로 생각하는 일반적 인식과 필연적 이동으로서의 관광어원이 모두 포함되어 있다.

현대에 들어 관광은 인간의 여러 가지 요소들이 이루어진 복합적인 사회·문화적 현상으로 인식되어 사회과학의 한 영역으로 자리 잡고 있다. 이에 따라 관광학이 정립되고 관광현상의 구조체계에 대한 보다 체계적인 연구도 지속되어 왔다. 초기에는 관광주체와 관광객체의 상호작용으로 관광구조를 이해하는 2체계론이 각광을 받았으나, 이후 관광매체인 관광기업의 영역이 확대되고 관광매체의 역할이 강조되면서 관광주체-관광매체-관광객체로 이어지는 관광구조의 3체계론이 등장하였다. 관광의 중요성이 강조되고 관광이 미치는 영향이 모든 분야에 걸쳐 이루어지면서 정부의 관광분야에 대한 적극적인 개입이 시작되었다. 이는 관광행정이 관광구조체계에 있어 중요한 구성요소로 자리매김하는 발판이 되어, 관광구조의 4체계론을 완성했다. 이후 관광의 회귀이동을 전제로 한 속성으로 인하여 교통사업이 발전함에 따라, 관광교통이 관광매체의 또 하나의 독립된 구성요소로써 하위체계를 형성하게 된 이유가 되었다.

관광의 구조를 3체계인 '관광주체와 관광매체 및 관광객체' 간의 상호작용으로 보는 이유는 관광의 행위주체인 관광객과 관광객체인 관광대상(매력물 · 관광자원)의 상호작용 속에서 매체역할을 수행하는 관광사업자 등의 역할이 강조됨에 따라 관광객체에서 관광매체를 분리시킨 것이다.

각 요소에 대하여 살펴보기로 한다.

[그림 2-1] **관광구조의 분화과정**

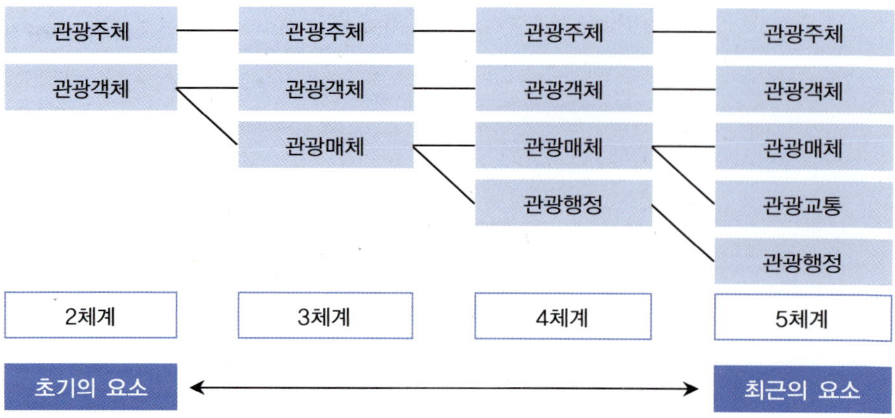

1) 관광주체

관광주체는 관광행위의 주체인 관광객으로 관광수요시장을 형성한다. 관광객은 관광현상의 중심으로 관광객체와 관광매체가 제공하는 환경적 여건과 관광의사결정에 영향을 미치는 욕구 · 동기 · 학습 · 지각 · 성격 등의 내적 요인 및 가족 · 문화 · 준거집단 · 생활양식 등 외적 요인의 작용에 따라 관광행동을 하는 관광소비자이다.

2) 관광객체

관광객체는 관광주체인 관광객이 매력을 느낄 수 있는 관광대상이며, 관광객의 욕구나 필요에 상응하면서 관광객을 끌어들이는 인적 · 물적 요소 또는 특징으로 관광객에게 만족을 주는 관광자원 및 제반 관광시설을 포함하면서 관광공급시장을 형성한다.

관광의 주체인 관광객이 보고 이용하며 즐길 수 있는 대상체로서 관광자원 및 매력물과 더불어 관광객의 관광욕구충족에 기여하는 관광시설이며, 이는 관광공급시장을 형성하는 요소임과 동시에 관광목적물과 관광행동의 목표가 되는 것이다. 또한 관광자원은 개별적인 관광매력물에서 관광대상물, 관광대상지, 관광지 또는 관광지역, 관광단지, 관광개발권, 관광권에 이르는 영역을 포함한다.

3) 관광매체

관광매체는 기본적으로 관광주체와 관광객체를 연결시켜 주는 역할을 한다. 관광주체인 관광객에게는 관광서비스를 제공하고, 관광객체인 관광대상에게는 관광개발과 진흥을 촉진시키게 된다. 이와 같은 역할을 수행하는 모든 관광기업이나 단체 및 공적 · 사적 기관을 관광매체라 한다.

관광매체는 시간적 매체로서 숙박시설과 관광객이용시설 및 관광편의시설이 있으며, 공간적 매체로는 관광교통기관, 기능적 매체로는 여행업이나 통역안내업과 관광정보 및 선전물 등이 있다.

2. 현대사회와 관광

현대사회에 접어들면서 인간은 관광을 모두가 누리는 기본적 권리라는 인식이 확산되었다. 향락과 소비문화로서의 부정적인 관광이 아닌 창조적 생산활동으로서의 관광이 인정받고 있는 것이다. 현재까지의 관광 발전단계를 살펴보면 다음과 같다.

18세기 이전에 이루어졌던 관광은 대체로 귀족과 승려들의 순례관광이나 귀족과 같은 일부 상류계층들의 Grand Tour를 말한다. 이때에는 관광객층이 넓지 않았으며, 그 수는 극히 제한적이었다. 그러나 18세기 중엽 산업혁명으로 철도가 등장하여 대량수송이 가능해지면서 관광의 대중화가 이루어졌고, 이것은 Tour시대에서 Tourism시대의 도래를 이루어냈다.

토마스 쿡(Thomas Cook)의 여행사를 통한 철도관광상품의 판매와 스타틀러(E.M. Startler)의 상용호텔의 개관으로 이윤을 추구하는 관광기업을 만들어내면서 관광구조에서의 3체계론을 만들어낸 시기이기도 하다.

2차 세계대전 이후 대형 항공기의 등장으로 많은 대중들이 관광의 기회를 얻게 되면서 Mass Tourism시대가 열리게 되었다.

관광의 대중화가 이루어지면서 관광이 지향하는 가치관은 국가를 비롯해, 공공단체, 기업에게 관광의 소외계층을 위한 복지관광의 중요성이 역설되고 관광행정의 역할이 커지면서 Social Tourism시대라는 새로운 세계가 도래하고 관광구조의 4체계론이 완성되기도 했다.

그러나 현대의 관광형태는 대중관광과 복지관광만으로는 설명할 수 없는 복잡다양한 특성을 가지고 있다. 산업혁명 이후 이루어졌던 공업화시대에서 다시 탈공업화가 이루어지고, 이로 인해 증가된 여가시간을 정신적 욕구충족의 시간으로 여긴 사람들은 이것을 다시 관광욕구로 표출하고자 했다. 획일화된 관광이 아닌 다양한 주제형 관광을 추구하는 신관광시대가 열린 것이다.

〈표 2-1〉 관광의 발전단계 및 특징

단계구분	시 기	관광객층	관광동기	조직자	조직동기
Tour시대	고대~ 1830년대 말	귀족 · 승려 · 기사 등 특권층과 일부 평민	종교, 신앙	교회	신앙심 향상
Tourism시대	1840년대 초~ 제2차 세계대전 전까지	특권계급, 일부 평민 (부르주아)	지식욕	기업	이윤추구
Mass Tourism, Social Tourism 시대	제2차 세계대전~ 1990년대	대중을 포함한 전 국민	보양 · 오락	기업 · 공공단체 · 국가	이윤추구와 국민복지 증대
New Tourism 시대	1990년대 이후~현재	일반대중 · 전 국민	관광의 생활화	개인 · 가족	개성추구, 특별한 주제

3. 관광과 문화

한 민족의 문화는 그 사회가 공유하고 있고 또 한 세대에서 다음 세대로 전해지는 신념, 가치, 태도 그리고 행동으로 구성된다. 보다 구체적으로는 일과 의상, 건축, 수공예, 역사, 언어, 종교, 교육, 전통, 여가활동, 예술, 민족의식 등으로 표현되는데 관광은 다양한 방법으로 한 국가의 이러한 문화에 영향을 미친다. 관광이라는 인적교류를 통하여 관광을 하는 국가와 대상이 되는 국가 사이에 나타나는 많은 문화적 파급효과를 살펴보면 다음과 같다.

1) 문화의 변화

문화는 동적이며 살아 있는 문화는 언제나 변화과정에 있다고 할 수 있다. 이러한 관점에서 보면 관광이 전통사회를 변화시켜 간다고 하는 것은 변화 자체를 반대하는 것이 아님을 알 수 있으나 문제는 그 변화의 방향과 변화의 원인 및 양태에 있다고 하겠다. 중요한 사실은 사회 전체의 역학관계 속에서 스스로 내린 결정에 따라 수행되는 변화와 그 사회에 별로 동조적이지도 않은 외부압력에 의해 강압되는 변화 사이에는 결정적인 차이가 있음을 명확히 인식해야 한다는 것이다.

관광에 의한 문화의 변화는 다음의 측면에서 살펴볼 수 있다. 문화를 주도하는 예술가는 어느 사회와 시대에서든 첨단을 지향하는 존재이다. 그리하여 전통문화에서는 예술가가 높이 평가받고 존경받으며 예술가의 기술과 안목은 독특한 방식이라고 인정받는다. 그러나 관광객이 유입되면 예술가의 고유하고 독특한 방식에 변화가 생긴다.

첫째, 관광객들은 예술의 독특한 의미를 충분히 이해하지 못하므로 예술가가 실수한 부분을 알아채지 못하기 때문에 예술가는 어떤 것으로도 돈을 벌 수 있다는 것을 알게 되며 이와 함께 예술가의 수준은 저하된다.

둘째, 예술가는 관광객의 취미가 자신의 취미와는 다르다는 것을 알게 되어 돈을 벌기 위하여 색채의 배합 등과 같은 것이 관광객들에게 좋게 보일까를 생각하게 되므로 예술은 시장의 성향에 따라 변해간다.

셋째, 예술가들은 관광객들이 자신의 새로운 예술세계의 전개와 개발에 걸림돌이 되거나 방해자임을 느낀다. 실제 자국의 예술이나 문화의 개념이 자국 사람이 아닌 외국인 관광객에 의해 정의되는 것이다. 그 결과 문화는 일정한 창작방향으로만 갈 뿐 새로운 창작세계로 나아가지 못하게 된다.

마지막으로 예술가는 과학기술과 사이버 예술가들에게 자신의 예술세계가 잠식당하고 있음을 느낀다. 예술의 영역에서 관광상품을 위하여 예술을 대량생산하려는 시도가 계속되면서 문화의 본래적 의미가 변질되어 가는 것이다.

2) 문화의 상실

오늘날 서구 국가들이 개발도상국 문화의 풍부함을 인정함으로써 개발도상국으로의 관광이 늘어나고 있는데 이는 새로운 위험이 되고 있다. 관광객들이 옮겨서는 안 될 역사적 보물들을 자국으로 옮겨가는 심각한 문제가 발생되고 있기 때문이다. 이러한 문화유산의 수탈은 과거에는 식민지를 지배해 왔던 자들이 저지른 만행이었지만 오늘날에는 관광을 통해 더욱 촉진하고 있다는 데 문제의 심각성이 있다.

오늘날 대부분의 국가는 자국의 귀중한 예술작품과 문화유산을 허가받지 않고 관광객이 국외로 유출시키는 것을 금하는 법률을 제정, 실행하고 있으나 이러한 법률에도 불구하고 불법거래는 세계 도처에서 성행되고 있다.

어떤 민족이나 문화의 독자성은 그 나라의 노래나 예술, 그리고 춤이나 건축물에 잘 표현되어 있다. 관광객을 끌어들이는 중요한 유인요소가 바로 그와 같은 것들이다. 관광객들을 유인하는 이와 같은 문화가 관광객의 유입으로 붕괴되고 손실된다고 하는 것은 안타까운 일이 아닐 수 없다.

3) 문화의 상품화

문화의 상품화 개념은 관광개발과 발전으로 인한 일련의 파행적인 문화파괴 현상을 의미한다. 관광은 관광지 주민들이 생산하고 그 속에서 살고 있는 사회와 문화를 판매하는 특수한 거래관계를 형성하기 때문에 관광의 맥락 속에서 주민문화는 어떤 형태로든 관광객들에게 판매되기 마련이며, 또한 관광개발을 통한 수입확보에 전념하고 있는 정부나 관광기업 측에서도 외화획득을 위해서라면 그것이 무엇이든 판매대상이 되는 것이 오늘날 우리가 목격하고 경험하고 있는 관광산업이라고 해도 과언이 아니며, 그 기본전략이 바로 문화의 상품화임을 부정할 수 없다.

이러한 문화의 상품화 아래에서는 지역주민의 신성영역과 인권이 함께 상품으로 묶여서 파괴되는 경우가 있는데 외래 관광객에 의해서뿐 아니라 지역주민 스스로에 의해서도 쉽게 포기되어진다는 것이 문제가 된다.

또한 문화의 상품화는 고급문화의 행위자와 서민문화 간의 심각한 갈등현상에서 파악되어야 한다는 점이다. 즉 의미를 상실한 문화가 기념품이나 장신구로써 거래될 때 그 문화의 창조자이며 그 문화에 상징적인 삶의 의미를 부여했던 원주민들의 머리 속에는 어떤 인식변화가 일어나고 있으며, 또 자신들의 변신이 팔려가는 느낌 속에서 상품가치에 지니지 않는 자신들의 문화에 더 이상의 어떤 의미를 부여할 것인가를 생각해야 한다는 것이다.

문화적 상품화를 통한 의미상실은 관광개발과 관련하여 일어날 수 있는 부의 불평등문제만큼이나 심각한 것으로서, 궁극적으로 문화의 상품화는 그 문화참여자의 동의를 요구하지 않기 때문에 어느 누구에 의해서건 자행될 수 있다는 데 문제의 심각성이 있고, 일단 그러한 행위가 일어날 수 있는 상황만 조성되는 그 과정은 돌이킬 수 없게 되고 그 문화는 일상용품과 같이 상품화되고 말 것이라는 데 문제가 있다.

4) 문화의 충돌

이질적인 문화가 장기간 상호 접촉하다 보면 교환과정에서 보다 강한 문화가 약한 문화를 지배하는 현상이 나타나므로 형평과 균형을 이루지 못하는 경우가 발생한다.

이처럼 어떤 문화권에 외부로부터 강력한 문화가 진입하여 원문화를 희석시킬 경우에는 반드시 문화의 마찰 또는 문화의 중층화 현상이 나타난다. 이를테면 한

적한 장소가 갑자기 관광지가 되면 그 지역에 문화적 충격이나 항복의 형태가 되는 문화동화현상이 일어나는 경우가 바로 그것이다.

문화충돌이 생기면 다음과 같은 일련의 현상이 일어날 가능성이 있다.

첫째, 생활권 내에서 관광객들의 생활스타일에 대해 관용적인 자세를 취함으로써 다양한 문화가 공존한다.

둘째, 관광객들과 지역주민들 간에는 가급적 사회적인 접촉이 형성되지 않도록 각종 조처를 취한다.

셋째, 현지주민들이 관광객들에게 불손한 행동을 하거나 관광객들이 현지인들을 경멸하는 행동 또는 현지의 관습과 생활방식을 완전히 무시하는 행동을 취하는 등의 대립현상이 나타난다.

넷째, 관광객들과 현지주민은 상호 간의 문화적 특성을 모방하거나 이에 적응한다. 과거에는 이와 같은 과정은 다만 이주, 식민지, 개종, 정치적 점령 및 상업적인 접촉 등을 통해 이루어졌으나 오늘날에는 제트항공기의 출현, 호화스런 호텔의 등장, 다양한 패키지 투어상품의 개발과 판매로 인간들로 하여금 변화해 가는 문화를 쉽게 접촉할 수 있도록 부단히 자극하고 있다.

5) 문화의 이해

관광지의 문화를 폭넓게 이해하면 관광이 현지지역의 문화에 미치게 될 부정적인 영향을 많이 완화시켜 준다. 다시 말해 관광객들에게 방문지와 지역주민의 문화를 미리 주지시킴으로써 관광을 통해 발생할 가능성이 있는 지역주민과 지역에 대한 문화적 폐해를 최소화시킬 수 있으므로 이와 같은 문화의 이해과정은 중시된다.

더불어 지역주민들에게도 그들이 살고 있는 관광지를 잘 이해하도록 교육을 실시할 필요가 있다.

이처럼 모두가 문화를 이해하려고 노력하는 궁극적인 목적은 관광객과 관광지 그리고 관광지에 얽힌 사연들을 접목시키려는 것이고, 인간과 인간 간에 사회적인 연계성을 형성시키려는 것이며, 관광객과 지역주민 간에 인간관계를 뚜렷하게 구축하려는 데 있다. 따라서 관광객들에게 관광지와 지역주민에 대한 정확하고 충분한 정보를 미리 제공하면 이들은 지역주민들에게 존경심을 표하게 될 것이고, 관광경험도 풍부하게 만들어줄 것이다.

동시에 지역주민들에게는 이러한 문화의 이해과정을 통해 지역문화에 대한 애착을 향상시키는 한편, 지역문화를 본래의 모습대로 보전하여야 할 당위성도 인식시켜 줌과 동시에 구체적인 보전방안을 제시할 수 있게 해줄 것이다.

또한 상품화과정에서의 문화의 파괴는 큰 문제가 되고 있다. 관광행동이 문화에 미치는 영향에 대하여 문화의 변화, 상실, 상품화, 충돌, 이해의 관점에서 살펴보았다. 이렇듯 관광은 서로 다른 문화를 지닌 사람들이 교류되면서 서로의 문화를 이해하는 긍정적인 측면과 함께 경제적 약소국의 문화를 왜곡시키는 부정적인 측면을 동시에 갖는다.

[제2절] 문화관광의 이해

1. 문화관광의 개념

문화관광의 사전적 의미는 "유적 · 유물 · 전통공예 · 예술 등이 보존되거나 스며 있는 지역 또는 사람의 풍요로웠던 과거에 초점을 두고 관광하는 행위이다"라고 정의하고 있다.

세계관광기구의 연구논문에서 협의의 문화관광은 '연구여행, 예술문화여행, 축제 및 기타 문화행사 참여, 유적지 및 기념비 방문, 자연민속예술연구여행, 성지순례 등 본질적으로 문화적 동기에 의한 인간들의 이동'이고, 광의의 문화관광은 '개인의 문화수준을 향상시키고 새로운 지식, 경험, 만남을 증가시키는 등 인간의 다양한 욕구를 충족시킨다'는 의미에서 인간의 모든 행동을 포함하는 것이다. 또한 광의의 개념으로 인간의 움직임 모두를 포함한다고 하였으나 WTO의 정의는 관광의 일반적 개념과 혼동되어 명확하게 구분하지 못하여 문화관광의 전반적 의미파악에 어려움이 있다는 비판을 받는다.

Wood(1984)는 문화관광이란 관광객이 '이국적 문화환경 내지는 분위기' 즉 문화를 관광대상으로 그것을 직접 체험하는 것을 목적으로 하는 관광형태라고 하였으며, Anthony(1985)는 '문화관광을 사적, 유적, 역사적 건조물, 공예 및 박물관, 미술관 등의 시간예술, 무대예술을 보거나 경험하기 위한 여행'이라 정의하고, 여행목적 가운데 여행지 문화, 사적과 역사적 건조물, 박물관, 미술관 등이 문화관광의 기본이 된다고 하였다. Mcintosh와 Goledner(1986)는 '관광객들이 관광지 주민의 삶 또는 사상에 대한 방식 혹은 그 나라의 유산과 역사를 배우는 것과 관계된 여행의 총체, 즉 문화관광객들은 다른 문화의 상품화과정에 대해 배운다'라고 하였으며, Valen(1989)은 '지방색이나 그림과 같은 아름다움, 인간의 기억에 남아 있는 생활양식, 흔적 등을 관광대상으로 한 관광형태'라고 하였다. Wynne(1992)의 주장에 따르면, 포스트모더니즘시대의 소비성향 중 하나는 '상위'와 '하위'문화 또는 '대중'문화 간의 차이의 완화라고 한다. 이러한 경향에 따라 문화관광의 범위는 이전에 '문화적'인 것으로 고려되지 않던 요소를 포함하는 것으로 확장되고, 문화관광은 박물관이나 클래식음악회 참석을 통한 상위문화활동뿐만 아니라 휴가의 소극적인 문화소비까지 포함하게 될 것이라고 하였다.

한편 독일 빌레펠트대학교(Universitat Bielefeld)의 Nahrstedt(1993)는 '현대사회의 포스트모더니즘현상으로서의 문화관광은 자국의 문화로부터 타국의 문화를 접하는 전 과정을 의미하며, 새로운 관광 패러다임을 창출하는 차별화된 관광'이라고 정의하였으며, 독일 하르츠대학(Fachhochschule Harz)의 관광경제학 교수인 Dreyer(2000)는 "문화활동이 여행의 주요동기가 된 모든 여행"이라고 관광경제적 측면에서 문화관광을 해석하고 있다.

따라서 문화관광의 개념적 정의는 과정에 근거를 둔 것이라 할 수 있다. Bonink의 문화관광에 대한 정의는 관광과정에 근거를 두고 있어서 매우 포괄적인 성격을 갖고 있다. Bonink의 정의와 유사한 이광진의 정의는 협의의 문화관광은 문화적 동기에 의한 인간의 이동으로, 광의의 문화관광은 개인의 문화수준을 향상시키고 새로운 지식, 경험, 만남을 증가시키는 등 인간의 다양한 욕구를 충족시킨다는 관점에서 정의하고 있다.

KTO(Korea Tourism Organization)는 문화관광을 '문화적 동기를 가지고 전통과

현대의 다양한 문화를 적극적으로 체험하는 특정관심분야관광(SIT : Special Interest Tourism)의 일종'이라고 정의하고 있으며, 문화관광이 문화성을 가져야 한다는 측면에서 기존의 보는 관광의 차원에서 한 걸음 나아가 체험하는 관광이 되어야 함을 강조하고 있다. 한편 이광희와 김영준(1999)은 논문에서 문화관광을 기본적으로 문화적 동기에 의한 인간들의 이동으로 보고 광의로는 타국이나 타 지역의 관광이나 전통적 행동양식을 접하고 체험하는 것이라 하였으며, 협의로는 탐구여행, 예술문화여행, 축제 및 기타 문화예술행사 참여, 유적지 및 기념물 방문, 민족예술연구여행, 성지순례 등의 여행이라 하였다.

또한 문화관광은 특별관심분야관광이나 대안관광 중 문화와 관련된 관광활동만을 의미하는 하위개념이라고도 하였다.

이상의 논의를 바탕으로 볼 때 문화관광은 인간의 정신과 물질세계 전반을 함의하는 총체적인 개념으로 파악하여야 한다. 따라서 문화관광은 자신이 경험했던 문화와 타인이 가지고 있던 문화체계를 비교함으로써 관광객은 세상에 문화적 다양성이 존재한다는 것을 알게 될 뿐만 아니라 더 나아가 타인의 세계를 이해하고 새로운 문화를 창출하는 관점에서 정의되어야 한다.

이와 같은 관점에서 문화관광은 문화적 접촉을 통해 문화적 체험을 하는 것으로 타 지역의 정치 · 경제 · 사회 · 예술 등 전반에 걸쳐 폭넓은 이해를 촉진하는 방법이다. 따라서 과거의 유물이나 유적과 같은 유형적 관광자원뿐만 아니라 인간의 정신세계와 사회체계 등을 포함하여 타국이나 타 지역의 생활양식과 전통적 풍습 등을 체험하는 관광이라고 정의할 수 있다.

Howard(1996)는 문화관광은 역사적 건물과 장소, 박물관, 아트갤러리 등의 방문을 포함하며, 동 시대의 그림이나 조각을 보거나 공연예술 등을 참관하는 것도 포함하는 개념이라고 하였다. 한편 문화관광은 지역문화와 관광의 활성화를 가져올 수 있다는 점에서 많은 주목받고 있는데 이러한 현상은 관광이 문화의 소비행위로서 중요한 역할을 하고 있다는 것을 인식한 유럽의 박물관 및 기타 문화기관에서 방문자들의 소비지출을 촉진시키기 위해 상업적 여가공간 및 시설과 적극적으로 경쟁하고 있는 데서 확인할 수 있다.

Richards(1996)는 '문화적 욕구를 충족시키기 위해 일상권을 떠나 문화적 자원으로 이동하는 것'이라는 개념적 정의와 '일상권을 떠나 문화적 자원으로 이동하는 것'이라는 기술적 정의로 구분하고 있다.

이상의 개념을 종합해 보면, 현대 관광의 새로운 유형으로서의 문화관광은 문화의 재발견이며 역사적 요충지의 문화체험이고, 과거의 유물이나 유적과 같은 유형적 관광자원뿐만 아니라 인간의 정신세계와 사회체계 등을 포함하는 개념으

〈표 2-2〉 문화관광의 개념

연구자	내 용
WTO (1985)	협의로서의 문화관광과 광의로서의 문화관광으로 구분 • 협의로서의 문화관광은 본질적 문화적 동기에 의한 인간의 이동 • 광의로서의 문화관광은 인간의 다양한 욕구를 충족시키기 위한 인간의 모든 행동을 포함
Wood (1984)	문화를 관광대상으로 그것을 직접 체험하는 것을 목적으로 하는 관광형태
Anthony (1985)	사적, 유적, 역사적 건조물, 공예 및 박물관, 미술관 등이 시간예술, 무대예술을 보거나 경험하기 위한 여행
Mcintosh & Goledner(1986)	관광객들이 관광지 주민의 삶과 사상에 대한 방식 혹은 그 나라의 유산과 역사를 배우는 것과 관계된 여행의 총체
Valen (1989)	지방색이나 그림과 같은 아름다움, 인간의 기억에 남아 있는 생활양식, 흔적 등을 관광대상으로 한 관광형태
Wynne (1992)	박물관이나 클래식음악회 참석을 통한 상위문화활동뿐만 아니라 휴가 때의 소극적 문화소비까지 포함하는 것
Nahrstedt (1993)	자국의 문화로부터 타국의 문화를 접하는 전 과정을 의미하며, 새로운 관광 패러다임을 창출하는 차별화된 관광
Dreyer (2000)	문화활동이 여행의 주요 동기가 된 모든 여행
Bonink (1992)	기술적 접근법과 개념적 접근법으로 구분하여 정의함
한국관광공사	문화적 동기를 가지고 전통과 현대의 다양한 문화를 적극적으로 체험하는 특정관심분야관광(SIT)의 일종
이광희 & 김영준 (1999)	문화적 동기에 의한 인간들의 이동으로 보고, 특별관심분야관광이나 대안관광 중 문화와 관련된 관광활동만을 의미하는 하위개념이라 정의
Howard (1996)	역사적 건물과 장소, 박물관, 아트갤러리 등의 방문을 포함하며, 동 시대의 그림이나 조각을 보거나 공연예술 등을 참관하는 것도 포함하는 개념
Richards (1996)	개념적 정의와 기술적 정의로 구분. 개념적 정의는 문화적 욕구를 충족시키기 위해 일상권을 떠나 문화적 자원으로 이동하는 것이며, 기술적 정의는 일상권을 떠나 문화적 자원으로 이동하는 것이라 정의함

로 파악하여 타국이나 타 지역의 생활양식과 전통적 풍습 등을 체험하는 관광으로 정의할 수 있으며, 문화관광은 보고 즐기는 형태의 관광이 아니라 직접 경험하고 느끼는 관광이고 새로운 세계관과 가치관을 형성케 하는 관광으로 해석되어야 함을 알 수 있다.

2. 문화관광의 유형

문화관광의 유형은 관광활동의 목적과 관광지, 관광자원의 성격에 따라 구체화된 하나의 관광형태로 볼 수 있으며, 문화관광은 관광의 시대적 변천과 관광의 기능, 그리고 관광산업의 발전과정과 연계하여 발전하여 왔다.

WTO에서는 문화관광이 특별한 유적이나 기념물을 관람할 목적으로 여행하는 것이라고 하여 유럽에서 성당을 보기 위한 여행, 이집트의 피라미드, 필라델피아의 독립기념관 등을 문화관광으로 분류하였다.

Gunn(1978)은 관광자원을 토지이용별로 구분하여 자연자원, 문화자원, 혼합형 관광자원으로 분류하고 문화자원을 고고학적 유적, 박물관, 역사유적지와 유령도시, 최초의 사건발생지, 특수 인종적 문화, 공학적 · 과학적 사건발생지, 제조공장, 장엄한 건물, 성역지, 문화적 관광지, 관광목장, 전설유래지역 등으로 분류하고 있다.

Ritichie와 Zins(1978)는 문화관광의 범위를 자연경관, 문화 · 사회적 속성, 관광지의 접근가능성, 관광객을 맞는 태도, 부대시설, 스포츠 · 오락시설, 쇼핑 및 상업시설의 7가지 일반 속성과 수공예품, 언어, 지역성 등의 12가지 사회 · 문화적 속성으로 분류하여 관광지 선택에 영향을 주는 관광요소의 중요성에 초점을 맞추어 설명하고 있다.

岡本伸之(1978)는 관광대상을 관광자원과 관광시설로 나누고, 관광자원을 자연관광자원, 인문관광자원, 복합형 관광자원으로 세분하였다.

인문관광자원에는 사적, 성곽, 정원, 축제, 행사를, 관광시설에는 숙박시설, 음식시설, 물품판매시설, 레크리에이션시설, 문화 · 교육시설, 관광안내시설, 공공서비스시설을 포함시키고 있다.

Cultures는 고고학적 유산과 유물, 건축물(옛터, 유명한 건물, 도시 전체), 예술,

조각, 공예품, 미술, 축제, 이벤트, 음악과 춤(고전, 민속, 현대), 드라마(영화, 연극), 언어와 문헌연구, 종교적 축제, 성지참배, 완전문화와 하위문화로 제시하고 있다.

Mcintosh와 Goeldner(1989)는 문화관광의 범위와 관련하여 관광객들이 여행하는 원인을 쇼핑과 산업시설, 가격, 관광지 하부구조, 스포츠와 레크리에이션 시설, 자연경관, 관광객을 대하는 지역주민의 태도, 관광지의 지역적 접근성과 사회문화적 특성 등의 8가지로 분류하였다. 그리고 사회문화적 특성의 범위에는 역사, 종교, 언어, 교육, 전통, 예술과 음악, 식음료, 수공예품, 건축물, 의복 등을 문화관광의 범위로 분류하였으며, Jafari(1992)는 관광자원을 자연적 배경요소, 사회적 배경요소, 인공적 배경요소로 나누어 설명하였다. Prentice(1992)는 문화유산의 유형에 따른 소비자를 자연유적지, 풍경유적지, 건축물유적지로 나누었고, 풍경유적지와 건축물유적지를 분석하여 마케팅 전략 수립을 위한 실증조사를 실시하였다. 그는 문화유적지를 중심으로 실증조사를 하였다.

Philipp(1993)은 흑인과 백인종 간의 문화관광에 대한 시각의 차이를 보여주었는데, 그는 문화관광의 대상을 관광목적지, 관심물, 문화자원의 3가지로 나누어, 관광목적지에는 사막, 산, 해변, 강, 호수, 농장, 교외지역, 소·대도시, 축제, 주제공원이 속하며, 관심물에는 정부건물, 농장수확, 공장의 생산라인, 낚시, Space center, 대학캠퍼스, 인디언부족의 춤, 고딕양식의 교회, 18세기 거리의 역사적 마을, 미술관, 박물관이 속하며, 문화자원에는 음식, 음료, 쇼핑, 기념품, 역사적 음악·춤, 민속의상, 수공예품, 현대무용, 숙박시설, 빅토리아시대의 저택, 풍경이 포함되었다.

Peter(1995)는 관광자원을 문화자원, 자연경관, 오락, 전통, 기타 매력물로 분류하고 있다. 문화관광자원의 구성요소에는 고고학적 유적, 역사유적, 박물관, 현대문화, 정치·교육기관, 종교를, 그리고 전통에는 국민축제, 예술, 음악, 민속, 토속생활 및 관습을 포함시키고 있으며, 스포츠 참가·관전, 레크리에이션 공원, 동물원, 수족관, 영화·연극, 야간유흥, 유람은 오락으로 분류하고 있다.

이선희(1996)는 문화관광은 자신이 경험했던 문화와 타인이 가지고 있는 문화체계를 비교함으로써 여행자는 세상에 다양성이 있다는 것을 알게 될 뿐만 아니라 더 나아가 타인의 세계를 이해하고 새로운 문화를 창출하는 데 참뜻이 있으며, 문화관광의 형태는 문화적인 동기에 의해서 문화관광자원을 경험하는 형태의 여행으로 규정하였다. 즉 사회·문화적 요인으로서 인간의 비영리적 활동을 통해서만 그 특성을 맛볼 수 있는 것으로 관광지나 국가에 따라 서로 다른 특성을 지니

〈표 2-3〉 문화관광의 유형

연구자	내 용
WTO	문화관광이 특별한 유적이나 기념물을 관람할 목적으로 여행하는 것이라고 하여 유럽에서 성당을 보기 위한 여행, 이집트의 피라미드, 필라델피아의 독립기념관 등을 문화관광으로 분류
Gunn(1978)	토지이용별로 구분하여 자연자원, 문화자원, 혼합형 관광자원으로 분류
Ritichie & Zins (1978)	문화관광의 범위를 자연경관, 문화 · 사회적 속성, 관광지의 접근가능성, 관광객을 맞는 태도, 부대시설, 스포츠 · 오락시설, 쇼핑 및 상업시설의 7가지 일반 속성과 수공예품, 언어, 지역성 등의 12가지 사회 · 문화적 속성으로 분류
岡本伸之 (1978)	관광대상을 관광자원과 관광시설로 나누고, 관광자원을 자연관광자원, 인문관광자원, 복합형 관광자원으로 분류
ECTARC (1989)	고고학적 유산과 유물, 건축물(옛터, 유명한 건물, 도시 전체), 예술, 조각, 공예품, 미술, 축제, 이벤트, 음악과 춤(고전, 민속, 현대), 드라마(영화, 연극), 언어와 문헌연구, 종교적 축제, 성지참배, 완전문화와 하위문화로 제시
Mcintosh & Goeldner (1990)	쇼핑과 산업시설, 가격, 관광지 하부구도, 스포츠와 레크리에이션 시설, 자연경관, 관광객을 대하는 지역주민의 태도, 관광지의 지역적 접근성과 사회문화적 특성 등의 8가지로 분류
Jafari(1992)	자연적 배경요소, 사회적 배경요소, 인공적 배경요소로 분류
Prentice(1992)	문화유산의 유형에 따른 소비자를 자연유적지, 풍경유적지, 건축물유적지로 분류
Philipp(1993)	문화관광의 대상을 관광목적지, 관심물, 문화자원으로 분류
Peter(1995)	관광자원을 문화자원, 자연경관, 오락, 전통, 기타 매력물로 분류
이선희(1996)	무형적 제반현상으로 구성된 인적요인과 유형적 제반현상인 물적요인으로 구분
이장춘 (1998)	관광자원을 유형관광자원과 무형관광자원으로 대별하고, 전자를 자연관광자원과 인문관광자원으로, 후자를 인적관광자원과 비인적관광자원으로 세분화하고, 문화관광자원에는 문화재와 인위적으로 개척한 보양지, 휴양지를, 산업관광자원에는 대규모 공업단지나 다목적 댐 등을 포함시킴
박현정(2000)	전통민속문화, 종교문화, 생활문화, 가치문화, 역사 · 교육문화로 분류
한국관광공사	유적관광, 예술관광, 교육여행, 종족생활체험관광으로 나누고 그 특징과 사례를 제시
ORRC	관광지, 관광자원의 특성을 파악하여 레크리에이션 자원을 분류하여 고밀도 위락지역, 일반 옥외 레크리에이션 지역, 자연환경지역, 독특한 자연지역, 원시지역, 역사문화지역으로 나누고 역사문화지역에 문화관광 활동지역을 포함
일본국제관광년 기념행사협회	자연적 자원과 문화적 자원으로 구분하고, 다시 유형자원과 무형자원으로 세분

고 있는 세시풍속, 민속, 음악, 무용, 종교, 언어, 생활양식 등의 무형적 제반현상으로 구성된 인적요인과 인간의 비영리적 활동의 결과물로 나타난 각종 물체 또는 시설물 등을 통해서 그 특성을 맛볼 수 있는 유형적 제반현상인 물적 요인으로 각종 건축물, 유적, 사적 및 사적지, 각종 지정관광지, 유원지, 공원, 박물관, 영화관, 미술관 등의 구조물이나 시설물에서부터 음식물, 의상 등에 이르기까지 매우 다양하게 구성되어 있는 것이라고 하였다.

이장춘(1998)은 관광자원을 유형관광자원과 무형관광자원으로 대별하고, 전자를 자연관광자원과 인문관광자원으로, 후자를 인적관광자원과 비인적관광자원으로 세분화하여, 문화관광자원에는 문화재와 인위적으로 개척한 보양지, 휴양지를, 산업관광자원에는 대규모 공업단지나 다목적 댐 등을 포함시켰으며, 김홍운은 그의 논문에서 관광자원을 자원으로 나누었다.

3. 문화관광의 특성

현대관광의 한 유형으로서의 문화관광의 특성을 구체화하기 위해서는 언급된 문화관광의 발전배경과 문화관광개발의 틀에서 문화관광의 특징을 되짚어보는 것이 의미가 있을 것이다.

첫째, 문화관광은 문화, 역사, 음악, 예술, 스포츠 등 관광객체의 공급을 통한 교육적인 기능을 가지고 있다는 점이다. 문화관광은 실물과 문화현장을 직접 방문하고, 듣고 느끼는 구체적인 체험을 통하여 확실한 지식의 습득을 가능케 하는 교육적 효과가 있다. 이는 문화관광객들이 일반적으로 문화시설을 이용한 휴양이나 소비, 또는 문화행위체험과 같은 관광목적으로서의 1차적인 욕구 이외에도 무엇인가를 알고 싶어 하고 그것이 지식으로 축적되기를 원하는 인간의 본성에 기인한다고 할 수 있다. 따라서 경제성이라는 관광의 부가적인 성과 외에도 순수한 역사적 · 문화적 교양 프로그램을 국민관광교육차원에서 추진해야 할 필요성이 있다.

둘째, 문화와 예술을 상품화한 문화관광은 일국의 역사성, 문화성, 종교적 유산과 결합되어 자국의 문화예술을 더욱 진흥시키는 피드백효과를 지닌다는 점이다.

문화관광의 개발을 시장논리로 살펴보았을 때, 일면으로는 관광 참여기회의 확대로 인한 관광객의 문화관광수요 확대를 야기하고, 다른 한편으로 문화관광수요의 창출은 다양한 문화자원을 개발하게 함으로써 관광매력을 한층 더 강화하는 문화관광공급의 증가를 창출케 한다.

셋째, 문화관광은 국가경제 및 지역경제를 활성화시킨다. 지역문화의 개발에 따라 지역 이미지를 고양시킬 수 있으며, 도시나 지역의 세수증대에도 기여하게 된다. 문화관광은 경제적 효과, 즉 직접효과 · 간접효과 · 유발효과에 의한 국제관광수지의 개선, 고용 및 소득창출, 경제발전, 경제구조 개선 등의 국민경제적 파급효과를 야기시킨다. 여기서 직접효과란 관광객이 관광지에서 지출한 경비에 의한 수입효과를 의미하며, 간접효과란 직접효과에 의한 1차 관광수입이 지역산업부문의 소득창출, 고용창출을 야기하는 2차적인 효과를 의미한다. 그리고 유발효과는 관광수입의 재소비에 의한 경제적 효과를 의미한다. 또한 관광객의 증대에 따른 수용시설의 확충과 문화관광 관련 인프라의 구축은 지역개발을 촉진하는 도화선 역할을 한다.

넷째, 문화관광은 지역주민의 문화복지서비스 수요를 충족시킨다. 즉 관광객을 위한 관광시설 및 공공시설의 건설로 관광객뿐만 아니라, 지역주민들도 시설을 이용하는 편익을 향유할 수 있게 된다는 것이다. 21세기 정보화, 국제화, 지방화의 진전에 따라 지방정부도 지역문화를 상품화하는 문화관광을 활성화하고 있는바, 이 과정에서 지역주민들의 '문화적 삶의 질' 추구에 대한 욕구가 어느 정도 실현될 수 있으며, 건강하고 쾌적한 여가생활을 향유할 수 있게 한다. 이것은 문화관광이 주로 무형의 문화관광자원을 상품화하여 판매하는 것이지만 그와 관련된 관광인프라를 구축하게 됨으로써 가능해지게 된다는 것을 의미한다.

다섯째, 문화관광은 환경친화적 속성을 지니고 있다는 점이다. 관광객 유치를 위한 문화재 · 문화시설 · 관광명소의 보존 또는 환경정화, 관광객의 수용을 위한 여타 정비활동으로 지역 미관이 개선되고 관광자원보호에 대한 관심이 증대된다. 특히 조경 및 도시계획 전문가들의 환경 디자인으로 아름답게 인조된 환경개선효과를 기대할 수 있게 한다.

여섯째, 문화관광은 국제관광을 불러일으키는 주된 동인이 되고 있는바, 국세

간 친선도모와 이해 증진, 국가 이미지 제고 등을 야기한다.

제3절 문화관광의 효과 및 활성화 방안

1. 문화관광의 효과

문화관광의 영향은 관광활동의 목적과 관광의 대상이 되는 매력물이 문화적 관광자원을 중심으로 하고 있기 때문에 그러한 지역의 경제 및 환경, 그리고 사회·문화적 영향을 끼치게 된다. 이러한 영향에는 긍정적 측면과 부정적 측면이 상존하기 때문에 지역의 문화관광 개발계획 시 충분히 고려되어야 한다.

관광이 인간사회에 미치는 효과는 관광행위의 주체인 관광객이 교통수단이나 여행사 또는 관광정보 등의 매체를 통하여 관광대상이 되는 관광자원을 이용하는 과정에서 다양하게 나타나는 영향으로 볼 수 있으며, 보다 구체적으로는 정치·경제적 측면, 사회·문화적 측면, 환경적 측면에서 살펴볼 수 있다. 또한 각각의 효과는 긍정적인 측면과 부정적인 측면에서 조망해 볼 수 있다.

1) 문화관광의 정치적 효과

문화관광은 국가와 민족 간의 이해와 국제적인 협동을 증진시킬 수 있는 중요한 수단이 될 수 있다.

2) 문화관광의 경제적 효과

경제적인 측면에서 볼 때 문화관광은 특히 국가경제적 측면에 미치는 영향이 매우 크다고 할 수 있다. 경제적인 영향이 중요시되는 이유는 한 국가에 경제적인 부를 가져올 뿐만 아니라, 이 같은 부는 관광객으로부터의 총수입과 국가소득(national income) 간의 상관관계 및 국가수지균형에 영향을 주기 때문이다. 또한 국가경제활동에 있어서 경제상태의 척도로서의 역할을 하기 때문이다.

(1) 외화획득과 국제수지의 개선

우리나라의 경우 국제관광을 통한 외화가득률은 평균 94% 이상이며, 이는 제조업부문의 외화가득률 63%에 비해 월등히 높은 것으로 나타났다. 뿐만 아니라 관광은 일반제조업부문의 수출이 당면하고 있는 비교생산 우위의 한계나 관세장벽이 전혀 없는 순수한 인적교류에 의존하는 시장이기 때문에 완전개방된 형태의 교역이라는 이점을 가지고 있다.

관광을 통한 소비지출은 자국민의 경우 해외여행을 통해 이루어짐으로써 외화소비지출이 발생하지만, 이들을 유입한 관광수용국에 있어서는 외화획득을 통한 경제적 효과를 창출함으로써 자국의 경제발전에 기여함과 동시에 국제수지의 개선에도 공헌하게 된다.

한 가지 단적인 예로 KDI(한국개발연구원)의 보고에 의하면, 2002년 월드컵을 국내에서 유치함으로써 발생되는 경제적 파급효과는 7조 9,961억 원의 생산유발효과와 3조 7,169억 원의 부가가치 유발효과, 24만 5,338명의 고용창출효과를 가져왔다고 지적하고 있다. 또한 월드컵의 유치는 경기 전반에 걸쳐 유·무형의 파급효과를 창출할 수 있는데, 그 내용을 살펴보면 다음과 같다.

① 수출증대효과

우리나라의 대외적 이미지가 크게 제고됨으로써 수출대상지역이 확대되고, 장기간에 걸쳐 수출증대효과가 있을 것으로 기대된다. 산업별로 보면 건설산업, 관광산업, 서비스산업, 스포츠 관련산업의 발전이 특히 두드러질 것으로 전망된다.

② 국민경제의 활성화 효과

월드컵이 국민경제에 미치는 효과는 계량화할 수 없는 무형의 효과가 훨씬 크다. 즉 월드컵의 엄청난 홍보효과를 통해 국제적 이미지가 제고됨으로써 유발되는 수출증대효과나 관광진흥효과가 오히려 더 큰 중요성을 가진다.

③ 스포츠 관련산업의 성장계기 제공

스포츠 레저용품을 비롯하여 각종 스포츠시설 및 프로그램에 대한 수요가 증대함으로써 스포츠 마케팅산업이 더욱 성장 · 발전할 것이다.

④ 지역경제의 활성화 촉진

월드컵대회는 올림픽대회와는 달리 지방도시에서 분산 · 개최되기 때문에 경기장과 숙박시설을 위한 투자와 경기장 주변의 사회간접자본의 확충으로 지역 내 생산과 부가가치가 증대되고, 고용이 창출된다.

⑤ 지역의 이미지 제고

개최도시의 이미지 제고로 관광을 통한 지역산업의 경쟁력을 강화시키고, 지역의 국제화를 촉진시키는 계기가 된다.

이와 같이 2002년 월드컵의 국내개최는 우리나라 수출품의 국제적 이미지 제고는 물론, 한국의 경제적 · 기술적 수준에 대한 광고효과를 최대한 높일 수 있으며, 월드컵이 끝난 뒤에도 계속적으로 유지되어 수출증대와 산업진흥 및 국민경제 활성화에 크게 기여할 것이다.

(2) 고용효과

관광산업은 노동집약적인 산업으로 관광객의 증가를 통해 관광소비가 증대되며, 이는 다시 관광산업의 규모를 확대시키는 순환과정을 통하여 고용창출의 효과가 발생된다.

이와 같이 관광산업은 노동력을 흡수함으로써 고용창출의 기회를 부여하게 되는데, 이러한 고용의 형태는 두 가지로 대별할 수 있다. 첫째는 호텔 · 레스토랑 · 여행사 등과 같은 관광사업체에 직접적으로 고용되는 경우이고, 둘째는 관광산업이 관광객이 필요한 제품과 서비스를 공급하는 경우로, 이는 관광객의 지출로부터 간접적 영향을 받는 산업인 건설업 · 농업 · 제조분야에서 발생하는 2차 또는 간접고용을 의미한다. 특히 2차고용은 관광부문의 타 경제부문과의 산업연관 정도에 의존하는데, 통합과 다양화의 정도가 심화될수록 이 효과는 증대된다.

관광산업의 고용효과는 선진국에서보다는 경제활동의 범위가 비교적 제한되어 있는 개발도상국에서 더욱 중요하며, 관광산업의 직접적인 고용효과는 그 국가의 상황에 따라 그 효과가 변화되어 나타나는데, 그 상황은 다음과 같다.

① 국가경제체제와 노동정책의 특성
② 해당국가에 설립되는 관광산업의 특성
③ 노동의 숙련도 수준, 관광산업에의 효율성과 적합성 정도
④ 임금에 있어서 타 경제분야와 관광산업 간의 경쟁 정도
⑤ 그 국가 내 관광업종의 직업(jobs)으로서의 이미지
⑥ 그 국가 관광산업의 계절성이 높은가, 낮은가의 정도
⑦ 시간제 근무(part-time jobs)가 허용되는 정도

(3) 소득창출효과

관광을 통해 획득한 외화는 기업에 있어 재투자의 재원이 되며, 필요한 각종 제품과 서비스를 국내시장에서 공급받음으로써 관련업체의 생산활동에 파급효과를 가져오며, 이는 다시 기업의 수입증대와 종사원의 소득증대에 기여하게 된다.

관광산업은 국제경제측면에서 볼 때 단순한 향락산업이 아니라 운송 · 금융 · 자본거래와 함께 보이지 않는 무역(invisibletrade)으로서 국가경제에서 차지하는 비중이 큰 산업이다.

산업연관효과의 측면에서 볼 때, 관광산업은 국내산업에 대하여 전후방 연쇄효과가 높은 부문이기 때문에 여러 부문으로부터 생산 · 판매되는 제품과 서비스를 구매 · 소비하게 됨으로써 그 파급효과가 각 사업부문에 광범위하게 확산되는 효과를 가져온다. 그러므로 관광을 통하여 획득한 관광수입은 관광산업 및 관광관련산업에 파급되어 국민소득을 창출하게 된다. 이러한 국민소득의 창출은 1차적으로 끝나지 않고 연속적으로 소득 및 투자를 유발시키는 승수효과(multiplier effect)를 가짐으로써 그 파급효과가 매우 크다.

(4) 지역개발 및 촉진효과

관광객의 관광소비 증대와 관광객의 유입이 증대하면 이의 수용을 위한 관광개발도 활발히 추진됨으로써 그에 따른 토지와 노동력 및 자재의 수요도 함께 증대된다. 뿐만 아니라 새로운 대규모의 자본투자가 이루어져 지역관련산업이 번창하게 되고, 지역주민의 취업기회도 확대된다. 그러면 지역주민의 소득도 향상되고, 타 지역에로의 인구방출이 억제되며, 교통의 편리성을 보장해 주게 됨에 따라 지역경제의 발전이 이루어진다.

(5) 관광의 부정적 경제효과

① 지역물가상승

관광의 부정적 경제효과로 꼽을 수 있는 것 중의 하나는 지역물가의 상승을 들 수 있다. 지역 자체에서 생산 · 공급할 수 없는 제품과 서비스에 대한 관광객들의 수요증가는 외지로부터의 수입에 의존함으로써 가격상승을 초래할 수밖에 없다. 뿐만 아니라 관광개발 시 지가상승을 초래함으로써 지역물가를 상승시키는 효과를 초래한다.

② 계절적 수요편재에 따른 문제

대부분의 관광지는 계절적인 영향을 많이 받기 때문에 불규칙한 수요가 나타나며, 이에 따른 시설관리 및 유지 그리고 영업상의 불규칙적 매출에서 오는 자원의 효율적 배분과 운영이 어렵다. 또한 고용이 불규칙하여 지역경제에 부정적 영향을 초래하기도 한다.

③ 공공 서비스부문의 비용증대

관광객의 유치를 확대하고 이들에게 긍정적인 이미지를 창출하기 위해서는 관광정보센터의 확대, 쓰레기 · 오수 처리시설이 증대, 치안과 소방안전시설에 대한 투자 등의 경제적 비용을 증대시켜야만 한다.

④ 외화유출의 심화

외화유출은 관광개발을 위한 하부구조 및 기반시설의 구축 시 이에 필요한 원자재의 수입으로 인하여 발생하고, 관광객 유치경쟁이 심화되면서 해외 마케팅비용이 상대적으로 증가되며, 또한 관광객들의 해외여행이 활성화됨에 따른 지출경비의 증대로 외화유출이 심화되고 있다.

3) 관광의 사회 · 문화적 효과

관광은 관광객을 송출시키는 송출국과 이를 맞이하는 수용국 간의 사회문화적 상호작용을 통해 영향을 미치게 되는데, 이는 긍정적인 효과와 부정적인 효과로 대별할 수 있다. 예를 들면, 긍정적 효과로는 지역주민의 문화이해, 새로운 사고의 도입, 전통예술의 전개, 문화교류, 교육적 효과, 국제평화 증대, 인종 · 종교적 문제의 타파 등이 있고, 부정적 효과로는 타지인에 대한 혐오, 문화 · 종교 · 예술의 상품화, 현지인의 가치관 변화, 미풍양속 및 지역문화의 파괴 등을 들 수 있다.

(1) 문화교류

관광을 통해 현지문화를 폭넓게 이해함으로써 관광객과 관광지를 접목시키고, 인간 간의 사회적 연계성을 형성시킬 수 있다. 그럼으로써 관광객은 방문지역주민들의 문화적 환경을 이해함은 물론, 그 지역에 대한 풍부한 관광경험을 가지게 되고, 지역주민들은 이들 관광객들과의 상호교류를 통해 새로운 문화에 대한 정보를 받아들이게 되며, 자신들의 지역문화 보전에 대한 이해를 증진시킬 것이다.

(2) 국가 간의 상호 이해와 평화증진

국제연합이 관광을 '평화의 여권'이라는 캐치프레이즈를 내걸며 세계 각국의 관광진흥을 촉진시킨 것은 관광이 국제 간의 상호 이해와 세계평화에 기여하고 있음을 시사하고 있다. 관광을 통한 지역 간 · 세계 간 인적교류의 확대는 쌍방 간의 문화적 · 사회적 특성을 서로 이해할 수 있는 기회가 되며, 이는 세계평화의 증진에 기여하게 된다.

(3) 교육적 기회의 확대

관광을 통한 세계지역 간의 왕래는 타국의 사회문화적인 특성과 그들의 역사를 이해하게 하며, 직접적인 체험을 통해 관광지나 그 밖의 현지인들의 생활양식을 보고 배움으로써 세계 각지에 대한 지식과 정보를 획득할 수 있는 기회가 된다.

(4) 관광의 사회문화적 부의 효과

① 지역주민과의 갈등

관광개발로 인해 발생하는 지역 간의 불균형은 계층 또는 계급 간의 갈등으로 비화될 위험을 내포하고 있다. 즉 경제적 불평등에서 발생하는 이러한 계급적 갈등과 사회적 불만은 근본적으로 관광산업이 내포하고 있는 구조적 불평등성에 기인하고 있다. 또한 국제관광의 경우 관광객과 현지인 간에 일어나는 경제적 불평등은 가진 자와 못 가진 자와의 관계에서 경제적 · 문화적 열등감과 박탈감을 야기하게 되며, 이로 인해 현지인들의 사회적 긴장감이 고조되고, 자기비하와 모멸감으로 인한 관광객과의 극심한 대립양상을 초래하기도 한다.

② 전통문화의 상품화와 가치의 파괴

문화의 상품화란 관광개발로 인한 일련의 파행적인 문화파괴현상을 의미하기도 한다.

관광은 관광지역 주민들의 사회와 문화를 대상으로 상품화가 이루어지는데, 이 경우 전통문화의 상품화과정에서 현지인들이 경험하는 심리적 자기비하와 자아상실 또는 소외감정 등의 문제가 야기될 수 있다. 다시 말해서 전통문화의 상품화는 그 문화가 가지고 있는 상징적인 가치가 상품의 수용자에 의해서 인정될 때만 비로소 그 가치가 인정되나, 단순히 일반적인 상품과 동등하게 다루어짐으로써 전통문화의 고유한 가치의 상실로 인한 자괴감을 자아내게 할 수 있다.

또한 전통문화와 관련된 미풍양속까지도 관광객에 의해 무시된 채 관광객들이 자신들의 문화적 우월성이나 경제적 과시로 인해 현지인들의 전통적 가치가 파괴되는 양상을 보이기도 한다.

4) 관광의 환경적 효과

관광이 활성화됨에 따라 필연적으로 지역환경에 다양한 형태로 영향을 미치게 된다. 즉 관광개발을 통해 관광의 하부구조 · 상부구조의 환경적 개선과 같은 긍정적 효과를 미칠 수 있는 반면, 공해 · 오염 등의 부정적 효과를 미치기도 한다.

(1) 관광이 환경에 미치는 긍정적 효과

① 관광자원의 개발과 보전

관광자원의 효율적인 개발을 통해 방치되어 있던 관광자원을 개발하여 활성화시키고, 기존의 자원을 보호 · 보전하며, 또한 이에 부합된 편의시설을 확충함으로써 관광자원의 가치를 제고시킬 수 있다.

② 자연환경의 정비

관광객들을 유치하기 위해서는 관광과 관련된 환경의 정비가 필수적이므로 이를 위해 자연경관을 효과적으로 정비하고 조성하는 것이 필요하다.

③ 관광제반시설의 확충

관광객들이 이용하는 제반시설의 편이성을 보장하기 위해 지역의 물리적 환경을 개선시킴은 물론, 공공환경도 정화하고 접근이 용이하도록 시설을 확충함으로써 관광객뿐만 아니라 지역주민에게도 그 편익이 돌아갈 수 있도록 기회를 제공할 수 있다.

(2) 관광이 환경에 미치는 부정적 효과

① 생태계의 파괴

관광개발은 자연파괴나 환경오염을 초래함으로써 생태계를 위협할 수 있다. 특히 개발도상국에서 흔히 볼 수 있는 현상으로 자원개발이라는 미명 아래 자연을 무차별적으로 훼손함으로써 자연재해를 발생시키기도 하고, 또한 토양과 식생의 변화를 초래하며, 동물들의 이동경로를 방해함으로써 생태계에 변화를 초래하기도 한다.

② 공해와 교통문제

관광객들의 유입이 증대됨에 따라 교통수단이 증대되고, 이에 따른 교통혼잡은 물론, 교통사고 그리고 소음과 공해로 인하여 지역환경이 점차적으로 악화될 수 있다.

③ 환경오염

관광자원개발과 관광시설을 확충함으로써 지역환경에 부정적 영향을 끼칠 수 있는데, 특히 교통으로 인한 대기오염은 물론, 오폐수 · 쓰레기 등의 폐기물로 인한 수질오염과 토양의 황폐화로 인하여 지역주민의 건강까지도 해치는 사례들이 빈번히 발생하고 있다.

2. 문화관광 활성화 방안

관광객과 관광 대상국 사이에서 서로의 문화에 대한 동등한 위치에서의 이해와 배려가 없을 때 경제적 예속관계에 의해서 나타나게 되는 폐해에 대하여 살펴보았다. 그렇다면 관광 대상국이 문화에 대하여 주체적인 생산력을 가지고 진정한 문화관광이 지속적으로 이루어질 수 있는 대안은 무엇인지 생각해 보자.

1) 관광지와 생활영역의 분리

실제 관광의 대상이 되는 자연관광지와 그 속에서 생활을 영위해 가는 지역주민의 생활영역을 분리하여 관광을 실시하는 방법을 생각해 볼 수 있다. 이는 외래관광객에 의한 지역문화의 파괴, 오염을 최대한 줄일 수 있는 방법으로 지역주민과의 마찰 또한 최소화할 수 있을 것이다. 그러나 이 방법은 관광의 본질인 문화의 교류 측면에서 볼 때, 큰 한계를 지닌다. 문화의 교류란 특정한 부분, 즉 울타리를 치고 관람을 허용한 부분만을 보는 것이 아니라 그 사회가 가진 생활양식의 전반을 탐험하는 것을 말하는데, 관광지와 생활영역이 분리될 경우 진정한 의미의 문화를 느꼈다고 할 수 없을 것이다. 또한 문화적 마찰을 통한 창조라는 관광의 긍정적인 기능을 상실할 수 있다.

이 방법은 본원적인 해결책이 될 수 없으나 관광으로 인한 지역문화의 파괴가 심각하고 지역주민의 관광객에 대한 거부감이 강한 지역(위에서 언급한 하와이 원주민의 경우)에서는 필요한 것이라고 생각된다. 따라서 관광지와 생활영역을 분리함으로써 지역 고유의 문화를 어느 정도 회복한 이후에 지역주민과 여행자의 상호 교육을 통하여 삶의 질 향상에 기여하는 문화관광이 이루어질 수 있도록 해야 할 것이다.

2) 관광객 교육

현재 관광은 어느 정도의 소득 수준만 되면 누구나 할 수 있는 행위이다. 그래서 지국에서는 노동자의 위치에 있더라도 물가가 싼 관광지로 가게 되면 상대적인 위축감이 줄어들어 가진 자의 횡포를 부리게 되는 경우가 많다. 즉 문화에 대하여 깊이 있는 이해를 하기보다는 그저 새로운 것을 보고, 남들이 다 가는 곳에 다녀왔으며, 돈을 썼다는 사실이 더 중요해지는 것이다. 따라서 관광이 이루어지기 전에 관광객에 대한 사전교육을 통하여 관광행위가 보다 가치 있는 문화창출에 기여할 수 있는 기반을 마련할 수 있는 것이다.

관광지에 대한 기본적인 지식과 역사, 생활풍습에 대한 교육을 통하여 관광객과 지역주민 사이에 화폐로 거래되는 것 이상의 인간 대 인간으로서의 커뮤니케이션이 행해질 수 있을 것이다. 관광객 교육을 통하여 관광객은 관광이 단순한 소비행위가 아니라 다른 문화를 이해하고 다른 문화를 가진 친구를 만나는 유익한 행위가 될 수 있음을 알게 된다.

이러한 관광객 교육은 넓게는 학교 교육 전반에 걸친 타 문화에 대한 소개와 이해를 통해 이루어질 수 있고 구체적으로는 관광을 가기 전, 가이드나 여행사에 의한 교육을 통하여 이루어질 수 있다.

3) 지역주민의 교육

관광객뿐 아니라 지역주민에 대한 교육도 이루어져야 한다. 지역문화에 대한 긍정적인 인식을 심어주고, 문화적인 자긍심을 심어줌으로써 지역주민 스스로 경제적인 이익을 위하여 고유한 문화를 변질시키는 행위를 근절할 수 있다. 여기에 관광객에 대한 친절교육을 함께 실시한다면, 굳이 그들의 입맛에 맞추기 위해 독특한 문화를 변화시키지 않아도 관광으로 인한 경제적 효익을 창출할 수 있을 것이다.

지역주민의 교육은 관광을 주도하는 정부가 시설투자나 대외적인 홍보와 함께 정책적으로 주도해야 할 것이며 원래의 생활공간을 외래 관광객에게 침탈당하는 것이 아니라 역시 문화적인 교류차원에서 인식될 수 있도록 해야 할 것이다.

4) 문화의 존재가치에 대한 의식의 전환

문화란 존재 자체만으로도 그 독특함과 다양성을 인정받으며 나름의 가치를 지닌다. 문화 교류를 통하여 나타나는 경제적인 효과는 문화 자체가 갖는 특성이라기보다는 문화적 충돌에 의한 정신적인 만족의 대가로 지불되는 부가적인 것이다. 경제적인 관점에서의 부가가치는 원래의 생산가치보다 더 중요하겠지만, 문화의 관점에서는 존재가치 자체가 중요하다. 왜냐하면 경제적인 효익과는 상관없이 문화는 여전히 생성·소멸·발전되어 가는 것이기 때문이다. 문제는 경제적인 부가가치가 현대에 있어 관광이란 장치를 통하여 문화의 존재가치를 왜곡시키는 데 있다.

따라서 문화의 부가가치는 상품화되어 교류될 수 있어도 문화 자체의 존재가치는 자국민 스스로가 지켜가야 하며 고유한 특색을 지녀야 한다는 것을 사회 전반에 걸쳐 인식할 필요가 있다. 이러한 의식의 전환을 위해서는 사회적인 캠페인을 시도해 볼 수 있는데, 문화의 산업적인 측면과 더불어 문화 자체가 가지는 고유성에 대한 내용을 주제로 하여 캠페인이 이루어질 수 있을 것이다.

3
CHAPTER

전통문화의 개관

[제1절] 전통문화의 개요

1. 문화와 전통

전통이란 "과거로부터 현재까지 지속되어 현재에도 전해지고 계속 살아 움직이며, 그것을 받아들여 다음 세대에 전하는 사람들에게 인정받는 그 무엇"이라고 정의할 수 있다.

문화는 사회의 구성원으로 인간이 획득하는 능력과 습관을 포함하는 복잡한 총체로서 여러 특성을 갖는다. 역사적 · 지리적으로 자리매김된 일정한 사회에 존재해 온 전통문화는 시간의 흐름에 따라 변화하고 있다. 그러나 전통문화는 시간의 흐름 속에 새로운 외래문화와 교류하면서 사회화과정을 거치면서 서서히 변화한다는 것이다.

전통은 어린 시절부터 자연발생적으로 습득되고, 고착되면서 우리의 몸과 정신에 스며든다. 예를 들어 특정언어를 어린 시절에 배우지 않고 어른이 되어서야 배운 사람은 다소 어색한 부분이 있을 수 있다.

그 이유는 그의 발성기관이 특정언어의 음을 똑바로 낼 수 있는 움직임을 자연스럽게 습득하지 못했기 때문이다. 모국어 발성은 신경근육기관에 의해 기억된 틀 속에 기록된다. 그것은 특정한 근육은 발달시키고 다른 근육은 내버려둔다. 그리고 이렇게 몸으로 기억된 것은 다른 언어의 음을 정상적으로 내는 것을 방해한다. 그러므로 우리를 만드는 행동양식이나 사고의 틀이 되는 많은 문화요소는 우리가 그것을 체질화했기 때문에 존재하는 것이다.

문화는 한 사회의 구성원인 인간이 취득한 규범과 습관 그리고 행동과 표상지침으로 이루어진 복잡한 총체이다. 모든 문화는 특수한 것이고, 지역적 · 사회적으로 구분되며, 주어진 한 언어 안에서의 담론적 표현대상이고, 집단과 개인들에게는 정체성과 다른 사람에 대한 차이를 만드는 요소이며, 사회성원들이 서로에 대해 그리고 그들의 환경에 대해 가지는 방향지시의 요소이다. 그러므로 모든 문화는 역사적 맥락에 따라 재구성된 전통들을 토대로 전달되고 형성된다.

문화는 종교 · 교육 · 음식 · 예술 · 유희의 행위와 믿음들로 이루어져 있다. 문화는 또 혈족 · 가족 그리고 정치집단의 규칙들과도 연관되어 있다. 몸 · 건강 · 병과 관련된 행위와 믿음은 문화에서 중요한 자리를 차지한다. 이들을 전달하고 동화시키기 위해서는 시간이, 그것도 많은 시간이 필요하다. 다시 말해 고유한 지역과 역사 속에 뿌리 내린 문화는 지역성과 역사성을 토대로 한 전통에 의해 시간이 지남에 따라 축적 · 발전하고 있음을 의미한다(주형일, 2000 : 25-26).

2. 전통문화의 개념과 성격

전통이란 근대와 비교되는 말로서 이 두 개념을 크게 단절로 보는 입장과 연속으로 보는 입장이 있다. 단절로 보는 입장은 스멜서(Smelser, 1963)의 견해로서 근대화로 인한 구조적 변화는 새로운 형태의 행위규범을 요구하여 기존의 사회적 행위와 갈등을 일으킨다. 곧 전통적인 행위규범은 근대화를 방해하는 것으로, 전통은 마땅히 극복되어야 한다는 것이다.

한편 벤딕스(Bendix, 1967)는 전통과 근대는 상호 배타적인 것이 아니라 연속적인 것이라 주장하고 있다. 곧 과거에도 근대적인 요소는 존재하였고, 오늘날에도 전통적인 요소가 존재하고 있다는 것이다.

전통과 근대를 연속으로 보는 입장은 다시 보수적인 입장과 진보적인 입장으로 나뉘는데, 보수적인 입장은 현대사회에서 전통문화의 소극적 · 수동적인 수용을 강조하는 보존적 전승론으로서 전통으로의 맹목적인 복고나 회귀는 아니더라도 전통을 고수하는 입장이다. 한편 진보적인 입장은 전통문화의 적극적 · 능동적인 재해석 · 재창조를 강조하는 창조적 발전론으로서 전통문화의 이해를 바탕으로 현대와 미래의 감정 · 사고 · 행동 · 생활에 맞는 문화적 주체성을 개발하려는 입장이다. 한 문화의 주체자라는 관점에서 본다면, 보존적 전승론은 그 주체가 기성세대에 의존하게 되고, 창조적 발전론은 젊은 신세대에 의해 주도된다.

전통문화를 이해하는 또 하나의 축은 전통과 관습을 대비해 보는 것이다. 홉스봄과 레인저(Hobsbawm & Ranger, 1983)는 관습과 전통을 구별하여, 관습은 과거의 규범적인 행위로서 현재의 행위를 판단하는 기준이라 하고, 전통은 실제적인 행위를 둘러싸고 있는 공식적인 도구와 의례화된 실천, 곧 실제적인 행위라고 하였다. 한편 임희섭은 전통을 '문화적 전통'과 '전통사회의 문화'로 구분하였는데, 전통사회의 문화는 현대에서의 적합성을 이미 상실한 과거의 전통적인 사회구조에서만 적합했던 문화적 유산으로서의 전통이다. 반면 문화적 전통은 현대에서도 적합성을 유지하고 있는 과거로부터의 문화적 유산인 전통이다. 따라서 여기서 말하는 전통문화는 '관습이나 전통사회의 문화가 아니라, 현대사회의 문화적 토대와 변화 · 적응하는 데 적합성을 갖고 있는 문화적 유산'을 의미하는 것이다. 다시 말해 전통문화는 현대문화와 단절된 것이 아니라 연속성을 갖는 것이다(임희섭, 1984).

전통문화는 건축설계 · 의상패턴 · 사고방식 · 행동원리 · 생활양식 또는 여러 가지 예술에 담겨 있는 '혼'으로서 현대와 미래의 문화창조를 풍요롭게 해주는 새로운 문화창조의 바탕이며, 현대사회와 미래사회에 알맞은 문화의 발전방향을 정립하는 기초가 된다. 한상복은 전통문화의 성격을 다음 세 가지로 들었는데 첫째, 전통문화는 가치판단이 개입되어 긍정적인 것, 좋은 것, 바람직한 것이라는 의미를 내포하고 있는 점 둘째, 적용범위상 다양한 차원의 전통문화를 논할 수 있는, 다시 말해 지역적 · 계층적 · 시대적 구분이 가능하다는 점 셋째, 전통문화도 가변성을 갖는다는 점이다(한상복, 1983).

3. 전통문화의 범위

전통문화의 범위는 크게 다음 세 가지 차원, 곧 시대 · 계층 · 항목에 의해 구분해 볼 수 있다. 먼저 시대는 문화와 전통문화의 시대별 특징을 기대하는 통시적 측면이고, 계층은 왕가나 양반 · 평민 등 신분에 따른 문화의 차이이며, 항목은 음악이나 의식주 · 축제 · 종교 등의 구체적인 문화특질이다. 그러나 일반적 범위는 ① 상층문화(종묘제례 · 양반문화 등), ② 생활문화(의식주 · 도구 등), ③ 축제문화(전통놀이 · 마을축제 등), ④ 예술문화(국악 · 미술 · 공연 · 예술 · 공예 등), ⑤ 가치문화(공동체의식 · 예절 등)이다.

한편 전통문화는 외래문화에 대한 상대적 개념으로 재래문화를 뜻하기도 하는데, 우리가 이 땅에 살아오면서 이룩한 문화를 재래적인 전통문화라고 한다면, 외국으로부터 들어온 서양문화를 외래문화로 보는 것이다. 문화는 언제나 자생적인 문화가 외래문화를 흡수하면서 새로운 문화를 만들고, 그 새로운 문화가 또 외래문화를 흡수해서 또 다른 새로운 문화를 만든다. 이렇듯 부단히 거듭되는 과정을 통해서 전통문화가 되고, 재래문화가 되는 것이다.

4. 전통문화 보존의 필요성

전통문화에는 당시의 시대적 배경과 정신이 내재되어 있기 때문에 함부로 파괴하거나 해체할 것이 아니라 그대로 보존하는 것이 중요하다. 전통문화 그 자체는 이 땅에서 살아온 조상들의 삶의 방법일 뿐만 아니라 지혜가 함축되어 있기 때문이다. 오늘날 한국의 김치가 건강발효음식으로 세계적인 음식이 되었고, 온돌이 유럽에서 최첨단시스템으로 번지고 있으며, 황토방 · 사찰음식이 건강과 관련하여 주요관심의 대상이 되고 있는 것만 보더라도 전통문화의 세계적 가치를 알 수 있다. 또한 높은 수준의 전통예술은 그 자체가 세계성을 가진 우수한 인류의 문화유산이기 때문에 잘 보존할 필요가 있다.

지역이나 국가는 고유 전통예술을 통해서 가장 특성 있는 예술의 멋과 기교를 배우고, 그 속에 담겨 있는 문화의 정수를 찾아낼 수 있다. 전통문화유산 중에는 오늘날 발달된 현대과학기술로도 풀 수 없는 세계적인 예술품들도 있다. 이러한 예술품들은 창조할 수 없을 뿐만 아니라, 그 가치를 제대로 파악하기도 어렵다. 따라서 이러한 전통문화유산을 잘 보존하여 세계인들에게 문화의 우수성을 알리고, 새로운 문화창조의 바탕으로 삼아야 한다. 보다 많은 전통문화유산들이 잘 보존되고 가꾸어져서 독특한 문화예술을 발전시키는 밑거름이 되어야 할 것이다.

5. 전통문화의 보존 · 발굴

이 세상의 만물은 계속 변화하고 있다. 문화도 가변적이며, 전통문화 역시 역사적 배경 속에서 끊임없이 변화를 겪어 왔다. 문화유산의 경우 보존이나 관리방법에 따라 본질의 유지와 훼손이 좌우되는데, 전통문화의 경우 그동안 비교적 잘 보존된 것도 있고, 심하게 훼손되거나 완전히 소멸된 것도 있다. 따라서 전통문화를 재조명하여 역사적 · 예술적 · 학술적 의미와 가치를 지닌 대표적인 것들을 선별하여 변화 · 훼손 · 소멸의 정도와 상태에 따라 보존 · 보급 · 선양할 수 있는 방안이 마련되어야 한다.

전통문화의 변화 · 훼손 · 소멸의 원인을 우리나라를 예로 하여 설명하면 다음과 같다(이광진, 1995 : 237-239).

첫째, 조선조 성리학에 의한 전통문화의 억압 · 배척을 들 수 있다. 배타적인 성리학이 무(巫)-불(佛)을 비롯한 여러 전통문화를 억압하고 배척함으로써 마을굿(洞祭)의 유례화(儒禮化), 무 · 불의 변형 또는 위축, 성(性)문화의 부정화, 공예 및 민간예술의 천대 등이 이루어졌다. 마을굿은 고대 제례 이래 신라와 고려를 통해 지속되던 국가규모 또는 지방단위의 축제였다. 유교를 숭상하던 조선시대의 지배층은 그들의 윤리관과 가치관에 의하여 마을굿을 성황신에 제사하는 중국의 전통에 따라 성황제로 바꾸고, 유가들이 그 제관으로서 제사를 주관하였다. 따라서 마을굿은 유교식으로 바뀌어 마을굿의 축제성과 하늘에 제사를 드리던 성격이 소멸되거나 위축되었다. 전통문화로서의 무(巫)는 박해에 의해 종교적 의례와 문화적 의의가 변형되었고, 불교 또한 사찰의 파괴와 정리로 산속에 은거하는 형편이 되어 불교문화의 위축을 가져오게 되었다.

둘째, 일제의 전통문화 말살정책을 들 수 있다. 일제가 한민족을 열등한 민족으로 전락시켜 영구한 식민통치의 대상으로 만들기 위해 추진한 대표적인 정책이 민족전통문화의 왜곡과 말살이다. 따라서 우리의 생활문화는 일본인에 의해 일정하게 걸러진 서양문화와 일본문화로 바뀌고, 민족문화의 기반이 되는 세시풍속과 축제는 금지 또는 파괴시켰으며, 무속과 신흥민족종교도 탄압하였다. 특히 이때 소멸 · 훼손 · 변모된 것들은 그 성격상 전통문화의 중요한 부분들이었고, 그 때문에 탄압과 말살 그리고 왜곡의 대상이 되었던 것이다. 그중 놀이문화와 축제문화는 조선시대 때의 위축을 거쳐 이 시기에 가장 심각하게 타격을 받았다.

셋째, 해방 이후 서구화 · 산업화에 따른 훼손 · 변모를 들 수 있다. 해방 후 대한민국 정부수립에 따라 전통사회와는 전혀 이질적인 새로운 사회가 전개되었다. 따라서 서구문화의 유입으로 변화된 가치관 등이 합리적인 것으로 받아들여져 통용되었고, 서구화와 급속한 산업화가 진행되면서 놀이문화 · 세시풍속 · 축제문화 · 관혼상제 · 생활문화 등 사회 전반에 걸쳐 급격한 문화변동이 일어났다. 특히 의식주와 생업을 포함한 생활문화가 대거 서구화 · 산업화되었다. 관혼상제는 현대화의 물결 속에 일정한 대책 없이 변형된 채 혼란스럽게 관행되어 오고, 세시풍속 또한 변형 · 위축된 가운데 일부만 명맥을 유지하고 있다. 놀이문화와 축제문화의 훼손 · 변모는 가장 심각한 문제로, 일제 때 큰 타격을 받아 위축된 상황에서 산업화의 가치관을 통하여 놀이는 일의 대립된 개념으로서 바람직하지 못한 것으로 간주되어 오다가 경제성장과 가처분소득이 증가하면서 대부분 상품화되기 시작하였다. 놀이문화와 축제문화가 한국 전통문화의 특성을 이루어온 점을 감안할 때 결국 놀이문화의 위축 · 변모가 축제의 쇠퇴를 불러온 원인이 되었다.

6. 전통문화의 유형

전통문화 가운데 새롭게 발굴 · 보존되어야 할 부분은 그동안 소멸되었거나 그 중요성에 비해 주목받지 못했던 것들로서 종교문화 · 생업문화 · 세시풍속과 놀이문화를 들 수 있다.

1) 종교문화

종교문화는 우리나라의 경우 전통신앙인 무(巫)의 기반 위에 중국으로부터 불교 · 유교 · 도교가 들어왔고, 조선후기에는 기독교와 민족신흥종교가 들어와 우리 전통문화의 큰 줄기와 뿌리로 정착하였다. 이들은 한국문화의 정신적 기반을 이루면서 전통문화의 각 부분에 걸쳐 다양한 영향을 미쳤다. 따라서 종교적 전통으로 발전해 온 우리나라의 종교적 의례나 의식 등을 문화로써 보존 · 전시하고, 전통종교 의례와 문화행사에 참여할 수 있는 여건을 조성해야 한다.

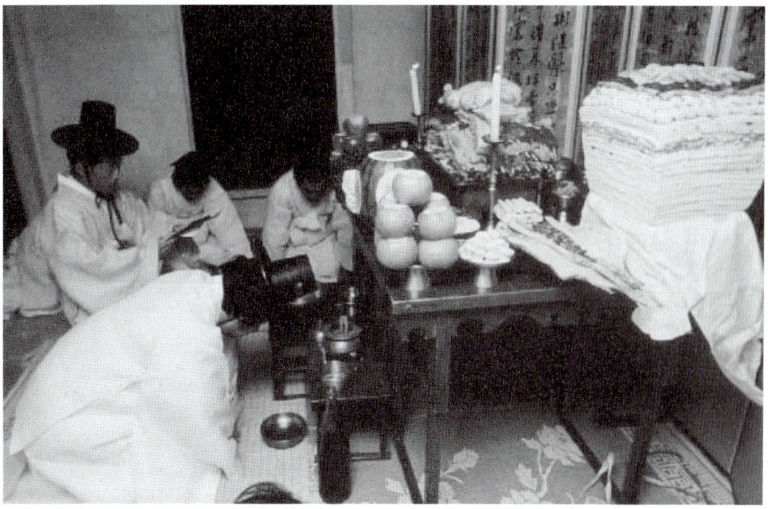

2) 생업문화

전통생업문화는 급속한 산업화 · 서구화로 인해 우리 주위에서 거의 소멸된 상태이다. 서구 과학문명의 도입은 전통생업을 무시하거나 경시하는 풍토를 조성하였다. 현재 농업박물관 및 개인이나 사립민속박물관이 있어 전통생업관계의 유물 · 유적이 전시되고 있으나, 생업 각 분야에 대한 연구 · 유물수집 · 복원 · 보존은 부족한 편이다. 따라서 각 지방별로 생업을 발굴하여 종합적인 과학기술사박물관이나 전통생업박물관을 세워 보존 · 전시가 이루어져야 한다. 생업문화는 전통문화와의 적절한 관계 속에서 체계적으로 복원 · 이해될 수 있다.

3) 세시풍속

전통놀이는 남녀노소 · 계층별 · 개인 · 집단 · 지방별로 매우 다양하다. 그러나 급속한 도시화와 더불어 많은 전통놀이가 소멸되었다. 따라서 종합적인 조사가 이루어져야 한다. 놀이문화가 현재 지방에 따라 어떻게 잔존하고 있는지에 관한 실제 현지조사가 필요하다. 전통놀이문화가 대부분 소별되기는 하였으나 세시풍속 등을 중심으로 한 연구를 통하여 복원하고, 그에 걸맞은 지방민속문화로서 교육 · 장려 · 지원함으로써 보급을 시도한다면 생활의 여유와 멋을 되찾는 데 크게 기여할 수 있을 것이다.

축제는 참여자의 태도와 감수성을 강화시키고, 즐거움의 추구를 통한 욕구불만에 대한 보상이 되며, 스트레스 해소를 비롯하여 불안해소나 치료의 효과를 가지고 있다. 또한 사회적 통합과 개인·집단의 조화유지라는 방대한 기능을 가지기도 하며, 신화의 재현을 통한 원형적이고도 궁극적인 의미를 체득시키고, 개인과 사회와 우주와의 관련성을 새롭게 확인시켜 문화의 위기를 극복시켜 주는 기능을 한다.

4) 축제

우리의 축제문화는 조선시대·일제·해방 이후의 산업화·서구화를 거치면서 많이 소멸되고 위축·변형되어 전통축제가 가진 멋과 흥취 및 신명이 제대로 발휘되지 못하고 있다. 따라서 그동안 소멸되거나 변형된 축제를 각기 복원·발굴하는 것은 큰 의미를 지닌다. 마을굿을 중심으로 하던 축제는 오늘날 예술제·문화제·놀이 등의 향토축제로 변형·운영되고 있을 뿐이다. 전통축제의 원형을 정확하게 조사한 결과에 따라 그것을 해당마을·지방에서 재연시킨다면 오늘날 각 지방의 축제에 수용될 수 있으며, 새로운 축제문화의 정립에 크게 기여할 수 있을 것이다.

[제2절] 문화재

1. 문화재의 개념

문화재는 조상으로부터 물려받은 유산이며, 후손들에게 길이 물려주어야 하는 귀중한 자산이다. 문화재는 각 나라 또는 겨레들이 독특한 역사의 풍토 안에서 이루어낸 전통의 산물로서 국가의 정체성을 확립하는 데 가장 중요한 구실을 한다.

「문화재보호법」(아래에서는 '법'으로 칭함) 제2조1항에서는 "문화재라 함은 인위적·자연적으로 형성된 국가적·민족적·세계적 유산으로서 역사적·예술적·

학술적 · 경관적 가치가 큰 것을 말한다."라고 정의하고 있다. 여기에서 말하는 문화재는 국가에서 지정하는 문화재의 기준이 되고 있다.

문화재는 성격에 따라 유형문화재, 무형문화재, 기념물, 민속자료로 나눌 수 있고, 매장문화재는 땅속에 들어가 있을 때는 따로 구분하게 되지만 발굴과정을 거쳐 드러나는 유물은 유형문화재가 된다.

유형문화재는 건축, 회화, 공예작품을 비롯해 고문서 등 유형의 문화적 소산물을 말하며, 무형문화재는 연극, 음악, 무용, 공예기술 등 사람의 행위에 의해 비로소 나타나는 무형의 것을 이르는 말이다. 기념물에는 역사기념물과 천연기념물이 있다. 역사기념물에는 고분, 궁궐터, 절터, 성터와 같은 역사유적들이 있으며, 경승지와 희귀 동식물들은 천연기념물로 구분한다. 민속자료는 의식주, 생업, 신앙 등 풍속에 관련되는 것을 말한다.

국가에서는 문화재를 보호하기 위하여 이를 국가지정문화재와 시 · 도지정문화재, 문화재자료로 구분하고, 국가지정문화재는 국보, 보물, 중요무형문화재, 사적, 명승, 천연기념물, 중요민속자료로 지정하여 관리하고 있다.

문화재를 보존하기 위해 국가 또는 지방자치단체에서 중요 문화재를 지정하고 있지만 문화재 지정에 따르는 현실적인 제약이 많고 국민의 일상생활을 침해할 수 있는 요소가 있기 때문에 문화재 지정은 신중한 판단이 요구되고 있다.

지정문화재는 중요도에 따라 국가차원의 관리를 위한 것일 뿐, 지정되지 않은 문화재라고 해도 지정문화재와 다름없는 가치가 있기 때문에 법에 따라 보호를 받게 된다.

2. 문화재청

문화재청(Cultural Heritage Administration)은 문화재의 관리·보호·지정 등의 사무를 관장하기 위해 설립한 문화체육관광부의 외청이다. 문화재 관리업무는 1948년 정부 수립과 함께 조직된 문교부의 문화국 교도과에서 관장하다가 1955년 구황실재산사무총국으로 개편되었으며, 문교부에는 문화보존과가 설치되었다. 1961년 10월 구황실재산사무총국과 문교부 문화보존과의 사무를 통합하여 문교부 외국(34局)으로 문화재관리국이 신설되었고, 1968년에는 문화공보부 외국으로 소속이 바뀌었다.

1975년 4월 문화재관리국 산하에 국립문화재연구소와 국립민속박물관을 개설하고, 1989년 정부직제 개편에 따라 문화부 외국으로 개편되었다. 1993년에는 다시 문화체육부 외국으로 개편되었다가 1998년에 문화관광부 외국으로 개편되었고, 1999년 5월에 문화재청으로 승격되었다.

주요업무는 ① 매장문화재의 보존·관리, ② 문화재의 현상변경과 국외반출에 관한 업무, ③ 보조금 지급, ④ 문화재의 관리와 수리 등에 관한 사항이다. 그 밖에 한국전통문화학교 설립, 해외에 있는 한국문화재 실태조사 등을 수행한다.

한편 1995년에 불국사, 석굴암, 종묘, 해인사대장경판을 UNESCO(United Nations Educational, Scientific and Cultural Organization : 국제연합교육과학문화기구) 세계문화유산으로 등록했으며, 1997년에는 창덕궁과 수원화성을 추가 등록하는 한편 『훈민정음』과 『조선왕조실록』을 UNESCO 세계기록유산으로 등록했다.

청장 1명 아래 문화재기획국·문화재유산국이 있고, 하부조직으로 총무과·문화재기술과 · 궁원문화재과 · 문화재기획과 · 기념물과 · 무형문화재과 · 유형문화재과 등 총 7개의 과가 있다.

소속기관으로 국립문화재연구소(3개 지방연구소 포함)를 운영하며, 그 밖에 한국전통문화학교, 궁중유물전시관, 국립해양유물전시관, 현충사관리소, 세종대왕유적관리소, 칠백의총관리소가 있고, 3개 궁과 종묘에 각각 관리소를 두고 있으며, 전국 각 지역에 지구관리사무소(13개소)를 두고 있다. 대전광역시 서구 둔산동 920번지 정부대전청사 안에 있다.

3. 문화재의 분류

1) 「문화재보호법」에 의한 분류

문화재보호법에서의 문화관광자원은 대부분이 역사적인 가치를 지니고 있으며, 예술적이거나 학술적인 가치를 내포한 것으로 유형문화재, 무형문화재, 기념물, 민속자료 등으로 구분한다. 이러한 문화관광자원의 범위는 인정 · 풍습 · 행사 · 국민성 · 민족성 · 생활 · 음식 · 요리 등과 같은 자원을 제외하는 경향이 있다. 구체적인 문화관광자원의 범위는 〈표 3-1〉과 같다.

〈표 3-1〉 「문화재보호법」에 의한 분류

구 분		분류내용
문화재자원	유형문화재	건조물, 전적, 고문서, 회화, 조각, 공예품
	무형문화재	연극, 음악, 무용, 공예기술
	기념물	패총, 고분, 성지, 궁지, 요지, 유물포함층, 경승지, 동식물, 광물
	민속자료	의식주, 생업, 신앙, 연중행사, 풍속, 관습, 가옥
박물관	소장품	

(1) 문화재

문화관광자원은 유형 · 무형의 문화관광자원을 총칭한다. 문화재는 유형문화재 · 무형문화재 · 사적 · 천연기념물 · 민속자료와 같은 문화유산이다. 세계의 많은 국가들은 각각 오랜 역사와 전통 그리고 고유한 문화유산을 보유하고 있다. 예를 들어 이탈리아의 로마(Rome), 그리스의 아테네(Athens), 중국의 북경, 터키의 이스탄불, 그리고 우리나라의 경주는 많은 문화유산을 보유하고 있는 도시로서 세계적인 사적지로 손꼽힌다. 유럽이 오늘날 세계관광의 중심지로서 많은 관광객을 유치하고 있는 이유도 오랜 역사적인 유물과 종교 · 예술 등의 문화유산을 많이 보유하고 있기 때문이다.

① 유형문화재

건조물 · 전적 · 고문서 · 회화 · 조각 · 공예품 및 기타의 문화적 유산으로서 우리나라의 역사상 또는 예술상 가치가 큰 것과 고고자료를 지칭한다. 우리나라는 유형문화재로 사찰 · 고대 예술작품 등의 훌륭한 유형문화재를 많이 보유하고 있고, 이들 가운데서 국가가 중요하다고 인정하는 것은 국보 · 보물 등의 중요문화재로 지정하고 있다.

- 목조건축 : 숭례문(남대문), 창경궁 명정전, 통도사 대웅전, 불국사 대웅전, 안동 부석사 무량수전, 안동 봉정사 극락전, 예산 수덕사 대웅전, 영주 부석사 조사당 등
- 석조건축 : 원각사지 십층석탑, 미륵사지석탑, 북한산 진흥왕순수비, 태종무열왕비, 법주사 쌍사자석등 등
- 불상 : 금제여래입상, 금동미륵보살반가상 등
- 기타 : 자기(고려청자, 연화문적), 분청사기, 조선백자, 회화 등

〈표 3-2〉 연도별 국가지정문화재 현황

(단위 : 건)

구 분	2001	2002	2003	2004	2005	2006	2007	2008	2009	2010
계	2,731	2,761	2,812	2,859	2,913	3,000	3,088	3,178	3,237	3,326
국보	303	304	305	306	307	307	309	309	313	313
보물	1,315	1,337	1,371	1,401	1,420	1,482	1,513	1,573	1,588	1,667
사적	423	428	439	445	453	462	479	478	490	491
사적 및 명승	9	9	9	9	9	9	10	10	0	0
명승	7	7	10	12	15	19	30	51	67	72
천연기념물	329	329	330	337	358	367	381	389	404	407
중요무형문화재	108	108	108	109	110	112	113	114	114	114
중요민속자료	237	239	240	240	241	242	253	254	261	262

자료 : 『문화재연감』.

② 무형문화재

연극 · 음악 · 무용 · 공예기술 및 기타 무형의 문화적 유산으로서 역사적 · 예술적 가치가 큰 것을 말한다. 우리나라는 이 가운데서 특히 중요한 것을 골라 중요무형문화재로 지정하고 그 기능보유자를 인정해 중요인간문화재로 지정 · 보호하고 있다.

- 연극 : 봉산탈춤, 북청사자놀음, 꼭두각시놀음, 양주별산대놀이, 하회별신굿 등
- 음악 및 무용 : 종묘제례악, 진주검무, 승전무, 학무, 살풀이 등

(2) 기념물

역사상으로 남아 있는 조개무지(貝塚), 궁터(宮趾), 절터(寺址), 무덤(古墳), 성터(城址), 유물포함층, 기타 사적지와 명승고적 · 동물 · 식물 · 광물 등에서 중요한 것을 문화재위원회의 자문을 거쳐 문화체육관광부 장관이 사적 · 명승 또는 천연

기념물로 지정할 수 있다.

기념물은 패총 · 고분 · 성지 · 요지 · 유물 등 기타 사적지와 경승지, 동 · 식물, 광물로서 우리나라 역사상 · 예술상 · 학술상 또는 관광가치가 큰 것을 말하며, 이러한 기념물은 크게 역사적 기념물과 천연기념물로 구분한다.

① 역사적 기념물

사적 및 명승지 기념물 중 명승지에 사적이 곁들여진 곳을 지정하여 보호하는 곳이 5개소 있다(경주 불국사 경내, 내물왕릉 계림월성지대, 봉화 내성유곡 권충재 유적, 속리산 법주사 일원, 가야산 해인사 일원).

② 천연기념물

식물(자생지 포함), 동물(생식지 · 번식지 · 도래지 포함), 지질광물 등 포함, 광릉 크낙새, 제주도 무대장어, 용문사의 은행나무, 화엄사 올벗나무, 진도의 진돗개 등이 있다.

〈표 3-3〉 천연기념물 현황

항 목	분 류	수 량	대표적 천연기념물
식물 (219건)	노거수	142건	서울 재동 백송(8호)
	희귀식물	17건	대하동 솔송나무 · 섬잣나무 · 너도밤나무군락(50호)
	자생지	27건	달성 측백수림(1호)
	수림지	33건	주도 상록수림(28호)
동물 (63건)	포유류	10건	진도 진돗개(53호)
	조류	43건	광릉 크낙새(11호)
	어류	7건	제주도 무태장어(27호)
	곤충류	3건	장수하늘소(218호)
지질광물 (44건)	천연동굴	13건	제주도 김녕굴 · 만장굴(98호)
	암석광물	4건	운평리 구상화강암(69호)
	지질	14건	밀양 남명리 얼음골(224호)
	화석	13건	왜관 금무봉 나무고사리 화석(146호)
천연보호구역		10건	홍도 천연보호구역(170호)

(3) 민속자료

우리나라에서는 1962년 1월부터 시행한 「문화재보호법」에 의해 의식주 · 생업 · 신앙 · 세시풍속 등에 관한 풍속 · 습관과 이에 사용되는 의복 · 기구 · 기타의 물건으로서 국민생활의 추이를 이해하는 데 필요한 자료를 '민속자료'라 규정하고, 민속자료 중에서 중요한 것을 국가가 '중요민속자료'로 지정한다. 2010년 현재 지정된 민속자료는 모두 544점에 이르는데, 그중 중요민속자료가 240점, 시 · 도 지정민속자료가 304점이다.

민속자료에는 의식주 · 생업 · 신앙 · 연중행사 등에 관한 풍속습관과 이에 사용되는 의복 · 도구 · 가옥 및 그 밖의 물품으로서 국민생활의 추이를 이해하는 데 있어서 불가결한 것을 말하며, 이 민속자료는 무형의 민속자료와 유형의 민속자료로 구분된다.

① 무형민속자료

의식주 · 생업 · 신앙 · 연중행사 등에 관한 풍습과 관습은 무형적인 민속자료로서 지정대상이 되지 않으며 기록을 작성하여 보존한다.

② 유형민속자료

의복 · 가구 · 가옥 및 기타의 물건 등은 유형의 민속자료이며, 이 자료 중 중요한 것은 중요민속자료로 지정된다. 중요한 유형민속자료로는 덕온공주의 담의, 강릉 선교장, 방상씨탈 등을 들 수 있다.

(4) 박물관

박물관은 역사 · 예술 · 민속 · 산업 · 과학 등 고고학자료 · 미술품, 기타 인문 · 자연에 관한 학술적 자료를 수집 · 보관 · 진열하여 교육적 배려하에 일반 민중의 전람에 이바지하고, 또 그들의 자료에 대하여 조사연구하는 시설을 의미한다.

박물관은 교양 · 조사연구 · 레크리에이션 등에 자료를 제공하기 위하여 필요한 사업을 추진하고, 아울러 이들의 자료에 관한 조사연구를 목적으로 하는 기관이다.

국제박물관협의회(International Council of Museums : ICOM)에서는 "문화적 또는 학술적 의의가 깊은 자료를 수집하여 그것들을 연구 · 교육 및 취락(趣樂)을 위하여 보관하고 전시하는 상설기관은 모두 박물관으로 간주한다"라고 정의하고 있다.

이 정의에서는 ① 공공도서관 및 문서관에 의해 경영되는 상설전시관, ② 일반 민중에게 공개되고 있는 사원 · 궁전 · 분묘 등의 보물류, 사적(史蹟) · 유적 · 자연경관 등과 같은 역사적 기념물과 그 부속물, ③ 살아 있는 자료를 전시하고 있는 식물원 · 동물원 · 수족관(水族館) · 생태사육관(生態飼育館) 및 그와 유사한 기관, ④ 자연보호지구 등이 포함된다.

2) 지정 여부에 따른 분류

문화관광자원은 그 지정 여부에 따라 지정문화재와 비지정문화재로 구분된다([그림 3-1] 참조). 문화재 중 가치가 큰 것을 지정문화재라 하며, 지정문화재는 다시 국가지정문화재, 시 · 도지정문화재, 문화재자료로 구분된다.

비지정문화재는 보존할 만한 가치가 있는 문화재로서 문화재보호법 및 시 · 도 문화재조례에 의하여 지정되지 않은 것을 말한다. 여기에는 일반동산문화재와 매장문화재 및 기타 지정되지 않은 문화재가 있다.

일반동산문화재는 전적 · 서적 · 판본 · 조각 · 공예품 · 고고자료 · 민속자료로서 역사상 · 예술상 보존가치가 있는 것으로 지정되지 않은 동산문화재를 말하며, 제작된 지 50년 이상이고, 생존인의 작품이 아니어야 한다. 그리고 매장문화재는 토지와 해저 또는 건조물 등에 포장되어 누출되지 않은 문화재를 말한다.

[그림 3-1] 지정 여부에 따른 분류

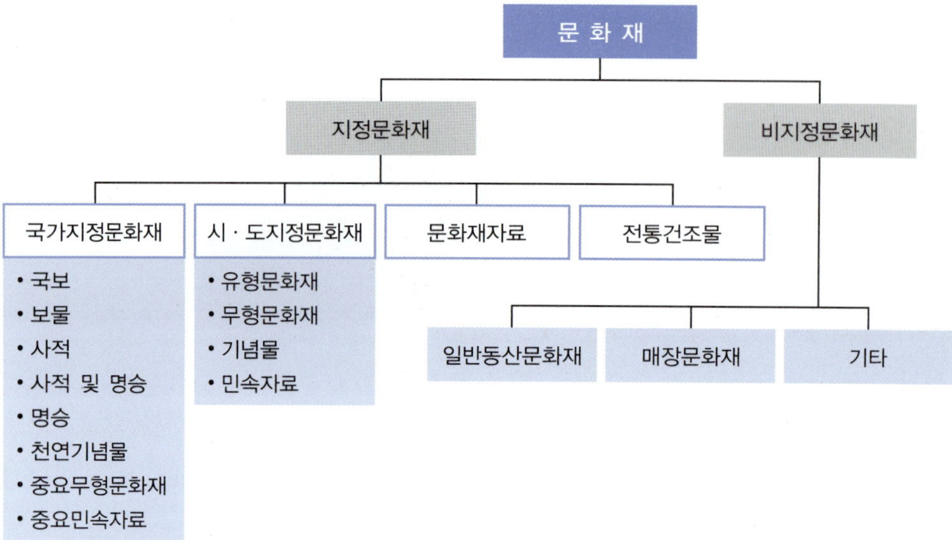

4. 문화재의 지정기준

1) 보물의 지정기준

목조건축 · 석조건축 · 전적(典籍) · 서적 · 고문서 · 회화 · 조각 · 공예품 · 고고자료(考古資料) · 무구(武具) 등 유형문화재(有形文化財) 중에서 역사적 · 학술적 · 예술적 · 기술적 가치가 큰 것을 문화재위원회의 심의를 거쳐 정부가 지정한 문화재를 의미한다.

보물의 지정연혁을 보면 일제강점기에는 '조선 보물고적명승천연기념물보존령'에 의해 지정되어 1955년 이전의 유형문화재는 모두 보물로 지정되었다가 이를 같은 국보(國寶)로 명칭을 바꾸었다. 이후 1962년 「문화재보호법」이 제정 · 공포되어 1963년 재지정하면서 728점의 지정문화재 중 386점을 보물로 지정하였다.

2009년 3월 현재 지정된 보물은 1,584점(해제문화재 제외)에 이르고 있다. 국보지정과 보물지정의 차이점은 다음과 같다.

국보는 보물의 가치가 있는 것 중에서 역사적 · 학술적 · 예술적 · 기술적 가치가 가장 으뜸인 것으로, 제작연대가 오래되고 시대를 대표하거나 가장 우수하며 특이한 것으로 역사적 인물과 관련이 있는 문화재이다.

한편 국보처럼 시대를 대표하거나 특이한 것이 아니더라도 또 역사적 인물과 관련이 없더라도 일반적인 지정의 수준에 이르면 보물이 된다. 그래서 보물의 수는 국보보다 많고, 동형의 것들이 많다. 보물로 지정된 문화재의 내용을 대강 살펴보면 다음과 같다.

(1) 목조건축

고려시대 건물은 모두 국보로 지정되어 있고, 조선시대 건물은 보물로 지정되어 있다. 대체로 임진왜란(壬辰倭亂) 이전의 조선시대 건물은 지정의 대상이 되어 있다. 보물로 지정된 건물은 궁전(宮殿) · 성문(城門) · 전묘(殿廟) · 사우(祠宇) · 서원(書院) · 누정(樓亭) · 향교(鄉校) · 관아(官衙) · 객사(客舍) · 민가(民家) · 불전(佛殿) 등이다.

(2) 석조건축

석탑이나 전탑(塼塔)의 보물지정은 통일신라시대 것부터이다. 석등(石燈) · 부도(浮屠) · 석단(石壇) · 당간지주(幢竿支柱) · 석비(石碑) 등도 모두 통일신라시대 것부터 지정되어 있다.

(3) 전적(典籍) · 서적(書籍) · 고문서(古文書)

전적류는 한문서적 · 한글서적 · 불경(佛經) · 저술고본(著述古本) · 고사본(古寫本) · 판본(板本)류 · 활자본 등이 지정되어 있다. 서적류는 사경(寫經) · 명필(名筆) 등, 고문서는 역사적 사료의 가치가 있는 것이 지정되어 있다.

(4) 회화 · 조각

회화는 한국회화사에 중요한 작가나 유파의 것으로 우수한 것과 역사적 기록화들이며, 조각은 형태 · 품질 · 기법(技法) 등이 특이하고 우수한 것들과 문화사적으로 중요한 각 시대의 유물들이 지정되어 있다.

(5) 공예품

도자기 · 범종(梵鐘) · 동경(銅鏡) · 불상 · 사리구(舍利具) 등으로 형태 · 품질 · 기법 등 한국문화사의 중요한 유물들이 지정되어 있고, 외래품 중에서도 우수한 것은 보물로 지정된다.

(6) 고고자료(考古資料)

고분에서 출토된 유물이나 조개더미 · 절터 · 집터에서 출토된 선사시대 · 역사시대 유물 중 학술적 가치가 큰 것과 종교 · 교육 · 산업 · 군사 · 정치 등의 유물로서 역사적 가치가 큰 것이 지정되어 있다.

(7) 무기(武器)

칼 · 창 · 도끼 등 전사(戰史)를 연구하는 데 필요한 중요한 유물과 역사적으로 이름 있는 장군이나 위인이 사용하던 무기류가 지정되어 있다.

2) 국보의 지정기준

국보는 역사적 · 학술적 · 예술적 · 기술적인 가치가 큰 문화재로서 문화재위원회의 심의를 거쳐 지정한 문화재를 의미한다.

보물로 지정될 가치가 있는 것 중에 제작연대가 오래되고 시대를 대표하거나, 유례가 드물고 우수하며 특이하거나, 역사적 인물과 관련 있는 것을 지정한다.

목조건축 · 석조건축 · 전적(典籍) · 서적 · 고문서(古文書) · 회화 · 조각 · 공예품 · 고고자료(考古資料) · 무구(武具) 등이 있다. 국보는 관보(官報)에 고시(告示)한 날로부터 효력이 발생한다. 국보로 지정되면 문화재보호법에 의하여 국가의 보호를 받는다. 국보지정의 연혁을 보면, 일제강점기 때는 '조선 보물고적명승천연기념물보존령'에 의하여 지정되었고, 1955년에는 보물로 지정되어 있던 유형문화재를 모두 국보로 지정하였으며, 1962년 문화재보호법이 제정 · 공포되면서 이 법에 의하여 1963년 728점에 이르는 지정문화재 중 116점을 국보로 지정하였다. 2009년 3월 현재 지정된 국보는 309호에 이르고 있다. 국보의 지정번호는 가치의 높고 낮음을 표시한 것이 아니고 지정된 순서를 말한다. 국보로 지정된 문화재의 내용을 간략하게 살펴보면 다음과 같다.

(1) 목조건축

고려시대 이전의 목조건축은 하나도 남아 있지 않다. 남한에 있는 고려건축은 부석사 무량수전(浮石寺無量壽殿), 부석사 조사당(祖師堂), 수덕사 대웅전(修德寺大雄殿), 강릉 객사문(江陵客舍門) 등인데, 이들은 모두 주심포(柱心包)집에 배흘림기둥을 하고 있다. 한편 북한에 있는 고려시대 건물은 고려 말에 들어온 다포(多包)집계통이다. 남한의 고려시대 건물은 모두 국보로 지정되어 있다. 조선전기의 건물들은 고려건축의 기법을 계승하였으며, 그 좋은 예가 송광사 국사전(松廣寺國師殿) 같은 건물이다. 아름다운 벽화를 가진 불전(佛殿)으로 무위사 극락전(無爲寺極樂殿), 성문루(城門樓)의 대표적 건물로 서울 남대문(南大門), 판고(板庫)의 대표적 건물로 해인사 장경판고(海印寺藏經板庫), 목탑(木塔)의 유일한 건물로 법주사 팔상전(法住寺捌相殿), 중층(重層) 불전의 대표적인 것으로 화엄사 각황전(華嚴寺覺皇殿), 삼층(三層) 불전으로 금산사 미륵전(金山寺彌勒殿) 등이 시대와 기법을 대표하는 건축물들이다. 조선시대의 건물은 다포집이 유행하였다.

(2) 탑(塔)

탑은 석탑 · 전탑(塼塔) 및 목탑이 지정되어 있다. 백제시대 석탑은 목탑구조를 석탑으로 조성한 익산 미륵사지석탑(益山彌勒寺址石塔)과 부여 정림사지 5층석탑이 있고, 고신라(古新羅)의 분황사석탑(芬皇寺石塔)은 전탑의 구조를 모방한 것이다. 통일신라 석탑은 백제의 목탑구조와 신라의 전탑구조를 결합시켜 발전하였다. 감은사 3층석탑(感恩寺三層石塔), 고선사지 3층석탑(高仙寺址三層石塔) 등은 우석(隅石) · 탱석(撑石) · 면석(面石) 등이 목조구조처럼 별석(別石)으로 구성되고, 옥개석(屋蓋石) 받침은 전탑구조를 모방한 것이다. 이러한 3층의 정형탑은 8세기에 탑신과 옥개석이 각각 한 돌로 간략하게 만들어져서 불국사 3층석탑형이 조성되었다. 8세기 말에서 9세기로 접어들면서 탑신에 사천왕상이나 보살상 등의 조각이 새겨졌다. 전탑은 안동 · 칠곡 · 영양 등 경북지방에서 많이 조성되었다. 불국사 다보탑(多寶塔) 같은 독특한 조형을 가진 이형탑(異形塔)도 만들어졌다. 고려시대 석탑은 옥개석의 귀마루에 새긴 귀꽃이 위로 들리고 지붕면이 급해지면서 받침층단이 적어져 둔감하게 되어 있다. 5층 · 7층 등 층이 많아지고 탑신에 난간 같은 것이 생기기도 하였다. 고려시대에도 경천사 10층석탑(敬天寺十層石塔) 같은 이형탑이 조성되었다. 조선시대에는 원각사지 10층석탑(圓覺寺址十層石塔) 같이 고려탑의 모방에 그쳤다.

(3) 부도(浮屠)

부도는 한국에서 승려의 유골이나 사리(舍利)를 모신 묘탑(墓塔)이며, 9세기부터 팔각원당형(八角圓堂型) 부도가 전형적으로 조성되었다. 고려시대 부도는 옥개석의 추녀끝이 위로 쳐들리고 둔감하게 되어 있다. 석종형(石鐘型) 부도는 신라말의 것이 있지만, 조선시대에 가장 많이 만들어졌다. 국보로 지정된 부도는 시대를 대표하는 우수한 것들이다. 이형(異形)의 부도도 있다.

(4) 불상(佛像)

한국의 불상은 5세기 이전에 제작된 것이 없다. 삼국시대 불상은 상징적 표현의 남북조시대 영향을 받아 갸름한 얼굴에 미소가 흐르고 목에 삼도(三道)가 없으며 반가상(半跏像)이 유행하였다. 통일신라시대에는 당불(唐佛)의 영향으로 사실적이며 목에 삼도가 있고 살이 찐 얼굴에 근엄한 표정을 짓고 있으며, 우견편단(右肩偏袒)의 법의가 생기고, 항마촉지인(降魔觸地印)의 수인(手印) 등이 나타난다. 고려시대는 신라불을 계승했지만 거상(巨像)이 조성되고 속화되었다.

(5) 기타 석조물(石造物)

석등(石燈)은 삼국시대의 것으로 완전히 남아 있는 것이 없고, 통일신라시대 석등은 화사석(火舍石)이 팔각으로 화창(火窓)이 3곳 또는 6곳에 있으며, 간석(竿石) 위에 설치되어 있는데, 간석 대신에 쌍사자가 화사석을 받치고 있는 특이한 것이 있다. 고려시대 것은 석등의 옥개석이 커지고 둔감해진다. 석비(石碑)는 삼국시대의 것이 국보로 지정되어 있고, 통일신라시대에 많이 건립된 석등의 기본양식은 하대석(下臺石) 위에 간주(竿柱 : 中臺石)를 세우고 그 위에 다시 상대석(上臺石)을 놓아 화사석을 받치고 그 위를 옥개석(屋蓋石)으로 덮어 평면이 8각으로 조성되어 있다. 9세기에는 고승(高僧)의 탑비가 서기도 한다. 비는 글씨와 역사의 기록적 가치, 비의 조형적 우수성 등에 따라 국보로 지정된다. 석교(石橋)는 불국사의 청운교 · 백운교 등 특이한 것들이 지정되어 있고, 첨성대(瞻星臺)는 고신라의 천문 관측시설로 과학사의 중요한 문화재로 지정되었다. 당간(幢竿)은 절에서 불교의식 때 당(幢)을 달았던 깃대 같은 것이다. 원형이 남은 것은 지정되어 있으며, 석련지(石蓮池)는 불전 앞에 놓고 연꽃을 기르던 석조인데, 조각수법이 우수한 것은 국보로 지정되었다.

(6) 금속제품

삼국시대 고분에서 출토된 금관 등의 장신구와 고분출토유물이 국보로 지정되어 있으며, 종(鐘)은 삼국시대 것은 없고, 통일신라시대의 것이 지정되어 있다. 한국의 종은 독특하게 음통(音筒)을 가졌고, 종신(鐘身)에 중앙대가 없이 비천상(飛天像)이나 주악상(奏樂像) 등이 조각되었으며, 용뉴(龍鈕)의 용은 한 마리이다. 탑 속에서 발견된 사리구(舍利具)도 국보로 지정되어 있다.

(7) 탈

하회(河回)의 하회탈과 병산탈이 국보이며, 고려 말과 조선 초의 대표적인 탈이다.

(8) 전적 및 회화

한국인쇄발달사를 엿볼 수 있는 해인사 대장경판(大藏經版)은 세계적인 문화재이다. 그리고 고려시대의 문서나 과거(科擧)의 합격증 등이 국보로 지정되어 있고, 조선시대 것으로는 한글창제의 사료인 『훈민정음(訓民正音)』과 한자음을 바로 읽기 위한 『동국정운(東國正韻)』이 있으며, 충무공 이순신 장군의 『난중일기(亂中日記)』와 유성룡(柳成龍)의 『징비록(懲毖錄)』, 조선시대 역사기록인 『조선왕조실록(朝鮮王朝實錄)』과 『비변

사등록(備邊司謄錄)』, 『의정부등록(議政府謄錄)』, 『일성록(日省錄)』 등 역사적 문헌이 국보로 지정되었다. 그림으로는 고려시대의 영정(影幀)과 혜원(蕙園)의 '풍속도,' 완당(阮堂)의 '세한도(歲寒圖)' 등 시대를 대표하는 것들이 국보로 지정되었다.

(9) 토기 및 자기(瓷器)

삼국시대 고분출토의 이형 토기와 통일신라시대의 녹유(綠釉) 뼈단지(骨壺) 등이 국보로 지정되었다. 자기는 10세기 이후에 생산되기 시작하여 12세기에는 중국자기를 뛰어넘은 고려의 비색(翡色) 청자를 생산하였다. 그리고 고려인의 독특한 창의로 상감청자(象嵌靑瓷)를 생산하여 청자문화의 새로운 경지를 개척하였다. 백자는 조선자기의 대표적인 것으로, 조선전기에는 소박하고 건실한 분청사기(粉靑砂器)를 생산하여 한국도자기문화의 독특한 우수성을 보여주었다. 청화백자(靑華白瓷)는 세종 이후에 생산되기 시작하였고, 철화(鐵畵) · 진사(辰砂) 등의 우수한 자기들이 생산되었다. 이들 자기 중 시대적 · 예술적 가치가 크고 대표적인 것이 국보로 지정되어 있다.

3) 중요무형문화재의 지정기준

중요무형문화재는 연극 · 음악 · 무용 · 공예기술 등 무형의 문화적 소산으로서 역사적 · 예술적 또는 학술적 가치가 큰 무형문화재 가운데 그 중요성을 인정하여 국가에서 지정한 문화재이다.

국가에서 지정한 무형문화재로 시 · 도에서 지정한 무형문화재와 구별된다. 무형문화재란 유형문화재와 대를 이루는 인류의 정신적인 창조와 음악 · 무용 · 연극 · 공예기술 및 놀이 등 물질적으로 정지시켜 보존할 수 없는 문화재 전반을 말한다.

문화재보호법에서는 문화재청장이 무형문화재 가운데 중요하다고 인정되는 것을 문화재위원회의 심의를 거쳐 중요무형문화재로 지정할 수 있도록 규정하고 있다. 이때 그 대상은 기 · 예능을 보유한 자연인이며, 이들을 흔히 인간문화재(人間文化財)라고 부른다.

무형문화재의 지정은 1961년 12월 정부에서 일제가 만든 '조선 보물고적명승천연기념물보존령'을 폐지하고, 문화재보호법을 새로 제정하여 1962년 1월부터 시행되었다. 이 밖에도 무형문화재의 인멸을 막고 후세에 전승하기 위하여 전수회관(傳授會館)을 세워 기 · 예능의 전수에 힘쓰고, 전시와 발표 및 공연을 해마다 개최하고 있다. 1964년 제1호로 지정된 종묘제례악(宗廟祭禮樂) 이후 2009년 1월에 제121호까지 지정되어 있다.

① 연극 : 인형극, 가면극
② 음악 : 제례악, 연례악, 대취타, 가곡, 가사, 또는 시조의 창의, 산조, 농악, 잡가, 민요, 기악, 잡패
③ 무용 : 의식무, 정재무, 탈춤, 바라춤, 승무
④ 공예기술 : 마미공예(馬尾工藝), 금속공예, 화각공예, 장신공예, 나전공예, 제지공예, 목공예, 건축공예, 피혁공예, 직물공예, 지물공예, 염색공예, 옥석공예, 악기공예, 초엽공예(草葉工藝)

⑤ 기타 태권도, 검술 등

⑥ 상기 인형극 · 가면극이나 의식무 · 정재무 · 탈춤 · 바라춤 · 승무 등의 예능의 성립 또는 구성상 중요한 요소를 이루는 기법이나 그 용구 등의 제작 · 수리 등의 기술

4) 사적의 지정기준

사적은 역사상 중대한 사건과 시설의 자취로서 역사적 중요성이 있다고 판단되어 지정된 것이다. 사적은 조개더미 · 집터 · 절터 · 성곽(城廓) · 성터 · 옛 전쟁터 · 궁(宮) · 다리 · 서원 · 고분(古墳) · 원지(苑池) · 도요지(陶窯址) 등 역사의 현장이거나, 산업 · 군사 · 교통 · 교육의 유적으로서 역사적 · 학술적인 가치가 큰 것을 문화재위원회의 심의를 거쳐 사적으로 지정한다. 관보(官報)에 고시(告示)한 날로부터 효력이 발생하며, 사적으로 지정되면 문화재보호법에 의하여 국가의 보호를 받는다.

사적의 지정연혁을 보면, 일제강점기에는 '조선 보물고적명승천연기념물보존령'에 의해 지정되었으며, 1962년 문화재보호법이 제정 · 공포되면서 이 법에 의하여 1963년 728점의 지정문화재를 재지정할 때 125점의 사적이 지정되었다.

2009년 3월까지 지정된 사적은 478점에 이른다. 사적은 터가 중심이 되며, 토지의 면적이 표시되는데, 국보와 보물은 미술사의 대상이 되는 우수한 솜씨나 예술적 가치를 지정 · 보호하는 반면, 사적은 역사적 현장의 사실이 중요한 비중을 차지하게 되어 역사적 가치가 높은 것이 큰 차이점이다.

사적으로 지정된 문화재의 내용은 다음과 같다.

(1) 선사시대(先史時代) 유적

구석기시대 유적에서부터 신석기시대 · 청동기시대 유적과 초기철기(鐵器)시대

유적에 이르기까지 유물이 묻혀 있는 땅과 집터 · 혈거지(穴居地) · 조개더미 · 고인돌 등이 지정된다.

(2) 고분 · 왕릉(王陵)

삼국시대 고분군(古墳群)이 가장 많이 지정되었고, 왕릉은 고려 · 조선시대에 이르는 제왕의 능이 지정되었다. 묘는 역사상 중요한 인물의 묘이거나 축조기술과 형태가 특이한 것이 지정되었다.

(3) 절터 등 종교유적

절터는 유물이 묻혀 있는 지층으로 인정할 수 있으며, 종교유적은 원시신앙의 제단 등 중요한 것이 지정되었고, 불교를 제외한 종교의 유적도 지정되었다.

(4) 도요지(陶窯址)

토기와 기와 또는 자기(瓷器)를 굽던 요지가 지정되었다. 주로 삼국시대부터 조선시대의 것들이다.

(5) 궁지(宮址)

궁은 정치적 유적으로 중요하다. 삼국시대 궁지에서 통일신라 · 고려 · 조선시대에 이르는 궁지와 궁이 모두 지정되었다.

(6) 성(城)

성은 군사적 · 정치적 중심지로서 많은 역사의 현장이기도 하다. 성은 성터만 남은 것이 있고, 성곽이 남아 있는 것도 있다. 그리고 성과 성곽이 없어도 옛날에 큰 전투가 있던 곳도 중요한 역사적 가치를 가진다. 성과는 달리 봉수대(烽燧臺) 등 봉화를 올린 통신시설도 있다. 이러한 유적은 초기철기시대부터 조선시대까지의 것들이 지정되었다.

(7) 교육유적

한국의 서원(書院)은 조선시대에 처음으로 만들어졌고, 향교(鄕校) 등도 교육의 유적이다. 그러나 이러한 것은 수가 많고, 중간에 없어진 것도 있어 대표적인 것만이 지정되었다.

(8) 산업 · 교통 · 토목에 관한 유적

다리와 석표 · 제방(堤防) 등이 있는데, 이러한 것도 중요하고 역사적인 가치가 있는 것에 한하여 지정되었다.

(9) 원지(苑池) · 석각(石刻) 등 유적

옛날의 유명한 정원 또는 정원의 못, 유명한 사람의 글을 새긴 석각(石刻) 또는 역사적으로 가치있는 석각이 집중된 지역 등이 지정되었다.

(10) 근세 중요건물

한국건축사에 큰 영향을 준 19세기 이후의 근세건물을 조사해 대표적인 것을 지정하였다.

5) 명승의 지정기준

문화재보호법에 따라 예술적인 면이나 관상적(觀賞的)인 면에서 기념물이 될 만한 국가지정문화재이다. 명승은 지정문화재의 종류 중 기념물에 해당하는 것으로, 지정되는 기준을 살펴보면 다음과 같다.

① 이름난 건물이 있는 경승지 또는 원지(苑地)
② 화수(花樹) · 화초 · 단풍 또는 새와 짐승 및 어충류(魚蟲類)의 서식지(棲息地)
③ 이름난 협곡 · 해협 · 곶 · 급류 · 심연 · 폭포 · 호소(湖沼) 등
④ 이름난 해안 · 하안 · 도서 기타
⑤ 이름난 풍경을 볼 수 있는 지점

⑥ 특징이 있는 산악 · 구릉 · 고원 · 평야 · 하천 · 화산 · 온천 · 냉광천 등

이들이 일단 명승지로 지정되면 그 구역 내에서는 현상변경은 물론, 동식물 · 광물까지도 법률로 보호한다.

6) 천연기념물의 지정기준

천연기물은 학술 및 관상적(觀賞的) 가치가 높아 그 보호와 보존을 법률로써 지정한 동물(그 서식지), 식물(그 自生地), 지질 · 광물과 그 밖의 천연물을 말한다.

'천연기념물(Naturdenkmal)'이란 말은 1800년 독일의 A.V. 훔볼트가 그의 남아메리카 여행을 기술한 『신대륙의 열대지방기행』에서 처음으로 사용하였으나, 이 말이 오늘날과 같은 의미의 용어로 정착하게 된 것은 산업혁명이 진전되어 농목시대(農牧時代)와는 너무나 이질적(異質的)인 자연파괴가 누적되기 시작한 19세기 후반부터이다. 또한 자연파괴를 우려해서 자연보호를 부르짖게 된 것은 거의 같은 시기의 영국 · 미국 · 독일의 선진 3국이다. 천연기념물의 보호를 자연의 상징(象徵)으로서 향토애와 연결시킨 것은 프로이센이다.

1906년에 발족한 '프로이센 천연기념물보호관리 국립연구소'의 활동원칙 제2조에 의하면 "천연기념물이란 특히 특색있는 향토의 자연물로서 지역의 풍경 · 지질 · 동물 등 무엇이든 그 본래의 장소에 존재하는 것을 말한다"고 정의하고 있다. 한국에서의 천연기념물 지정 및 보호는 일제강점기의 조선총독부가 '조선 보물고적명승천연기념물보존령'을 공포하면서 비롯되었는데, 이 법은 1962년 「문화재보호법」이 제정 · 공포될 때까지 효력을 발생하였다. 고유한 한국의 자연을 원형대로 보존하고 기념물적 성격의 자연물을 보전 · 보호하기 위해 제정된 문화재보호법에 따라 문화재위원회에서는 1963년 728점의 지정문화재를 재분류 · 지정하면서 98점을 천연기념물로 지정하였다. 2009년 3월 현재 지정된 천연기념물은 389점에 이른다. 천연기념물 가운데 동물과 식물은 생명이 있는 대상이기 때문에 죽거나 이동하면 천연기념물에서 해제되는 경우가 많다.

우리나라 천연기념물의 지정내용을 보면 다음과 같다.

(1) 식물

한국의 특유한 식물이거나, 건조지 · 습지 · 하천 · 폭포 · 온천 등 특수한 환경에서 자라는 학술상 가치가 있는 식물 또는 일정한 자생(自生)의 한계선에 살거나, 명목(名木) · 거수(巨樹), 기형적인 나무, 사당이나 성황당 등의 신목(神木)이거나, 원시림(原始林) 또는 고산식물, 오래된 인공조림의 산림(山林) 등이 지정되어 있다. 지정된 식물의 내용을 보면 측백수림 · 상록수림의 자생지 · 군락지(群落地), 자생북한지대(自生北限地帶), 원시림, 역사적 인공수림, 성황림(城隍林), 어림(魚林) 등의 수림이 지정되었다. 식물단위로 지정된 것은 줄나무 · 등나무 · 동백나무 · 은행나무 · 이팝나무 · 향나무 · 올벚나무 · 탱자나무 · 왕버들 · 소나무 · 한란 · 망개나무 · 주엽나무 · 후박나무 · 팽나무 · 밤나무 · 비자나무 · 굴참나무 · 느티나무 · 소태나무 · 백일홍 · 다래나무 · 회양나무 · 측백나무 등이다.

(2) 동물

한국의 독특한 동물 또는 특수한 지역에 서식하거나 일정한 번식지역, 계절에 따라 나타나는 철새 등과 희귀한 동물 및 관상적으로 특이한 동물들이 천연기념물로 지정되어 있다. 지정내용을 보면 조류(鳥類) 도래지(渡來地) · 번식지 · 극경회유해면(克鯨廻遊海面), 진돗개, 오골계(烏骨鷄)가 있고, 종(種) 자체를 지정한 것은 크낙새 · 따오기 · 황새 · 두루미 · 흑두루미 · 먹황새 · 백조 · 재두루미 · 팔색조(八色鳥) · 저어새 · 느시 · 흑비둘기 · 까막딱따구리 · 사향노루 · 산양(山羊) · 무태장어 · 어름치 · 장수하늘소 · 수리 등이다.

(3) 광물

한국의 지질을 연구하는 대표적인 광물이거나 암석의 생성연대를 연구하는 중요한 학술적 대상, 또는 거대하고 특이한 동굴, 동식물의 화석(化石) 등이 천연기념물로 지정되어 있다. 내용별로 보면 동굴 · 암석 · 화석 등이 있으며, 동굴로는 영월고씨굴 · 초당굴 등이 있다.

(4) 천연보호구역

일정한 지역에 동물 · 식물 · 광물의 천연기념물이 집중되어 있는 경우에는 하나하나 낱개로 지적하지 않고 일정 구역을 포함하여 지역단위의 넓은 자연면적을 지정하고 있다. 여기에는 한라산 · 설악산 · 홍도 등이 있다. 북한에서는 학술적 · 과학적으로 연구가치가 있고 보호해야 할 희소한 동식물 · 지질 · 광물 등의 천연기념물에 덧붙여 체제 및 김일성가계우상화와 관련된 대상과 지리부문까지 포함시키고 있다. 1993년 말 현재 북한의 천연기념물은 모두 467점이며, 여기에는 식물 90종 230여 점, 동물 68종 103점, 그리고 나머지가 지질과 지리 부문이다. 자연보호구는 백두산 · 오가산 · 묘향산 · 구월산 · 금강산 · 칠보산 등 모두 6개이고, 동식물 등 개별적 대상물을 보호하기 위해 동물보호구 15개, 식물보호구 14개, 바다새 · 수산자원보호구 10개 등이 지정되어 있다.

7) 중요민속자료의 지정기준

중요민속자료는 선조들의 생활문화유산으로서 그 자취를 이해하는 데 중요한 자료를 말한다. 한국에서는 1962년 1월부터 시행한 문화재보호법에 의해서 의식주 · 생업 · 신앙 · 세시풍속 등에 관한 풍속 · 습관과 이에 사용되는 의복 · 기구 · 기타의 물건으로서 국민생활의 추이를 이해하는 데 필요한 자료를 '민속자료'로 규정하고, 민속자료 중에서 중요한 것을 국가가 '중요민속자료'로 지정한다. 2004년 3월 현재 지정된 민속자료는 모두 544점에 이르는데, 그중 중요민속자료가 240점, 시 · 도 지정민속자료가 304점이다.

이들 민속자료를 분류해 보면 다음과 같다.

① 한민족의 기본적 생활문화의 특색을 나타내는 것으로서 전형적인 것

- 의식주에 관한 것 : 궁중 · 귀족 · 서민 · 농어민 · 천민 등의 의복 · 장신구, 음식용구, 광열용구, 가구, 사육용구, 관혼상제용구, 주거, 기타 물건 또는 그 재료 등
- 생산 · 생업에 관한 것 : 농기구, 어엽구(魚獵具), 공장용구, 방직용구, 작업장 등
- 교통 · 운수 · 통신에 관한 것 : 운반용 배, 수레, 역사(驛舍) 등
- 교역에 관한 것 : 계산용구, 계량구, 간판, 점포, 감찰(鑑札), 화폐 등
- 사회생활에 관한 것 : 증답용구(贈答用具), 경방용구(警防用具), 형벌용구(刑罰用具) 등
- 신앙에 관한 것 : 제사구(祭祀具), 법회구(法會具), 봉납구(奉納具), 우상구(偶像具), 사우(祀宇) 등
- 민속지식에 관한 것 : 역류, 점복용구(占卜用具), 의료기구, 교육시설 등
- 민속예능 · 오락 · 유희에 관한 것 : 의상, 악기, 가면, 인형, 완구, 절귀용구, 도구, 무대 등

② 민속자료를 수집 · 정리한 것으로 그 목적 · 내용 등이 다음에 해당하는 특히 중요한 것

- 역사적 변천을 나타내는 것
- 시대적 또는 자연적 특색을 나타내는 것
- 생활계층의 특색을 나타내는 것

③ 민속자료가 일정한 구역에 집단적으로 소재한 경우에는 민속자료의 개별적인 지정에 갈음하여 그 구역을 다음의 기준에 따라 집단민속 자료구역으로 지정할 수 있음

- 한국의 전통적 생활양식이 보존된 곳
- 고유민속행사가 거행되던 곳으로 민속적 풍경이 보존된 곳
- 한국건축사연구에 중요한 자료를 제공하는 민가군이 있는 곳
- 한국의 전통적인 전원생활의 면모를 간직하고 있는 곳
- 역사적 사실 또는 전설 · 설화와 관련이 있는 곳
- 옛 성터의 모습이 보존되어 고풍이 현저한 곳

5. 문화재관리의 의의

문화재(文化財 : cultural properties)란 고고학 · 선사학 · 역사학 · 문학 · 예술 · 과학 · 종교 · 민속 · 생활양식 등에서 문화적 가치가 있다고 인정되는 인류문화 활동의 소산(所産)으로 정의된다.

2013년 현행 문화재보호법에 따르면 문화재는 유형문화재 · 무형문화재 · 기념물 · 민속자료로 분류된다. 유형문화재는 건조물 · 전적(典籍) · 서적 · 고문서 · 회화 · 조각 · 공예품 등 유형의 문화적 소산으로서 역사상 또는 예술상 가치가 큰 것과 이에 준하는 고고자료를 말한다. 무형문화재는 연극 · 음악 · 무용 · 공예기술 등 무형의 문화적 소산으로서 역사상 또는 예술상 가치가 큰 것을 말한다.

기념물은 조개더미 · 고분 · 성지 · 궁지 · 요지 · 유물포함층 등의 사적지로서 역사상 · 학술상 가치가 큰 것과 명승지로서 예술상 · 관상상 가치가 큰 것, 그리고 동물 · 식물 · 광물 · 동굴로서 학술상 가치가 큰 것을 말한다.

민속자료는 의식주 · 생업 · 신앙 · 연중행사 등에 관한 풍속 및 습관과 이에 사용되는 의복 · 구가옥 등으로 민족의 생활상을 이해하는 데 필요한 것이다.

문화재는 종류와 가치에 따라 국보 · 보물 · 사적 · 명승 · 천연기념물 · 중요무형문화재 · 중요민속자료 · 보호물 · 보호구역으로 지정된다. 이러한 문화재는 조사와 발굴뿐만 아니라 복원과 복구, 올바른 관리와 보호, 그리고 전시 등을 통한 홍보와 국민교육 등이 필요하다.

[제3절] 세계문화유산

1. 유네스코

유네스코(UNESCO)란 국제연합교육과학문화기구(United Nations Educational, Scientific and Cultural Organization)를 말한다. 이 유네스코는 교육 · 과학 · 문화의 보급 및 교류를 통하여 국가 간 협력증진을 목적으로 설립된 국제연합전문기구이다. 유네스코는 1945년 11월 영국과 프랑스의 공동주체로 런던에서 열린 유네스코 창설준비위원회에서 44개국 정부대표에 의해 유네스코 헌장이 채택되었으며, 1946년 11월 20개 서명국가들이 헌장비준서를 영국정부에 기탁함으로써 최초의 국제연합전문기구로 발족했다.

모든 이를 위한 평생교육, 인류에 기여하는 과학, 세계유산보호와 창의성을 바탕으로 하는 문화발전, 정보와 정보학의 기반구축에 활동목표를 두고 있으며, 각 분야별 주요활동은 다음과 같다.

① 교육분야 : 문맹퇴치, 초등의무교육의 보급, 난민교육 등
② 과학분야 : 생물학 · 해양학 · 환경문제에 대한 국제적 연구, 정보교환 등
③ 사회과학분야 : 인권문제에 관한 연구 · 분석, 개발도상국의 통신설비 · 정보시설 지원, 언론인의 육성 지원 등
④ 문화분야 : 세계문화유산 지정, 가치 있는 문화유적의 보존 및 보수 지원, 세계 각국의 독자성 있는 전통문화 보존 지원, 세계 각국의 문학 및 사상에 관한 문헌의 번역소개 등

이 밖에 라디오 · 텔레비전 · 영화의 개발 보급, 출판기술의 향상, 우주통신의 개발과 평화적 이용, 매스 미디어를 이용한 교육의 보급에도 많은 기여를 하고 있으며, 교육 · 과학용 자료의 구입을 용이하게 하기 위하여 '유네스코 쿠폰제도'를 운영한다. 또한 인재양성을 위한 연구보조금의 지급 등도 이루어지고 있다.

기구로는 총회 · 집행위원회 및 사무국이 있다.

총회는 회원국 전체의 대표로 구성되는 최고의사결정기관이며, 2년에 1회씩 약 1개월에 걸쳐 개최된다. 주요임무는 집행위원회위원의 선거, 사무국장의 임명, 가입의 승인, 유네스코의 정책 · 사업계획 · 예산의 심의와 의결, 국제조약 및 권고의 채택 등이다.

집행위원회는 총회에서 선출한 58명으로 구성되며, 임기는 4년이다. 매년 2회 이상 소집되며, 주요임무는 총회의사일정의 준비, 총회에서 채택한 사업의 실행 및 예산의 집행을 감독하는 외에 사무총장을 추천하여 총회에서 임명하게 한다.

사무국은 임기가 6년인 사무총장의 지휘 아래 총회와 집행위원회의 의결사항들을 집행한다. 사무국은 파리 본부와 세계 각지에 설치된 지역사무처 및 각종 부속기관으로 구성된다. 본부의 직원은 세계 각국에서 모집된 전문가를 포함하여 2,200명에 달하며, 60개국의 지역사무처에는 500여 명이 일하고 있다. 주요임무는 총회와 집행위원회에 제출할 사업계획과 예산안을 준비하며, 전반적인 활동에 관해 보고하고 총회에서 결정된 사업계획과 예산에 따라 각종 사업을 추진한다.

회원국은 188개국이며, 6개의 준회원국이 있다. 준회원국은 총회의 투표권이 없고, 이사회의 직책을 맡을 수 없는 점 외에 회원국과 같은 권한을 갖는다. 한국은 1950년에 가입했고, 1987년 제24회 총회에서 집행위원국에 선출된 바 있다. 또한 1995년에 종묘와 불국사 석굴암 및 팔만대장경 등이 세계문화유산으로 지정되었으며, 2000년에 강화군 · 화순군 · 고창군의 고인돌과 경주유적이 세계문화유산으로 지정되었다. 본부는 프랑스 파리에 있다.

2. 한국 세계유산의 의의

세계유산(World Heritage)이란 자연재해나 전쟁 등으로 파괴의 위험에 처한 유산의 복구 및 보호활동 등을 통하여 보편적 인류유산의 파괴를 근본적으로 방지하고, 문화유산 및 자연유산의 보호를 위한 국제적 협력 및 각 나라별 유산보호활동을 고무하기 위한 목적으로 '세계유산협약'에 따라 세계유산위원회가 인류 전체를 위해 보호되어야 할 현저한 보편적 가치가 있다고 인정하여 UNESCO 세계유산일람표에 등재한 문화재로 문화유산 · 자연유산 · 복합유산으로 분류한다.

1) 문화유산

(1) 유적

역사와 예술, 과학적인 관점에서 세계적인 가치를 지닌 비명(碑銘), 동굴생활의 흔적, 고고학적 특징을 지닌 건축물, 조각, 그림이나 이들의 복합물을 말한다.

(2) 건축물

건축술이나 그 동질성, 주변경관으로 역사 · 과학 · 예술적 관점에서 세계적 가치를 지닌 독립적 건물이나 연속된 건물을 말한다.

(3) 장소

인간작업의 소산물이나 인간과 자연의 공동노력의 소산물, 역사적 · 심미적 · 민족학적 · 인류학적 관점에서 세계적 가치를 지닌 고고학적 장소를 포함한 지역이다.

2) 자연유산

① 무기적 또는 생물학적 생성물로 이루어진 자연의 형태이거나 그러한 생성물의 일군으로 이루어진 미적 또는 과학적 관점에서 탁월한 가치를 지닌 것

② 과학적 보존의 관점에서 탁월한 세계적 가치를 지닌 지질학적 · 지문학적 생성물과 멸종위기에 처한 동식물의 서식지

③ 과학, 보존 또는 자연미의 관점에서 탁월한 세계적 가치를 지닌 지점이나 구체적으로 지어진 자연지역

3) 복합유산

복합유산은 문화유산과 자연유산의 특징을 동시에 충족하는 유산을 말한다.

3. 세계유산의 등재기준

1) 문화유산

① 독특한 예술적 혹은 미적인 업적, 즉 창조적인 재능의 걸작품을 대표할 것
② 일정한 시간에 걸쳐, 혹은 세계의 한 문화권 내에서 건축, 기념물 조각, 정원 및 조경 디자인, 관련예술 또는 인간정주 등의 결과로써 일어난 발전사항들에 상당한 영향력을 행사한 것
③ 독특하거나 지극히 희귀하거나 혹은 아주 오래된 것
④ 가장 특징적인 사례의 건축양식으로서 중요한 문화적 · 사회적 · 예술적 · 과학적 · 기술적 혹은 산업의 발전을 대표하는 양식
⑤ 중요하고 전통적인 건축양식 · 건설방식 또는 인간주거의 특징적인 사례로서 자연에 의해 파괴되기 쉽거나 역행할 수 없는 사회 · 문화적 혹은 경제적 변혁의 영향으로 상처받기 쉬운 것
⑥ 역사적 중요성이나 함축성이 현저한 사상이나 신념, 사진이나 인물과 가장 중요한 연관이 있는 것

2) 자연유산

① 지구의 주요한 진화단계를 대표하는 현저한 사례
② 현재 진행되고 있는 중요한 지질학적 과정, 생물학적 진화 및 인간과 자연환경의 상호작용을 나타내는 현저한 사례
③ 독특하고 희귀하거나 최상급의 자연현상, 인간에게 가장 중요한 생태계, 자연적인 지형으로서 특별히 빼어난 자연미를 지닌 조성물이나 지형 혹은 지역, 대집단의 동물들에 의해 제공되는 장소, 자연식물들로 뒤덮인 포괄적인 조망
④ 희귀하거나 멸종위기에 처한 동 · 식물의 종이 아직 생존하고 있는 서식지범주에는 보편적인 관심과 중요성이 있는 동 · 식물이 집중되어 있는 생태계

또한 문화유산, 자연유산, 복합유산은 공통적으로 해당유산이 진정성이 있어야 하고, 유산의 보존을 보장할 수 있는 적절한 법적 보호와 관리체계를 갖추고 효과적 시행도 보장되어 있어야 한다.

다수 관람자들에게 개방되는 유산의 관리와 그 보존에 대한 적절한 행정적 체계의 증거를 제출할 수 있어야 한다.

4. 세계유산의 등재효과

1) 등재의 이점

국내외로부터의 관광객이 크게 증가되며 이에 따라 고용기회와 수입이 늘어날 뿐만 아니라, 정부의 추가적인 관심과 지원으로 지역의 계획과 관리를 향상시킬 수도 있고, 또한 지역 및 국가의 자부심을 고취 · 보호를 위한 책임감을 형성한다.

2) 소유권 행사

세계유산의 등재는 소유권이나 통제에 영향을 주지 않으며, 소유권은 지정 이전과 동일하게 유지되고 국내법도 여전히 적용된다.

3) 국제협력 및 지원

세계유산으로 지정되면 세계유산기금으로부터 기술적 · 재정적 원조를 받을 수 있다.

4) 등재된 유산의 보전관리

협약국이 세계유산지역의 보존상태를 모니터하고 그에 따른 조치를 취하기 위하여 보고하는 것과 세계유산센터나 다른 기구들이 위험에 처한 유산의 상태에 관하여 보고하는 것이 있다.

5. 세계무형유산

1) 세계무형유산의 의의

국제화시대를 맞이하여 소멸위기에 처해 있는 문화유산의 보존과 재생을 위하여 가치 있고 독창적인 구전 및 무형유산을 선정하여 정부와 각종 단체 및 지역공동체로 하여금 이러한 구전 및 무형유산을 확인 · 보호 · 증진하도록 고무하기 위한 인류구전 및 무형유산 걸작(Masterpieces of the Oral and Intangible Heritage of Humanity)을 말한다. 인간의 창조적 재능의 걸작으로서 뛰어난 가치를 지닌 문화사회의 전통에 근거한 구전 및 무형유산으로 언어 · 문학 · 음악 · 춤 · 놀이 · 신화 · 의식 · 습관 · 공예 · 건축 및 기타 예술형태로 표현된다.

2) 세계무형유산의 등재기준

(1) 문화적 기준

① 뛰어난 가치가 있는 무형문화유산의 집합체일 것

② 역사적 · 예술적 · 민족적 · 사회학적 · 인류학적 · 언어학적 · 문학적 관점에

서 뛰어난 가치가 있는 대중적이고 전통적인 문화적 표현일 것

(2) 보조기준

① 인간의 창조적 재능에 관한 걸작으로서의 뛰어난 가치
② 지역사회의 문화적 전통이나 문화적 역사의 기원
③ 민족과 문화사회의 문화적 정체성을 확인하는 수단으로서의 역할 및 영감과 문화, 상호 간의 교류원천으로서의 중요성, 민족이나 지역사회를 가깝게 하는 수단, 관련 지역사회에서 현행의 문화적 · 사회적 역할의 중요성
④ 기능과 기술의 적용에 있어 우수성
⑤ 살아 있는 문화전통의 독특한 증거물로서의 가치
⑥ 보호할 수단의 부족, 빠른 변화과정, 도시화, 문화적 적응에 기인해서 그것이 사라질 위험성

(3) 조직적 기준

① 구전 및 무형유산의 보호 · 보존 · 지지와 증진을 위해 다음 10년 동안 취해진 법적 · 실천적 조치계획
② UNESCO의 목적뿐만 아니라 전통문화와 민속의 보호에 관한 권고서에 개설된 조치와 조치계획의 양립성에 관한 세부사항
③ 구전 및 무형유산을 보호하고 증진하는 데 관련 지역사회를 연계시키기 위해 취해지는 조치의 세부사항
④ 구전 및 무형유산의 미래상태를 보증할 관련정부 또는 지역사회 구성원의 명칭
⑤ 보조기준 : 문화적 가치의 보존 · 보호 · 법적 보호 · 전승 · 보급을 보증하는 것에 관한 공공당국이나 NGOs의 명령체계 및 취해지는 조치, 그 실행을 감독하기 위한 관리장치, 관련 지역사회에 부여된 역할과 이점, 유산보유자에게 부여된 역할 등을 기준으로 계획의 적합성 평가

3) 세계무형유산의 등재효과

(1) 등재의 이점

① 문화적 다양성 보존을 위한 세계무형문화유산의 역할을 인식, 문화 간 관용과 조화의 상호교류 및 발전을 모색하는 계기가 될 수 있을 뿐 아니라 한국 전통문화의 우수성과 가치를 드높이고 이를 보존하여 생명력을 불어넣을 수 있다.

② 사업계획과 관련하여 추진되고 있는 각종 활동에 관한 최근 정보 고지 및 확실한 재정보조체계를 수립하는 계기가 되며, 정부의 추가적인 관심과 지원으로 무형유산 지역사회의 계획과 관리의 향상, 지역사회 및 국가의 자부심을 고취하는 한편 보호를 위한 책임감을 형성할 수 있다.

(2) 국제협력 및 지원

① 인류구전 및 무형유산걸작으로 선정되면 세계무형유산의 보존 · 재현 · 증진을 위해 '세계무형유산 선언서 실행지침'에 따라 유네스코로부터 보조금 및 전문가지원을 신청할 수 있다.

② 회원국의 기금지원을 통해 특별상을 제정하여 걸작 중에서 선정하여 수여한다.

(3) 등재된 유산의 보전관리

① 구전 및 무형문화재 관련정보의 수집 및 배포

② 세계무형유산의 보존 및 보존환경에 영향을 미칠 우려가 있는 사업을 하는 경우 사전에 문화재청장과 협의

③ 무형유산의 관리책임기관이 걸작신청서 및 선언서에 제시된 보존 및 관리계획에 따른 보존 · 관리상태를 모니터링

④ 세계무형유산의 보존 · 관리에 위험이 발생한 경우 문화재청장은 행정적 · 기술적 · 재정적 지원을 할 수 있다.

6. 세계기록유산

1) 세계기록유산의 의의

세계기록유산(Memory of the World)은 세계적 가치가 있는 귀중한 기록유산을 가장 적절한 기술을 통해 보존할 수 있도록 지원하고, 유산의 중요성에 대한 전세계적인 인식과 보존의 필요성을 증진하며, 기록유산사업 진흥 및 신기술의 응용을 통해 가능한 많은 대중이 기록유산에 접근할 수 있도록 하기 위함이다.

세계기록사업 일반 운영지침은 보존(Preservation), 접근(access), 기록유산 부산물들의 보급, 인식 제고(awareness)에 두고 있다.

도서관 · 문서고 등에 보관된 세계적 가치가 있는 값진 소장문서로서 그 유형에는 필사본 · 도서 · 신문 · 포스터 등 기록이 담긴 자료, 그림 · 프린트 · 지도 · 음악 등 비기록 자료, 전통적인 움직임과 현재의 영상 이미지, 오디오 · 비디오, 원문과 아날로그 또는 디지털 형태의 정지된 이미지 등을 포함한 모든 종류의 전자 데이터 등이 포함된다.

2) 세계기록유산의 등재기준

(1) 기준항목

① 한 국가를 초월하여 세계사와 세계문화에 중요한 영향을 준 자료
② 역사적 중요시기를 이해하는 데 중요하거나 그 시기를 특별한 방법으로 반영하는 자료
③ 세계사 또는 세계문화 발전에 기여한 지역에 대한 정보를 지닌 자료
④ 세계사 또는 세계문화에 기여한 인물에 관련된 자료
⑤ 세계사 또는 세계문화의 중요한 주제를 기록한 자료
⑥ 형태와 스타일에서 중요한 표본이 된 경우, 뛰어난 미적 양식을 보여주는 자료
⑦ 하나의 민족문화를 초월하는 뛰어난 사회적 · 문화적 또는 정신적 가치를 가지는 자료

(2) 등재보조기준

① 완성도 또는 완전성에 있어 탁월한 자료

② 독특하거나 희귀한 자료

3) 세계기록유산의 등재효과

① 국제적 보존·보호를 받을 수 있는 법적 기구로 발전 가능성 대비

② 보존관리에 대한 유네스코의 보조금 및 기술적 지원

③ 홍보와 인식 제고를 위한 세계기록유산 로고 사용 및 유네스코를 통한 지속적 홍보 가능

④ CD-ROM, 디지털 테이프와 오디오 CD 같은 디지털기술을 활용하여 세계기록유산을 가능한 많은 대중에게 제공할 수 있음

4
CHAPTER

전통문화와 관광

[제1절] 전통의상

1. 한복

1) 한복의 역사

한복의 역사는 삼국시대로 거슬러 올라간다. 삼국시대에는 대체로 유(저고리), 고(바지), 상(치마), 포(두루마기)를 중심으로 관모(모자), 대(허리띠), 화(신발)가 더해졌다. 당시에는 저고리가 엉덩이까지 내려올 만큼 길고, 바지의 통도 넓었으며 남성과 여성이 함께 입는 남녀 공용이었다.

남북국시대에 우리나라 고유의 포는 서민들이 주로 입었으며, 귀족들은 평상복으로만 입었다. 여성들의 새로운 옷으로는 반비(半臂)가 있었는데, 주로 귀족들이 저고리 위에 덧입었다.

고려시대에는 복식구조가 크게 변했다. 특히 귀족층이나 지배층에서는 중국 옷을 그대로 받아들여 입고, 서민층에서는 우리 고유의 복식을 계승하여 입어 복식의 이중구조가 나타났다.

조선시대에는 우리 고유의 복식이 서민복으로 뿌리 깊게 이어졌다. 중기나 후기에 들어서면서 한층 단순해지고 띠 대신 고름을 매기 시작하였으며, 두루마기의 종류도 다양해졌다. 말기에는 양반과 서민의 옷 사이에 큰 차이가 없어졌다. 특히 여자 저고리는 후기로 가면서 길이가 짧아져 오늘날과 거의 같은 모양이 되었다. 마고자를 입기 시작하였고 서양문물의 영향으로 조끼를 입기 시작하였다. 일제강점기 때에는 여자들의 저고리가 짧아져서 오늘에 이르게 되었다. 오늘날에는 일반적으로 한복을 명절이나 특수한 날에만 입게 되었으며, 사람들이 편하게 입을 수 있는 생활한복이 보급되기도 하였다.

2) 한복의 특징

한복의 가장 큰 특징은 그 자체의 아름다움에 있다. 특히 단순한 한복의 미는 선의 아름다움에 있다. 목선을 강조해 주는 저고리의 안깃과 겉깃이 이루는 V자형 선이나 추녀의 곡선과 같이 하늘을 향한 듯한 배래선, 둥글면서도 뾰족한 버선코는 온화한 미를 더욱 돋보이게 한다. 저고리에서 치마까지 수직으로 떨어지는 고름의 선은 정숙한 멋을 풍기며, 치마 허리부터 아래쪽으로 퍼져 내려온 잔주름은 우아한 멋을 강조한다.

남자 한복 역시 대님으로 묶은 바짓부리의 선은 힘있는 남성적인 아름다움을 표현해 준다. 걸음걸이와 입는 이의 맵시에 따라 한복의 아름다운 선은 더욱 강조되는데, 한복에 나타나는 선의 흐름과 조화에서 선조들의 뛰어난 미적 감각을 느낄 수 있다. 여기에 한복 치마를 감싸는 맵시 또한 아름다움의 극치를 이룬다. 옷 자체에 여유분의 치수를 두고 평면 패턴으로 만들어 감싸 입는 형태이기 때문에 품의 조정이 자유자재로 가능하고 체형에 관계없이 누구나 맵시 있게 입을 수 있다는 것이 큰 장점이다.

한복은 활동하기에 편하다.

상고시대부터 본래 우리나라의 옷은 상의와 하의가 따로 분리된 상하분할형이고 북방 호복계통의 영향을 받아 소매통과 바지통이 좁아 활동적인 복장이었다.

삼국시대의 고구려 벽화를 보면 남녀가 모두 바지 저고리를 입었고 모자로는 수건이나 삼각형태의 절풍을 썼고 긴 장화를 신어 활동적이고 무풍적인 차림임을 알 수 있다.

한복의 아름다움을 정리하여 보면 첫째, 한복은 배래, 도련, 버선코 등의 곡선이 아름답고 이들의 단순한 조화가 은은하고 우아한 맵시를 나타내주는 것을 들 수 있다. 둘째, 평면구성으로 만들어지기 때문에 융통성이 있고 여유가 있으므로 여러 가지 형태를 연출하며 또한 색채 겹침의 효과를 나타낼 수 있어 창조적이고 풍족한 여유의 아름다움을 나타낼 수 있다. 셋째, 복식을 통하여 삶의 기원을 표현하였는데 이들의 적절한 표현이 미의 가치를 더해주었다. 장수, 부귀, 다산다남, 절개, 권세 등은 색깔과 문양과 부착물로 나타내었다.

3) 한복의 종류

한복은 직선과 약간의 곡선이 기본을 이루어, 옷의 선이 아름답다. 특히 여자옷은 저고리와 치마가 상박하후하여 옷차림이 단정하고 아담하다. 옷 입은 의복 분위기는 동양적인 생활윤리가 깃든 초연한 멋이 저절로 풍긴다.

예복과 평상복의 구별이 있으며, 이에 속옷과 수식이 따른다. 또한 남녀별 성인과 어린이용, 계절별로 나뉜다.

(1) 성인용 남자옷

예복으로 길례, 가례에 입는 옷이 다르고, 상례와 제례에 입는 옷이 달랐다. 예를 들면, 길례에는 도포, 중치막, 두루마기를 입고 갓을 썼으며, 가례에는 흉배를 단 단령복에 각대를 띠고 사모를 썼다. 제례에는 흰 도포나 두루마기를 입고 갓을 썼으며, 상례에는 이에 따른 상복이 따로 있었다. 평상복으로는 바지 저고리 조끼 마고자를 입고, 여름에는 적삼에 홑조끼를 입었다. 두루마기에 갓이나 관을 쓰기도 하였다. 특히 두루마기는 외출할 때 계절에 관계없이 입었으며, 남의 집을 방문할 경우에도 벗지 않았다. 이때의 속옷은 속고의 적삼 등이었다.

(2) 성인용 여자옷

예복으로 소례복, 대례복이 있고, 상례에는 이에 따른 상복이 있었다. 소례복은 초록색 당의에 화관이나 족두리를 썼으며 대례복은 다홍색 활옷에 화관을 쓰거나 초록색 원삼에 족두리를 썼다. 저고리는 삼회장저고리이며, 치마는 스란치마 또는 대란치마를 입었는데, 소례복에서는 스란치마를 입었다. 이때 저고리는 속적삼, 속저고리, 겉저고리 등 삼작이며, 치마는 겉치마에 볼륨을 넣으려고 안에 무지기를 입었고, 때에 따라서는 대슘치마까지 받쳐 입었다. 무지기는 허리부분을, 대슘치마는 겉치마의 아랫부분이 자연스럽게 퍼지게 하였다.

평상복은 저고리 치마이며, 마고자 두루마기를 들 수 있다. 여자 두루마기는 방한용이어서, 남자의 경우와 같이 남의 집에 가서도 꼭 입고 있어야 할 필요는 없었다. 그런데 여자 옷의 특징은 속옷의 가짓수에 있다. 하의로는 단속곳, 바지 또는 고쟁이, 속속곳, 다리속곳, 너른바지와 어깨허리의 속치마이며, 상의로는 속적삼과 겨드랑이 및 가슴가리개용 허리띠가 있다.

(3) 남아용 옷

명절 때나 돌 또는 기타 행사 때에는 두루마기에 전복을 입히고 복건 또는 호건을 씌운다. 특히 두루마기는 오방장이라 하여 5가지 색을 사용하였는데, 대개 연두 길에 색동, 노랑 섶, 자주 무, 분홍안섶, 남색깃, 남색고름으로 되어 있고, 꽃분홍 안을 받쳤다. 평상복은 어른과 같이 저고리, 바지, 조끼, 마고자이며, 방한을 위해서는 두루마기도 입혔다.

(4) 여아용 옷

명절 때나 돌 또는 기타 행사 때에는 남아와 마찬가지로 오방장이를 입히는데, 그것은 연두 길에 색동, 노랑섶, 남색무, 분홍안섶, 자주 깃, 자주고름으로 하였다. 평상복으로는 저고리, 치마에 방한을 위해서 배자, 두루마기 등을 입혔다. 이러한 가운데 계절별로는 겨울에는 솜옷 또는 누비옷, 봄가을에는 겹옷, 여름에는 홑옷 등이 있다.

2. 장신구

1) 노리개

노리개는 패물의 하나로 겉고름과 안고름 또는 치마허리에 차서 우리 고유의 복식미를 고조시키는 대표적인 장신구이다. 노리개의 종류는 만드는 재료, 색상, 문양, 의미 등에 따라 분류되며, 소재는 금, 은, 보석이 가장 많이 쓰이고 자수나 장식적 부속품 등으로도 장식되었다.

노리개는 단독으로 사용하는 단작 노리개도 있으나 여러 개를 같이 사용하는 경우 특히 삼작 노리개가 많았다.

노리개의 명칭은 색상, 재료, 형태, 개수 등의 순으로 붙여지는데 몇 가지만 살펴보면 매미노리개, 수나비노리개, 옥노리개, 나비삼작, 대삼작 등이 있으며 자손만대의 뜻으로 표주막삼작, 고추모양 노리개를 했고, 박쥐, 나비 등은 복이나 장수를 뜻하며, 당의나 저고리 고름에 찼다.

2) 비녀

비녀는 계(笄), 차(釵), 잠(簪)이라는 명칭으로도 불리며 조선후기 얹은머리를 금지하고 낭자머리를 권장한 후부터 더욱 널리 사용하게 되었다.

비녀의 모양과 소재는 다양하였는데 여인의 머리에 꽂힌 비녀를 보고 계급을 알 수 있었다.

비녀는 긴 부분의 몸체와 머리부분으로 구성되어 있는데, 머리부분은 비녀가 낭자에서 빠져나가는 것을 막는 역할을 하는 동시에 모양을 내고 장식을 할 수 있는 유일한 곳이다. 이 머리부분의 모양과 만든 재료 등으로 종류가 구별된다.

3) 첩지

첩지는 조선시대 부녀자가 예장할 때 머리 위에 얹어 장식하던 머리 장식품으로 3㎝ 너비의 가체 중간에 천을 대고 그 위에 첩지를 얹어서 고정시켜 가리마 위에 올려놓고 다리를 좌우 귀 뒤로 돌려 쪽머리에 고정시키는 것이다. 가체금지령 이후 쪽찐 머리를 하게 되면서부터 사용되었다고 전해진다. 용첩지, 봉황첩지는 황후와 왕비가 사용하였고 개구리첩지는 내외 명부가 당의를 입고 사용하였다. 장식품인 첩지가 그 사람의 신분을 나타내기도 하였는데 상궁은 은제개구리, 정경부인은 도금개구리, 정부인은 머리부분만 도금한 개구리를 썼다.

4) 뒤꽂이

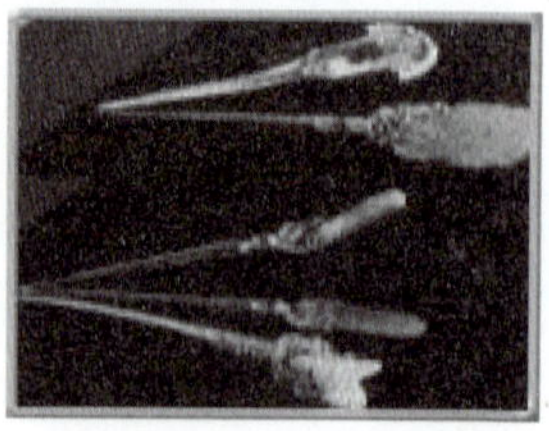

뒤꽂이는 쪽머리 뒤에 덧꽂는 비녀 이외의 장식물을 총칭한 것으로 끝이 뾰족한 단순한 뒤꽂이 이외에 실용적인 면을 겸한 귀이개, 빗치개 등이 있다.

재료와 두식(頭飾)에 따라 종류가 다양하나 일반 뒤

꽂이 가운데 가장 많이 애용된 것은 화접뒤꽂이로 매화나 국화 사이에 호랑나비가 앉은 것과 연봉뒤꽂이가 있으며 이 밖에 비취, 산호, 진주 등을 사용하여 매우 화려하게 만들었다.

5) 장도

장도는 반가의 성인이면 허리띠나 주머니끈에 매달아 일상적인 소지품으로 휴대했던 칼집이 있는 작은 칼이다. 점차 손칼로서의 실질적인 기능보다는 상징성과 장식성이 강조되어 장신구로서의 역할 특히 여인들의 노리개 장식의 일부가 되기도 했다.

몸에 지니는 것인 만큼 장도집과 자루를 호사스럽게 꾸며, 십장생, 용 등의 다양한 상서로운 문양을 조각하거나 상감하였는데 장식은 대칭적이며 고리가 달리는 부분에 집중되어 있다.

6) 화관

조선시대 궁중에서 의식이나 경사가 있을 때, 반가에서는 혼례나 경사 시에 대례복, 또는 소례복을 입을 때 착용한 수식물이다. 족두리와 마찬가지로 조선 영조 때 가체금지령에서 가체에 대신케 함으로써 일반화되었다. 관에 오색구슬로 꽃 모양을 둘렀고 떨 나비를 달았다. 본래 귀족과 양반계급의 부녀자 예복에 쓰이던 화관이 혼례 때 쓰인 것은 조선시대에 이르러서이며 관모라기보다는 수식으로 변하여 사용된다. 대개 활옷이나 당의를 입을 때 썼다.

서민들의 혼례에 등장하여 오면서 일생에 한 번 써보는 찬란한 예관으로서의 쓰임새를 발휘하던 화관의 화려함은 지금도 변함이 없다.

7) 족두리

조선시대에 부녀자들이 의례 때 예복에 갖추어 쓰던 관으로 영, 정조 때 가체금지령이 내려진 후 성행하였으며 일반화되었다.

검은 비단 여섯 쪽을 이어 꿰매고 안에 솜을 넣어 겉에 장식 없이 쓰기도 하고, 상부, 중앙, 옆면에 칠보, 밀화, 옥 등을 장식하여 사용하기도 하였다.

8) 아얌

오늘날 예복이나 생활복에 멋으로 널리 사용되고 있는 아얌은 족두리보다 앞선 것으로 조선초기부터 사용되었다. 형태는 위가 트여 있고 귀를 덮지 않는 것이 특징이다. 모체와 아얌드림 형식의 두 부분으로 구성되어 있으며 모체의 두부 정상부위는 홍실의 장식술과 술대를 드리워 장식한다.

앞쪽과 옆면은 주로 칠보, 옥, 진주 등의 꾸미개를 화려하게 장식하고 긴 아얌드림 역시 일정 간격의 꾸미개로 곱게 단장한다. 오늘날은 장식의 목적으로 사용되어 다양한 형태의 아얌이 제작되고 있으며 사용재료와 색, 장식문양과 기법이 화려하고 다양하게 응용되고 있다.

3. 한복의 문화상품화 방안

한복을 생활화하고 문화상품화하는 데는 많은 문제점이 있다.

첫째, 국민들의 한복에 대한 인식부족이다. 명절에도 거추장스럽다는 이유로 외면당하는 한복의 현주소를 타개하고자 하는 데 주안점을 두어야 한다. 즉 개량하고 생활에 맞도록 변화를 추구하는 한복이 결국에는 한민족 고유의 의복 자체를 상실하게 할 수도 있다.

한편, 한복을 바라보는 시선에는 교육 부족으로 한복에 대한 이해와 친밀도가 더욱 떨어진다는 지적도 있으며 일본의 현실과 종종 비교된다. 보통 원화로 천만 원을 호가하는 기모노는 일본에서 가장 사랑받는 예복이자 그 예우도 높아 성년식에 맞춰 기모노 맞춰 입기 교육이 이뤄지고 많은 사람들도 착용한다. 시치고산이라는 연중행사에, 3세와 5세가 되는 남자아이와 3세와 7세가 되는 여자아이들은 예쁜 옷을 입고 부모님과 함께 신사에 참배하러 가는 일이 보통이어서 신사에서는 아이들이 건강하게 성장하도록 오하라이(おはらい: 신에게 빌어서 죄나 부정을 없애는 의식)를 해준다. 그러나 한복은 1년에 한두 번 입는 정도에 그치는데다 예복으로도 그 쓰임새를 잃고 있어 구매의사조차 없는 사람들이 많아서 한복을 배울 사람조차 교육받을 곳을 찾는 데 어려움을 겪고 있다.

둘째, 정부 차원에서 한복을 국가 브랜드의 일환으로 육성하려는 의지를 통해 현재 한복을 계승·발전시키려는 노력이 가장 중요한 관건이다.

최근 우리나라의 문화콘텐츠가 아시아 국가들에 많이 소개되면서 대한민국을 방문한 외국인 관광객들이 한복을 입어보는 행사나 한복 구매가 상당히 늘어나고 있으며 비슷한 예로 중국의 신혼부부들이 한복을 예단의 한 종류로 구매하는 경우도 적잖이 나타나고 있어 현지업체와 한복업체가 제휴하여 활동하고 있다.

[제2절] 전통식품

1. 된장

1) 된장의 개요

된장은 대두, 쌀, 보리, 밀 또는 탈지대두 등을 주원료로 하여 식염, 종국을 섞어 제국하고 발효·숙성시킨 것 또는 콩을 주원료로 하여 메주를 만들고 식염수에 담가 발효하고 여액을 분리하여 가공한 것을 말한다.

된장은 예부터 오덕(五德) 즉 '단심(丹心 : 다른 맛과 섞어도 제맛을 낸다), 항심(恒心 : 오랫동안 상하지 않는다), 불심(佛心 : 비리고 기름진 냄새를 제거한다), 선심(善心 : 매운맛을 부드럽게 한다), 화심(和心 : 어떤 음식과도 조화를 잘 이룬다)'이라고 하여, 과거 선조들로부터 전해 내려오는 한국 고유의 전통 먹거리로서 그 뛰어난 맛과 효능으로 많은 사랑을 받고 있는 식품이다.

2) 된장의 역사

우리 민족은 언제부터 메주를 쑤어왔던 것일까? 메주의 원료인 콩에 대해 먼저 알아보자. 우선 콩의 원산지는 바로 만주 남부인데 이곳은 본래 맥족의 발생지로 고구려의 옛 땅이니, 콩의 원산지는 우리나라인 셈이다. 비단 만주뿐 아니라 한반도 내의 전 지역에서 콩의 야생종과 중간종이 많이 발견되고 있어, 콩의 원산지가 한국임을 재삼 확인시켜 주고 있다. 또한 이러한 콩 재배는 많은 문헌과 고고학적 자료, 유전학적 고증 등을 통해 4000년 전에 벌써 콩을 재배해 왔음을 알 수 있다. 콩 문화의 발상지였던 우리나라는 이처럼 오래전부터 콩으로 메주를 쑤어 장을 담갔던 것이다.

물론 이때 장의 개념 자체는 고대 중국으로부터 온 것이지만 중국의 장은 콩으로 메주를 쑤어 담그는 우리의 장과는 근본적으로 다른 것이었다. 우리의 선조들은 중국의 장 가공기술을 콩에 도입하여 전혀 새로운 장의 형태를 재창조했다고 볼 수 있다.

초기의 된장은 간장과 된장이 섞인 것과 같은 걸쭉한 장이었으며, 삼국시대에는 메주를 쑤어 몇 가지 장을 담그고 맑은 장도 떠서 썼을 것으로 추측하고 있다.

된장의 유래에 대해 살펴보면 이웃나라인 중국에도 전래되어, 중국인들은 고구려인들을 보고 발효식품을 잘 만든다고 하면서, 우리 된장 냄새를 '고려취(高麗臭)'라고 불렀다고 한다. 우리나라에서 메주가 전래되면서 중국에서 종래의 장과는 전혀 다른 형태의 장이 만들어지게 된 것이다.

8, 9세기경에는 장이 우리나라에서 일본으로 건너갔다는 기록이 많다. 그 증거로 701년에 저술된 일본의 『대보율령』에 시(豉)란 용어가 나온다. 또한 771년에 저작된 『봉사일정경고작해』에는 콩 5말에 메주를 만들고 이것을 소금물에 담가 간장 4말 2되를 얻는다고 하여 우리나라의 장 만드는 원리와 일치함을 보여준다. 또한 1717년 저술된 『동아(東雅)』에서는 고려의 장인 말장(末醬)이 일본에 와서 그 나라 방언대로 미소라 한다고 하였고, 그들은 미소라고도 부르고 고려장이라고도 하였다.

조선시대에 들어와서는 장 담그는 법에 대한 구체적인 문헌이 등장하는데, 『구황보유방(救荒補遺方)』[1](1660)에 의하면 메주는 콩과 밀을 이용하여 만들어져 오늘날의 메주와 크게 다르다고 하였다. 콩으로 메주를 쑤는 법은 『증보산림경제』에서 보이기 시작하여 오늘날까지도 된장 제조법의 기본을 이루고 있다.

이렇듯 우리나라는 콩 문화의 발상지답게 콩 가공식품인 메주를 만들어 이웃나라에까지 전래하여 그들의 식생활에 지대한 영향을 끼쳤던 것이다.

1) 1660년(현종 1) 신속(申洬)이 『구황촬요(救荒撮要)』의 속편으로 간행한 책. 활자본. 1책. 서원현감(西原縣監)으로 있던 저자가 흉년을 당한 현민에게 읽히기 위하여 지었다. 잡물식법(雜物食法) · 불외한법(不畏寒法) 등을 한문으로 기록하고 한글로 빈역힌 것이다. 책머리에 송시열(宋時烈)이 쓴 신간구황촬요서(新刊救荒撮要序)가 있고, 책 끝에 신속이 1660년에 쓴 발문이 있다.

3) 된장의 제조방법

① 메주를 준비한다.

② 소쿠리에 소금을 담고 물을 부어 소금물을 만든 다음 고운체에 걸러둔다. 항아리는 햇볕을 많이 받을 수 있는 입이 넓은 것으로 준비해서 뜨거운 물을 부어 소독한다. 메주를 깨끗이 털고 물에 하나씩 넣어 씻는다.

③ 씻은 메주를 항아리에 쌓은 다음, 그 위로 준비한 소금물을 붓는다.

④ 항아리에 잘 닦은 고추와 대추를 넣은 뒤 뚜껑을 똑 닫아 3일간 두었다가 열어 햇빛을 쬐게 한다.

⑤ 망사로 항아리를 봉해서 40일 정도 두는데, 이때도 뚜껑을 자주 열어 볕을 잘 쬐게 한다.

⑥ 간장을 떠낸 다음 메주를 큰 그릇에 넣고 여기에 찹쌀을 고아 식혀 함께 섞는다. 메줏가루와 소금을 넣고 잘 섞는다.

⑦ 항아리에 담을 때 된장 사이에 말린 붉은 고추를 넣어 눌러 담고 위에 소금을 뿌려 봉한다.

4) 된장의 종류

된장만큼 그 종류가 많은 것도 드물다. 무엇을 첨가하느냐에 따라 이름이 달라지고 맛도 달라지기 때문이다. 또한 지역적 특성과 조건에 따라 나뉘기도 한다.

(1) 전통된장

① 막된장

간장을 빼고 난 부산물이 바로 막된장이다.

② 토장

막된장과 메주, 염수를 혼합 숙성하거나 메주만으로 담은 된장으로 상온에서 장기 숙성시킨 장을 말한다.

③ 막장

날메주를 빻아 소금물에 짓이겨 익히거나 콩메주 가루를 약간 띄운 보리밥에 섞어 소금물을 넣어 익힌 장이며, 토장과 마찬가지로 담되, 수분을 좀 많이 하여 햇볕이나 따뜻한 곳에서 숙성을 촉진시킨다. 일종의 숙성된장이라고 할 수 있으며, 보리 · 밀을 띄워 담근다. 콩보다 단맛이 많으며, 남부지방에서 주로 만들어 먹는다.

④ 담뿍장

청국장 가공품으로 볼 수도 있다. 볶은 콩으로 메주를 쑤어 고춧가루, 마늘, 소금 등을 넣어 익힌다. 청국장에 양념을 넣고 숙성시키는 방법은 메주를 쑤어 5~6㎝ 지름으로 빚어 5~6일 띄워 말린 뒤 소금물을 부어 따뜻한 장소에 7~10일간 삭힌다. 단기간에 만들어 먹을 수 있고 된장보다 맛이 담백하다.

⑤ 즙장

막장과 비슷하게 담되 수분이 많고 밀과 콩으로 쑨 메주를 띄워 무나 고추, 배춧잎 등의 초가을 채소를 넣고 숙성시킨 것이다. 신맛도 약간 있다. 경상도 · 충청도 지방에서 많이 담그는 장으로 두엄 속에서 삭힌다.

⑥ 생활장

삼복 중에 콩과 누룩을 섞어 띄워서 담근다. 누룩의 다목적 이용과 발효 원리를 최대한 이용한 장이다.

⑦ 청태장

마르지 않은 생콩을 시루에 삶고 쪄서 떡 모양으로 만들어 콩잎을 덮어서 만든다. 청태콩 메주를 뜨거운 장소에서 띄워 햇고추를 섞어 간을 맞춘다. 콩잎을 덮는 이유는 균주가 붙어서 분해를 용이하게 하기 위함이다.

⑧ 팥장

팥을 삶아 뭉쳐 띄워 콩에 섞어 담근다.

⑨ 청국장

초겨울에 햇콩을 삶아 띄워 생강과 마늘을 넣고 찧은 다음 고춧가루와 소금을 넣어 익힌 장이고, 콩을 쑤어 볏짚이나 가랑잎을 깔고 40℃에 2~3일간 띄운다. 고추, 마늘, 생강, 소금으로 간을 하고 절구에 넣어 찧는다.

⑩ 집장

여름에 먹는 장의 일종으로, 농촌에서 퇴비를 만드는 7월에 장을 만들어 두엄더미 속에 넣었다가 꺼내어 먹는 장이다.

⑪ 두부장

사찰음식의 하나로 수분을 뺀 두부를 으깨어 간을 세게 하여 항아리에 넣었다가 꺼내어 참깨보시기, 참기름, 고춧가루로 양념하여 베자루에 담아 다시 한 번 묻어 둔다. 한 달 후에 노란빛이 나며 매우 맛이 있다. 대홍사의 두부장이 유명하다.

⑫ 지례장

일명 '지름장', '찌엄장'이라고 한다. 메주를 빻아 보통 김치 국물을 넣어 익히면 맛이 좋다. 이 지례장은 삼삼하게 쪄서 밥 반찬으로 하며, '우선 지례먹는 장'이라 하여 지례장이라 하는 것이다.

⑬ 생치장

꿩으로 만든 장의 일종으로, 암꿩 3~4마리를 깨끗이 씻어 삶아서 껍질과 뼈는 버리고 살코기만 취하여 잘 다져 찧어서 진흙같이 만들어, 이것을 체로 밭쳐 놓으면 아주 연하게 된다. 여기에 초피가루, 생강즙, 장물로 간을 맞추어 볶아서 만드는데, 마르지도 질지도 않게 한다.

⑭ 비지장

두유를 짜고 남은 콩비지로 담근 장이다. 콩비지를 대강 볶아서 무명 쌀자루에 담아 하루 반 정도를 띄운 후 소금으로 간하여 삭힌다. 충분히 삭은 비지장은 뚝배기에 비지장과 함께 배추김치를 넣어 지져 먹으면 별미이다. 비지장은 더운 날에는 만들지 못하는 단점이 있다.

(2) 특수된장

① 무장(서울)

10월에 장 메주를 쑬 때 약간 작게 만들어 먼저 띄워 항아리에 담고 물을 부어두면 2~3일 후에 물이 우러나고 동동 뜨게 된다. 그러면 이것을 소금으로 간을 하여 꼭 덮어두면 3~4일 후에 익는데, 동치미무, 배, 차돌박이, 편육 등을 썰어서 넣어 먹는다.

② 예산된장(충청도)

보리쌀과 콩을 섞어 메주를 쑤어 띄운다. 메주가 뜬 지 한 달 이상 지난 뒤 가루로 빻아 찹쌀밥을 해서 간장으로 간을 하여 함께 섞어 버무린다. 이것을 항아리에 담되, 절인 오이, 고추, 가지, 삶아 건진 양지머리, 마른 대하 등을 켜켜이 얹어가며 담는다. 그런 다음 뚜껑을 단단히 봉하여 말똥이나 퇴비더미 속에서 삭힌다.

③ 진양된장(경상도)

콩을 불려 삶다가 맷돌에 간 밀을 얹어 다시 푹 익혀서 주먹만하게 빚어 2~3일 동안 띄워 말린다. 이것을 가루로 만든 다음 찹쌀풀과 삭힌 엿기름을 합하여 가지, 오이, 무, 박, 우엉 등을 넣고 봉하여 볏짚이나 왕겨를 태운 잿더미 속에 묻어두고 짚을 때면서 익힌다.

④ 밀양된장(경상도)

콩을 삶다가 쌀가루와 밀가루를 섞어 뜸을 들인 뒤, 작은 주먹만하게 뭉쳐 띄워 말린다. 이것을 가루로 만들어두었다가 필요할 때 풋고추, 가지, 무, 다시마, 전복 등을 넣고 수시로 고춧가루, 마늘 등으로 양념하여 익혀 먹는다.

⑤ 거름장(경상도)

콩을 삶다가 보리를 섞어 익힌 뒤 메주를 만들어 뽕나무나 닥나무 잎을 덮어 띄운다. 이것을 말려 가루로 만든 다음 오이, 가지 등을 섞어 퇴비 속에 묻어 익힌다. 거름장이란 명칭은 이렇게 퇴비 속에 파묻어 익힌다고 해서 붙여진 것이다.

⑥ 나주된장(전라도)

누룩을 띄워 가루를 낸 뒤 찐 찹쌀을 섞어 하룻밤 재운다. 여기에 가지, 오이, 고춧잎 등을 섞어 퇴비 속이나 왕겨불 속에 묻어 익힌다.

⑦ 전주된장(전라도)

찹쌀로 밥을 질척하게 지어 여기에 메줏가루와 엿기름가루를 섞고 고추, 가지, 무, 고춧잎 등의 채소를 넣어 아랫목에 두고 익혀 먹는다.

⑧ 조피장(제주도)

조피잎을 잘게 썰어 된장에 버무려 오지그릇에 꼭꼭 눌러 담아두었다가 이틀쯤 지난 뒤에 먹는다.

5) 된장의 효능

30여 년 전만 해도 아이들이 놀다가 머리를 다치거나 벌에 쏘이기라도 하면 다른 약이 필요 없었다. 된장을 호박잎에 펴 바르고 아픈 곳에 동여매 놓으면 저절로 딱지가 생기고 치료가 되었다. 지금처럼 과학적으로 증명되진 않았지만 체험적으로 된장의 효능을 알았던 것이다.

된장은 과거 선조들로부터 전해 내려오는 한국 고유의 전통 먹거리로서 그 뛰어난 맛뿐만 아니라 여러 가지 효능으로 많은 사랑을 받고 있는 식품이다. 된장의 효능을 살펴보면 다음과 같다.

(1) 항암효과

된장은 발효식품 중에서도 항암효과가 탁월하다. 된장은 끓여도 항암효과가 살아 있어 전통조리법인 된장찌개에서 발암물질을 투여하여 쥐를 암에 걸리게 한 후 된장을 먹인 결과 된장을 먹이지 않은 쥐보다 암조직의 무게가 약 80%나 감소하였다고 한다. 대한암예방협회의 암 예방 15개 수칙 중에는 된장국을 매일 먹으라는 항목이 들어 있을 정도로 국내외적으로 그 효과가 공식화되는 추세이다. 된장은 항암효과는 물론 암세포 성장을 억제시키는 효과가 있다는 것이 밝혀졌다.

(2) 고혈압

된장에 함유되어 있는 히스타민-류신 아미노산은 단백질의 생리활성이 뛰어나 두통을 경감시키고 혈압을 저하시키므로 고혈압에 효험이 있으며, 콜레스테롤을 제거해 줌으로써 혈관을 탄력 있게 해준다.

(3) 간기능 강화

간은 우리 몸에서 가장 중요한 기관의 하나이며 섭취한 영양소 모두가 간을 통하여 분배된다. 전통된장은 간기능 회복과 간 해독에도 효과가 있으며 간 독성 지표인 아미노기전이효소의 활성을 떨어뜨려 간기능을 강화시킨다는 실험결과가 발표됨으로써 분명한 사실로 밝혀지고 있다.

(4) 해독작용

된장은 해어, 육류, 채소, 버섯의 독을 풀고 뱀, 벌레, 뱀독 등을 다스리는 데 효과가 있다.

(5) 노인성 치매 예방효과

콩 속의 레시틴은 뇌기능 향상 효과가 있으며, 사포닌은 기능성 물질로 혈중 콜레스테롤 수치를 낮추고 과산화지질의 형성을 억제하여 노화 및 노인성 치매를 예방한다. 된장은 노화를 억제하는 항산화물질이 함유되어 있으며 발효·숙성과정에서 항산화기능이 높아지고 된장 특유의 갈변현상도 노화예방에 큰 작용을 하는 것으로 알려져 있다.

(6) 소화제 역할

된장은 식욕을 돋우는 음식인 동시에 소화력이 뛰어난 식품으로서 음식을 먹을 때 된장과 함께 먹으면 체할 염려가 없다. 민간요법에서는 체했을 때 된장을 묽게 풀어 끓인 국을 한 사발 먹으면 체한 기가 풀어진다고 하였다.

(7) 골다공증 예방

이소플라본의 유도체는 일명 식물성 에스트로겐으로 뼈의 재흡수를 막고 뼈를 형성하여 여성의 골다공증도 예방할 수 있다. 버섯 중에는 비타민 D가 풍부해 칼슘의 흡수를 돕고 뼈와 이를 튼튼하게 하는 작용이 있다.

(8) 당뇨 개선

멜라노이딘(Melanoidine)성분이 인슐린의 분비를 원활하게 하여 당뇨를 개선한다.

(9) 비만·변비 예방

호박, 버섯, 보리, 된장은 식이섬유소가 풍부하여 비만은 물론 변비 예방 및 치료에도 효과적이며 장의 연동운동을 촉진시켜 소화기를 튼튼하게 해준다.

(10) 심장병과 뇌졸중 예방

버섯의 단백질은 피를 맑게 하는 성분이 있고 혈액의 응고를 억제시키는 효과가 있을 뿐만 아니라 혈액의 점도를 내려 심장병과 뇌졸중을 예방한다.

(11) 기미 · 주근깨 제거

유리리놀산이 멜라닌색소의 합성을 억제함으로써 기미 · 주근깨를 제거해 주고 버섯과 호박은 알레르기성 피부, 여드름, 거친 피부를 윤택하게 해준다.

2. 간장

1) 간장의 역사

메주를 주원료로 하며 식염수 등을 섞어 발효 숙성시킨 후 남은 액체를 가공한 것이다.

고구려고분 안악3호분의 벽화에는 우물가에 장독대가 보이고 『삼국사기』에는 683년(신문왕 3)에 왕비를 맞이할 때 폐백품목으로 간장과 된장이 기록되어 있는 것으로 미루어 삼국시대에 이미 장류가 사용되었음을 알 수 있다.

『고려사』「식화지」에는 1018년(현종 9)에 거란의 침입으로 굶주림과 추위에 떠는 백성들에게 소금과 장을 나누어주었다는 기록과, 1052년(문종 6)에 개경의 굶주린 백성 3만여 명에게 쌀 · 조 · 된장을 내렸다는 기록이 있다. 구휼식품은 적어도 생명유지를 위한 최저 기본식품이라야 하는데 쌀 · 조와 같은 곡물과 함께 장과 된장이 들어 있었던 것으로 보아 고려시대에 이미 장류가 필수 기본식품으로 정착되었음을 알 수 있다.

『요록』, 『시의전서』, 『주방문』 등 조선시대 조리서에서 대부분 간장 제조법을 적고 있으며, 『산림경제』에도 25조목의 조장법이 보인다. 계절에 따라 소금의 양을 조절하여 과학적으로 관리하였음을 알 수 있다. 『규합총서』에는 장 제조법뿐 아니라 장 담그는 데 따른 택일법 · 금기사항 · 보관관리법 등이 기록되어 있다. 개화 이후, 일본 된장과 간장이 도입되었고, 간장 제조회사가 1930년대에 설립되었으나 우리 입맛에 맞지 않아서 재래간장이 사용되었다. 그 뒤 사회구조와 생활양식의 변화로 시판하는 간장을 사용하는 가정이 늘게 되었다. 시판하는 간장의 소비는 해마다 증가하는 추세이다.

2) 간장의 재료

(1) 물

물은 장맛을 결정하는 중요한 요소로 약수나 생수 등 오염되지 않은 깨끗한 물을 사용하는 것이 좋다.

(2) 소금

불순물이 적은 소금이 좋으나 장 담그기용 소금은 천일염으로 만든 것이 장맛에 더욱 좋다.

(3) 메주

메주는 소금물의 농도에 따라 다른데 농도가 너무 낮으면 숙성과정 중 변질될 우려가 있고, 너무 짜면 미생물의 발효가 억제되어 장맛이 떨어진다. 항아리의 경우 한 번 장독으로 정했으면 같은 종류의 장을 담는 것이 좋다. 김치에 들어 있는 균과 장을 발효시킨 균은 전혀 다르기 때문이다. 냄새가 밴 항아리는 참숯을 빨갛게 피워서 항아리 바닥 가운데 넣고 꿀 한 종지를 부어 태우면 좋은 향이 퍼지고 항아리 안이 소독된다.

3) 간장의 종류

(1) 농도에 따른 분류

① 진간장

담근 햇수가 5년 이상 되어 맛이 달고 색이 진하여 약식 등을 만드는 데 쓰인다.

② 중간장

담근 햇수가 3~4년 정도 발효된 장으로 찌개나 나물을 무치는 데 쓰인다.

③ 묽은 간장

담근 햇수가 1~2년 정도 되어 맑고 색이 연하여 국 끓이는 데 쓰인다.

(2) 제조법에 따른 분류

① 재래간장

메주는 맑은 물에 씻어 말린 것을 쓰는데 간장을 얻을 목적이면 메주를 쪼개 까맣게 뜬 부분을 많이 쓰고, 된장을 얻으려면 가장자리의 덜 뜬 부분을 골라 쓴다. 하루 전에 소금물을 풀어 가라앉힌 물의 윗물만 떠서 붓는다. 메주가 떴다가 가라앉으면 간이 싱거운 것으로 소금을 더 넣어야 한다. 메주가 물 위로 1cm 정도 떠오르면 적당하다. 소금물을 독에 가득 채워준다. 소금물은 시일이 지나 메주가 불게 되면 조금씩 줄고 볕을 쬐면 조금씩 줄어든다. 장을 담고 남은 소금은 줄어드는 수분 양만큼 조금씩 채워주면 좋다. 수면 위로 나온 메주에 소금을 한 줌씩 뿌려 메주덩어리에 잡균이 붙지 않도록 한다. 또 숯·대추·고추 등을 한 독에 서너 개씩 띄운다. 숯은 흡습성이 좋아 냄새를 빨아들이고, 통고추는 살균효과가 있을 뿐 아니라 대추와 같이 붉은색으로 나쁜 것이 가까이 오지 못하게 하는 액막이용으로 사용하였다. 보통 40~60일 정도 숙성되면 메주와 즙액을 분리한다. 장 뜨는 시기도 장 담그는 시기에 따라 조금씩 차이가 있는데 따뜻할수록 발효기간이 짧다. 된장과 분리한 간장은 불에 달이는데 이것은 간장의 부패를 막고 농축시켜 진한 맛을 얻기 위함이다. 달인 장은 완전히 식힌 후에 독에 붓고 뚜껑을 덮는다. 30일이 지나면 먹을 수 있다.

② 개량간장

개량간장은 대두, 탈지대두(기름 제거 콩)와 곡류(밀) 등에 메주를 만드는 종국(몸에 이로운 곰팡이)을 접종한 후 소금물에 섞어 자연숙성시킨다. 예전 집에서 담가 먹는 간장처럼 미생물 숙성시킨 것이다.

③ 화학간장

단백질을 단시간에 분해하므로 필수아미노산이 파괴될 확률이 높으며 가성소다 등으로 중화시키므로 좋지 않은 냄새가 난다. 몸에 이로운 유기산이 적은 반면 해로운 레브린산이 상당량 들어 있다. 캐러멜색소와 인공감미료를 첨가하는데 이것도 인체에 해롭다. 맛이나 향기가 좋지 않지만 값이 싼 장점이 있다.

④ 진간장

해방 이후 짧은 기간 안에 간장을 대량생산하기 위해 만든 혼합간장으로 양조간장에 화학분해간장을 혼합하여 만들었다.

4) 간장의 효능

『동의보감』에 "장은 모든 어육 · 채소 · 버섯의 독을 지우고 열상과 화독을 다스린다" 하였고, "오장을 편하게 하는 까닭에 먹지 아니할 수 없다"고 하였다. 선조로부터 인정받아온 간장의 효능은 다음과 같다.

(1) 영양의 공급원

염분과 아미노산 및 단백질을 공급한다. 보통 하루의 염분 필요량은 13g으로 정해져 있으나 5g 이하를 섭취하면 식욕 감퇴와 두통, 의욕상실 등의 장애가 온다. 적절한 간장의 섭취는 영양을 공급하여 위와 같은 장애를 예방할 수 있다.

(2) 콜레스테롤 농도 저하

체내에 있는 콜레스테롤은 성호르몬이나 담즙산 등으로 변화되는데, 간장을 섭취하면 담즙산으로의 변화를 촉진시키고 그와 함께 체외배설을 증가시켜 결과적으로 혈청 콜레스테롤 농도가 저하된다.

5) 간장을 이용한 식품

4월은 풋마늘, 마늘쫑, 5월은 꽃게장, 6월은 풋고추, 양파, 7월은 오이, 깻잎, 8월은 풋고추, 9월은 가지, 10월은 참게장, 배추, 고춧잎, 11월은 무, 12월은 무말랭이 등이 있다.

6) 간장 고르는 법

① 간장을 접시에 따라본다

밝은 적갈색이고, 불쾌한 냄새가 없고, 향을 지녀야 한다.

② TN값을 확인한다

간장의 주원료인 콩의 단백질이 분해되어 아미노산을 생성한다. 이 아미노산이 간장의 맛과 향을 좌우할 뿐 아니라 인체에 쉽게 흡수되어 좋은 영양원이 된다. 육류에 포함되어 있는 단백질도 위산의 작용으로 아미노산으로 분해되어 우리 몸속에 쉽게 흡수되는 것과 같은 원리이다. 따라서 단백질이 얼마나 잘 분해되었는가가 좋은 간장을 고르는 기준이 된다.

단백질 분해 정도를 쉽게 알려면 제품 뒷면의 표기사항에 적혀 있는 TN이라는 총 질소함량을 보면 된다. TN의 수치가 높을수록 단백질이 잘 분해되어 영양가가 높고 감칠맛이 있다고 한다. 한국산업규격(KS)에서는 TN값을 기준으로 품질, 등급을 총 질소함량(TN)이 1.5% 이상일 때 '특급', 1.3% 이상은 '고급', 1.0% 이상은 '표준'으로 구분하고 있다.

③ 콩의 함량을 확인한다

예전 어머니들은 맛있고 진한 간장을 만들려면 메주의 양을 늘렸다고 한다. 콩이 많이 들어가면 그만큼 맛이 진해지고 풍미가 있다는 것을 의미하는 것이다. 간장 제조회사에서 만드는 간장도 그건 매한가지 콩 함량이 높을수록 소금 함량이 줄기 때문에 간장의 맛이 진해지고 풍부해진다. 제조회사별로 콩의 함량이 제각각인데 함량이 높을수록 좋은 제품이라 생각하면 된다.

3. 고추장

1) 고추의 역사

전통 장류 중 가장 늦게 우리 식생활에 도입된 고추장은 세계에 그 유례가 없

는 우리 민족이 스스로 일구어낸 독창적이고 고유한 향신 조미료의 하나이다. 고추가 전래되기 전에는 산초(山椒), 천초(川椒), 호초(胡椒) 등을 이용, 매운맛을 내는 것을 초장(椒醬)이라 하였으나 고추가 도입되면서 고추장으로 정착되었다.

『지봉유설(芝峰類說)』(1614)에 따르면 고추는 일본에서 온 겨자라는 뜻으로 '왜겨자'라 불렸다는 것으로 보아 그 이전에 들어왔을 것으로 추정할 수 있다. 또한 『조선개화사』에 의하면 임진왜란 때 우리 민족을 독살키 위해 가져왔으나 우리 민족의 체질에 맞아 즐겨 먹었다는 기록이 있는 것으로 보아 임진왜란 무렵에 고추가 들어왔을 가능성이 높다.

『훈몽자회(訓蒙字會)』에 의하면 고추라는 이름은 '고(苦)'가 지금은 쓴맛을 뜻하지만 여기서는 불꽃에서 탄다는 뜻이니 고추를 초(椒)에 고(苦)를 붙여 고초(苦椒)라 적고 고추라 하였다고 한다.

이렇듯 고추장은 고추가 유입된 16세기 이후에 개발된 우리나라의 전통식품으로, 임진왜란을 전후로 일본에서 고추가 전래되기 시작한 16세기 이후에 개발된 장류로서 조선후기 이후 식생활양식에 변화를 가져왔다.

2) 고추의 사용

초기에 고추는 술안주용으로 고추 그 자체를 사용하거나, 고추씨를 사용하다가 17세기 후기경에는 고추를 가루로 내어 이전부터 사용했던 향신료인 후추, 천초(川椒, 초피나무 열매 껍질)를 사용하였다. 천초를 섞어 담근 장을 '초시장'이라고 한다. 고추 재배의 보급이 일반화되어 종래의 된장, 간장 겸용장에 매운맛을 첨가시키는 고추장 담금법으로 변천 발달하게 되었다.

이런 역사 속에서 우리에게 고추가 도입되었고 육식보다는 채소 위주의 우리 식생활에서 자극적인 맛이 미각을 돋우는 데 크게 기여함에 따라 고추장이 다양하게 발전되어 지금에 이르고 있다. 고추장 담금법은 조선중기의 『증보산림경제

(增補山林經濟)』(1766)에 최초로 기록되었다. 막장과 같은 형태의 장으로, 여기에는 고추장의 맛을 좋게 하기 위해 말린 생선, 곤포(다시마) 등을 첨가했다는 기록이 있는데, 이로 보아 당시 오늘날과 비슷한 고추장이 만들어졌음을 알 수 있다. 영조 때 이표가 쓴 『수문사설』(1740) 「식처방」의 '순창고추장조법'에는 곡창지대인 순창지방의 유명한 고추장 담금법이 실렸는데 전복 · 대하 · 홍합 · 생강 등을 첨가하여 다른 지방과 달리 특이한 방법으로 담갔으며 영양학적으로도 우수하였음을 알 수 있다.

『역주방문』의 고추장 담금법에는 보리쌀을 섞는 고추장 담금법이 소개되어 있고, 『규합총서』에서는 조금 더 진보되어 필요한 재료의 양이 잘 소개되어 있는데 특히 고추장 메주를 따로 만들어 담그는 방법과 소금으로 간을 맞추는 방법 등은 현재와 비슷하다. 또한 꿀, 육포, 대추를 섞는 등 현재보다 더욱 화려한 내용의 고추장 담금법이 제시되어 있다. 그 뒤 고춧가루 사용량이 늘어나면서 현재와 같이 식성대로 소금물로 간을 맞추는 방법이 주류를 이루게 되었다.

『농가월령가(農家月令歌)』(1861) 중 「삼월령」을 보면 "인간의 요긴한 일 장 담그는 정사로다. 소금을 미리 받아 법대로 담그리다. 고추장, 두부장도 맛맛으로 갖추어" 하여 삼월에 고추장 담글 것을 일깨워주고 있다.

3) 고추장 제조방법

고추장 제조법이 처음으로 보이는 『증보산림경제(增補山林經濟)』에는 "메주를 가루로 만들어 체로 친 것 1말(18 l)에 고춧가루(0.54 l), 찹쌀가루 1되(1.8 l)를 넣고 좋은 간장으로 개어서 담근다."라고 하였다. 이것은 대체로 오늘날과 같은 것이나 지금의 고추장보다 고춧가루를 훨씬 적게 쓰고 있고, 찹쌀이나 멥쌀 등 탄수화물 식품이 주가 되는 대신 메줏가루가 주가 되어서 마치 막장과 같은 장을 연상케 한다. 또한 간장으로 고추장의 간을 맞추고 있어 간장의 이용도가 현재보다 훨씬 많았음을 짐작할 수 있다. 고추장에 참깨를 볶아서 넣거나, 별법으로 콩으로 두부를 만들어 물기를 짠 다음 고춧가루와 소금물 등을 섞어서 담그는 법도 기록되어 있다. 또한 속성으로 고추장 만드는 법이 "콩 1말을 볶은 다음 껍질을 벗겨 다시 끓여서 즙을 빼내고 더운 방에서 3일간 띄운 다음 볶은 콩가루 3말을 섞어 찧어서 고춧가루 3홉과 소금물로 버무려 햇볕에 익혀 만든다."고 기록되어 있어 18세기 무렵에는 고추장 만드는 법이 다양하게 발달되었음을 알 수 있다. 『규합총서』에는 "삶은 콩 1말과 쌀 2되로 흰무리를 쪄서 함께 찧어 메주를 만든 다음, 고춧가루 5~7홉을 섞고 찹쌀 2되로 밥을 지어 한데 섞어서 만든다."라고 되어 있어 전대의 기록인 『증보산림경제』에 수록된 고추장 제조법보다 고춧가루의 비율이 많아지고, 메주를 만들 때 쌀 등의 탄수화물을 보강하고 있어 제조법이 더욱 다양하게 발전되었음을 알 수 있다.

(1) 전통 고추장의 제조특성

고추장은 다른 장류와 달리 특이한 형태의 고추장용 메주를 만들며 대개 만드는 시기가 지역마다 정해진 것으로 알려져 있다. 전국적으로 고추장메주는 9월에 많이 만들고 12~2월인 경우도 있다. 이 시기에 고추장메주를 만드는 것이 미생물들의 활성에 효과적이며, 주원료인 콩의 생산시기와도 일치한다. 고추장메주에 사용하는 원료로는 콩만을 사용하는 것이 가장 많고 콩에 쌀 혹은 보리를 사용하는 경우도 있다. 고추장으로 유명한 순창지역의 고추장메주를 보면 직경 10cm 정도의 둥근 형태로 가운데 구멍을 뚫은 전형적인 고추장메주로 만드는 경우가 대부분이고, 벽돌형 크기 혹은 메주형태도 있다. 고추장메주는 적당히 뜨면 가루상태로 만든 후 고추장을 담근다. 전통식 고추장을 담그는 시기는 3~5월이 가장 많은 것으로 조사되었는데 이는 고추장을 담근 이후의 외부 온도와 고추장의 발효숙성과의 관계 때문이라고 볼 수 있다.

고추장에 들어가는 원·부재료의 함량은 메줏가루의 경우 6~10%가 가장 많고, 고춧가루는 15% 이상 20% 미만을 첨가하는 경우도 있지만 대부분 20% 이상을 첨가한다. 부재료 첨가도 전분질원료는 찹쌀이 가장 많고 이외에도 멥쌀, 보리쌀, 밀가루, 잡곡류 그리고 혼합하여 사용하는 경우도 있다. 전분질원료의 함량은 대개 10~25%가 가장 많고 30% 이상을 사용하는 경우도 있으며, 나머지 부재료는 엿기름을 사용하는 것이 가장 많고 물엿을 사용하는 경우도 있다.

고추장은 혼합 후 상당기간 숙성해야 풍미가 좋아지는데 이 과정 중 고추장메주에 발생한 각종 미생물이 생성한 효소에 의한 분해작용과 효모 및 기타 세균의 활동에 의하여 발효가 일어난다. 발효숙성 후 먹을 때까지의 기간은 3~4개월이 가장 많고, 1~2개월로 짧은 경우도 있다.

(2) 전통 고추장의 제조방법

일반적인 전통 고추장의 메주 제조는 멥쌀을 가루로 만든 후 물을 섞어 찐다. 찐 멥쌀가루와 삶은 콩을 절구에 찧어 큰 주먹만하게 빚어 하루 정도 두어 겉물을 말린다. 마르면 상자나 시루에 메주와 짚을 켜켜이 안쳐 실로 싼 뒤 더운 곳에 두고, 7~8일 경과 후 하얗게 곰팡이가 피면 볕에 말린다. 이것을 다시 상자에 넣고 2~3차례 반복하여 바짝 말리도록 한다. 고추장메주는 간장 메주보다 곰팡이가 덜 뜨게 하며, 곰팡이가 지나치게 많이 생기면 퀴퀴한 냄새가 난다. 바짝 마른 메주는 솔로 깨끗이 씻어 잘게 쪼갠 뒤 통풍이 잘 되는 곳에 말렸다가 가루로 곱게 빻는다. 이렇게 하여 만들어진 메줏가루가 고추장 담기에 이용되는데 그 과정은 아래와 같다.

먼저 잘 씻은 쌀을 하룻밤 불려서 찧어 가루로 만들고, 물을 끓여 따뜻하게 식힌 후 엿기름을 불린다. 불려진 엿기름을 고운체에 밭쳐 놓고 거른 물을 가라앉힌다. 냄비에 엿기름 웃물을 가만히 따라 붓고 찹쌀가루를 넣고 곱게 풀어 약한 불에 얹어 45℃ 정도로 데워지면 불을 끄고 내려서 따뜻하게 두어 찹쌀가루를 삭힌다. 삭혀진 찹쌀가루를 은근히 끓여 30분간 약 1/3 정도가 되도록 졸인 후에 넓은 그릇에 쏟아 뜨거울 때 메줏가루를 넣어 섞고, 한 김이 나가면 고춧가루를 넣어 빛을 낸다. 하루 정도 지난 다음 소금으로 간을 하여 고추장을 완성시킨다. 고추장을 항아리에 담고 웃소금을 얹고, 고운 망사로 덮은 뒤 양지바른 곳에 두어 숙성시킨다.

4) 고추장의 종류

(1) 전통 고추장

① 찹쌀고추장

찹쌀가루를 주원료로 하고 엿기름에 메줏가루, 고춧가루 등을 넣어 버무려 소금으로 간하여 담근 것, 경우에 따라서는 구멍떡을 빚어 익반죽하여 멍울을 풀어 메줏가루, 고춧가루, 소금을 넣어 담고, 엿기름은 사용하지 않는다. 윤기가 나고 매끄러워서 제일로 치지만 윤집(초고추장)을 만들거나 색을 곱게 내야 할 때 주로 사용한다.

② 고추장(밀가루)

가장 손쉽게 담그는 일반적인 고추장으로 밀가루를 엿기름물로 풀어서 두었다가 불에 올려 노릇하고 맑게 될 때까지 달인 후에 메줏가루, 고춧가루, 소금을 넣어 담근다. 찌개나 무침, 장아찌 등을 만드는 데 쓰인다.

③ 보리고추장

충청도 지방에서 주로 담근다. 보리쌀을 가루 내어 쪄서 방에서 띄운 것에 고춧가루, 메줏가루를 섞어 소금으로 간하며, 엿기름을 사용하지 않는 것이 특징이고 여름철 쌈장으로 많이 이용한다.

④ 수수고추장

소금물과 수수 가루로 죽을 쑤고 여기에 메줏가루, 엿기름가루, 고춧가루를 섞은 후 소금으로 간을 하여 담근다.

⑤ 팥고추장

멥쌀로 흰무리를 찌고, 콩과 팥은 푹 삶아 절구에 찧어 반대기를 만들어 고추장을 담근다.

⑥ 고구마고추장

경상도의 화전민이 사는 마천이란 곳에서 고구마를 원료로 하는 고추장을 담근다.

⑦ 마늘고추장

마늘이 많이 나는 계절에 찹쌀가루, 다진 마늘, 누룩, 고춧가루를 넣어 담근 고추장이다.

⑧ 대추찹쌀고추장

대추와 찹쌀가루, 메줏가루, 고춧가루를 넣어 담근 고추장이다.

⑨ 무거리고추장

메줏가루를 만들고 남은 무거리와 보릿가루, 엿기름가루, 고춧가루를 섞어 담는데 찌개고추장으로 주로 쓰이며, 맛이 새큼하고 달다.

⑩ 약고추장

진주, 전주에서 주로 담그며 '엿꼬장'이라고도 한다. 고추장에 물엿과 황설탕, 끓인 엿물을 더 집어넣어 윤기나게 만드는 방법으로 육회를 찍어 먹거나 비빔밥에 비벼 먹는다.

(2) 개량 고추장

① 인삼고추장

고추장에 인삼가루를 첨가하면 인삼의 맛과 향이 가미되고, 땅콩의 구수한 맛까지 있는 영양이 강화된 고추장이 된다.

② 호박씨고추장

호박씨를 사용하여 맛과 영양이 우수하고 기능성이 풍부하도록 만든 고추장이다.

③ 사과고추장

사과고추장은 종래의 고추장보다 짠맛이나 매운맛을 줄일 수 있고, 담백하고 새콤한 맛을 갖고 있어 젊은 세대의 기호에 알맞다. 뿐만 아니라 사과성분 중 미네랄성분이 함유되어 있으며, 특히 사과에 들어 있는 사과산은 체내의 염증을 치유하고 체내의 불순물을 정화시켜 준다.

④ 복숭아고추장

수확시기를 놓치거나 자연재해에 의해 손상된 복숭아 등 제값을 받을 수 없는 복숭아를 이용하여 복숭아 농축액을 만들어 고추장 제조에 이용한다. 농가의 손실액을 보충할 수 있으며, 맛과 향은 물론 영양이 풍부하다.

⑤ 과실즙고추장

고추장을 당화시키는 효소로 사용되는 것은 바로 엿기름이다. 여기서는 소비자의 기호를 만족시킬 수 있는 과실즙을 엿기름 대신 넣어 당화시간을 단축시키고 과실에 함유된 다양한 무기물 및 과실향의 첨가로 영향이 강화된 고추장을 만들 수 있다.

⑥ 쌀눈고추장

전분질로 사용되는 햅쌀, 멥쌀, 밀가루 등에 비해 비타민, 미네랄 등 특수영양분이 많은 쌀눈을 이용하여 쌀눈고추장을 만들 수 있다.

5) 고추장의 기능

오랜 역사와 전통을 자랑하는 고추장은 그 영향적인 면에서 어느 나라의 전통음식 못지않게 뛰어나다. 고추장은 간장이나 된장 못지않은 많은 영양분을 가진 것이 과학적으로 입증되고 있는데, 고추장에는 단백질, 지방, 비타민 B_2, 비타민 C, 카로틴 등과 같이 우리 몸에 유익한 영양성분이 많이 함유되어 있다고 한다.

고추장은 다른 콩 가공식품에 비해 단백질 함량이 떨어지지만 단백질 급원식품이라 할 수 있다. 고추장은 발효, 저장식품으로서 조미, 향신 두 가지 용도에 사용된다. 고추장은 특히 고추장메주로부터 유래된 고활성의 전분 분해효소와 단백질 분해효소 등의 작용으로 소화를 촉진시켜 준다.

고추와 고추씨의 함유성분인 캡사이신(capsaicin)은 항균작용이 있다고 하며, 베타카로틴, 비타민 C가 다량 함유된 고춧가루는 항돌연변이 및 항암작용이 있다. 고춧가루는 건위제로 피부를 자극하여 혈액순환을 돕는 역할도 한다. 그러나 고추의 비타민은 고추장으로 전환될 때 없어지므로 고추장을 이용한 음식을 만들 때는 고춧가루를 넣는 것이 좋다.

또한 자연에서 유래된 다양한 균종 속에 들어 있는 미생물은 정장작용을 하며 고추의 매운맛 성분인 캡사이신의 적당량 섭취 시 비위를 가라앉히고 안정감을 주기도 하며 땀이 나게 하여 노폐물의 배설을 촉진하므로 감기 등 각종 질병의 예방과 치료에 좋다는 연구결과가 나온 바 있다.

한편 고추장이 비만 방지에 효과가 큰 것으로 나타났다는 최근의 연구발표도 있는데, 이 연구에 따르면 고추의 매운맛을 내는 캡사이신 성분이 체지방을 감소시킬 뿐 아니라 고춧가루 외에 고추장 재료인 메주나 숙성 때 생긴 성분이 체지방을 태운다고 한다. 최근 일본에서는 고춧가루를 이용한 다이어트도 유행하고 있다고 한다.

즉 고추장에는 단백질, 지방, 비타민 B_2, 비타민 C, 카로틴 등과 같이 우리 몸에 유익한 영양성분이 많이 함유되어 있다.

4. 청국장

1) 청국장의 개요

청국장은 삶은 콩을 발효시켜 고초균(Bacillus subtilis)이 생기도록 만든 속성 장류이다. 된장은 발효시켜서 먹기까지 몇 달이 걸리지만 청국장은 담가서 2~3일이면 먹을 수 있다. 즉 콩 발효식품류 중 가장 짧은 기일에 만들 수 있는 장이 청국장이다. 전통적으로는 대체로 가을부터 이듬해 봄까지 주로 추운 계절에 만들어 먹었고 현대에는 특별히 계절에 구애받지 않고 제조해서 먹는 편이다. 청국장은 특유의 풍미가 있고 영양가도 높고 소화가 잘될 뿐 아니라 콩 단백질을 가장 효과적으로 섭취할 수 있는 방법 중의 하나이다. 청국장은 날로 먹기도 하지만 주로 청국장찌개를 해먹는 것이 일반적이다. 그래서 청국장찌개를 줄여서 청국장이라고도 한다.

2) 청국장의 역사

조선 숙종(1715년) 때 실학자 홍만선이 쓴 『산림경제』에는 전국장(戰國醬)이라는 이름으로 기록되어 있으며, 1766년 영조 때 유중림이 산림경제를 증보하여 펴낸 『증보산림경제』에도 콩을 잘 씻어 삶은 후 볏짚에 싸서 따뜻한 방에 사흘간 두면 실이 난다고 하여 청국장 만드는 법을 상세히 기술해 놓았다.

3) 청국장의 제조법

자연발효에 의한 청국장은 메주콩을 10~20시간 더운물에 불렸다가 물을 붓고 푹 끓여 물씬하게 익힌 다음 보온만으로 띄운 것이다. 그릇에 짚을 몇 가닥씩 깔면서 퍼담아 60℃까지 식힌 다음 따뜻한 곳에 놓고 담요나 이불을 씌워 45℃로 보온하면 고초균이 번식하여 발효물질로 변한다. 고초균은 40~45℃에서 잘 자라며, 단백질 분해효소·당화효소 등의 효소가 있으므로 소화율이 높다. 이 세균은 공기 중에도 많지만 볏짚에 많이 들어 있으므로 청국장을 띄울 때 콩 사이사이에 볏짚을 넣고 띄우면 매우 잘 뜬다.

4) 청국장과 낫토의 차이

청국장은 콩의 크기나 색과 상관없이 기호에 맞는 콩을 삶아서 쓴다. 삶은 콩에 볏짚을 넣어 자연발효시키므로 볏짚의 바실리스균뿐만 아니라 공기 중의 바실리스균에도 영향을 받는다. 또 청국장은 만들어지는 고장, 만드는 사람, 그날의 날씨, 사용한 콩의 종류 등에 의해 맛이 다양해지고 각기 다양한 균이 발생하여 면역력을 더욱 높여준다.

낫토는 작은 흰콩에 바실리스균 중에서도 낫토균이라고 하는 일본 정부가 허가한 균만을 사용한다. 그 균을 인위적으로 주입하여 다른 균이 침입하지 못하도록 포장된 상태에서 발효시킨다. 낫토는 청국장과 달리 다른 균을 차단시켜 일정한 맛을 유지한 것이다.

5) 청국장의 효능

(1) 변비 개선에 탁월한 효과

섬유질은 자기 무게보다 40배나 많은 수분을 흡수하기 때문에 변이 대장 속을 지나며 굳어지고 딱딱해지는 것을 예방해 준다. 또한 대장벽을 자극해 변이 대장을 통과하는 시간을 단축시켜 주므로 대장의 수분 흡수량이 줄어들어 수분을 많이 포함한 변이 부드럽게 나온다. 섬유질이 많이 들어 있다는 다른 음식에 비해 무려 5배 이상이나 많은 섬유질과 바실러스균에 의한 정장효과가 뛰어나 설사가 있는 사람들에겐 설사를 멎게 해주고, 변비가 있는 사람들에게는 변비를 개선시켜 준다.

(2) 비만을 해결할 수 있는 좋은 식품

섬유질이 풍부한 음식을 섭취하면 섬유질의 수분 흡수 성질 때문에 만복감을 주어 과식을 하지 않게 되고, 대장암을 예방하며 콜레스테롤의 양도 낮출 수 있다. 특히 청국장은 발효가 일어나면서 원재료인 콩에는 많지 않거나 아예 없는 비타민 B_1, B_2, B_6, B_{12} 등이 만들어지는데, 이들 비타민은 신진대사를 촉진하므로 영양분이 지방으로 축적되는 것을 예방하고 신진대사회로를 거쳐 영양분이 완전 분해되도록 도와준다. 칼슘, 포타슘 등의 각종 비타민과 미네랄의 도움으로 인체의 신진대사가 촉진되어 비만을 막아준다. 청국장에 들어 있는 레시틴과 사포닌 또한 과도한 지방을 흡수하여 배출함으로써 비만을 막아주는 역할을 한다.

(3) 탁월한 혈전용해효과로 뇌졸중(중풍) 예방

뇌에 혈액을 공급하는 혈관이 막히거나 터짐으로써 뇌가 손상을 받아 나타나는 신경학증 증상인 '뇌졸중'은 암에 이어 두 번째로 많은 사망원인이 되고 있다. 잘못된 먹거리문화와 식습관으로 인해 갈수록 발병 연령 또한 낮아져 어린이 뇌졸중 환자도 늘어나고 있는 실정이다. 생청국장을 먹게 되면 단백질 분해효소의 작용에 의해 혈전(혈관 안에서 피가 엉기어 굳은 덩어리)을 예방할 수 있다. 일본사람들이 '낫토키나아제'라고 부르는 혈전용해효소는 정확한 학술용어로 '섭틸리신 나트(subtilisinNAT)'라고 하는데, 바실러스 분해효소의 일종으로 평소에 꾸준히 먹으면 뇌졸중을 예방할 수 있다. 하지만 끓인 청국장은 이 효소가 완전히 파괴되기 때문에 혈전용해효과를 기대할 수 없다.

(4) 최고의 항암식품

우리나라 사람들의 유방암이나 전립선암의 발병률은 미국인에 비해 아주 낮은데, 많은 학자들은 그 이유를 우리나라 사람들이 콩을 많이 먹기 때문으로 보고 있다. 생청국장에는 '제니스테인'이라는 물질이 있는데, 이 물질은 암에 탁월한 효과를 보인다고 한다. 암은 세포의 유전자가 손상되는 단계와 세포분열이 빨라지는 단계로 나뉘는데 이 제니스테인은 세포분열이 빨라지는 것을 억제하는 역할을 한다. 유방암을 비롯하여 결장암, 직장암, 위암, 폐암, 전립선암 등의 예방에 좋은 효과가 있는 것으로 알려져 있다. 생청국장에 들어 있는 '사포닌'이라는 물질 또한 암 예방에 큰 역할을 하는데, 암의 발생과정에서 생기는 DNA부가물이 자라는 것을 억제하여 암 발생 촉진인자를 감소시켜 준다. 그 밖에 청국장에는 파이틱산, 트립신 억제제와 같은 항암물질도 존재하는 것으로 밝혀져 미국에서도 마늘과 함께 최고의 항암식품으로 각광받는 식품이다.

(5) 청국장은 천연 혈압강하제

혈압이 높다는 것은 질병이라기보다는 일종의 증상이지만 치료하지 않으면 고혈압성 심장질환이나 동맥경화증, 신장질환 등을 일으킬 수 있으므로 주의하지 않으면 안되는 증상 중 하나이다. 우리 인체에는 고혈압을 일으키는 ACE(Angiotensin Converting Enzyme)라는 효소가 있다. 콩이 바실러스라는 세균에 의해 분해되면 아미노산 조각들이 만들어지는데 이 조각들이 ACE효소의 활성을 억제하는 작용을 한다. 생청국장에는 100g당 790mg의 포타슘이 들어 있는데, 몸속에 쌓여 있는 소금성분인 소디움을 체외로 배출시켜 주는 작용을 해서 혈압이 오르는 것을 막아준다. 실제로 생청국장을 먹고 단기간에 혈압이 떨어지는 효과를 경험하는 사람들이 많다고 하니 생청국장이 '훌륭한 혈압강하제'인 셈이다.

(6) 인슐린분비를 촉진시키는 청국장

생청국장에는 비타민 B_2가 풍부하게 들어 있어 비타민 B_2를 필요로 하는 당뇨병환자에게 좋은 음식이다. 청국장에 들어 있는 섬유질은 당의 흡수가 서서히 일어날 수 있도록 도와주어 혈당이 급격히 증가하거나 떨어지는 증상을 조절해 주기도 한다. 또 청국장에는 트립신을 억제하는 물질이 있는데, 이 물질이 췌장에 영향을 줘서 인슐린의 분비를 촉진시켜 준다. 당뇨병환자는 인슐린이 부족한데, 이 인슐린을 증가시킴으로써 당뇨병의 치료와 예방에 도움이 되는 것이다.

(7) 우리 몸 구석구석을 깨끗이 청소하는 청국장

청국장에 들어 있는 레시틴은 우리의 내장에 있는 독소들을 신장으로 보내 소변으로 배출시키거나 간으로 보내 분해하는 역할을 한다. 청국장에 들어 있는 물질이 우리 몸 구석구석을 돌아다니며 깨끗하고 말끔하게 청소하는 것이다. 레시틴은 수분과 지방분의 균형을 적절하게 맞춰서 노화로 인해 수분이 빨리 줄어들어 피부가 윤기 없이 쭈글거리는 것을 방지해 주기도 한다. 또한 청국장에는 피부에 좋은 비타민 E와 비타민 B군이 많이 들어 있어 피부 트러블로 고생하는 이들에게는 장기적이고도 근본적인 도움이 될 수 있다.

(8) 치매환자에게 부족한 아세틸콜린이 풍부한 청국장

청국장에 들어 있는 레시틴이 분해되면 '콜린'이란 물질이 생성되는데, 이것이

치매환자에게 부족한 '아세틸콜린'이라는 신경전달물질의 양을 늘리는 데 중요한 역할을 한다고 한다.

(9) 숙취에 탁월한 청국장

청국장에 들어 있는 비타민 B_2는 알코올 분해를 촉진시켜 간의 기능을 좋게 하므로 숙취 해소에 도움이 된다. 과음했을 때 생청국장을 두 숟가락 정도 먹어 보면, 청국장 속의 비타민과 풍부한 아미노산이 일조하여 그 어떤 숙취해소제보다 탁월한 효과를 볼 수 있다.

5. 김치

1) 김치의 개요

김치는 「식품위생법 시행령」에 '무, 배추, 파 등의 채소류를 소금 등에 절여서 제조한 식품'이라 하였고, 외국의 사전에는 '고추, 마늘, 생강 등으로 양념한 채소절임으로 한국의 전통식품'이라 하였다. 또한 최근에 채택된 Codex 국제규격에서는 김치를 '주원료인 배추를 절임하여 여러 가지 양념류(고춧가루, 마늘, 생강, 파 및 무 등)를 혼합하여 젖산 생성에 의한 적절한 숙성과 보존성이 확보되도록 포장되기 전후에 저온에서 발효된 제품'으로 정의하고 있다.

김치는 우리나라의 대표적인 전통 채소발효식품으로 소금에 절인 배추나 무, 오이 등의 채소에 젓갈류, 양념 및 향신료 등을 가미하여 일정기간 발효시킨 자연의 복합발효식품이다. 예로부터 채소를 생산하지 않는 겨울철에 주로 이용하여 온 저장식품이지만, 지금은 냉장고 등 저장시설이 보편화되면서 일 년 내내 섭취하는 상용식품이다.

한국의 대표적인 전통식품으로서의 김치의 우수성이 알려지면서 수출이 증가하여 최근에는 전통식품 중 수출량이 가장 많은 품목이며, 김치의 국제규격

(Codex standard)이 우리나라 식품 중 처음으로 2001년 7월 5일 제24차 국제식품규격위원회(Codex Alimentarius Commission) 총회에서 채택되었다.

김치는 배추, 무, 고춧가루 등의 다양한 재료를 사용하여 발효시킨 우리나라 전통의 채소발효식품으로서 영양소의 공급원이며 소화작용 및 정장작용을 도와주는 최고의 음식이다. 또한 항산화, 항노화 효과 및 항암효과 등의 다양한 생리적 기능성을 지닌 우수한 식품이다. 2002년 월드컵의 성공적 개최, 독감 예방, 항암효과 등을 계기로 김치가 고도로 발달된 건강발효식품이라는 인식이 국제적으로 확산되어, 이제는 세계인의 음식으로 각광받고 있으며 김치종주국으로서의 한국의 위상이 더욱 높아지고 있다.

2) 김치의 역사

(1) 삼국시대 전후의 김치무리

우리 민족이 고대부터 채소를 즐겨 식용하였고 소금을 만들어 사용하였다는 사실, 젓갈과 장 등의 발효식품이 만들어진 시기 등을 고려할 때 삼국시대 이전부터 김치무리가 제조된 것으로 보인다.

① 고구려

우리나라의 김치에 관한 최초의 기록은 중국문헌의 『삼국지위지동이전』「고구려조」인데, "고구려인은 술 빚기, 장 담그기, 젓갈 등의 발효음식을 매우 잘 한다"는 기록으로 보아 이 시기에 이미 저장 발효식품이 생활화되었다는 사실을 보여주고 있다. 또한 『삼국사기』에 의하면 신문왕이 683년에 왕비를 맞이하면서 내린 폐백품목 가운데 간장, 된장, 젓갈 등이 들어 있어 발효식품이 일상생활화되어 있었음을 보여준다. 『삼국유사』에도 소금에 절인 김치와 젓갈에 대한 기록이 나온다. 그러나 이 무렵의 김치는 양념이 가미된 담금형태의 김치는 아니다.

② 백제

삼국시대 김치의 흔적은 미륵사지에서 출토된 토기에서 찾을 수 있다. 서기

600년경에 창건된 익산 미륵사지에서 출토된 토기 중에는 100센티미터 이상 되는 대형 토기들이 있는데, 이들 토기는 대체로 승려들이 생활하면서 사용한 것으로 추정하고 있다. 이들 토기는 크기가 크고 형태가 비교적 완전하게 남아 있었던 것으로 보아 승려들이 겨우살이에 대비하여 의도적으로 땅을 파고 묻어 김장독과 같은 용도로 사용하였을 가능성이 높다.

③ 신라

신라시대 성덕왕 19년(720)에 세워져 오늘날까지 보존되고 있는 법주사 경내에 있는 큰 돌로 만든 독은 김칫독으로 사용되었다는 설이 있으며 김치를 만들어 저장한 것으로 생각하면 김장의 기원으로도 볼 수 있을 것이다.

(2) 고려시대

고려 초기는 민간에까지 숭불풍조가 강하여 육식을 절제하고 채식을 선호하는 풍토가 조성되었다. 이전 시대의 김치형태에서 순무, 무, 가지, 오이, 부추, 파, 생강, 미나리, 고비, 아욱, 박, 고사리, 도라지, 토란, 대산, 죽순, 형개, 동과, 산갓, 황과, 상추 등으로 재배되는 채소의 종류가 더욱 많아지고 소금에 절인 김치를 물에 희석하여 먹는 나박지형의 김치도 이 무렵에 등장하였다. 또한 김치에서 절임형태의 김치와 함께 새롭게 개발된 국물 있는 김치 즉 동치미류도 등장하였다. 이 시기에도 단순 절임형 김치에 마늘 등의 양념과 천초, 파, 귤피 등의 각종 향신료가 첨가되는 양념형 김치도 개발되었다.

(3) 조선 초기

조선 초기는 문예진흥책에 따라 농업, 인쇄술, 천문학 등이 급격히 발달하였다. 따라서 인쇄술의 발달은 농민들에게 농서의 폭넓은 보급을 가능케 했고, 농업기술의 발달은 채소류의 재배를 더욱 풍성하게 하여 김치의 제조를 풍부하게 했다.

또한 외국과의 교류가 활발해지면서 외국으로부터 여러 가지 채소가 유입되어 김치 재료가 더욱 다양해졌다.

이에 따라 여러 가지 형태의 김치 담금법이 개발되었다. 그러나 이때까지도 조리방법을 기록한 여러 문헌에는 순무, 무, 오이, 가지, 동아, 산갓, 죽순, 파 등이 김치의 주재료로 사용되었고 오늘날 배추가 주재료로 사용되었다는 문헌은 발견되지 않고 있다.

또한 김치는 각 지역 산물에 따라 다양한 형태로 만들어졌다. 즉 꿩이 김치의 재료로 이용되는 등 채소에 육류가 부재료로 사용되기도 하였다.

이 무렵 김치는 단순 절임의 장아찌형과 싱건지 형태의 김치가 있으며 나박지형, 동치미형 물김치 등이 등장하고 있다. 김치의 국물 색을 낼 때는 맨드라미나 잇꽃, 연지 등으로 붉은색을 내기도 하였다. 또 김치에 양념 사용이 많아져 주재료와 부재료의 구분이 뚜렷해진다.

(4) 조선 중기

16세기에 접어들면서 남방식품으로 일본을 거쳐 고추가 유입되어 김치 양념의 하나로 자리 잡기 시작하였다. 고추는 『성호사설(星湖僿說)』 제10권에 따르면 광해군 때부터 널리 보급되었다고 알려져 있다. 그러나 재배보급에 성공하여 고추가 김치에까지 사용된 것은 훨씬 후의 일이다. 김치에 고춧가루를 사용한 것은 오이김치(『山林經濟』, 1715)가 최초였다. 김치에 고추가 들어가면서 젓갈도 다양하게 쓰이게 되었는데, 식물성 재료에 동물성 재료를 첨가하여 맛과 영양의 조화를 이루고 김치의 감칠맛을 더욱 좋게 하였다.

(5) 조선 후기

조선 후기에 이르러 통이 크고 알찬 통배추가 이 땅에서 재배되기 시작하여 무와 오이, 가지에 앞서서 배추가 김치의 주재료로 자리 잡게 되었다. 『증보산림경제(增補山林經濟)』와 『임원십육지(林園十六志)』는 이 시기 김치의 변화를 잘 기록하고 있다. 『증보산림경제』에는 김치류에 고추를 양념으로 사용했고, 『임원십육지』에 소개된 김치류에 젓국지를 사용했다고 기록하고 있다. 물론 『규합총서(閨閤叢書)』에 이미 김치에 젓갈을 사용한 기록이 나오지만, 『임원십육지』의 젓국지에 대한 기록이 더욱 구체적이다.

이 무렵에 김치 담그는 형태도 장아찌형, 물김치형, 소박이형, 섞박지형, 식해형 김치 등으로 다양하게 발달하였고, 제조방법도 소금기를 뺀 뒤 김치를 담는 '2단계 담금법'으로 발전하였다.

1766년에 출간된 『증보산림경제』는 무려 41종의 김치류를 다양한 형태로 소개하고 있어 김치에 대한 매우 귀중한 문헌자료라고 할 수 있다.

이 책에는 오늘날 김치의 대명사인 통배추김치가 소개되고 있다. 이 김치는 생선과 고기가 곁들여진 것이 특이하다. 또한 무의 뿌리와 잎이 한데 붙은 채로 담근 총각김치의 원형이 등장하며, 가지, 오이의 세 면에 칼집을 내서 고춧가루와 마늘 양념으로 소를 채운 소박이형 김치, 배추를 무와 한데 섞어 담근 섞박지, 동치미 등이 문헌상 처음 소개되고 있다.

(6) 현대

오늘날 김치가 지닌 영양학적 가치가 기능적 · 과학적으로 알려지면서 활발하게 수출되고 있다. 김치가 처음으로 외국에 알려지기 시작한 것은 외국으로 이주해 간 교포들에 의해서였다. 중국, 소련, 하와이, 일본 등으로 이주해 간 한국인들은 김치에 대한 향수를 잊지 못해 현지에서도 어렵사리 김치를 담가 먹기 시작했고 주변의 외국인들에게도 퍼져나가기 시작했던 것이다. 따라서 전 세계 어느 곳이나 한국인이 사는 곳이면 김치가 있게 마련이고 특히 한국 교포가 많은 미국, 일본 등에서는 포장김치를 쉽게 살 수 있다. 과거에는 교포사회에서만 담가 먹거나 판매되던 김치가 여러 가지 영양학적 효능이 알려지면서 외국인들에게도 각광받게 되어 이제는 세계 어느 곳에서나 김치는 각광받는 식품이 되었다.

특히 경제성장과 더불어 '86아시안게임, '88서울올림픽, 2002 월드컵 유치를 통하여 우리나라의 위상은 높아졌고 한국을 방문하는 외국인들에게 김치는 불고기와 더불어 한국의 대표음식으로 자리매김하고 있다.

3) 김치의 영양성분과 가치

김치는 독특한 향미를 지닌 건강발효식품으로 원료 채소와 발효현상에 의하여 영양 및 생리학적 측면에서 우수한 식품으로 인식되고 있다.

(1) 김치의 영양성분

영양성분	김치(100g당 함량)
열량(칼로리)	32
수분(g)	88.4
조단백질(g)	2.0
조지방(g)	0.6
총당(g)	1.3
조섬유(g)	1.2
조회분(g)	0.5
칼슘(mg)	45
인(mg)	28
비타민 A(IU)	492
비타민 B_1(mg)	0.03
비타민 B_2(mg)	0.06
니아신(mg)	2.1
비타민 C(mg)	21

(2) 김치의 영양적 가치

① 인체에 필요한 염분과 무기질을 함유하여 체액을 알칼리성으로 만드는 중요한 역할을 한다.

② 숙성과정 중 미생물은 김치 속의 당을 이용하여 칼로리를 낮게 하고 새로운 섬유소를 만들어 김치를 다이어트식품으로 만들고, 식이성 섬유가 위와 장을 자극하여 장기의 운동을 활발하게 하며 소화를 촉진, 변비를 예방한다.

③ 부재료인 젓갈이나 생선류는 질이 좋은 단백질을 보충시켜 준다. 김치가 익으면서 새우젓, 멸치젓, 황석어젓 등의 단백질이 아미노산으로 분해되며 뼈도 녹기 때문에 칼슘의 근원이 되기도 한다.

④ 유산균에 의해 발효가 진행되면서 각종 항생물질과 유기산이 생성되어 부패균과 병원성균의 성장과 증식이 억제되고 다량의 유산균을 섭취하게 된다. 따라서 김치는 장 속 변패 미생물의 생육을 억제하고 소화효소액의 분비를 촉진하여 정장작용을 한다.

⑤ 각종 비타민을 공급하는데 특히 비타민 C가 많고 고수, 갓, 무청, 파 같은 녹황색 채소가 많이 섞이면 비타민 A가 많아진다.

김치는 소금에 절인 배추나 무, 오이 등의 여러 가지 채소에 젓갈류, 양념 및 향신료 등을 가미하여 만든 식품으로, 채소에 함유된 칼슘, 구리, 인, 철분, 소금 등의 무기질성분과 풍부한 식이섬유(dietary fiber)를 섭취할 수 있고, 동물성 젓갈로부터 아미노산과 칼슘을 섭취할 수 있으며, 카로틴(carotene), 비타민 B복합체와 비타민 C 등 각종 비타민이 원료 채소에 함유되어 있거나, 김치발효 중 미생물에 의해서 생성되어 인체에 흡수된다. 또한 김치는 당과 지방 함량이 낮아 저칼로리식품으로 현대인들에게 도움이 된다.

(3) 계절별 종류 및 특징

① 봄

봄은 겨울 동안 저장해 둔 김장김치를 소모한 후, 새롭게 나오는 채소들로 담근

김치로 잃었던 입맛을 되찾게 되는 계절이다. 봄에 생산되는 여러 가지 채소는 거의 즉석김치의 재료가 되며 산뜻한 맛을 느끼게 해준다. 봄에 담그는 김치는 한번에 먹을 양만큼 담가 먹어야 그 산뜻한 맛과 향이 식욕을 자극하게 되어 좋다.

봄에 담가 먹는 김치로는 게쌈김치, 나박김치, 쪽파젓김치, 홍어섞박지, 부추젓김치, 통배추봄김치, 생두릅김치, 미나리김치, 무말랭이절임, 뽕잎절임, 더덕김치, 통마늘절임, 더덕물김치, 햇도라지김치, 우엉김치, 죽순절임, 배추겉절이, 달래김치, 얼갈이김치, 깍두기 등이 있다.

② 여름

여름에 많이 나오는 채소를 재료로 많이 쓴다. 여름에는 열무와 오이, 부추 등이 많이 생산되는데 이것들을 주재료로 해서 김치를 많이 담가 먹는다. 이러한 여름김치는 담백하고 깨끗한 맛을 내는 것이 특징이다. 그래서 양념이나 젓국을 사용하지 않는다. 또한 여름은 더운 계절이므로 더위를 이기기 위해서 주로 물김치를 많이 담가 먹는다.

여름에 담가 먹는 김치로는 열무김치, 수박나박김치, 풋고추절임, 포도잎절임, 오이쌈김치, 연근절임, 오이나박김치, 오이깍두기, 깻잎김치, 근대김치, 양배추막김치, 풋배추김치, 가지소박이, 풋감김치, 오이소박이, 토마토소박이, 깻잎말이김치, 풋콩잎김치, 부추김치 등이 있다.

③ 가을

가을은 각종 채소를 비롯해 양념 등 모든 것이 풍요롭다. 더위가 한풀 꺾이고 선선한 바람이 불기 시작하는 때이므로, 고추나 우엉 등으로 새로운 맛의 김치를 담가 먹는 게 좋다.

이 시기에는 고추가 한창 약이 오르기 시작하므로 삭혀서 고추김치를 담가 먹는 것도 좋다.

가을에 담가 먹는 김치로는 총각무동치미, 통배추젓김치, 가을배추겉절이, 섞박겉절이, 통배추가을김치, 비늘무젓김치, 총각무소박이, 백깍두기, 무청젓버무리, 무채김치, 호박김치, 고구마줄기김치, 고춧잎김치, 통대파김치, 통오징어소박이,

갈치식해, 가자미식해, 통가지쌀겨절임, 무쌀겨절임, 통오이쌀겨저림, 짠지무, 가을콩잎절임, 무청젓갈절임, 알마늘절임, 생굴김치 등이 있다.

④ 겨울

겨울은 4계절 중에서 김치의 종류가 가장 많은 계절이다.

겨울김치는 양념을 많이 쓰고 다양한 재료들을 이용하여 김장을 담근다. 겨울철에는 김치의 재료가 되는 채소류를 구하기가 어렵기 때문에 늦가을부터 초겨울에 걸쳐 겨울철 부식으로서 김장김치를 대량으로 담가뒀다가 이듬해 봄에 채소가 나오기 전까지 먹게 된다.

최근에는 채소재배 기술의 발달로 채소들이 연중 공급됨에 따라 옛날보다는 그 양이 많이 줄어들었다.

겨울의 김장김치는 부족하기 쉬운 비타민을 많이 보충해 주기 때문에 훌륭한 부식으로서의 역할을 한다.

겨울에 담가 먹는 김치로는 통배추김치, 보쌈김치, 고들빼기김치, 통무소박이, 통대구김치, 오징어섞박지, 대구섞박지, 낙지섞박지, 동태섞박지, 섞박통김치, 동태식해, 통배추동치미, 통무동치미, 섞박동치미 등이 있다.

⑤ 사철

계절에 관계없이 담가먹는 김치는 통배추백김치, 총각김치, 시금치겉절이, 배추막김치, 풋배추겉절이, 당근깍두기, 깍두기, 알양파깍두기, 양배추동치미, 양배추물김치, 양배추겉절이, 양배추보쌈김치, 당근쌀겨절임, 생강절임, 당근소박이 등이 있다.

(4) 지역별 종류 및 특징[2)]

① 강원도

산간지방과 해안지방으로 나누어져 있는 강원도는 소박하면서도 먹음직스러운

2) http://www.kangskimchi.com/sub03_03.htm 지방별 김치 특성

김치가 많다. 배추김치는 주로 절인 배추에 소를 넣어 만든다. 또한 배추는 멸치 국물과 새우젓국을 혼합한 국물에 살짝 절인다. 소로는 생오징어 채썰어 넣거나 반건조하게 말려서 잘게 썬 생태살을 배추 사이에 넣어 시원한 맛을 내기도 한다. 그밖에 크게 채썬 무를 고춧가루로 버무려 켜켜로 넣거나 생태 머리와 뼈를 켜켜로 넣기도 한다.

영서(嶺西)지방에서는 소금과 실고추만을 넣고, 영동(嶺東)지방에서는 오징어, 북어, 명태를 주로 넣는다. 대표적인 김치는 무청김치, 얼갈이 배추김치, 콩나물 김치, 무오리 북어짠지, 창란젓 깍두기 등이 있다.

② 경상도

경상도 김치는 마늘과 고춧가루를 특히 많이 사용하여 상당히 맵다. 이는 지역 위치상 날씨가 무더워 부패하기 쉽기 때문에 부패를 방지하고 지방 성분의 산패를 막기 위해서다. 또한 부패를 막기위해 소금을 많이 사용하며 멸치젓과 생갈치를 주로 사용하며 생강은 적게 넣는다. 대표적인 김치로는 우엉김치, 부추김치, 고추김치 등이 있다.

③ 경기도

경기도 김치는 싱겁지도 짜지도 않은 중간정도의 김치로 아주 소박하다. 생태우, 생태, 생갈치 등으로 감칠맛을 내고 젓갈로는 새우젓, 황석어젓 등을 주로 사용한다. 대표적인 김치로는 개성의 보쌈김치가 많이 알려져 있고, 그밖에 수삼 나박지김치, 마늘김치, 꿩김치, 숙김치, 고구마줄기김치, 순무김치, 용인오이지, 백김치, 장김치, 수삼채 김치 등이 있다.

④ 서울

경기도와 마찬가지로 중간 정도의 맛을 내며, 김치 종류가 다양하다. 김치에는 새우젓, 황석어젓, 조기젓 등 담백한 젓국을 많이 쓰며, 생새우와 생갈치 등도 많이 쓴다. 대표적인 김치로는 통배추김치, 숙깍두기, 장김치, 감동젓, 나박김치, 오이김치, 석류김치 등이 있다.

⑤ 전라도

전라도는 바다와 인접해 해산물이 풍부해서 젓갈을 많이 넣어 짭고 맵다. 김치 양념은 젓갈을 듬뿍 넣은 고추양념을 만들어 사용한다. 시원한 맛을 내기 위해 찹쌀풀을 넣기도 한다. 젓국은 멸치젓을 가장 많이 쓰며, 조기젓, 새우젓도 사용한다. 대표적인 김치로는 나주의 동치미, 해남의 갓김치, 고들빼기 김치, 맵고 짠 김장김치가 유명하다. 그밖에 깻잎김치, 어리김치, 가지김치, 파래김치 등이 있다.

⑥ 제주도

기후가 따뜻하기 때문에 김장이 따라 필요업다. 제주도는 양념이 귀해서 양념은 적게 쓴다. 김치 만드는 방법도 간단하다. 기후가 따뜻하기 때문에 재료가 싱싱해서 양념으로 맛을 낼 필요가 없기 때문에 제주도 김치는 양념맛보다 재료의 참맛이 우러나온다. 해안가이기 때문에 해물이 많이 들어가고 국물을 넉넉히 부어 담그는 김칭가 많다. 대표적인 김치로는 퍼데기김치, 유채나물김치, 당근김치, 전복김치, 귤물김치 등이 있다.

⑦ 충청도

충청도에는 흔히 김치를 짠지라 해서, 배추로 담근 것은 배추짠지, 무로 담근 것은 무짠지라 하며,큰통에 소금을 켜켜로 넣고 여러 항아리로 담그는 것이 특징이다.

조기젓, 황석어젓, 새우젓을 많이 사용하며 양념을 적게 사용한다. 간은 중간정도이며 부재료로 갓, 파, 청각, 미나리, 삭힌 풋고추 등을 많이 사용한다.

열무짠지는 주로 여름철에 담그는데 열무를 소금에 절여 풋고추, 홍고추, 실파를 넣고 버무려 항아리에 담가서 소금으로 간을 하고 찹쌀풀을 쑤어 넉넉히 부은 후 익힌다. 석박지는 배추와 무를 굵직하게 썰어 깍두기처럼 버무려 젓국 달인 국물을 부은 김치다.

총각김치는 다른 지방보다 양념을 적게 사용하는 것이 특징이다. 이밖에도 돌나물김치, 시금치김치, 가지김치, 굴석박이, 겉절이, 애호박김치, 공주깍두기 등이 유명하다.

⑧ 평안도

평안도는 북쪽에 있기 때문에 김치가 쉽게 익지 않는다. 그래서 간이 대체적으로 싱거운 편이다. 젓갈은 조기젓, 새우젓을 많이 사용하지만 전라도, 경기도 보다는 적게 사용한다.

김치소는 적게 넣으며 양념을 많이 사용하지 않는다. 대신 쇠고기 육수를 부어 담기 때문에 시원하고 감칠맛이 난다. 대표적인 김치로는 가지김치, 꿩김치, 백김치, 동치미가 있는데, 이 중 백김치가 가장 유명하다.

⑨ 함경도

함경도는 동해안을 기고 있기 때문에 젓갈 때신 생태나 굴, 생가자미 등의 해산물을 많이 섞어서 넣는 것이 특징이다. 매운맛과 소금간은 그다지 강하지 않아 담백하고 음식모양에 있어서 기교나 장식이 적고 큼직큼직하다.

대표적인 김치로는 가자미식혜, 명태식혜, 대구깍두기, 콩나물김치 등이 있다.

⑩ 황해도

독특한 맛을 내는 고수(미나리과에 속하는 1년생 풀)와 분디(운향과에 속하는 낙엽 교목의 열매. 원형으로 유지의 원료와 식용, 약재로 쓰이며, 함경북도를 제외한 전국에 자생하고 있다)를 쓰는 것이 특징이다. 이 재료들은 잘 알려지지는 않았지만 "배추김치에는 고수가 좋고 호박김치에는 분디가 제일이다"는 말이 있다. 대표적인 김치로는 동치미, 감김치, 고수김치, 호박김치 등이 있다.

4) 김치와 건강

(1) 식욕촉진

김치는 먼저 맛(taste), 향기(flavor), 색깔(color) 등에 의해 식욕을 돋우는 특성을 갖는다. 김치의 주재료는 채소이므로 채소류의 신선한 맛, 젖산발효에 의한 상쾌한 맛, 고춧가루를 비롯한 향신료의 독특한 맛, 젓갈류 등의 감칠맛 등이 어우러져 식욕을 촉진시킨다. 김치는 특히 밥을 주식으로 할 때 가장 잘 어울리는 음식이라고 할 수 있다.

(2) 다이어트효과

김치는 고지방식이를 하여도 감량효과를 나타내는 다이어트효과가 있다.

다이어트효과는 고춧가루 내의 캡사이신이 중요한 역할을 하지만 김치가 되었을 때 특히 적당히 익었을 때 다이어트효과가 더욱 커진다. 같은 양의 고춧가루를 섭취했을 경우 고춧가루만 섭취하는 것보다는 같은 농도의 고춧가루가 들어 있는 김치로 섭취할 때 체중감량 효과가 더욱 컸다.

(3) 변비 및 대장암 예방

김치는 유기산, 유산균, 식이섬유소 등을 함유하므로 변비와 대장암 예방에 중요하게 작용한다. 특히 이들 식이섬유소와 유기산은 장의 운동을 촉진하고 장 내용물을 증가시켜 변비예방에 중요한 역할을 한다.

김치의 섭취는 이들 미생물효소의 활성을 감소시키고 김치 섭취를 하지 않을 때는 이들의 효소 활성이 다시 증가하므로 한국인과 같이 매끼 식탁에서 김치를 섭취하는 것은 대장암 예방을 위해 유리하다. 한편 김치의 고식이섬유함량은 대장에서 김치 유산균에 의해 발효되어 단쇄지방산을 만들고 이는 프로그램된 세포사망기전으로 알려진 아폽토시스(apoptosis)를 유도하여 항암효과를 나타낸다고 한다.

(4) 생균제(Probiotic)의 역할

김치 속에 있는 유산균은 probiotic으로 우리 인체에 유리하게 작용하여 김치 유산균 자체가 정장작용, 항돌연변이 및 항암작용 등에 관여하는 것으로 보인다. 김치는 정장작용이 있다는 것으로 알려져 있는데 정장작용이란 대장에 살고 있는 미생물 중 우리 몸에 이로운 균의 발육은 돕는 반면 해를 끼치는 균(독성물질 생성균)의 생육은 억제하는 것을 말한다. 김치 발효에 관여하는 유산균은 요구르트 또는 낙농제품에 들어가는 유산균과 비슷한 정장작용 및 항암, 면역증강 등의 기능을 하여 생균제로서 중요한 역할을 한다. 김치는 잘 익었을 경우 108-9CFU/ml 또는 g의 유산균수를 갖는다. 이 유산균들의 세포벽에 있는 teichoic acid, lipoteichoic acid 등은 항암효과와 면역활성을 높이는 활성이 있어 암 예방에 효과가 있다.

(5) 김치의 항동맥경화 기능성

김치의 섭취는 혈청 콜레스테롤의 양을 감소시키고 fibrin을 분해하는 활성을 가져 동맥경화를 예방하는 효과가 있다. 또한 흰쥐를 이용한 실험에서 김치는 혈전형성을 억제하는 피브린 분해 활성을 나타내었다. 이러한 활성은 김치 첨가량이 많을수록 높은 것으로 나타났다.

(6) 김치의 항산화/항노화 기능성

김치에는 비타민 C, β-carotene, phenolic 화합물, 클로로필 등의 활성성분에 의해 항산화작용을 가지므로 노화를 억제하며, 특히 피부노화를 억제하는 효과가 있다. 김치는 항산화 활성이 있는데 발효가 진행됨에 따라 차이를 보였으며 숙성적기의 김치에서 가장 높았다. 배추김치와 갓김치의 제조에 주요 부재료인 파, 마늘, 고춧가루, 생강 등의 김치재료와 이들 김치는 모두 높은 항산화성을 나타내었다.

피부의 주요 표피세포인 케라틴세포(keratinocyte)에 과산화수소를 노출시켜 인위적으로 산화적인 자극을 주었을 때 김치는 과산화수소에 대한 독성을 완화하는 효과가 있었고, 장기간 노출시켰을 때 산화적 스트레스에 대한 억제효과도 동시에 나타났다. 이러한 효과는 적당히 숙성된 김치가 컸었다. 피부의 진피세포인 섬유아세포(fibroblast)에 과산화수소를 가해 산화적 스트레스를 일으켰을 경우 김치 추출물들은 세포독성 완화효과도 큰 것으로 나타났다.

Hairless mouse를 이용한 실험에서 배추김치, 갓김치, 부추김치 및 이들 김치의 주재료물질은 항피부노화 활성을 나타내었다. 김치 섭취군의 hairless mouse들은 대조군보다 피부표피 두께가 두껍고 피부 각질층은 얇았으며, 새로운 콜라겐 형성도 많아 김치가 피부노화 예방효과가 있는 것으로 나타났다.

(7) 김치의 암예방/항암효과

김치에 들어 있는 β-sitosterol, PUFA(Poly Unsaturated Fatty Acids)유도체, glucosinolates, isothiocyanates, indoles, allyl 화합물들, 유산균 등에 의해 김치는 암예방/항암작용을 가진다.

김치추출물은 인체 암세포의 증식을 억제하였다. 또한 자연살해세포의 활성을 높여 항암효과를 높이는 것으로 보인다. 김치의 항암효과에 대한 기작 연구에서 배추김치의 디클로로메탄 분획물은 암세포 수를 감소시키는 것으로 나타났다. 김치는 핵으로 signal(신호)이 전달되는 과정에 직접 작용하여 항암활성을 나타내었다.

(8) 면역활성 증강효과

김치는 대식세포의 활성을 현저히 증가시키는 효과가 있었다. 효모인 Candida albican을 쥐에 투여하고 적당히 익은 김치를 섭취시켰을 때 대식세포의 활성을 2배 증가시키는 효과가 있었다. 김치의 섭취는 또한 자연살해(Natural Killer : NK) 세포의 활성도 크게 증가시켜 항암기능을 높이는 것으로 나타났다. 김치 유산균을 쥐에 경구투여했을 때 종양형성억제효과를 보였으며, 장내에서 항체의 생성을 증가시키고 혈액 내의 cytokine으로 면역활성증강효과를 나타내었다. 김치 자체뿐만 아니라 김치 유산균 역시 면역활성을 증가시키므로 질병예방 측면에서 중요한 기능을 한다고 할 수 있다.

6. 전통식품의 관광상품화 방안

1) 전통식품의 인지도 높이기

첫째, 전통식품 관련 행사 마련

전통식품 관련 박물관을 건립하여 365일 이용객들이 우리 전통식품에 대한 우수성에 대한 이해를 할 수 있게 한다든지, 전통식품 관련 축제나 엑스포를 개최하여 전통식품을 통한 볼거리, 즐길거리를 창출할 수 있도록 하는 것도 좋은 방안이다.

둘째, 김치의 우수성 홍보

전통식품의 우수성에 대한 과학적 연구결과를 홍보함으로써 한국의 발효식품을 널리 알리고 한민족 고유의 전통 식문화를 발전시킨다면, 전통식품산업은 발전을 거듭하여 김치 종주국으로서의 한국의 위상을 널리 펼쳐나갈 수 있을 것이다. 우리의 김치는 담근 후 서서히 발효가 진행되면서 각종 유기산을 합성하며 맛을 내는 자연적인 산미이며 일본의 기무치는 인위적으로 유기산을 첨가한 인공적인 산미(사과산, 젖산, 구연산 등)라고 할 수 있다. 우리는 일본산 김치와의 차별화 홍보를 통하여 한국산 김치는 반드시 발효식품인 것으로 인식시켜 일본산 김치와 전혀 다른 상품으로서의 지위를 갖도록 홍보해야 한다. 또한 한국산 김치의 브랜드화로 부가가치를 높이고 한국산 고유의 김치를 홍보해야 하며, 김치업체에서는 우선 현재 수출 중인 모든 김치제품의 표시를 김치국제규격에서 제품명으로 되어 있는 김치(kimchi)로 단일 명문화하여야 한다.

2) 김치제품의 품질개선 및 고품질화

① 김치제품의 품질개선

우리나라 전통식품업체들의 기술개발이 소극적이어서 품질의 개선 및 유통방법의 개선이 느려지고 있다. 자금지원 부족, 연구인력 부족, 국내 기술수준의 낙후 등을 이유로 들고 있으나 이런 것들은 전통식품업체가 영세한 데 기인하는 것으로 관련 연구기관과 산학협동방식으로 연구개발을 모색하고, 정부차원에서 자금 융자지원 확대, 상호 기술협력체제 구축, 상호 정보교환 등을 도모하는 것이 바람직하다.

② 전통식품의 다양화

기존 전통식품의 품질개선에 힘쓰고, 전통식품의 종류 중에서 아직 상품화되지 않은 우수한 김치를 발굴, 상품화에 노력해야 하며, 계속 변화하는 우리의 입맛과 외국인의 입맛에 맞는 다양한 기존의 전통식품을 지속적으로 개발해야 한다. 소비자의 선호경향을 면밀히 조사하여 계속적인 기호도 변화 추세를 파악하고 이에 따라 김치제품을 다양화하는 노력도 필요하다. 소비자는 위생적이고 안심할 수 있는 제품을 원하므로 제조업체는 원료 수급부터 최종 소비자에 이르기까지 유통 전반에 걸쳐 사회적 책임감을 갖고 국민건강과 소비자보호 측면에서의 노력도 함께해야겠다.

③ 포장기술의 개선

상품의 구매력을 높이는 완제품 포장도 포장재질 및 포장형태의 선진기술을 도입하여 제품가치를 상승시키는 노력이 필요하다.

가정에서도 주문만 하면 소량 납품도 가능하게 되어 최종소비자에게 직접 전달되는 유통구조의 변화도 생겨나고 있다. 가족의 구성도 핵가족화, 독립화 경향이 두드러져 가깝고 손쉬운 슈퍼마켓이나 재래시장을 찾는 성향이 늘어나는 점을 고려해 볼 필요가 있을 것이다.

또한 여성의 사회활동 증가로 주방에서의 간편 조리식 문화가 탄생하는 시점이므로 위생적인 소포장과 즉석식 포장에 중점을 두면 좋을 듯하다. 특히, 대일 수출 시 소량 포장을 좋아하는 일본인들의 요구에 따르지 못하므로, 전통식품의 소량 포장화가 필요하며, 김치의 이물질 혼입과 신용도가 낮은 문제 등에 대한 개선이 필요하다.

④ 전통식품관련 제품의 개발

기존의 전통식품 외에도 양념, 소스, 발효주스 등을 연구 개발하여 산업화하고, 전통식품을 이용한 각종 가공식품, 즉 고추장라면, 즉석된장찌개, 김치라면, 김치만두, 김치햄버거, 김치피자, 김치소시지 등을 더욱 개선하고 개발하여 소비자를 확보하는 것도 김치산업의 발전을 위해서 중요하다.

⑤ 전통식품의 장기 보존 및 유통구조의 개선

김치의 보존기간 연장을 위한 많은 연구가 수행되어 왔으나 김치의 관능 및 특성상 냉장저장이 아직까지 가장 바람직한 저장방법이므로 제조업체에서 소비자에 이르기까지 저온유통시스템이 구축되어야 하며 원거리 수송을 필요로 하는 수출을 위해서는 냉장유통 시 보랭효과를 갖는 인체에 무해한 천연물의 첨가에 대한 연구도 꾸준히 진행되어야 한다.

⑥ 외국인 입맛에 맞는 다양한 제품의 개발

수출제품의 경우 외국인의 입맛에 맞는 김치의 개발이 미흡하고 한국의 전통식품에 대한 영양 및 위생 등에 대한 홍보가 미흡한 실정이다. 대외적으로 한국 전통식품의 영양가, 기능성 식품으로서 김치가 가지고 있는 효과, 위생적 제조공정 등을 지속적으로 홍보, 판촉하여 한국 전통식품의 우수성을 널리 알림과 동시에 제품의 다양화로 외국인의 입맛에 맞는 제품을 개발함으로써 김치수출이 지속적으로 신장될 수 있도록 노력해야겠다. 또한 패스트푸드점에서나 어느 음식에나 어울릴 수 있는 맛의 등급을 개발하고 종류를 다양화한다.

3) 전통식품제조업체 간의 과당경쟁 제한

일부 업체들이 눈앞의 이익만을 앞세운 치열한 경쟁에 의한 덤핑으로 저질 원료 사용 및 유통질서 문란상태가 발생한다. 이러한 과당경쟁은 품질저하, 적정이윤의 감소, 외국 소비자의 불신마저 초래하여 한국 전통식품산업이 발전을 저해시키고, 김치 종주국인 한국의 위상에 손상을 주고 있다.

4) 원료의 수급 및 가격 안정화

업체에서 김치를 생산하는 데 일차적으로 중요한 것은 원료의 안정된 공급이나 기후적 요인 · 장기저장 곤란 등으로 안정공급이 어렵고, 가격의 변동폭이 큰 실정이다. 가격 면에서 김치는 비싸지 않은 식품으로 인식되어 국내의 배추, 고추 등의 김치 원료 수급사정에 따라 수출 계약이 어려운 경우가 많다. 그러므로 안정된 원료 공급으로 김치의 원가 생산비 안정화가 요구된다. 또한 배추의 원거리 수송 시 손실방지를 위하여 생산지에서 다듬어 포장한 후 예랭처리 및 보랭처리하여 수송하거나 소금절임 등 간이처리 후 수송하여 일정기간 신선도 유지를 위한 충분한 공간의 저온창고 확보로 원료의 품귀상태에 대비하는 것이 필요하다. 이를 위한 정부차원의 시설자금지원 및 관련 연구계의 원료에 대한 효율적인 보존방법이 꾸준히 연구개발되어야 한다. 향후 김치는 원료 농산물 자체의 품종별, 산지별, 계절별 등 각종 요인에 따라 성분 등이 다르고 발효가 진행 중인 식품이므로, 특히 원료 품질의 규격화가 필요하며, 배추나 고추 등 원료채소의 품종개량 시 각 원료의 재배 생산성뿐만 아니라 김치가공 적성을 반드시 고려하여야 한다.

5) 위생적인 전통식품 제조공정의 확립 및 생산성 제고

전통식품 품질을 균일화하고, 고품질의 위생적인 전통식품을 생산하기 위해서는 각 제조공정별 제조과정을 표준화하고, 철저한 품질관리시스템을 도입하여야 한다. CODEX 국제규격에서 요구하는 위생적이고 안전한 고품질의 전통식품을 생산하는 데 주력하여야 하며, 국제무대에서 일본, 중국 등 전통식품관련 경쟁국을 이기기 위해서는 전통식품산업의 경쟁력과 생산성 제고를 위해 노력해야 한다. 현재 전통식품제조 인력의 노령화와 함께 수작업 위주의 전통적 제조방법은 전통식품 생산성을 저하시키고 있다. 그러므로 생산성 제고를 위해서는 전통식품

제조에 사용되는 각종 기계를 개선하고 제조설비를 성력화해야 한다. 또한 사용하는 기계들을 수시로 청소하여 깨끗하게 관리하고 기계의 마모 등으로 인해 생산하는 제품의 품질이 떨어지지 않도록 수리하여 관리에 만전을 기해야겠다.

[제3절] 전통가옥

1. 한옥의 개요

서양 건축물이 이 땅에 들어오면서 건축이라는 새로운 조어가 태어났고, 또 그 같은 건축물이 이 땅을 뒤덮게 됨으로써 그것을 우리 전통건축물과 구분할 필요가 생겼다. 양옥이라는 말은 그래서 태어났고, 그에 대비되는 우리의 전통살림집은 자연스럽게 한옥으로 불리게 되었다. 그때까지만 해도 우리에게 한옥이라는 말은 없었다. 집이면 모두 한옥이었으니 그저 집이라 하면 되었고, 그것을 궁궐이나 사찰과 구별해야 될 경우라면 살림집이라 부르면 되었던 것이다.

한옥은 이 땅의 풍토에 우리 민족이 적응하면서 삶을 영위해 왔던 주거공간을 의미한다. 그래서 『한국의 살림집』이라는 책을 쓴 목수이자 건축사가인 신영훈 선생은 한옥을 일러 "세계 어느 나라에도 없는 우리만의 유일한 것이며, 그 누구도 본뜨거나 흉내낼 수 없는 이 땅에서만 지어진 독특한 집"이라고 정의를 내렸으며, 혜곡 최순우 선생은 "우리 민족의 주택, 즉 옛 민가는 위대한 한국 전통문화의 산실이며, 또 위대한 한국인의 산실이기도 하다"며 한옥의 가치를 높게 평가했다.

2. 한옥의 기원

우리나라는 아시아대륙의 동쪽에 돌출되어 태평양에 면하여 있는 반도에 위치하고 있는 까닭으로, 고대로부터 중국 대륙의 선진문화를 받아들였으며, 그 후 이 문화는 바다를 건너 인접한 일본에 전달되었다. 각 시대마다 다소의 차이는 있으나, 한국과 일본의 건축문화를 형성하는 데도 중국은 매우 중요한 역할을 하였다.

그러나 한국과 일본은 원래 가지고 있던 고유의 건축문화와 전래된 외래의 건축문화의 요소를 시대가 경과함에 따라 융합 · 동화시키는 방향으로 발전시켰으며, 건축문화의 발전과정에 있어서 그 나라의 자연적 환경여건과 인문적 환경여건에 의하여 각자의 특성 있는 건축문화를 형성하였다. 그러므로 같은 중국의 건축문화에 속한다고 할지라도, 한국과 일본은 서로 다른 건축형태의 특징을 지닌 것이다. 이 특성의 차이는 간단히 설명할 수 없다 할지라도, 중국, 한국, 일본 3국의 건축문화 차이를 통속적인 개념으로 이해하기 쉽게 표현한다면, 건축문화의 전반적인 면에 있어서 중국은 대륙성, 한국은 반도성, 일본은 도서성의 차이를 가지고 있으며, 건축 외관상에 있어서 중국은 장중성, 한국은 유려성, 일본은 단순성의 차이를 가진다고 하겠고, 건축 색채 면에 있어서 중국은 번화성(繁華性), 한국은 청초성(淸楚性), 일본은 농연성(濃煙性)을 가지고 있다고 할 수 있다.

3. 한옥의 구조적 분류

1) 건물 분류

(1) 안채

안공간인 안채는 집안의 주인마님을 비롯한 여성들의 공간으로 대문으로부터 가장 안쪽에 위치하였으며 보통 안방, 안대청, 건넌방, 부엌으로 구성된다.

안채의 안방은 조선시대 상류주택의 실내공간 중에서 상징적으로 가장 중요한 위치에 있었으며 출산, 임종 등 집안의 중요한 일이 이뤄지던 여성들의 주된 생활공간이었다.

안채는 위치상 대문으로부터 가장 안쪽인 북쪽에 위치하고 있다. 이는 여성들의 사회생활을 꺼려하여 남편이나 친척 외에는 남자들을 만나지 못하도록 하는 등 여성들의 외부와의 출입을 제한하던 당시 사회상을 반영하는 공간배치라고 볼 수 있다. 또한 사랑채와 달리 학문탐구 등의 활동공간이라기보다는 가족들의 의식주를 전담하는 공간으로 가구류도 의복과 침구류 보관을 위한 수납용 가구 등이 놓였다.

(2) 사랑채

사랑채는 외부로부터 온 손님들에게 숙식을 제공하는 장소로 쓰이거나 이웃이나 친지들이 모여서 친목을 도모하고 집안 어른이 어린 자녀들에게 학문과 교양을 교육하는 장소이기도 하였다. 또한 사대부 남자들이 모여서 학문에 대해 열띤 토론을 하고 시를 짓거나 거문고 등의 악기를 연주하며 수준 높은 문화생활을 한 것도 사랑채에서였다.

부유한 집안의 경우는 사랑채가 독립된 건물로 있었지만 일반 농가에서는 주로 대문 가까이의 바깥쪽 방을 사랑방으로 정해 남자들의 공간으로 사용했다. 사랑채는 보통 사랑대청과 사랑방으로 구성되며 부유한 집안은 누마루를 마련하며 한층 품위를 살렸다.

사랑방은 사랑채의 주요 공간으로 남자주인과 귀한 손님이 기거하는 공간이다.

상류주택의 사랑방은 기거와 침식 외에도 독서, 예술활동 등의 많은 행위가 이루어졌던 중요한 공간이다. 유학을 장려하여 문필문학을 존중하고 경전을 연구하는 풍조가 만연하였던 조선시대에는 사랑방문화가 발달하였다.

금욕적 유교생활을 지향하는 선비의식의 영향으로 사랑방의 가구나 장식은 매우 간소하게 꾸며져 보통 몇 개의 방석과 작은 책상, 장롱과 책장, 문방소품 등으로 구성되었다.

(3) 사당채

조선시대에는 조상숭배의식의 정착과 함께 중상류의 주택에는 대문으로부터 가장 안쪽, 안채의 안대청 뒤쪽이나 사랑채 뒤쪽 제일 높은 곳에 '사당'이라는 의례공간을 마련하기도 하였다. 사당에는 보통 4개의 신위를 모시는데 서쪽부터 고조의 신위, 증조의 신위, 할아버지의 신위를 모시며 마지막에 부모의 신위를 모신다. 각 위마다 탁자를 놓으며 향탁은 최존위 앞에 놓았다. 대개의 중상류 주택은 가묘법에 따라 사당을 건축하지만 사당이 없는 집도 있어 그런 집에서는 대청마루에 벽감을 설치하여 신위를 모셨다.

(4) 행랑채

조선시대 주택은 신분제도의 영향으로 신분의 높고 낮음에 따라 공간을 다르게 배치하였다.

경제적으로 여유가 있는 집안의 경우에는 안채와 사랑채 외에도 하인들이 기거하거나 곡식 등을 저장해 두는 창고로 쓰였던 행랑채가 따로 있었다.

하(下)공간인 행랑채는 주택의 규모에 따라 '바깥행랑채'만 있는 경우도 있고 '중문간 행랑채'도 있다.

바깥행랑채는 대문간에서 가장 가까운 곳에 위치하여 집안에서 가장 신분이 낮은 머슴들이 기거하는 공간이었으며 중문간 행랑채는 양반들이 기거하는 안채, 사랑채와의 중간 공간으로 중간계층인 청지기가 거처하였다.

이들 공간들은 커다란 한 울타리 안에 작은 담장을 세우거나 채를 분리하여 구획하였다. 이렇게 상류주택은 신분과 남녀별, 장유별로 공간을 분리하여 대가족이 함께 어우러져 사는 당시의 가족생활을 고려한 공간배치를 하였다.

(5) 별당채

규모가 있는 전통가옥에는 별당이 집의 뒤, 안채의 뒤쪽에 자리하고 있었으며 이용하는 사람에 따라 그 이름이 다르게 불리었다. 결혼 전의 딸들이 기거하는 별당은 '초당'으로 불리었다. 또한 결혼 전의 남자아이들의 글공부를 위해 '서당'이 따로 마련되어 있는 집도 있었다.

(6) 곳간채

중상류층의 주택 중에서도 부유한 집안은 수십 칸 규모의 주택에서 살았다. 이들 '칸' 수가 많은 전통주택에는 곳간채가 별도로 마련되어 있어 오래 저장해 두어야 할 음식이나 여러 가지 생활용품들을 저장, 보관하였다.

2) 세부분류

(1) 온돌

온돌은 열의 전도, 복사, 대류를 이용한 우리 고유의 난방방식이다. 온돌에 관한 최초의 기록은 515년경에 저술된 『수경주(水經注)』라는 중국문헌에서 발견되었다. 우리나라의 경우 정확한 연대는 알 수 없으나 7세기 중엽 이전의 고구려 사람들은 일반적으로 온돌을 놓고 산 것으로 보인다.

고려시대에 중국의 사신으로서 고려에 다녀간 서긍(徐兢, 1091-1153)이라는 사람은 『선화봉사 고려도경(宣和奉使 高麗圖經)』이라는 책을 남겨 당시 사람들의 여러 가지 생활모습을 전해주고 있다. 이 기록은 고구려의 하류계층에서 사용되었던 온돌이 고려시대에도 하류계층에서 계속되었음을 보여준다.

최자(崔滋, 1188-1260)의 『보한집(補閑集)』이라든지 이규보(李奎報, 1168-1241)의 『동국이상국집(東國李相國集)』 등의 책에도 온돌에 대한 기록이 나온다.

사계절의 변화가 뚜렷한 우리나라는 여름은 덥고 겨울은 춥기 때문에 가옥의 구조에도 계절적 온도변화를 고려하였다. 방을 따뜻하게 데우는 구들과 여름이면 사방으로 바람이 통하게 되어 있는 시원한 대청이 공존하는 가옥구조를 만들었다. 추운 날에는 아궁이에 불을 때서 방바닥 밑의 구들장을 데워 방안을 따뜻하게 하였다. 열과 연기는 개자리에서 머물다가 굴뚝을 통해 빠져나가므로 구들은 오랫동안 온기를 유지할 수 있다.

(2) 구들장

구들을 놓을 때 쓰이는 얇게 쪼갠 판돌아궁이에 불을 때면 그 열기로 인해서 음식이 조리되며 경사진 부넘기를 넘은 열과 연기는 아궁이로 내닫지 않고 개자리에 이른다.

(3) 부넘기

아궁이에서 방고래로 들어가는 곳에 있는, 불길이 잘 넘어가고 불을 거꾸로 내지 않기 위한 장치이다.

(4) 창

전통주택에서는 채광과 통풍을 위한 '창'과 드나들기 위한 '문'을 엄격히 구분하기가 어렵다. 그러나 일반적으로 형태가 같더라도 머름대가 있으면 창이고 머름대가 없으면 문으로 구분한다.

창은 채광과 통풍을 위하여 대개 홑창호지를 발랐다. 오늘날의 창에 유리를 대는 것과 달리 창호지를 발라 외부와 내부를 단절시키지 않고 공기가 통하도록 하였으며 은은한 채광을 살렸다. 창호지나 문풍지는 공기가 통하므로 여닫지 않고 고정된 붙박이창인 봉창을 만들기도 했다.

(5) 창호지

한국의 전통가옥에서 문과 창문은 격자무늬를 비롯한 여러 가지 무늬의 나무 창살을 만든 후 그 위에 한지를 발라 채광과 통풍을 고려하였다.

투명한 유리가 아니라 한지를 통해 비쳐 들어오는 햇살은 강렬하지 않고 은은하여 방안 분위기를 한층 차분하고 아늑하게 만들어준다. 한지는 채광뿐 아니라 통풍에도 유리하여 조금씩이나마 방안의 탁한 공기가 빠져나가고 밖의 신선한 공기가 들어오기 때문에 공기를 순환시켜 준다. 이렇게 공기를 순환시켜 줌으로써 뜨거운 구들 바닥으로 인해 건조해지기 쉬운 방안 공기의 온도와 습도를 항시 적당하게 유지시켜 준다.

(6) 문

출입문의 위치나 용도에 따라 조선시대의 '문'의 모양은 다양했다.

실외의 문에는 대문, 중문, 협문 등이 있는데 대문은 집의 정면에 있어서 집을 대표하는 문이며, 평상시에 쉽게 드나들 수 있도록 조그맣게 낸 문은 협문이라고 한다. 사랑채와 안채 사이와 같은 곳에 있어서 집의 한 영역에서 다른 영역으로 통하는 문은 중문이라고 한다. 문은 통과한다는 의미가 더 크게 부각되므로 정성들여 아름답게 치장을 하며 특별한 이름을 붙여 현판을 걸기도 한다. 대청에는 들어열개문인 분합문을 설치했으며 대청 뒷면이나 부엌의 출입문으로는 판장문이라 불리는 두꺼운 문을 주로 설치했다.

(7) 기단

기단이란 전통가옥에서 우천 시에 빗물이 튀는 것과 땅으로부터 올라오는 습기를 피하고 동시에 건물의 위치를 높이기 위하여 건물 밑부분에 돌을 쌓거나 다른 자재를 써서 쌓아올린 단인데, 돌로만 쌓기도 하며 기와와 벽돌 또는 돌과 벽돌을 섞어 쌓기도 한다.

한국의 전통한옥 중에서 상류층의 주택은 3척(90cm)~4척(120cm) 정도 높이의 화강석기단 위에 축조되는 것이 기본이다. 이러한 기단의 높이는 거주자의 사회적 지위와 가문의 권위에 비례하여 권위가 높을수록 높이 지어져 안에서 밖을 아래로 내려다보도록 되어 있다.

(8) 누마루

주로 사랑채에 설치되었던 누마루는 기단 없이 기둥 위에 설치된 형태로 원두막처럼 마룻바닥 밑으로 바람이 통하도록 사방이 트인 노출공간이다. 누마루는 대청처럼 여름에는 문을 걸어 올려 주변 자연의 운치를 즐기는 공간으로 사용했고 겨울에는 문을 닫아 한기를 막았다.

(9) 다락

다락은 안방의 아랫목 쪽 벽과 부엌과 면한 벽 쪽에 방바닥에서 1.5척(45cm) 되는 곳에 설치된 수납공간이다. 이 다락에는 꿀단지 등 귀한 음식부터 가재도구 등 살림살이에 필요한 잡다한 물건들을 보관했다.

(10) 담

한국 전통가옥의 담은 치안을 위해서 높이 쌓거나 위협적으로 쌓는 일이 없이 나지막하고 은은한 장식을 하여 시적인 정취가 있다. 또한 담장을 장식한 무늬는 풍요와 행복을 기원하는 의미를 담고 있는 것이 많았다.

일반 농가의 경우, 지나가는 사람도 담 너머 들여다볼 수 있을 만큼 나지막하게 쌓아서 단지 집 밖과 안을 구분한다는 의미에서 둘러놓은 경우도 많았다.

민가에는 특별히 담장이나 대문이라고 할 만한 것이 없는 경우도 많아서 싸리나무를 집 둘레에 빙 둘러 심어 경계를 나타내거나 아예 대문이 없거나 사립문이 있더라도 늘 열어놓고 살았다.

문은 닫아놓아 공간을 단절한다는 의미보다는 늘 열어놓고 통과하는 데 더 많은 의미를 두었기 때문에 한국의 문들은 대부분 늘 열려 있다.

4. 한옥의 기능적 분류

1) 대청

문헌을 검토하는 과정에서 백제나 신라에서는 고상식 주거가 많이 사용되었을 것이란 가정을 얻을 수 있으며, 만일 고상식 주거라면 바닥은 마루구조가 필연적이었으리라고 추측된다.

안채의 안방과 건넌방, 사랑채의 사랑큰방 앞의 넓은 마루를 '대청'이라 하고 이는 조선시대 상류주택의 의식과 권위를 표현하는 상징적인 공간이며 각각의 방을 연결하는 공간으로 오늘날 주택의 거실에 해당하는 공간이다.

여름철에 분합문을 서까래 밑에 내려진 들쇠에 걸어 올려놓으면 대청은 열린 공간으로 생활의 중심이 되는 공간이 되었으며 겨울철에는 분합문을 닫아 한기를 막고 대청공간을 아늑한 실내공간으로 만들었다.

안채에 있는 것을 안대청이라 하며 사랑채에 면해 있으면 사랑대청이라 한다. 대청은 한여름의 무더위를 이기기 위해 현명하게 고안한 가옥의 구조라고 할 수 있는데 전면 또는 사방이 트여 있어 엄밀히 말하면 실내라고 할 수 없다. 대청의 바닥은 상류주택에서 서민주택까지 가장 일반적으로 우물마루가 쓰였다.

2) 대청의 구조

대청의 구조를 보면, 마당에서 대청으로 오르기 위한 기단이 있고, 그 위에 댓돌이 있다. 댓돌에서 바로 올라서면 대청 앞쪽으로는 대개 앞툇마루가 있다. 대청의 크기에 따라 기둥의 수가 다른데 보통 대청의 크기는 2칸에서 8칸까지 다양하다.

3) 방

전통주택에서 방은 열린 공간인 대청과 반대되는 폐쇄적인 의미를 지닌 개인적인 공간이다. 잠을 자고 식사를 하고 휴식을 취하는 전통가옥에서의 방은 잠을 잘 때는 침대 대신 따뜻한 구들 방바닥 위에 이부자리를 펴고 자고 낮에는 의자 대신 방석에 앉아 지내는 좌식생활을 하도록 되어 있는 공간이다. 신발을 벗고 들어가 바닥에 바로 앉아서 생활하기 때문에 방을 늘 청결하게 유지하였다. 방의 내부는 모두 벽지나 천장지를 발랐으며 바닥은 장판지로 마감하였다.

4) 사랑

보통 사랑대청과 사랑방으로 이루어진 사랑채의 사랑방은 집안의 가장인 남자 어른이 잠을 자거나 식사를 하는 방으로 남자들의 공간이다. 사랑채는 외부로부터 온 손님들에게 숙식을 대접하는 장소로 쓰이거나 이웃이나 친지들이 모여서 친목을 도모하고 집안 어른이 어린 자녀들에게 학문과 교양을 교육하는 장소이기도 하였다. 부유한 집안의 경우는 사랑채가 독립된 건물로 있었지만 일반적인 농가에서는 주로 대문 가까이의 바깥쪽 방을 사랑방으로 정해 남자들의 공간으로 사용했다.

5) 사당

조상숭배의식의 정착과 함께 대문으로부터 가장 안쪽, 안채의 안대청 뒤쪽이나 사랑채 뒤쪽 제일 높은 곳에 '사당'이라는 의례공간을 마련하기도 하였다. 보통 사당에는 4개의 신위를 모시는데 서쪽부터 고조의 신위, 증조의 신위, 할아버지의 신위를 모시며 마지막에 부모의 신위를 모신다. 각 위 앞에는 탁자를 놓으며 향탁은 최존위 앞에 놓았다. 대개의 중상류 주택은 가묘법에 따라 사당을 건축하지만 사당이 없는 집도 있어 그런 집에서는 대청마루에 벽감을 설치하여 신위를 모셨다.

6) 찬방

찬방 또는 찬마루라고 불리는 이곳은 오늘날의 주택의 부엌과 다용도실 정도에 해당하는 공간으로 반가나 중, 상류 지방의 가옥에서 볼 수 있는 부엌과 인접한 공간이다. 부엌과는 문으로 연결되어 있어 부엌에서 조리된 음식을 이곳에서 상에 올려 안방, 사랑방 등으로 내갔으며 간단한 음식은 이곳에서 조리하였다. 이곳에는 상을 차리는 데 필요한 그릇 등이 마련되어 있으며 음식물을 보관하기 위한 창고로도 쓰였다.

7) 부엌

불을 지펴서 각종 음식을 조리하는 공간인 부엌은 주로 여성들의 공간인 안채에 안방과 바로 인접하여 위치하였으나 일부 대가들의 집에는 반빗간이라 하여 별채로 독립시키기도 하였다.

전통한옥의 부엌은 작업동선을 고려해 볼 때 매우 불편한 구조를 지녔다. 이는 부엌 바닥을 일반적으로 방바닥보다 75~90cm 정도 낮게 하여 아궁이에서 땐 불길을 방고래로 빨아들이도록 되어 있는 '온돌구조' 때문이다. 부엌에는 2~4개의 아궁이가 있었으며 불을 때는 아궁이 위 부뚜막에는 솥을 걸어두었다. 아궁이는 안방과 면한 벽 쪽에 설치하여 음식물을 조리하면서 동시에 방을 데우도록 하였다. 부엌은 주택의 규모에 따라 안방과 건넌방에 각각 위치하는데 안방과 접한 부엌이 주된 조리공간이었으며 건넌방 쪽은 물을 데우는 데 쓰이는 등 보조적인 공간으로 이용되었다.

5. 한옥의 지역적 분류

1) 함경도지방형

함경도와 강원도 일대에 분포된 이 형은 부엌-정주간과 방들의 일부가 '田'자형으로 구성된다. 이를 일명 '田자형 주택'이라고도 한다. 이 형의 특징은 부엌과 정주간 사이에 벽체가 없이 하나의 커다란 공간을 형성하고 그 옆으로 방들이 '田자형'을 이루면서 서로 붙어 있고, 부엌의 부뚜막과 아궁이는 부엌과 정주간 사이에 자리하게 되어 자연히 부엌 바닥과 정주간 바닥 사이에는 상당한 높이 차가 형성된다. 이 형은 부엌 한쪽에 외양간과 디딜방앗간 등이 놓이고 방들이 서로 벽을 공유하면서 서로 맞붙어 있는 것은 추운 지방의 기후적인 조건을 만족시키기 위함이다. 또 같은 원인으로 '대청'이 설치되지 않고 있다. 한편 강원도의 고성에는 함경도지방형과 흡사하면서도 정주간이 없는 대신 '田'자형 방 앞에 긴 툇마루가 옥내에 설치되는 특수한 평면유형이 분포되어 있다.

2) 평안도지방형

평안도와 황해도 북부의 일부 지방에 분포된 형으로 부엌과 방들이 '一'자형으로 구성되어 '一자형'이라고도 한다. 또 부엌과 방 두 개가 연속으로 구성되어 '삼간형(三間形)'이라고도 하며, 남부지방의 가난한 서민주택들이 이 형을 많이 채택하기 때문에 거의 전국적으로 분포되므로 '일반형'으로 분류한 학자들도 있다. 평안도나 황해도의 서민주택들은 일반적으로 몸체를 '一자형'으로 하고 여기에 따로 광, 외양간, 측간 등이 하나의 채로 구성되어 부속채를 이루게 된다.

남부지방의 '一자형'은 더운 지방이니만큼 대부분 대청마루가 1간 더 있으므로 북쪽의 일자형과는 엄연히 구분되어야 할 것이다.

3) 중부지방형

황해도 남부와 경기도, 충청도 일대의 중부지방에는 'ㄱ자형'이 분포되는데, 평면이 'ㄱ자'모양을 이루기 때문이다. 이는 '서울지방형'과 같은 'ㄱ자형'이나 부엌과 안방의 방향이 중부형에서는 남향이고, 서울지방형에서는 동서향이 되는 것이 다르다.

4) 남부지방형

부엌, 방, 대청마루, 방이 일렬로 구성되기 때문에 '一자형'이라고도 한다. 서민주택 중 비교적 여유가 있는 집에서는 일자형 몸체 외에 광, 헛간, 외양간, 측간 등으로 구성된 부속채가 별도로 세워진다. 평안도지방의 一자형과 다른 것은 여름철에 대비하여 대청마루가 방과 방 사이에 있는 것이다.

5) 제주도형

제주도라는 특정지역인 섬에 분포된 형으로 그 중앙에 대청마루인 상방을 두고 이의 서측으로 부엌과 작은 구들, 동측으로 큰 구들과 고팡(광)을 배치하였다. 큰 구들은 부모들의, 작은 구들은 자녀들의 공간이고, 부엌의 부뚜막은 작은 구들 쪽과 반대되는 위치에 두어 취사 시의 열이 방에 들지 않도록 한다. 또 큰 구들과 작은 구들의 구들고래들은 방 전체의 2/3 정도만 깔리는 것이 특징이다. 고팡은 물건을 보관하는 수장고이다.

6) 울릉도형

귀틀벽을 만든 주택을 울릉도에서는 '투방집'이라 부르며 예로부터 많이 사용하여 왔다고 한다. 벽체의 바깥쪽으로는 지붕처마에서부터 억새풀이나 싸리가지로 엮은 또 하나의 벽을 볼 수 있는데, 이것을 이 지방 사람들은 '우데기'라고 불러왔다. '투방집'의 평면을 보면 '우데기'를 제외하고는 '홑집'의 모양을 갖추고 있으나 '마구', '헛간' 등을 포함하는 집중형 주거의 성격을 가지고 있다.

6. 한옥의 재료별 분류

1) 움집

움집은 신석기시대에서 초기 철기시대(BC 4세기경)에 걸쳐 인류가 살았던 주거 유적이다. 원형움집은 지면을 파서 원으로 구덩이를 만들고 중앙에 간단하게 기둥을 세우고 서까래를 벽선에 따라 원추형으로 세운 다음 그 위에 잔 나뭇가지나 풀, 흙 등으로 지붕을 덮어 만든 구덩이식 주거이다. 도구가 없던 때에 단단한 땅을 파는 일은 쉽지 않았을 것이다. 대략 1미터나 1.5미터가량 땅을 판다. 타원형도 아니고 그렇다고 네모나지도 않은 형태로 파낸다. 드나들기 쉽게 한쪽에 입구를 내고 발 디딜 수 있게 턱을 만든다. 구덩이 둘레에 작은 구멍을 홈처럼 파고 굵은 나무 삭쟁이를 박아 넣는다. 비스듬히 세우면 그 끝이 중앙에 모이는데 끝을 끈으로 단단히 묶으면 둥근 천막 같은 공간이 만들어진다. 칡 등의 끈으로 나무 사이를 잘 뜨면 사이가 메워지고 거기에 의지하여 풀이나 새 같은 것으로 이엉을 잇거나 짐승가죽으로 덮으면 비바람을 피할 수 있는 집이 된다.

북방에서는 중앙 화덕 둘레에 돌을 설치하여 남은 열을 모으는 정도에서 벗어나 바닥을 가로지르는 고래를 켜고 구들을 설치하는 지혜를 발휘했다. 온돌의 시초로, 불을 다루는 기술을 향상시키고 추운 겨울에 따뜻하게 살 수 있는 난방 개념을 도입하는 계기를 마련했다.

남쪽 지방은 고온다습하고 장마철이면 무덥고 끈끈하다. 여기에 움집은 맞지 않다. 땅에서 올라오는 습기가 몸에 해롭고 지하에 들어가 앉아 있으니 통풍이 원활하지 못해 답답하고 무덥다. 지하에서 벗어날 궁리를 하였다. 큰 나무에 의지해 짓던 오두막집이 되살아났다.

땅에 기둥뿌리를 묻고 거기에 의지해 집을 짓는 지혜를 발휘하였다. 지표에서 뚝 떨어진 곳에 살림공간이 마련되었다. 높게 살려고 깐 나무판자를 '마루'라 부르게 되었다. 마루는 높다는 의미이다. '용마루'나 '영마루'가 그와 같은 의미를 지닌 단어이다.

2) 토담집

움집이 불편하다고 느끼게 되자 인류는 지상으로의 탈출을 시도한다. 지금은 토담집이 민속마을에나 가야 볼 수 있을 정도로 아주 귀하지만 1970년대만 해도 시골마을의 대부분을 차지하고 있었다. 이 토담집은 움집이 지상가옥으로 발전하면서 보이는 최초의 형태라고 할 수 있다.

가운데 부엌의 화덕이 왼쪽 방까지 연결되었고, 공간이 더 필요하니까 부엌의 오른쪽에 임시 방을 만들고 바닥을 흙인 채로 남겨놓아 일이 편리하도록 하였다. 이것이 좀 더 발전한 형태가 바로 3칸의 토담집이다. 조선시대에 백성은 초가집에서 살았지만 상당수는 토담집이 없어서 움막생활을 하는 경우가 많았다. 지금도 주택문제가 심각하지만 당시에는 토담집만 해도 감지덕지할 정도였다. 이것은 1920~30년대 서울 근교에서 움막을 짓고 살았던 빈민들의 사진에서도 어느 정도 짐작할 수 있다.

3) 귀틀집

귀틀집이란 큰 통나무를 우물 정자 모양으로 얹고, 틈을 흙으로 메워 지은 집을 말한다. 고분벽화나 『삼국지』를 보면 상고시대부터 있었다고 하는데, 태백산맥과 소백산맥의 산악지대와 울릉도에 주로 분포한다. 돌기와를 얹은 무거운 지붕도 끄떡없이 지탱할 정도로 구조 자체가 튼튼하다. 그래서 눈이 많이 오는 지방에서 주로 지었다. 집안에 기둥이 없는 것이 가장 큰 특징이다.

울릉도 부방십은 육시의 귀틀집, 니와집과 미찬가지로 전혀 못을 사용하지 않고 통나무와 나무껍질로만 지었다. 그러나 육지와는 달리 형태와 크기가 독특하고 바람과 눈이 많은 섬 지방의 기후에 잘 견딜 수 있도록 매우 견고하게 지어져 오랜 세월이 흐른 지금까지도 집수리 한 번 하지 않았으나 원형대로 보존되고 있다.

집 둘레에는 싸리나 옥수수대로 울타리(우데기)를 만들어 겨울의 바람을 막아주고 있으며, 내부의 방은 대개 3칸인데 부엌이 헛간과 장독을 겸하고 있어 지붕 위에까지 눈이 쌓여 통행이 되지 않아도 집안에서 식생활을 해결하는 데는 하등의 지장이 없을 만큼 규모가 큰 편이다.

방은 지름 20~30cm, 길이 3m가량의 통나무를 정방형으로 차곡차곡 쌓아 올려 2개의 방을 먼저 만든 뒤 가운데의 공간 양측을 또다시 통나무를 쌓아올려 3칸의 방이 된다. 통나무 사이의 벌어진 틈은 진흙에 억새풀을 섞고 물에 반죽하여 메우며, 방바닥엔 대나무를 엮은 돗자리를 깔아 장판을 대용한다.

방이 완성되면 5~6평쯤 되는 커다란 부엌을 달아내며 마루가 없는 대신 울타리를 집에 바짝 붙여놓는데 이것은 찬바람이 방벽에 직접 와 닿는 것을 막기 위한 것이다. 벽을 쌓는 재료는 횡경피나무, 단풍나무, 너도밤나무를 주로 사용하였고, 굴뚝은 질이 단단한 주목 둥치를 잘라 속을 파낸 뒤 세웠으며, 지붕은 고로쇠나무나 솔송나무 등을 기와 모양으로 빚어 얹었는데 비가 새거나 눈무게로 내려앉는 일은 있을 수 없을 만큼 튼튼하게 지어져 있으며, 여름에는 시원하고 따뜻한 것이 특색이다.

4) 초가집

초가는 짚(볏짚, 조짚)이나 새(억새, 새풀), 띠풀로 지붕을 이은 띠집을 일컫는 말로서 집이 처음 생길 때는 겨릅, 새풀, 쑥대, 죽실, 띠를 모두 사용하다가 농사를 짓게 되자 벼나 조의 짚, 수숫대 등 농작물의 부산물을 쓴 것으로 추측된다.

(1) 일반적 초가

볏짚으로 지붕을 이은 집을 말한다.

(2) 샛집(풀집)

보통은 초가의 범주에 들어가지만 영동과 영남 지방의 산간지대에서는 샛집을 따로 구분하여 부르기도 한다. 물론 재료가 다를 뿐 아니라 지붕의 모양도 물매가 싸서 전혀 같지 않으며, 재료의 채취, 가공, 지붕 잇기 등에 노동력이 많이 드는 대신 재료의 수명은 거의 십 년 이상 갈 수 있기 때문에 초가와 구별된다.

(3) 새

억새풀의 일종으로 지역에 따라 종류가 조금씩 다르다. 지붕의 재료로 세골 · 왕골을 포함한 골풀, 억새, 띠풀, 갈대 등을 모두 이용했다. 특히 제주와 소백과 태백산맥 산간지대의 새는 이름만 같고 종류가 전혀 다르다. 제주도에서는 볏짚으로 만드는데 이는 비바람이 심해서 이르면 일 년도 채 견딜 수 없다. 제주도에서 볏짚을 이용하는 이유는 벼농사가 거의 없어져서 짚이 생산되지 않기 때문이기도 하다.

(4) 죽실집

태백산맥 골짜기에 아주 드물게 분포하는 집이다. 너무 산간이라 벼농사는 물론이고 새도 산출되지 않는 곳에서는 판자나 굴피로 지붕을 이은 너와집이나 투비집(굴피집)을 짓는 게 일반적이지만 중요하지 않은 곁채는 산에서 많이 나는 산죽, 곧 죽실로 지붕을 해 이는 경우를 종종 볼 수 있다. 이것은 비가 잘 새기 때문에 진새를 잘 치고 죽실을 두껍게 해서 덮는다.

7. 한옥의 관광자원화 방안

최근 관광의 형태가 변화하면서 한옥은 내국인을 비롯하여 외국인에게 SIT (Special Interest Tour)의 장소로서 매우 각광받고 있다. SIT(특정관심분야관광)란 각 개인이 특별히 관심을 갖는 분야에 대한 식견과 경험을 높이기 위해 특정주제와 관계된 장소나 지역을 방문하는 단체 또는 개별여행을 말한다.

이러한 SIT는 일반적으로 활동적이고 참여적이고 경험적이고 교육적이며 양보다 질적인 여행을 추구하는 특성이 있다. 이러한 특성과 관련하여 SIT는 'Active tourism, Experiential tourism, Quality tourism, Travel with a purpose, Serious leisure'라고도 불린다.

SIT의 영역은 교육관광, 예술 및 유적관광, 생활체험관광, 자연관광, 모험관광, 스포츠관광, 건강관광 등으로 분류할 수 있지만 한정되어 있는 것은 아니다. 따라서 한옥을 통한 생활체험관광은 관광자원화 방안으로써 좋은 대안이 될 수 있다.

생활체험관광이란 박물관이나 문화센터는 살아 있는 문화인 인간과 실제적으로 접촉하는 것의 대체물이 될 수 없다는 생각에 기초하여 원시자연의 인간모습을 경험코자 하는 욕구를 만족시켜 주는 관광을 말한다. 이는 발리족, 태국, 고산족, 보르네오 통나무집 거주민, 자바 인형극 마을주민 등 관광객과 인종문화적 배경이 완연히 다른 사람들과 직접 친밀히 접촉하는 관광으로서 정통성 있는 문화의 생생한 체험이 가능하다. 예술 및 유적관광 등 일반적인 문화관광이 비교적 간접적 체험으로 많이 이루어지는 데 비해 생활체험관광은 직접적 교류가 가능하다. 생활체험관광의 주요 수요자계층은 일반적으로 젊은층으로서 고등교육을 받은 전문직업인이 주류를 이루고 있다.

[제4절] 전통스포츠

1. 태권도

1) 태권도의 기원과 역사

태권도는 발생 후 택견, 턱걸이, 택건이, 수박, 태껸, 탁견 등으로 불리어오다 태권도로 바뀌어 오늘에 이르고 있다. 과거 삼국시대에는 고구려, 백제, 신라가 대내적으로 세력 확장을 위한 영토분쟁과 민족통일을 위한 각축전을 벌였으며 대외적으로는 외적에 대한 민족적 의식의 각성을 촉진시키기 위해 무술을 중심으로 한 체육활동이 성행하였다.

이러한 사실은 삼국의 시조가 모두 무인이며 『삼국사기』 「열전」의 인사 87명 중 무인이 60명인 것을 보아도 나라의 주인이 무인이었음을 알 수 있다. 이렇듯 시대적 환경이 무예 체육의 실행을 촉진하여 마침내 고구려의 조의선인, 신라의 화랑도 같은 동서고금에 빛나는 무인청년의 확립을 보게 되었다.

이 시기의 무인들은 검술이나 다른 무술의 기초수련으로써 태권을 행하였음을 고찰할 수 있는데, 『해동죽지』에 "검술은 수술의 묘로부터 나온다."라고 기술하고 있음은 수술(手術)이 검술의 기본이라는 증거의 하나이며, 무예로서의 정평이 있는 『무예도보통지』에 의하면 "태권(권법)은 손발을 마음대로 사용하고 사지와 몸의 활용법을 연마시켜 줌으로써 무예의 초보와 토대가 되어 힘을 양성해 준다"고 하였으니 당시의 무인들은 검술의 기본이나 무예의 초보로 태권을 실시하고 있었음을 알 수 있다.

이렇게 우리나라 무인들은 일찍이 부족국가시대부터 무예의 기본이나 무술의 하나로 태권을 행하였음을 추정할 수 있다. 고대 부족국가시대는 부락의 부족들이 자위상 군장을 맹주로 삼아 그 족장에 복종하는 마음과 아울러 동기 상부하는 사상에 기인한 자치관념이 점차 발전하여 사회윤리의 근원이 되고 문화발달을 촉진한 무사도가 이루어지게 된 것이다. 이러한 무사단 가운데 특기할 만한 발전을 이룬 것은 부족국가를 지나 고구려 · 백제 · 신라가 정립하여 영토 분쟁과 각기 사회문화의 발달을 이룬 시대로서 고구려는 압록강 건너 졸본천 기슭에서 BC 18년 전에 나라를 세우고, 신라는 한반도의 남동방 서라벌 일대에서 BC 57년에 나라를 이룩했다. 3국은 영토를 넓히기 위해 서로 뺏고 뺏기는 분쟁이 끊이지 않았으면서도 나름대로의 사회와 문화를 이룬 민족국가로 성장했다.

이러한 시대적 환경에 따라 제천대회의 체육활동 역시 투기를 중심으로 한 무술경기를 중요시하였다. 이에 따라 전 부족민이 무예수련을 생활로 삼았으며, 대회에 참석한 무사들은 그들의 기(技)를 다루는 것이 상례가 되었다. 제천행사가 계속됨에 따라 신체 건강을 위한 양생술이 발전되었고 동작이나 힘이 우세한 동물의 공 · 방자세 등을 자신들이 투쟁경험을 위주로 체계화시켰으니 여기서 오늘날의 태권도가 싹트게 되었으리라 생각된다. 『한국 체육사』에 "이 시대의 환경 · 조건으로 보아 각저 수박(手搏) 등의 투기가 행하였다"라고 기술한 것도 이러한 사실에 근거를 두고 있다.

전기한 바와 같이 시대적 환경이 무예를 중시한 관계로 무예를 수련하는 무사단의 창설을 촉진하였으니 그 대표적인 예가 고구려의 '선배'와 신라의 '화랑'이었으며 이들의 심신단련과 무예수련의 방법으로 태권도가 행하여진 것으로 추정된다.

2) 태권도의 특징 및 본질

태권도는 한국에서 20세기 이상 독자적으로 발전해 온, 현대 스포츠적인 요소에 초점을 맞춘 군사적인 기술의 이름이다. 태권도의 주요한 특징은 맨손과 발을 사용하여 공격하는 적에 대항하여 자유 대련하는 기술이라는 것이다. 그리고 태권도는 적의 공격에 대한 방어술로써 발전해 왔기 때문에 모든 동작은 방어적인 정신을 기본으로 한다. 또한 태권도는 육체와 정신을 동시에 단련할 뿐만 아니라 현대에 들어서 육체적인 교육의 방법과 경쟁체계로 자리를 잡아가고 있다.

이제 태권도의 본질에 대해서 살펴보기로 하자. 태권도의 본질은 실제적인 가치와 이상적인 가치라는 두 가지의 기본적인 형태를 기초로 한다. 태권도의 실제적인 가치는 개개인의 기술에 의한 세부적인 몸놀림과 이를 제어하는 훈련을 기반으로 한다. 이에 반해 이상적인 가치는 태권도의 특수성으로부터 나오는 세 가지의 이상(기술적, 예술적, 철학적)에 기초한다. 태권도의 기술적인 표현은 훈련을 통한 실제적인 외형으로부터 그것의 가치를 얻게 된다. 그러므로 태권도의 기술적인 이상은 인간의 삶의 조건에 대한 기술과 훈련의 실제적인 적용으로 나타낼 수 있다. 이러한 이상을 단 한마디로 나타내면 '무술'이라는 말로 표현할 수 있을 것이다.

예는 정신과 영혼이 일치된 상태로부터 나오며 일관된 행동을 통해서 표현된다. 태권도를 완벽하게 수련하기 위한 필수적인 조건은 그의 완성을 위해 육체에서의 영혼의 몰입이라는 예술적인 이상을 나타내는 '무예'라는 개념이다. 도는 동양철학의 전체영역을 포함하는 중심적인 개념이다. 태권도 수련의 철학적인 이상은 사람과 자연 사이의 일치, 혹은 수련함으로써 발견할 수 있는 우주와 어떻게 조화롭게 사느냐 하는 것이다. 이것이 '무도'의 본질이다.

그러면 이러한 본질을 바탕으로 한 태권도 정신이란 무엇을 말하는가? 정신과 마음은 그들의 유사성 때문에 그 사용에 있어서 흔히 혼돈하는 단어들이다. 그러나 정신은 가치의 기반 위에서 체계적으로 만들어진 비물질적인 지성을 말한다. 그러므로 태권도 정신은 태권도 수련을 통해 만들어진 태권도인의 가치에 관한 체계적인 생각을 의미한다. 누군가가 수련의 결과로 사물과 행동에 대해 상대적으로 우수한 통찰력을 가질 때 어느 정도 성숙된 태권도 정신을 가졌다고 말할 수 있다. 태권도의 세 가지 이상에 대한 내부적인 동화의 결과로서 행위적이고 도덕적인 철학이 세워지고 나서야 포괄적인 태권도 정신을 이루었다고 할 수 있다.

3) 국기로서의 태권도

여러 문헌을 통해 태권도는 2000년 전인 삼국시대부터 이미 행해졌음이 입증되었고, 한국의 국기로서 당당하게 자랑할 수 있는 역사와 내용이 담긴 무예적 스포츠이다. 중국 권법은 1500년 전 소림사(少林寺)에서 시작되었고, 일본 가라테(空手道)는 500년 전 오키나와(沖繩)에서 시작되었음을 볼 때, 태권도는 동양무술 가운데 가장 오랜 역사와 전통을 지닌 무술임을 확증할 수 있다.

한민족의 얼과 생활 속에 맥맥이 이어내려온 태권도는 조선후기에 이르러 침체되는 듯하다가 끝내 일본의 침략으로 자취를 감추게 되었는데, 일본의 속박에서도 민족적 기개를 꺾이지 않고 독립운동의 수단이나 민족적 울분을 태권도의 수련으로 승화한 사실은 비일비재하다.

8 · 15광복과 더불어 비전(秘傳)되어 오던 태권도는 소수의 이 방면 지도자가

태권도의 재건과 진흥을 위해 각각 도장을 차려 후배 육성에 임하였는데 — 청도관(青濤館) · 지도관(智道館) · 송무관(松武館) · 창무관(彰武館) · 무덕관(武德館) 등 — 이때부터 태권도의 저변확대가 활기를 띠게 되었다. 1961년 9월 16일 태권도의 국내 통합체로서 KTA(Korea Taekwondo Association, 대한태권도협회)가 창립되면서부터 무도에서 스포츠화하였으며 경기화의 서장을 열게 되었다.

1962년 6월 20일 KSC(Korea Sports Council, 대한체육회)에 경기단체로 가맹하였고, 1962년 11월 11일 제1회 전국승단심사대회를 개최하였으며, 1963년 10월 4일 전주에서 열린 제44회 전국체육대회에 정식종목이 되었다. 1966년 10월 28일 제1회 대통령 하사기쟁탈 전국단체대항 태권도대회가 개최되었고, 1967년 11월 30일 제정 품세를 심의공포하였으며, 1971년 3월 15일 태권도 계간지를 발간하였다. 1972년 4월 4일 제1기 지도자 교육을 개최하였고, 그해 11월 30일 국기원을 건립(초대원장 김운용)하였으며, 12월 1일 태권도교본(품세편)을 발간하였다. 1973년 5월 25일 서울에서 제1회 세계태권도선수권대회를 개최하였고, 1973년 5월 28일 WTF(The World Taekwondo Federation, 세계태권도연맹)를 창립(초대총재 김운용)하였으며, 1974년 10월 18일 제1회 아시아태권도선수권대회를 개최하였다.

1975년 10월 5일 ISF(International Sports Federation, 국제경기연맹)에 WTF가 가맹하였고, 1976년 4월 9일 국제군인선수권대회에서 태권도를 정식종목으로 채택하였으며, 1978년 10월 5일 각 관을 폐쇄하고 KTA 중심으로 단일화하였다. 1980년 7월 17일, 모스크바(Moskva)에서 열린 제83차 IOC(International Olympic Committee, 국제올림픽위원회) 정기총회에서 WTF를 공식승인하였으며, 1980년 11월 1일 서울 국제군인선수권대회에서 태권도경기를 개최하였다. 1981년 7월 24일 미국 산타클라라(Santa Clara)에서 제1회 월드컵태권도대회가 개최되었고, 1983년 8월 13일 팬암게임에서 태권도를 정식종목으로 채택하였다. 1986년 제10회 서울 아시아경기대회에서 정식종목으로 채택하였고, 1988년 제24회 서울 올림픽경기대회에서 시범종목으로 선정되었으며, 2000년 제27회 시드니(Sydney) 올림픽경기대회에서 정식종목으로 채택되었다.

4) 태권도의 정신자세

태권도란 승패를 궁극적으로 하는 무도가 아니라 유형무형의 시련을 넘어서서 단련을 기초로 하여 땀을 흘리고 수련을 통해 인간 완성을 위한 노력을 시도하는 데 그 의의가 있다. 태권도는 적수공권으로 적을 살상할 수 있는 위력적인 무도이기 때문에 남용과 오용으로써 파생되는 위험을 무시할 수 없다. 그렇다고 자랑할 만한 정묘하고 신비한 무도를 경원해서도 안된다. 태권도 정신은 평화를 사랑하고 정의 인도를 수호하기 위해 자청해서 도전하는 일 없이 항상 온공 겸양의 미덕으로써 사람을 대해야 한다. 이것이 올바른 태권도의 정신으로서 이는 태권도의 모든 품새에서 여실히 표현되고 있다. 공 · 방 분류면(태극품새)에서 보는 바와 같이 방어 후에 공격을 이루는 것이 62군, 순수방어가 17동작 그리고 공격 후에 방어동작이 15, 순수 공격이 11, 공격과 방어가 동시에 되는 것과 그 기타 동작이 2동작으로서 '태권도에 선수 없다'는 말과 같이 방어 후 이루어지는 동작과 방어가 79개로 공격동작 16개의 5배에 달한다. 또한 방어동작은 고급단계로 갈수록 복잡해진다. 태극 8장에서는 5동작까지가 한 동작군으로 형성된다. 순수 동작군 11개를 제외하면 공격동작군은 5개군으로 극히 적음을 알 수 있다. 이는 태권도가 호전적이 아니며 늘 상대의 공격수를 예측하여 열심히 수련하라는 품새의 행동감 있는 수련에의 일침이 아닐 수 없다.

태권도는 행동력에 있어서 힘, 속도, 기술로 나뉘며 인간이 지닌 육체의 기능을 최고도로 활용한 합리적인 수련에 그 탁월성이 있다고 할 것이다. 이에 따라 태권도를 수련할 때 아래와 같은 계율을 준수하여 지도를 요한다.

① 이 기술을 배우는 자는 신체가 강하고 정신력도 강해야만 한다.
② 연습은 아침과 저녁에 한다.
③ 강한 자를 두려워 않고 약한 자를 경멸하지 않는다. 항상 자비심과 관대한 마음으로 매사에 임한다.
④ 나라에 충성하고 윗사람과 어른을 공경한다.
⑤ 친구에게 성의로써 대하고 결코 자기의 실력을 과시하지 않는다.
⑥ 이웃에겐 친절과 겸손한 태도를 지녀야 한다.

⑦ 자기의 기술을 경솔하게 타인에게 가르쳐서는 안된다. 상대의 사람됨이 가르칠 만하다고 인정될 때 가르친다.

⑧ 타인과 다투는 마음을 억누르고 한때의 부와 권력에 끌리지 마라.

위와 같이 태권도는 올바른 인격 형성에 그 목적을 두며 여기서 정신력 단련이란 인내력, 정의감, 집중력, 인격구성의 갖가지 요소의 수양을 뜻한다.

5) 태권도의 기술

수련방법은 기본동작으로부터 품새 · 겨루기 · 격파 · 호신술 등으로 구분한다. 기본동작은 태권도 기술의 근간을 이루는 손과 발을 이용한 역학적 요소를 지닌 기술로 주먹과 손날을 이용한 막기 · 지르기 · 찌르기 · 치기와 발을 이용한 차기를 각종 서기(立)의 자세에서 취하는 것이다.

(1) 품새

품새란 상대방 없이 상대방을 생각하며 혼자서 겨루기를 할 수 있도록 공 · 방에 필요한 여러 가지 동작과 움직이는 방법을 이론에 맞도록 엮어 놓은 것이다. 따라서 이는 여러 가지 상황하에 수명의 적을 품새선에 조직적으로 상대할 수 있도록 공격과 방어의 동작을 과학적으로 연결한 하나의 표본이다.

형을 연습함으로써 여러 개의 기본동작을 혼합 수련하고 겨루기의 기술을 향상시키며 융통성 있는 동작을 기르고 중심의 이동방법을 익숙하게 함과 동시에 근육단련 및 호흡을 조절하고 기본 수련에서 습득할 수 없는 어떤 특수한 기술을 연마할 수 있다. 품새는 수세기 동안 여러 태권도 대가에 의해서 창안되고 발전한 수기와 족기의 모체이다. 품새 연습은 항상 시작된 지점에 와서 끝마쳐야 하며 정확한 자세와 목표에 대한 몸의 방향을 적절히 유지해야 하며 힘을 넣을 때와 뺄 때를 구별하며 힘의 불필요한 소모를 덜기 위하여 동작은 부드럽고 율동적이어야 하며 완급을 조절함으로써 품새의 수련화를 방지하고 하나의 완전한 품새를 습득한 후에 다음 단계의 품새를 연마해야 한다. 대한태권도협회 제정 모든 품새의 최초동작은 방어로 시작된다. 이는 '태권도에는 선수가 없다'는 정신을 양성하기 위한 것으로 태권도를 배운 자는 경거망동하지 않는 군자의 무도이며 또한 함부로 공격하지 말고 상대방의 공격을 막아내 상대방의 실력을 알아낸 다음에 이길 방도를 강구하라는 의미도 내포하고 있다. 태권도는 위해가 가해지려는 순간 그 기선을 제압하여 폭력발동을 봉하려는 심적 활동이 중요하다. 이는 경쟁적인 것이 아니므로 움직이기 전에 사면 팔방에 주의를 게을리하지 말아야 하며 방어가 소극적인 것만은 아니다.

태권도의 품새는 전신 상 · 하, 좌 · 우 똑같이 움직이며 그 구성은 물리학적 · 생물학적 또는 동방의 음 · 양적인 오묘한 진리까지 내포되었기 때문에 전신의 균형잡힌 발달과 인격 완성을 하게 되어 민첩, 경쾌한 동작과 겸허하고 군자다운 행동을 하게 된다. 또한 품새는 경제적인 면에서 항상 옛 명현과 조국애 및 우주 근본 원리를 염두에 두고 연무의 처음과 끝을 맺기 때문에 三者(품새, 겨루기, 격파) 등 으뜸의 위치를 접하며 연무선 그 자체가 천지 우주 간의 동양 철학적인 역리를 내포한다.

(2) 겨루기

겨루기는 품새를 통해 익힌 공격 · 방어의 기술을 응용하여 실제로 상대편과 대결하는 기술로, 두 사람이 일정한 틀에 맞추어 연습하는 맞추어 겨루기와 기술의 제한 없이 연습하는 겨루기 등이 있다. 맞추어 겨루기는 상호 주어진 공격과 방어를 맞추어 연습하는 겨루기이고, 겨루기는 자유자재로 실전에 임한 자세로 상대의 급소를 겨루고 방어하는 기술을 숙달시키는 기술이다.

(3) 격파

격파는 손과 발 등의 공격 및 방어의 부위를 각종 보조기구를 통하여 강화 · 단련함으로써 파괴력을 기르는 것으로, 품새 · 겨루기와 함께 태권도의 3대 기본 구성요소이다. 손발의 기술체계를 숙달하고 심사 또는 시연 때 실제의 위력으로 단단한 물체인 송판 · 기와 · 벽돌 등을 깨뜨려 보이는 기술을 말한다. 주먹, 등주먹,

손날, 손끝 또는 손날 등을 사용하고 발도 마찬가지로 앞축, 뒤축, 발날 부위를 사용하며 그 격파기술이 다양하다. 격파는 위력격파와 고난도격파로 구분된다. 초급자에게는 가르치지 않으며, 고급자나 유단(품)자가 연습한다. 호신술은 이와 같은 여러 가지 태권도 기술을 종합 · 응용한 것으로, 접근전에서 시도하는 상대의 공격을 제압하고 역공격을 연마하는 기술이다.

(4) 호신술

적극적으로 상대방에게 위해를 가함으로써 호신하는 기술이 아니고, 상대방의 공격을 미연에 봉쇄하고 제어하는 수세(守勢)의 기술이다. 일반적으로 몸 가까이 있는 기물을 호신도구로 활용한다거나, 유도 · 합기도 · 권법 등에서 펼치는 던지기 · 누르기 · 조르기 · 관절꺾기 · 지르기 · 차기 · 때리기 등의 맨손 기술을 살려 공격을 제어하는 것이다. 그와 같은 기술을 익혀두면 유사시에 거의 반사적으로 기술을 발휘하게 된다. 물론 상대방이 무기나 흉기로 공격해 오는 경우에 적용하는 방어법도 포함된다.

그러나 호신술 자체의 체계적인 기법(技法)은 없고, 기본이 되는 도수무기(徒手武技)를 기술적으로 익히는 것도 좋으며, 각종 격투기를 스포츠로 연마해 두는 것도 요긴할 때 훌륭한 호신술이 된다. 적극적인 방어는 효과적인 공격이 되는 이치와 같이 도전하는 일 없이 상대방을 제어하게 되는 것이다. 합기도도 훌륭한 호신무술이거니와 현재 스포츠화되어 있는 태권도도 원래는 공격술을 겸한 적극적 호신술의 개념에서 출발한 것이다.

2. 민속씨름

1) 우리나라 씨름의 역사

씨름은 두 사람이 맞붙어 힘과 기술을 겨루어 먼저 넘어뜨려서 승패를 결정짓는 운동경기를 말한다. 소수의 특정한 사람만이 하는 운동이 아니라 모든 사람이 누구나 즐길 수 있는 범국민적인 민속경기로서 체위 향상과 함께 더 나아가서는 국민생활과 민족문화(民族文化) 발전에 기여할 수 있는 훌륭한 국기라고 할 수 있다.

씨름은 순수한 우리말이며, 이 밖에 각저(角抵)·각저(角觝)·각력(角力)·각희(角戲)·상박(相撲) 등의 한자어 별칭이 있다. 씨름은 원래 원시사회에 있어서는 맹수나 타 종족과의 싸움에서 이겨야 살 수 있었으므로 생활수단으로서 투기(鬪技) 또는 자기를 보호하는 무술로써 행하여졌던 것이다. 그리고 차차 인간의 지적·정서적·사회적 발달에 따라 무예로 발전하였다.

씨름은 농경사회 제례행사의 하나로서, 음력 5월 5일 단오절이 되면 남자들은 자기 마을과 이웃 마을 사람들과 힘을 자랑하는 내기로서 넓은 모래사장이나 잔디밭에 모여 씨름경기를 하였다. 음력 7월 보름이 되면 백중(百中)이라 하여, 각 지방에서 힘이 센 장사들이 많이 모여 수백 명의 관중 앞에서 힘을 겨루는 씨름을 하여 천하장사를 가려내기도 하였다.

뿐만 아니라 음력 8월 한가위, 즉 추석 명절이 되면 경향(京鄉) 각처에서 힘이 세고 거대한 체구의 장사들이 자기 고장과 자신의 명예를 걸고 우승을 쟁취하기 위해 씨름경기에 참가하였으며 장사들은 맞붙은 상대를 이기기 위하여 서로 부둥

켜 잡고는 당기고, 들고, 밀고, 허리를 돌리고, 다리를 걸고, 감고 또 되치기를 하며 자기의 기술을 총동원하여 최대의 힘을 다하였다.

이렇게 하여 최종 우승자에게는 부상(副賞)으로 황소 한 마리를 주었다. 이와 같이 최종 우승자에게 황소를 주는 풍습은, 옛날에는 씨름을 하는 사람들이 대부분 농사를 짓는 농민이었고 또한 한국은 예로부터 농자천하지대본(農者天下之大本)이라 하여 농업을 숭상하는 농업국이므로 농사일을 부지런히 하라는 뜻에서 비롯된 것으로 보인다.

(1) 삼국시대

우리나라의 씨름에 관한 가장 오랜 사료(史料)로는 1905년 만주 통화성 즙안현 통구에서 발견된 각저총(무덤벽에 씨름을 하는 모습이 그려져 있어 이러한 이름이 붙었다.) 현실(玄室)의 돌벽화가 있다. 통구는 고구려의 도읍지로서 그 그림은 고구려인들의 모습으로 추정된다. 벽화의 내용은, 구경 또는 심판관으로 보이는 한 사람이 서 있고, 두 사람이 맞붙어서 씨름을 하는 모습이다. 이로써 예부터 우리나라 사람들은 씨름을 좋아했으며, 삼국시대에 이미 그 분명한 자취가 있었음을 알 수 있다. 어쨌든 삼국시대에는 단옷날 씨름경기를 열어 최종 승자에게 장사(壯士) 또는 용사(勇士)라는 이름과 함께 후한 상을 내렸다고 한다.

(2) 고려시대

씨름에 관한 최초의 문헌상의 기록은 『고려사』에서 찾아볼 수 있다. 고려 충숙왕 17년(1330) 3월에 왕은 중요한 정사(政事)를 총신인 배전, 주주 등에게 맡기고 매일 궁중에서 잡무에 종사하는 소동과 씨름을 하며 상하에 예의가 없었다는 기록이 그것이다. 이로써 고려시대에 이르러서는 각력기, 즉 씨름이 궐내에서까지 행해질 정도로 보급, 성행했다는 것을 알 수 있다. 충혜왕 4년(1343) 2월 8일에 왕은 용사를 이끌고 씨름놀이를 보았고 충혜왕 동년 11월 4일에는 고용보와 시가에 행차하여 격구 및 각저희를 보고 용사들에게 포목을 다수 하사했다고도 기록되어 있다.

(3) 조선시대

조선시대에 이르러 세종은 그 원년(1419)에 저자도에 행차하여 강변에서 씨름을 관람한 일이 있고, 동 12년(1431)에는 승려가 민간인과 씨름을 하다가 민간인이 죽는 사고가 있어 그 매장비를 준 일이 있었으니, 씨름이 민간에게 널리 퍼져 있었고 승려도 씨름에 참가했음을 알 수 있다. 산속에서 불도를 닦던 승려들은 맹수들을 물리치기 위해 또 택견과 함께 몸을 단련시키기 위해 씨름을 하기도 했다.

조선중기인 명종 15년(1560) 5월의 기록에 의하면 씨름은 마을 어린이와 유생들이나 할 일인데도 불구하고 궁궐 안에서까지 하는 것은 유감이라는 대목이 있으며, 이로서 씨름이 시련기를 거쳤음을 알 수 있다.

춘궁 별강인 내시 박천환은 여염집으로 심부름을 가는 도중 씨름 구경을 하게 되었다. 이때 양반행색을 한 유생이 박천환에게 씨름을 하자고 강요하여 참다못한 박천환은 궁중의 세도를 믿고 유생을 흠씬 패주었다. 그리하여 조정에서는 박천환과 유생에게 벌을 주고 씨름을 못 하게 했다는 기록이 「명종실록」(15년 5월)에 실려 있다. 이상은 『조선왕조실록』에 나타난 씨름에 관한 이야기들이다.

조선후기에 이르러 씨름은 더욱 널리 보급되었다. 김홍도가 그린 풍속도를 보면 한 장사가 상대를 들어 메다꽂는 씨름장 주변에 한 어린아이가 엿판을 메고 엿을 파는 모습이 있으니 씨름판에는 많은 사람들이 모여들었음을 알 수 있다. 이외에 민화에서도 씨름을 묘사한 그림을 흔히 볼 수 있다.

『동국세시기』에 보면 5월 단오 풍속으로 다음과 같은 기록이 있다. "많은 젊은 이들이 남산의 왜장이나 북악산의 신무문 뒤에 모여 씨름을 하여 승부를 냈다. 그 방법은 두 사람이 서로 상대하여 구부리고 각자 오른손으로 상대의 허리를 잡고 왼손으로는 상대의 다리를 잡아 동시에 일어나면서 상대를 번쩍 들어 팽개친다. 결국 밑에 깔리는 자가 패자가 되는 것이다."

내국, 외국, 윤기 등 여러 가지 자세가 있고, 그중 힘이 세고 손이 민첩하여 자주 내기에서 이기는 사람을 도결국이라 했다. 중국인들이 이를 본받아 고려기라고도 하고 요교라고도 했다. 내국은 배지기, 외국은 등지기, 윤기는 딴족거리를 일컫는 말이며 국은 판이란 뜻이다.

또 우리나라의 씨름은 일본으로 건너가 '스모'로 변형되었고, 유도에도 여러 가지 기술을 제공하였다.

(4) 근세

이와 같이 씨름은 범민중놀이로 성장해 왔고, 1899년 4월 30일에는 학도주최의 한성부 내 관할로 사립학교 대항 운동회가 있었던바 이때 학생 간의 경기종목으로 채택되기도 했다.

1910년대에 이르러서는 씨름단체 및 기관들이 주관하여 씨름대화가 개최되기에 이르렀다. 그러나 일제시대에는 일제 침략자들이 우리 고유의 미풍양속(美風良俗)을 말살시키면서 정책적으로 씨름도 억제시켰다. 그러나 쉽사리 사라지지 않았으며, 특히 농촌에서는 윷놀이, 장기, 널뛰기, 그네뛰기와 같은 순수한 놀이와 더불어 씨름은 완전히 고유의 민속놀이로 정착되었다.

1927년 12월 27일 우리나라에서는 처음으로 '조선씨름협회'가 서울에서 창립되었다. 이듬해인 1928년에는 중앙기독교 청년회관에서 '전조선씨름대회'를 성대히 거행하였고, 1929년에는 조선체육회와 조선씨름협회의 공동 주최하에 휘문고보 운동장에 마련된 경기장에서 '제1회 전조선씨름선수권대회'가 거행되었다. 이 대회에서는 함흥 출신의 이도남 씨가 여러 용사를 물리치고 우승을 차지했다. 1936년에는 이 협회에서 제1회 전조선씨름선수권대회를 조선일보사 강당에서 개최하였는데 1백여 명의 선수가 참가했다.

(5) 해방 후 현재까지

1942년부터 일본 통치하에서 해방되던 1945년까지는 태평양전쟁이 가열하던 시기라 일본이 총력을 기울이던 비상시기였으므로 도저히 시합을 개최할 수 없어서 1947년 제7회 대회까지는 계속 중단되었다. 해방 후, 즉 대한민국(大韓民國)이 수립되기 1년 전인 2년 동안은 미군의 군정이 실시된 정치혼란기였으므로 또한 대회를 개최할 수 없었다. 1946년에 이르러서야 재건을 보아 씨름협회의 명칭을 대한씨름협회라 칭하고 서상천 씨가 제3대 회장에 취임했다.

전국씨름선수권대회는 1949년 제7회 전국대회가 개최된 후 오늘날까지 계속되고 있다. 매년 전국 체육대회에서 씨름경기를 실시하였으며 대한씨름협회 주최로 전국씨름선수권대회 및 대통령기 쟁탈전이 개최되었고 1959년 한국일보사 주최, 대한씨름협회의 주관 아래 1963년까지 네 차례나 서울에서 전국장사씨름대회가 개최되었다.

1955년 제11회 대회 때부터는 종래의 중량급만인 단일종목에 경량급을 추가하게 되었다. 중량급은 체중 71.3kg(19관) 이상, 경량급은 71.3kg(19관) 이하였고, 경량급은 1956년 제12회 대회 때부터 실시했다. 1967년부터는 5체급으로 나누고 이와 함께 체급의 명칭도 정해졌다. 소장급 60kg 이하, 청장급 67.5kg 이하, 용사급 75kg 이하, 역사급 82.5kg 이하, 장사급 90kg 이상으로 개정했다.

또한 대회 때마다 중등부, 고등부, 대학부, 일반부로 구분, 실시되었다. 장사씨름대회는 등급의 차별 없이 전국의 선수는 아무나 참가할 수 있으며, 최고 우승자를 뽑아 장사의 호칭을 주고, 1년간 전국 어느 곳이든 갈 수 있는 기차 패스와 큰 황소, 금메달 등의 포상을 내려 1년간의 생활을 할 수 있게끔 했다. 특히 소는 우리나라 고유의 민속경기이자 국기를 상징할 수 있도록 황소, 즉 농우를 주었다.

1971년에는 회장기 쟁탈 전국학생장사씨름대회를 개최하였고, 그해 KBS배 쟁탈 전국장사씨름대회도 개최했다. 1974년 2월 12일에는 공동어시장 실업팀이 창단되었다.

1975년에는 체급을 변경하였다. 1982년 4월에는 민속씨름위원회가 발족하여 씨름 발전이 한층 더 가속화되었고, 1983년 9월 5일 민속씨름위원회는 대한씨름협회에 통합되었다. 그 후 1984년 1월에는 씨름경기기술용어제정위원회를 발족하여 한글학회의 자문을 받아 손기술 18가지, 다리기술 17가지, 허리기술 19가지로 54가지의 기술용어를 확정하였다.

씨름은 오랜 세월에 걸쳐 많은 기술이 개발, 현재의 씨름으로 발전되었고 프로야구, 축구와 더불어 크게 발전되었다. 그러나 국제적인 스포츠로 발전하려면 새로운 차원에서 연구해야 하고 새로운 기술이 개발되어야 한다. 또한 세계적으로 씨름이 보급되어야 하고 체급문제 내부의 행정문제, 지도자 양성과 자질문제 등을 모두 개혁해야 할 것이다.

2) 씨름의 종류

우리나라 씨름은 왼씨름, 오른씨름, 띠씨름의 3종류로 나눌 수 있다.

첫째, 왼씨름은 오른쪽 다리에 샅바를 매고 오른손으로 상대의 허리 샅바를 잡는다. 왼손으로는 상대의 오른쪽 다리에 맨 샅바를 잡고 서로 오른쪽 어깨를 맞댄다. 왼씨름은 주로 함경도, 평안도, 경상도, 강원도, 충청도 지방에 분포되어 있으며 1931년 전조선씨름대회부터 왼씨름, 오른씨름을 왼씨름으로 통일했다. 이로써 현재 대한씨름협회가 주관하는 모든 씨름경기는 왼씨름이다.

둘째, 오른씨름은 왼씨름과 반대로 왼쪽 다리에 샅바를 매고 고개와 어깨를 오른쪽으로 돌려대고 행하는 씨름으로 주로 경기도와 전라남북도에서 행해졌다.

셋째, 띠씨름은 띠를 다리에 매지 않고 허리에 몇 번 감고 상대의 왼쪽 허벅지에 동여맨 뒤 허리를 잡지 않고 하는 씨름으로 허리씨름 또는 통씨름이라 한다. 이 씨름은 주로 충청도에서 행해졌다. 한편 베로 만든 샅바를 자신의 오른팔에 몇 번 감고 상대의 왼쪽 허벅지에 동여맨 뒤 허리를 잡지 않고 하는 씨름도 있었다. 이 씨름은 서울의 왕십리, 뚝섬, 광나루 주변에서 행해졌다고 한다. 그러나 이들 씨름이 언제부터 그렇게 변했는지는 추정할 수 없다.

3. 전통스포츠의 관광자원화 방안

전통스포츠의 세계화 방안에 대해 5가지로 요약할 수 있다. ① 시설 및 지도자 프로그램의 개선 ② 전통스포츠의 대중화 ③ 태권도 홍보전략(전통스포츠 드라마의 제작, 태권도 만화의 지속적인 방송) ④ 전통스포츠경기의 이벤트화 ⑤ 국기로서 정부의 지원 등으로 요약해서 설명할 수 있다.

1) 도장의 시설 개선과 홍보

스포츠 관련 사업들의 대중화와 활성화의 근본적인 문제는 시설과 훌륭한 지도자 및 다양한 프로그램의 개발이라고 할 수 있다. 그러나 현재 태권도장의 시설은 한마디로 열악하다고 할 수 있으며, 지도자에 대한 교육 프로그램 역시도 요식행위에 지나지 않는다고 할 수 있다. 사실 지금까지는 사범이라는 호칭으로 그 누구도 근접할 수 없는 전문적인 기능인이라는 점과 전인교육을 책임지고 있는 지도자라는 점 때문에 사범의 지도력에 대한 검증이 없었던 것이 사실이다. 그렇기 때문에 지(智), 덕(德), 체(體)를 겸비한 지도자가 부족한 실정이며 프로그램 또한 어린이 위주의 단순한 프로그램으로 구성되어 있다. 하지만 최근 각 대학에 태권도학과가 개설되고 이곳에서 배출되는 신진 인력들이 태권도 지도의 일선에서 학문적 소견과 경험을 바탕으로 체계적으로 지도하고 있지만 전체적으로 볼 때 아직도 미비한 점이 많으며 시설적인 면에 있어서도 근래 일부 태권도장의 시설과 장비는 기존의 고정된 것 이외에 관원들의 흥미를 유발할 수 있고 편리성과 청결의 이미지를 심어줄 수 있는 것에 포인트를 맞추어 시설을 준비하고 있으며, 더 나아가 종합적인 체력 테스트 시스템을 구비하는 경향으로 확산되고 있다.

지도하는 것도 중요하지만 시설의 중요성을 인식하는 것이다. 도장에 체력단련 기구를 설치하여 활용하고 있으며 신체측정을 할 수 있는 기구를 놓고 건강상태를 측정하기도 한다. 이와 같은 운동기구 이외에도 아이디어 시설을 나름대로 구축하는 체육관도 있다. 프로그램 또한 다양화를 추구하고 있다. 이 또한 연령에 따라 프로그램의 차별화가 필요하다고 하겠다.

2) 교육 프로그램에 대한 개선

전통스포츠 교육 프로그램의 문제점은 전통스포츠가 사회체육으로 활성화되어 가는 과정에서 유아에서 노인에 이르기까지 소외계층 없이 모든 대상을 중심으로 교육 프로그램이 선정되어야 하는 현 시점에서 대부분 태권도 도장 중심으로 사회체육활동이 이루어지기 때문에 아동을 대상으로 하는 교육 프로그램에 비중을 둘 수밖에 없는 실정이라는 것이다. 즉 지금까지 획일화된 전통스포츠의 수련과 품새 및 겨루기 프로그램에서 벗어나 다양한 프로그램을 개발하여 관원에게 홍보하고 프로그램을 적극적으로 개발할 수 있는 지적 역량을 키워나가야 하며, 전통스포츠 경기의 관람객들에게 다른 스포츠에서는 보지 못하는 흥분과 긴장이 교차하는 경기를 참관하도록 하는 방안들이 강구되어야 한다.

3) 생활체육으로의 활성화 방안

전통스포츠의 활성화 방안은 첫째, 전통스포츠는 대통령직속의 특별기구 설치 및 운영을 통하여 전통스포츠 발전을 위한 각종 법령 및 규정 등의 개정 · 정비로 실천력을 강화시켜야 한다. 둘째, 전통스포츠 도장 시설의 방향은 지역사회의 특성과 전망을 기반으로 균형있는 도장설립에 중점을 두어야 한다. 셋째, 전통스포츠 교육 프로그램의 방향은 수련생의 성별 · 연령별 · 신체적 · 정신적 · 생리적 · 정서적 특성, 시간적 여건 및 성격, 승 · 품별로 단계를 두어 개발하여 확산시켜야 한다. 넷째, 지도자 양성은 전문생활교육 지도자 양성기관의 제도적 장치가 마련되어야 한다.

이를 토대로 전국스포츠 인구의 저변 확대를 위한 활성화 방안은 여러 가지 측면에서 모색되어야 할 것이며, 생활스포츠로서의 태권도 활성화 방안은 다음 다섯 가지로 요약할 수 있다.

첫째, 생활스포츠로서 전통스포츠 수련에 대한 국민들의 인식을 올바르게 정립시켜야 한다. 둘째, 전통스포츠 수련의 프로그램개발이 계속적으로 이루어져야 한다. 셋째, 전통스포츠 수련의 용이성을 위한 시설의 확충 및 시설 이용의 극대화가 이루어져야 한다. 넷째, 전통스포츠 행정기구조직이 발전적으로 개선되어야 하며, 연구 개발 전문조직의 설치가 시급하다. 다섯째, 전통스포츠의 양적인 팽창에 맞는 종단적 · 횡단적 연구와 전통스포츠의 철학적 근거에 대한 중요성이 강조되어야 한다.

4) 정보화시대와 전통스포츠 활성화 방안

정보화사회를 하나의 문명사적 대전환이라고 보는 학자들은 정보사회의 사회구조가 산업사회의 사회구조와 근본적으로 달라질 것이라고 주장한다. 다시 말하여 정보사회의 사회조직 원리는 산업사회의 조직원리와 근본적으로 달라짐으로써 문명이 새로이 태동하고 있다고 보는 것이다.

체육 및 스포츠의 분야 또한 예외는 아니어서 정보화사회에서 특징적으로 나타나는 기술혁신, 정보통신의 발달, 컴퓨터의 보급 등은 스포츠 전반에 지대한 변화를 유도할 것으로 예견된다. 즉 이러한 산업사회에서의 스포츠 패러다임은 획일화 · 기계화 · 대량생산이라는 시대적 요구에 따라 규격화 · 획일화 · 중앙집권화 · 결과 중심의 스포츠를 지양하여 왔으나, 정보화시대에 있어서는 스포츠를 통한 자아 및 정신적 욕구 충족을 목적으로 하는 탈규격화되고 인간중심적인 스포츠로 변화할 것으로 전망되고 있다. 정보화시대에 예상되는 스포츠의 가장 뚜렷한 특징은 다음과 같다.

첫째, 정보화사회에서의 스포츠는 장시간의 신체적 훈련을 강조하고, 경기의 결과 결정이 신체적 힘에 의존되어 왔던 산업사회와는 달리 경기와 결과와 과정이 정신적 힘인 정보와 지식에 의존하게 됨으로써 집약된 이론적 지식과 과학적 방법을 강조하게 된다. 따라서 스포츠 생리학이나 운동역학, 스포츠 사회학, 스포츠 심리학 등과 같은 이론적 지식과 실기 기능을 지도할 수 있는 실용적 지식 및 실제 체육지도 현장에서 체득하는 현장경험지식과 노하우 등의 세 가지가 있다. 정보화사회에는 스포츠 분야 지식 노동의 생산성을 향상시키기 위해 이와 같은 세 가지 지식을 합하여 실질적으로 활용할 수 있는 스포츠 지식이 중요시되고 강조된다고 할 수 있다.

둘째, 정보화시대에는 지역공동체생활의 성격과 유형도 개인주의를 지향하게 될 것이다. 직업생활을 비롯해 모든 활동이 개인 중심이 되며, 지역공동체의 인간관계도 이웃이라는 관념이 희박해지고 개인중심으로 삶이 영위될 것이다. 이와 같은 변화는 체육 · 스포츠 분야에 그대로 반영되어 생활양식의 개인주의적 성향은 개인종목 중심의 스포츠 인구의 증대를 수반함으로써 스포츠 프로그램에 있어서 개인종목의 비율이 크게 늘어날 것으로 예견된다. 정보화사회에서 특징적으로 표출되는 이와 같은 개인주의적 성향은 사회를 원자화시킬 수 있다는 점에서 볼 때, 공동체 의식 및 인간성 회복의 차원에서 이를 개선할 수 있는 스포츠의 역할이 한층 더 요구될 것이다.

[제5절] 전통음악

1. 국악

1) 국악의 역사

(1) 상고시대의 음악

집단적 제천의식은 오늘날 마을 사람들이 함께 참여하는 도당굿이나 별신굿, 그리고 농악으로 전승되고 있다. 이때 연주된 노래의 선율이나 장단은 굿판에 참여한 모든 사람이 함께 노래 부르며 춤출 수 있는 강강술래 같은 민요나 간단한 타악기를 두드리면서 춤추는 단순한 형태의 농악과 비슷했을 것으로 추측된다. 한편, 변한에서는 가야고의 전신이 '고'라고 불리었으리라 추정되는 현악기가 있었다.

(2) 삼국시대의 음악

① 고구려의 음악

가. 왕산악과 거문고

거문고는 재상 왕산악에 의하여 4세기경에는 제작됐을 것으로 추정된다. 왕산악은 거문고의 제작자일 뿐 아니라 거문고 곡의 작곡자이자 연주자이기도 한 뛰어난 음악인이었다. 거문고는 노래와 춤의 반주악기로도 사용되었고 독주악기로도 사용되었다. 그리고 백제를 통하여 일본에 전하여졌으며 일본에서는 이 악기를 '구다라코토(百濟琴)'라 불렀다.

나. 안악 제3호분에 나타난 음악

고국원왕 27년(357)에 만들어졌고 중국인 동수(冬壽)의 묘로 추정되는 안악 제3호분에는 세 가지의 주악도가 그려져 있어서 연주활동을 구체적으로 확인할 수 있다. 전실에는 입고(立鼓)를 치는 사람, 소(簫)를 부는 사람, 노래를 부르는 사람의 앉아 있는 모습이 그려져 있는데 한나라의 황문고취(黃門鼓吹)일 것으로 추측된다. 또한 회랑에는 북, 소, 각(角), 요(鐃)를 연주하는 기마악대와 담고(擔鼓), 탁(鐸)을 연주하는 보행악대의 모습이 그려져 있는데 이 중 기마악대는 한나라의 고취 중 단소요가(短簫鐃歌) 형태로 해석되고 있다. 그리고 후실에는 종적(縱笛)·완함(阮咸)·거문고의 반주에 춤추는 서역인의 모습이 그려져 있는데 이것은 잔치음악의 연주형태로 보인다. 이상 세 가지 주악도는 이 시기에 고구려가 이미 한나라나 서역과 음악 교류가 있었음을 보여준다.

② 백제의 음악

『수서(隋書)』에 의하면 6세기경 백제 음악에는 고(鼓), 각(角), 공후, 쟁(箏), 우(竽), 지(篪), 적(笛) 같은 악기들이 있었다. 다른 나라의 악기와 비교해 볼 때 고구려는 서역음악적 요소가 강한 중국 북조음악과 가까웠던 데 비하여 백제는 중국 남조음악과 밀접했음을 알 수 있다.

백제음악은 특히 일본음악에 많은 영향을 끼쳤다. 백제는 네 명의 악사를 교대로 일본에 파견하여 횡적, 군후, 막목, 춤을 각각 가르쳤다. 이들이 가르친 음악은 일본의 전통궁중음악인 가가쿠(雅樂)를 형성하는데 고구려, 신라의 음악과 함께 일익을 담당하게 되었다. 554년에 삼근, 기마차, 진노, 진타 등의 악사가 그 이전에 파견된 악사들의 교대 요청에 따라 파견됐다는 기록이 보인다.

③ 가야와 신라의 음악

가. 가야의 가실왕과 우륵과 가야고

6세기경 『삼국사기』에는 가야국의 가실왕이 당나라의 악기를 보고 가야금을 만들었다는 기록이 있지만, 변한과 진한에 있었던 '고'라고 불렸으리라 추측되는 고대 현악기를 개조하면서 중국악기를 참고했을 가능성이 높다. 가실왕은 '여러 나라의 방언이 각기 다른데 그 음악이 어찌 같을 수 있느냐'라 하고 악사 우륵에게 가야금곡 열두 곡을 짓도록 했다. 우륵은 가야국이 망할 것을 알고 가야금을 가지고 신라의 진흥왕에게 투항하는데, 진흥왕은 우륵을 국원(지금의 충주)에서 살게 하고 대내마 법지와 계고, 대사 만덕을 보내어 그 음악을 배우게 했다. 우륵은 세 사람의 재주를 헤아려 법지에게 노래, 계고에게 가야금을, 만덕에게 춤을 각각 가르쳐주었다. 우륵이 보유한 음악은 향토성을 띤 민속예술음악이었으며 악(樂), 가(歌), 무(舞)가 한데 어우러진 종합예술형태로 연주되었다.

나. 우륵의 제자들과 신라의 궁중음악

신라의 악관들인 대내마 법지, 대내마 계고, 대사 만덕 등 세 사람은 우륵이 지은 열두 곡 중에서 열한 곡을 전수받고 이것을 다섯 곡으로 개작하였는데 이것이 신라의 궁중음악(大樂)으로 채택되었다. 우륵의 열두 곡과 제자들의 다섯 곡이 지닌 특징은 각각 민속음악과 궁중음악의 특성으로써 흔히 거론된다. 우륵의 열두 곡은 지역적 특색이 두드러진 음악이었으며 제자들이 '번거롭고 음란하여 우아하고 바르다고 할 수 없다(此繁且淫不可以爲雅正)'고 평가한 것으로 보아 속도가 빠르고 잔 가락이 많으며 표출력이 강한 음악이었을 것으로 짐작되고 있다. 이에 비하여 제자들이 개작한 다섯 곡은 처음에 개작한 사실을 알고 화를 내었던 우륵이 그 음악을 다 들은 후 감탄하면서 '즐거우면서도 지나치지 아니하며 애처로우면서도 비통하지 아니하니 바른 음악이라고 말할 수 있겠다(樂以不流 哀而不悲 可

謂正也)'고 말한 것으로 비추어 감정표현이 절제되고 승화된 음악이며 연주하기에 번거롭지 않은 음악, 즉 속도가 느리고 잔 가락이 비교적 없는 음악이었을 것으로 보인다. 우륵의 제자들이 확립한 신라 대악의 전통은 오늘날 정악 또는 아악이라 불리는 범주의 음악들에 그 특성이 그대로 이어지고 있다.

(3) 통일신라시대의 음악

통일신라시대의 향악을 대표하는 악기는 삼현과 삼죽이다. 삼현은 세 가지 대표적 현악기인 가얏고, 거문고, 향비파를 말하고, 삼죽은 세 가지 대표적 관악기인 대금(大笒), 중금(中笒), 소금(小笒)을 말한다. 이러한 통일신라의 삼현삼죽은 가야금과 노래, 혹은 춤이 편성되는 통일 전의 형태에 비하여 발전된 형태로 볼 수 있는데, 이는 신라가 삼국을 통일하여 고구려와 백제의 음악문화를 흡수함으로써 가능했던 것이며, 실제 음악에서는 삼현삼죽과 박판, 대고가 곁들여진 편성으로 웅장한 음악을 연주하였다. 이처럼 발전된 음악문화는 중국 당나라의 음악을 받아들이면서 대편성이던 당악에 대응하여 만들어진 것으로 추측되기도 한다.

(4) 고려시대의 음악

① 향악

'향악'이란 고유의 음악과 당악 전래 이전에 들어왔던 외래음악을 통틀어 말한다. 고려는 신라의 삼현삼죽을 그대로 이어받고 궁중 향악정재에서 무구로 사용된 아박 · 무애 · 무고 · 박과, 장고 · 해금 · 피리 같은 향악기를 첨가하여 향악을 더욱 발전시켰다. 『고려사악지』에는 고려 때 연주된 신라, 고구려, 백제의 향악 총 13곡명이 전한다. 이 향악곡들은 궁중이나 귀족들을 위한 잔치에서 연주되었는데 관현악반주에 맞추어 불렸을 것이며 삼국시대보다 한 차원 더 높은 예술음악이었을 것으로 짐작된다. 『고려사악지』가 소개하는 고려 때 만들어진 향악곡은 총 32곡이다. 이 곡들 역시 궁중잔치나 귀과 일반서민들의 잔치에서 널리 노래로 불렸을 것으로 보인다. 한편 신라가무의 전통이 팔관회를 통하여 계승되었고 여기서 새롭게 발전된 무고, 동동, 무애 등의 향악정재가 송나라에서 전래한 당악정재에 대응하여 나타났다. 이러한 고려의 향악은 우부(右部)에 속해 있으면서 좌부에 속한 당악과 함께 고려음악의 양대주류를 이루었다.

② 당악

'당악(唐樂)'이란 당나라의 음악과 송나라의 속악을 통틀어 말한다. 고려는 당나라로부터 전래된 통일신라의 당악을 계승하였고 그 위에 송나라의 교방악(教坊樂)과 사악(詞樂)을 받아들였다. 특히 송나라로부터 받아들인 교방악과 사악은 이후 당악의 주류를 형성했다.

③ 아악

'아악'이란 좁은 의미로는 중국의 제례악을 가리키고 넓은 의미로는 궁중을 비롯한 지식계층이 즐기던 음악을 말한다. 여기서는 좁은 의미의 아악 즉 중국의 제례악이다.

④ 고취악과 기악

고취악이란 주로 관악기와 타악기에 의한 연주형태를 말한다. 고취악은 국왕이 환궁할 때, 중국 사신의 조서를 받을 때, 원자의 탄생을 알리는 조서를 내릴 때, 왕태자비를 들이는 조서를 내릴 때, 공주를 시집 보내는 조서를 내릴 때, 출정했던 군대가 개선할 때, 노인들을 위한 잔치를 베풀 때, 죄인들을 사면할 때 등의 경우에 연주되었다.

(5) 조선전기의 음악

유교를 국교로 삼은 조선은 태조 원년(1392) 문무백관의 제도를 새로 정할 때 음악을 다스리는 아악서와 전악서를 계승하면서 악정의 첫발을 내디뎠다. 정도전이 납씨가, 궁수분곡, 정동방곡, 몽금척, 수보록을, 하윤이 근천정, 수명명, 도성형승지곡, 도인송도지곡 등의 노래를 지어 올렸고, 이들 악기는 관현반주에 올려 여러 궁중의식에서 연주되었다. 그러나 이 곡들은 가사만 달랐지 고려 때의 음악을

및 각 악곡에서 파생된 모든 파생곡까지를 포함한다. 또한 궁중음악이 아닌 민간음악 중에서도 아정한 음악인 영산회상 · 가곡 · 가사 · 시조 등도 포함한다.

정악의 특징은 다음과 같다. ① 발생연대가 비교적 길다. ② 문헌상 옛 악보(古樂譜)가 남아 있는 경우가 많다. ③ 음의 장식방법에 과장이 없고 담백 · 아정하다. ④ 여러 악기를 사용하는 합주음악이다. 설혹 독주나 병주곡이라 하여도 이는 합주곡에서 발췌한 것이다. ⑤ 궁정이나 지식계급 사이에서 즐기던 음악이다.

민속악은 정악의 대(對)가 되는 것으로 일반대중이 즐기던 음악이다. 이에는 산조 · 판소리 · 잡가 · 민요 · 농악 등이 속하는데, 잡가에는 12잡가 · 휘모리잡가 · 서도잡가 · 산타령 · 가야금병창 · 선소리(立唱) 등이 포함된다. 또한 세속음악이 아닌 범패(梵唄)나 무악(巫樂)을 포함시키기도 한다. 민속악의 전체적 특징은 흥겹고 구성진 가락이 많고 음악마다 지방에 따른 '토리'가 적용된다. 장단은 느린 것도 있지만 거의가 빠른 장단이어서 생동하고 싱싱한 느낌을 준다. 그러나 르네상스 이후의 서양음악을 이전의 분류인 종교음악과 세속음악으로 나눌 수 없었기 때문에 이러한 구분이 차차 흐려졌던 것처럼, 위와 같은 분류도 범패와 같이 어느 쪽에도 속할 수 없는 종류의 음악이 있기 때문에 모순을 남기고 있다.

2. 농악

1) 농악의 개요

농민들이 악기를 연주하면서 풍농을 기원하고 액운을 막기 위해 행하는 제반 문화 현상. 농악(農樂)을 가리켜 풍물굿, 풍장굿, 두레굿, 매구라고 부르기도 하고, 단순히 '굿'이라고도 한다. 또 연행 주체나 목적에 따라 마을굿, 당산굿, 걸립굿, 판굿, 마당밟기(뜰밟기)라고도 하며, 연행시기에 따라 대보름굿, 백중굿, 호미씻이라고도 한다. 이렇게 농악을 굿이라고 부르고 세시놀이와 관련하는 것은 농악이 단순한 연희 혹은 놀이가 아니라 각종 세시명절에 연행되어 벽사진경과 감사제라는 민간신앙의식과 밀접한 관련을 지닌 것임을 보여준다. 또한 농악은 농사일의 고된 노동을 공동체적 신명으로 푸는 중요한 기능을 지닌다. 농악은 중요무형문화재 제11호로 지정되어 있으며, 진주삼천포농악(晋州三千浦農樂, 중요무형문화재 제11-가호), 평택농악(平澤農樂, 중요무형문화재 제11-나호), 이리농악(裡里農樂, 중요무형문화재 제11-다호), 강릉농악(江陵農樂, 중요무형문화재 제11-라호), 임실필봉농악(任實筆峯農樂, 중요무형문화재 제11-마호) 등 다섯 지방의 농악이 지정되었다.

2) 농악의 기원

농악의 기원을 추정하기는 쉽지 않다. 고대국가의 풍습을 기록한 진수(陳壽)의 『삼국지(三國志)』「위서(魏書) 동이전(東夷傳)」에 보이는 부여의 영고(迎鼓), 고구려의 동맹(東盟), 예의 무천(舞天) 같은 제천의식에서 농악의 기원을 찾기도 하는데, 이는 악가무(樂歌舞)를 수반하는 제천의식이 현재의 농악과 비슷한 성질의 것이기 때문이다. 그러나 현재와 같은 형태의 농악이 형성된 것은 아마도 조선후기에 이앙법이 널리 보급되면서 농업 생산력이 증대된 시기로 보는 것이 타당할 것이다. 대규모의 집단노동이 이루어지면서 노동의 신명을 돋우기 위한 풍물패의 음악이 시작되었고, 이것이 노동현장뿐만 아니라 각종 의식이나 놀이에 두루 쓰이기 시작하면서 농악이 발전했을 것이다.

농악의 기원에 관해 군대기원설을 제기하기도 한다. 농악에는 실제로 군대와 관련된 용어와 연행이 많다. 농악패는 여러 모양의 진(陣)을 짜고, 농악패의 기수가 드는 깃발도 군대의 영기(令旗)와 각종 깃발에서 비롯된 것이고, 농악패가 쓰는 전립(戰笠, 상모 혹은 벙거지)은 군대의 유풍이다. 또한 농악패의 악기도 군대와 관련된 것이다. 징과 북은 군대의 전진과 후퇴를 알리는 악기이고, 나발은 멀리까지 소리를 내는 군대의 신호용 악기이며, 태평소도 예전에는 군영에서 연주하던 악기이다. 이렇게 농악패에 남아 있는 군대문화의 흔적은 농악이 조선후기 군대의 음악문화에서 기원했을 가능성을 보여준다.

3) 농악의 지역적 특징

농악패는 악기를 연주하는 치배(잽이)와 여러 종류의 분장을 하고 춤을 추면서 흥을 돋우는 잡색(뒷치배) 그리고 각종 깃발을 드는 기수(旗手)로 구성된다. 치배는 쇠(꽹과리, 깽매기, 꽹쇠), 징, 장구, 북, 소고의 순서로 편성된다. 마을에 따라 법고(벅구), 태평소(호적, 날라리, 새납), 나발, 영각(令角) 등을 편성하는 곳도 많다. 상쇠는 농악패의 행렬과 음악을 주도하는 역할 외에도 집안의 가신(家神)을 위한 고사소리나 덕담도 할 줄 알아야 한다. 잡색을 주도하는 대포수는 경우에 따라 상쇠 대신에 고사소리나 덕담도 해야 하는 중요한 인물이다. 농악패의 깃발은 농기(農旗)와 영기가 기본이고, 용(龍)을 그려 넣은 용기(龍旗)를 편성하는 곳도 있다.

농악은 전승과정에서 지역적 특성을 갖는다. 현재 농악은 지역별로 호남좌도농악, 호남우도농악, 영남농악, 경기농악(웃다리농악), 영동농악의 5개 권역으로 구분하며, 각 지역을 대표하는 농악이 중요무형문화재로 지정되어 전승되고 있다. 호남좌도농악에는 임실필봉농악이 지정되어 있고, 호남우도농악에는 이리농악이 지정되어 있으며, 영남농악에는 진주삼천포농악이 그리고 경기농악에는 평택농악이 지정되어 있다. 또 영동농악에는 강릉농악이 지정되어 있다.

(1) 임실필봉농악(任實筆峯農樂)

호남좌도농악은 전라도 동북부 지역인 임실, 진안, 남원, 곡성 등을 중심으로 전승되는 농악이다. 이 지역은 가락이 힘차고 호남우도농악과 영남농악의 사이에 위치해서 두 농악의 중간적 성격을 띤다. 임실필봉농악은 걸출한 상쇠인 양순용이 인근 마을을 돌아다니는 걸궁패의 상쇠로 활동하다가 필봉농악단을 구성하여 전주대사습놀이(1979)와 전국민속예술경연대회(1984)에 입상하면서 전국적으로 유명해졌다.

임실필봉농악의 편성은 대개 쇠 4, 징 3, 장구 7~8, 북 1~2, 소고 8~12가 기본이다. 여기에 날라리와 나발 각 1명, 기수 그리고 잡색(대포수, 양반, 조리중, 각시, 화동, 창부, 농구, 무동) 등으로 구성된다. 임실필봉농악은 편성이 큰데, 이는 다수가 참여하여 공동체의 단결을 도모하려는 마을농악의 전통을 잇는 것이다. 복색을 보면 치배는 흰 바지저고리에 남색 조끼를 입고 삼색띠(가사)를 두르고, 머리에는 고깔을 쓰는 것이 기본이다. 쇠잽이들은 색동(까치동) 반소매 동리가 달린 쇠옷을 입고, 등에 삼색드림과 허리에 청색드림을 두르고, 머리에는 흰 두루미털로 만든 부포를 단 전립을 쓴다. 소고는 머리에 고깔을 쓰는 고깔소고와 전립을 쓰고 채상놀이를 하는 채상소고로 구분된다.

임실필봉농악을 제외한 다른 지역의 호남좌도농악에서는 모든 치배들이 전립을 쓰는 것이 보통이다. 이는 전문 연희집단인 걸립패의 영향으로 채상놀이를 하기 위해서인데, 채상놀이는 고도로 숙련된 치배만이 할 수 있는 것이다. 호남좌도농악의 치배들이 화려한 채상놀이를 하는 것을 두고 흔히 머리 위쪽을 주로 움직인다는 의미로 '윗놀음'이 발달했다고 한다.

임실필봉농악의 가락은 3소박 4박 장단으로 된 갠지갠, 된삼채, 질굿, 두마치, 이채, 삼채, 사채, 육채, 칠채, 휘모리 등이 있고, 혼소박 장단인 오채질굿, 3소박 6박 장단인 일체 등이 있다. 3소박 4박자 가락 중에는 2+2+2의 2소박으로 치는 가락이 많은 것이 특징이다.

(2) 이리농악(裡里農樂)

호남우도농악은 전라도의 서남부 지역인 익산(이리), 김제, 정읍, 부안, 고창, 영광, 광주에서 전승되는 농악이다. 이 지역 농악은 가락이 화려하고 섬세한 것이 특징이다. 호남우도농악은 1920년대에 정읍지방의 민중 종교인 보천교가 농악을 종교음악으로 채택하면서 정읍을 중심으로 뛰어난 치배들이 모여들면서 크게 성행했다. 정읍농악이 처음 입장료를 받고 공연하는 포장걸립을 했고, 1950년대에 여성농악단이 크게 활약한 곳도 호남우도 지역이다. 이리농악의 역사는 예능보유자인 김형순(1933년생)이 부안에서 이리로 이주하여 농악단을 결성하고 주변의 이름난 치배들이 모여들어 전국농악경연대회(1983)와 전국민속예술경연대회(1985)에서 입상하면서 유명해졌다.

이리농악의 편성은 꽹쇠 4, 징 2, 장구 5~6, 북 2, 소고 12~16(고깔소고와 채상소고)이 기본이고, 여기에 나발과 새납 각 1명, 기수 그리고 잡색(대포수, 조리중, 창부, 양반, 각시, 무동) 등으로 구성된다. 치배의 복색은 흰 바지저고리가 기본이다. 이 위에 꽹쇠와 징수는 색동 반소매가 달린 쇠옷을 입는다. 상쇠는 등에 일월(日月)을 상징하는 둥근 거울 모양의 장식을 두 개 단다. 나머지 치배는 소창옷을 입고 삼색띠를 맨다. 꽹쇠와 영기수는 머리에 전립을 쓰고 나머지 치배는 고깔을 쓴다. 소고잽이 중에는 채상소고를 쓰고 상모놀이를 하는 잽이도 있다. 치배들이 대부분 고깔을 쓰는 것은 여러 모양의 진(陳)을 짜면서 노는 '아랫놀음'이 발달했」

기 때문이다. 이리농악에서는 오방진, 쌍방울진 등의 여러 진놀이가 다른 지역의 농악에 비해 발달했다.

이리농악의 가락은 3소박 4박인 인사굿, 양산도, 긴삼채, 짧은삼채, 매도지, 달어치기 외에 2소박 4박자인 이채, 오방진이 있고, 혼소박 4박자인 오채질굿, 우질굿, 호호굿이 있다. 이렇게 이리농악은 가락의 종류도 많고 치배들이 변주가락을 화려하고 섬세하게 연주하는 것이 특징이다.

(3) 진주삼천포농악(晋州三千浦農樂)

영남농악은 경상도 일대에 전승되는 농악이다. 진주와 삼천포(사천시)는 서로 인접하여 사회경제적으로 오랜 공생관계를 유지했다. 1966년 중요무형문화재로 지정받을 당시 진주농악의 황일백과 삼천포농악의 문백윤이라는 두 걸출한 상쇠가 전한 가락을 '농악 12차'라는 가락으로 합친 것이다.

진주삼천포농악은 다른 지방의 농악에 비해 군악(軍樂)적인 요소가 많고 남성적인 농악이다. 진주삼천포농악의 편성은 쇠 3~4, 징 2~3, 장구 3~5, 북 2~5, 벅구 8 혹은 12명이 기본이다. 여기에 나발과 호적, 기수, 그리고 잡색 등이 편성된다. 치배의 복색은 흰 바지저고리에 삼색띠가 기본이다. 상쇠는 등에 일월(日月)을 상징하는 둥근 쇠를 두 개 단다. 쇠잽이와 징잽이, 그리고 북잽이는 부포가 달린 상모를 쓰고, 장구잽이와 벅구잽이는 상피지가 달린 채상모를 쓴다. 이렇게 진주삼천포농악의 치배들은 전원이 전립을 쓰고 윗놀음을 많이 하는데, 이는 예전걸립패의 흔적이다.

진주삼천포농악의 가락은 다른 지방의 농악가락에 비해 매우 빠르게 몰아치는 것이 특징이다. 그렇기 때문에 느린 음악에서만 연주할 수 있는 혼합박자의 가락이 드물고 대부분의 가락이 3소박 4박자로 되어 있다. 가락의 종류로는 얼림굿, 인사굿, 오방진(진풀이), 덧배기, 길군악, 연풍대, 영산다드래기(자부랑깽), 다드래기, 등맞이굿, 호호굿, 굿거리 등이 있다.

(4) 평택농악(平澤農樂)

경기농악은 여러 지역을 돌아다니면서 고도로 숙련된 기예를 연행하던 유랑예인집단인 걸립패 혹은 사당패의 영향이 크다. 따라서 경기농악은 한 마을에서 전통적으로 내려오는 마을농악이라기보다는 그 마을에 거주하는 명인을 중심으로 하는 개인적인 단체(행중)의 성격이 강하다. 평택농악도 젊어서 걸립을 하던 최은창이라는 명인을 중심으로 형성된 것이다.

이렇듯 평택농악은 전문 연희패의 전통을 계승한 것이기 때문에 치배의 편성도 단출해서 보통 쇠 2, 징 1, 장구 3, 북 2의 8치배가 기본이다. 여기에 법고 8명과 무동 8명, 호적과 양반 각 1명, 기수 등으로 구성된다. 이 중 법고와 무동은 상황에 따라 훨씬 적은 수가 편성되기도 한다. 평택농악에 무동이 많은 것은 삼무동 혹은 오무동('곡마단'이라고 함) 같은 무동놀이를 위해서이다. 평택농악에서는 12발 상모놀이를 하기도 한다. 치배는 흰 바지저고리에 삼색띠(가사)를 두르고, 머리에는 나비상을 단 전립을 쓴다. 법고잽이는 전립을 쓰고 채상놀이를 한다.

평택농악의 가락은 3소박 4박으로 된 것이 많은데 쩍쩍이, 삼채, 좌우치기, 양산더드래기, 연풍대 등이 있다. 이외에도 2소박 4박으로 된 자진가락(이채)과 더드래기도 있고, 혼소박 가락의 마당일채와 길군악 칠채 등이 있다.

(5) 강릉농악(江陵農樂)

영동농악은 다른 어느 지방의 농악에 비해 향토성이 깊이 배어 있는 것으로 여겨진다. 특히 강릉농악은 전형적인 마을농악의 전통을 간직한 것으로서, 정초의 지신밟기나 정월대보름의 다리밟기, 2월의 좀상놀이, 3월의 화전(花煎)놀이 같은 명절의식과 관련되어 마을공동체의 대동단결을 위해 농악을 연행한 전통이 이어지고 있다. 강릉농악은 치배의 복색도 다른 지역에 비해 독특하며, 가락이 빠르고 힘찬 특징이 있다.

강릉농악은 강원도 강릉 홍제동 농악의 상쇠였던 박기하와 사천면 하평농악을 이끌던 김용현이 연합하여 1985년에 전국민속경연대회에서 입상하고 같은 해에 중요무형문화재로 지정되었다. 현재 강릉농악은 강릉시의 4개 농악대(두산동, 원호평동, 저동, 사천답교)가 연합한 것으로서, 강릉농악의 판굿은 어느 한 지역의 판굿이 아니라 강릉 지역 전체의 내용을 포괄하여 연출한 것이다.

강릉농악의 치배는 쇠 3, 징 2, 장구 2, 북 3, 소고 8, 법고 8, 무동 8, 농기수 1, 호적 1명 등으로 구성된다. 예전에는 여러 잡색이 있었지만, 지금은 무동 이외에는 편성되지 않는다. 강릉농악에서는 소고와 법고를 구별하는데, 소고는 법고에 비해 크기가 크고 자루를 달아서 악기를 치면 '철철' 소리가 난다.

치배는 흰 바지저고리에 삼색띠를 두른다. 머리에는 짧고 두꺼운 방망이 상모를 매단 벙거지를 써서 상모놀이는 하지 않는다. 쇠잽이는 상모지를 매단 벙거지를 쓰며, 상쇠(상공)는 남색 등지기를 입는다. 소고잽이는 다른 치배와 같은 복색이지만 법고잽이는 긴 상모지가 달린 벙거지를 쓰고 채상놀이를 한다. 기수와 무동 그리고 호적수는 모두 고깔을 쓴다.

강릉농악의 가락은 일채(한마치), 이채, 삼채, 사채, 길놀이(신식 행진가락), 굿거리, 구식 길놀이(12채), 구식 행진가락(천부당만부당), 칠채(멍석말이) 등이 있는데, 대부분이 2소박 4박 혹은 3소박 4박으로 되어 있다.

3. 민요

1) 민요음악의 개요

민요란 전통적인 노래의 총칭으로 한 민족의 생활 속에서 살아온 삶의 모습과 과정이 자연 발생적으로 소리라는 형태로 정착되어 구전으로 내려오는 민족 특유의 소리로 솔직하고 소박하게 표현된 노래이다.

그 노래가 한 지역에 보편성을 가지면 토속민요라 하고 한 민족공동체에 널리 퍼지면 통속민요라고 한다. 토속민요는 상여소리, 김매기소리, 모내기소리 등 특정 지역에서만 불리는 소리로 그 지방 특유의 가락을 지니고 있는 것이 특징이며 가사와 선율이 소박하고 향토적인 노래이다.

또한 통속민요는 토속민요와 달리 수심가나 창부타령같이 직업적인 소리꾼에 의해 불리던 노래로 특정 지역에 국한되지 않고 널리 퍼져 있으며 가사와 선율이 화려하고 멋지며 세련된 맛이 있다.

2) 민요의 분류

한국의 민요는 대개 같은 가락의 사설을 바꾸어 부르는 유절형식(有節形式)이 많고 흔히 후렴이 붙는다. 또한 그 전파범위와 세련도에 따라 토속민요와 창민요(唱民謠 : 通俗民謠)로 구분한다. 토속민요는 어느 국한된 지방에서 불리는 것으로 사설이나 가락이 극히 소박하고 향토적이다. 김매기 · 모내기 · 상여소리 · 집터다지는 소리 등이 그 대표적인 예이다. 이와는 달리 창민요는 흔히 직업적인 소리꾼에 의하여 불리는 세련되고 널리 전파된 민요로서 육자배기 · 수심가 · 창부타령 · 강원도아리랑 등이 그 예인데, 민요라 하면 대개의 경우 이 창민요를 가리킨다. 또한 창민요 중에서 아리랑 · 청춘가 · 이별가 · 군밤타령 · 닐리리야 · 도라지타령 등은 그 역사가 길지 않아 일종의 속요라고도 할 수 있다. 창민요는 지방마다 가락이 다르므로 그 차이에 따라 다음과 같이 분류된다.

(1) 경기민요

경기도 · 충청도 지방에서 불리는 민요로서 대개 5음음계의 평조(平調)선법을 지녔으며, 장 · 단3도 진행이 많고 세마치나 굿거리장단의 빠른 한배로 부르기 때문에 매우 경쾌하고 분명하다. 또한 선소리(立唱)가 주류를 이루는 점도 특징의 하나라 하겠다. 노랫가락 · 창부타령 · 아리랑 · 긴아리랑 · 이별가 · 청춘가 · 도라지타령 · 사발가 · 태평가 · 베틀가 · 오봉산타령 · 방아타령 · 자진방아타령 · 양류가 · 양산도 · 경복궁타령 · 한강수타령 · 개성난봉가 · 군밤타령 · 닐리리아 · 건드렁타령 · 는실타령 · 천안삼거리 등이 있다.

(2) 남도민요

전라도 지방에서 불리는 민요로서 판소리와 산조의 장단을 많이 사용한다. 중모리와 중중모리가 많이 쓰이고 드물게 진양조(육자배기)와 자진모리(까투리타령)가 쓰이며 극적이고 굵은 목소리를 눌러내는 특징 있는 민요이다. 새타령 · 육자배기 · 농부가 · 자진농부가 · 흥타령 · 자진육자배기 · 까투리타령 · 날개타령 · 진도아리랑 · 개고리타령 · 둥가타령 · 강강술래 등이 있다.

(3) 서도민요

황해도 · 평안도 지방의 민요로 그 선법은 완전5도 위에 조금 낮은 단3도를 쌓아놓은 모양의 것이 많다. 기악반주를 가진 것이 별로 없으며, 창법도 특수하여 콧소리(nasal)로 얄게 탈탈거리며 떠는 소리, 큰 소리로 길게 죽 뽑다가 갑자기 속소리로 콧소리를 섞어서 가만히 떠는 소리를 내는 것 등이 특징이다. 긴난봉가 · 자진난봉가 · 사리원난봉가 · 병신난봉가 · 숙천난봉가 · 산염불 · 자진염불 · 몽금포타령(이상 황해도), 수심가 · 엮음수심가 · 긴아리 · 자진아리 · 배따라기 · 자진배따라기 · 안주애원성(이상 평안도) 등이 있다.

(4) 동부민요

태백산맥을 중심으로 경상도 · 강원도 · 함경도 지방의 민요로, 선법은 4도 위에 단3도를 쌓아올린 3음음계로 되어 있는 것이 많다. 경상도 민요는 대개 빠른 한배의 장단이 많이 쓰이며, 세마치(밀양아리랑), 중중모리(쾌지나칭칭나네), 자진모리(골패타령)와 단모리(보리타작소리) 등이 쓰인다. 강원도 민요는 중모리(한오

백년)나 엇모리(강원도아리랑) 등 규칙적인 장단도 쓰이지만 정선아리랑 같은 민요는 평안도의 엮음수심가처럼 일정한 장단이 없다. 함경도 민요는 그 형태가 강원도 민요와 비슷하며 장단은 비교적 빠른 볶는타령 · 자진굿거리 등이 쓰인다. 밀양아리랑 · 울산아가씨 · 쾌지나칭칭나네 · 보리타작소리 · 뒤전타령 · 골패타령 · 담바구타령(이상 경상도), 강원도아리랑 · 정선아리랑 · 한오백년(이상 강원도), 신고산타령 · 애원성 · 궁초댕기(이상 함경도) 등이 있다.

4. 전통음악의 관광자원화 방안

1) 전통음악이 대중화되지 못한 이유

① 전통음악은 지루하다는 고정관념

전통음악이라고 하면 한복을 입고 조용하게 앉아서 한두 시간 동안 움직임 없이 그저 악기만 연주하고, 또한 그 악기소리가 단조롭다는 전통음악에 대한 선입견 때문에 자극적인 걸 좋아하는 현대인들은 쉽게 다가가려는 생각을 하지 못한다. 따라서 이러한 고정관념 때문에 사람들은 전통음악을 처음에 접하자마자 지루하다는 생각을 갖고 듣기 때문에 소외받게 된 것이다.

② 친근감 부족

사람들이 쉽게 접할 수 있는 인터넷, 텔레비전, 라디오, 신문, 잡지에서도 전통음악과 관련된 얘기는 찾아보기가 힘들다. 그에 비해 외국가수의 얘기, 외국가요, 한국가요와 관련된 얘기는 어디서든 쉽게 접할 수 있으며, 가요를 하는 가수들은 대중매체에서 자주 볼 수 있어서 대중의 인기를 모으는 데 큰 힘을 가진다. 하지만 국악의 경우 이런 대중가요에 밀려 매체에서 다뤄지는 경우가 너무나 적으며 이러한 이유로 사람들은 전통음악이라고 하면 항상 들어오고 접해오던 대중가요에 비해 낯설어 할 수밖에 없는 것이 현실이 되었다. 따라서 사람들은 당연히 대중가요와 전통음악 중에서 친숙한 대중가요를 선택하게 되고, 이런 사람들의 선택에 맞춰 대중매체 또한 대중가요를 선택할 수밖에 없는 상황이다. 따라서 전통음악은 대중가요에 비해 대중화되지 못하는 것이다.

③ 서양음악에 비해 볼거리가 부족하다는 인식

대중매체에서 접하는 서양음악의 경우 화려한 오케스트라가 웅장한 협주를 하면서 사람들을 감동시킨다. 이에 비해 한국의 전통음악은 악기소리 또한 단조로워서 화려함과 웅장함을 좋아하는 현대인들에게 거부감을 가지게 한다. 영화와 같은 영상매체를 통해 많은 자극을 받은 현대인들은 더욱더 화려하고 풍부한 볼거리를 원하기 때문에 전통음악은 단조롭다는 고정관념으로 인하여 서양음악과의 경쟁에서 밀리게 되는 것이다.

④ 세련되지 못하다는 인식

빠르게 변해가는 세상 속에서 현대인들은 새로운 지식과 문화를 원하기 때문에 옛것은 세련되지 못한 구식 음악이고, 앞으로 살아가는 데 필요 없다고 생각하여 전통음악에 대해 관심을 두지 않으려고 한다. 21세기를 살아가는 자신들에게 전통음악은 어울리지 않는다고 생각해서 전통음악이 사람들의 삶 속으로 쉽게 들어오지 못하는 것이다.

2) 전통음악을 대중화시키기 위한 대책

① 한국 전통음악의 화려함을 홍보

오케스트라가 전통음악보다 대중화된 이유는 세련됨과 동시에 사람들의 이목을 끄는 중후함과 화려함이 아닐까싶다. 이에 비해 사람들이 생각하는 전통음악은 화려하다기보다는 단아하고, 조용해서 지루할 것이라는 편견 때문에 전통음악 공연을 보는 것을 피하게 되어 대중화되기가 어렵다. 따라서 이러한 사람들의 편견을 깨기 위한 인식개선이 필요할 것이다. 연주의상에서 묻어나는 한국 전통의 아름다운 고유한 색과 멋을 홍보함으로써 한국 전통의 멋을 깨닫게 해야 한다.

② 대중매체를 통해 쉽게 접할 수 있는 기회의 제공

현대인들은 바쁜 시대에서 직접 공연을 보러 다니기보다는 텔레비전이나 라디오, 신문, 인터넷 등을 이용하여 공연을 보는 경우가 많다. 하지만 대중매체의 경우 대부분 전통음악보다는 대중음악 위주의 방송을 하기 때문에 사람들은 자연스럽게 전통음악과 멀어지게 되는 것이다. 따라서 쉽게 접할 수 있는 방송시간대에 가볍게나마 전통음악을 다루게 된다면 친숙하게 느낄 수 있을 것이다. 최근에 스타킹과 같은 버라이어티 프로그램에서 가야금을 개량하여 멋진 연주를 보여준 '천새빛'군은 가야금의 멋진 선율과 멋을 보여줌으로써 사람들을 감동시켰다. 이처럼 전통음악의 멋을 적극적으로 홍보하기 위해선 거부감 없이 받아들이게 하기 위해 평소에 대중매체를 사용하여 쉽게 접할 수 있게 해야 할 것이다.

③ 온고지신의 자세

개그프로그램에서 기타와 가야금, 해금이 함께 연주하는 새로운 형태의 퓨전음악을 보여주어 인기를 끌고 있다

낡은 것은 빠르게 변해가는 이 시대에 맞지 않는다는 현대인들의 인식 때문에 전통음악 또한 이 시대를 살아가면서 꼭 필요하지 않다는 생각을 하는 사람이 많다. 하지만 전통음악은 우리의 고유한 음악이며, 이 세계에서 하나밖에 없는 소중한 보물이고 긴 역사를 가지고 전해진 조상들의 지혜이므로

사라지지 않도록 노력해야 한다. 자극적이고 화려한 것을 좋아하는 현대인들에게 맞춰 전통음악 또한 변해야 하는 것이다. 따라서 '온고지신'의 자세로 전통음악의 틀 안에서 새로운 변화를 지향해 나가야 할 것이다. 요즘엔 전통악기와 서양악기가 함께 어우러져 세련된 음색을 들려주는 퓨전음악이 인기이다. 이처럼 새로운 모습을 통해서 사람들에게 전통음악이 결코 멋없는 음악이 아니라는 것을 보여주어야 할 것이다.

[제6절] 전통주

1. 우리나라 술의 기원

먼 옛날부터 사람들은 술과 노래와 춤을 좋아했다. 삶의 여유를 향유하는 방법으로 춤과 노래 이상 좋은 것은 없었을 것이며, 술이 있는 자리에 가무가 빠졌을 리가 없었을 것이다. 이 세 가지는 동서고금을 통해 가장 오랫동안 그리고 가장 광범위하게 삶의 양념이자 스트레스 해소책으로 사랑받아왔다. 그중에서도 술은 사람들의 희 · 로 · 애 · 락과 함께하며 삶 깊숙이 스며들어 있었다. 우리나라도 예외는 아니어서 오랜 옛날부터 우리 민족은 술을 즐겨했다. 술 이야기가 최초로 등장하는 우리나라 문헌은 『제왕운기』라고 할 수 있는데, 동명성왕 건국담에 대한 이야기 중 유화부인이 술을 마시고 해모수와 하룻밤을 지낸 후 주몽을 낳았다는 이야기가 전해진다. 또한 고대 삼한시대의 축제인 영고, 동맹에는 주야에 걸쳐 먹고 마시고 놀았다는 글이 전해지고 있다. 『삼국지』 「부여전」에는, '영고'라는 제천행사에서 사람들이 모여서 술을 마시고 노래 부르고 춤추었다는 내용이 전해지며, 『삼국지』 「고구려전」에는, 10월에 하늘에 제사 지내는 행사인 '동맹'에서 사람들이 술을 마시며 즐졌다고 전해진다. 이로 미루어보아 우리 민족은 농사를 시작했을 무렵부터 술을 빚어 마셨으며, 국가나 공동체의 모든 의례에 술을 사용하였음을 알 수 있다. 고대의 사람들이 어떤 종류의 술을 빚어 마셨는지에 대해 정확하게 알 수는 없지만 상고시대에 이미 농업이 성행하였으므로, 곡물을 재료로 한 곡주를 담가 먹었을 것으로 추측해 볼 수 있다.

2. 우리나라 술의 역사

1) 삼한시대의 술

삼한시대에는 곡주를 바탕으로 제조하였는데 그 제조방법은 알 수 없으나 누룩을 사용한 것 같은 흔적은 찾을 수 있다. 『제왕운기』「동명왕편」에 고구려를 세운 동명성왕의 건국담에도 술의 이야기가 나오며 「위지동이전」에 의하면 이 땅의 영고, 동맹, 무천의 군중대회에서는 밤낮으로 술을 마셨다고 기록되어 있다. 신과 함께 술을 마시고 취하여 친숙해짐으로써 재앙을 막고 풍족한 수확을 기대하는 축제였던 것이다. 삼국시대에는 누룩을 사용하여 만든 여러 가지 술들이 중국 못지않게 빚어졌을 것으로 추측되나 현재는 아무런 문헌도 남아 있지 않다.

2) 삼국 및 통일신라의 술

삼국 형성기에는 이미 전래 곡주가 그 바탕을 이어왔으며 고구려에서는 건국초기(서기 28년)에 지주를 빚어 한나라의 요동태수를 물리쳤다는 기록과, '스스로 즐기며 발효음식의 저장을 즐긴다'라는 고서 기록으로 양조기술이 발달되어 있었다는 것을 알 수 있다. 특히 당나라의 문인들 사이에서 신라주의 인기가 매우 좋았다는 것은 우리나라의 술을 빚는 기술이 매우 뛰어났었다는 것을 보여주는 좋은 예라고 생각한다. 또한 일본의 『고사기』에는 응신천황(서기 270~312년) 때, 백제의 '수수거리'가 새로운 방법으로 좋은 술을 빚어서 후세에 그를 주신으로 모셨다는 기록이 남아 있나. 이로 미루어 우리나라의 제주기술이 다른 나라에까지 전수되었다는 것을 확인할 수 있다. 이처럼 삼국시대의 후기부터 통일신라시대에 이르는 기간 동안 우리의 술은 상상 이상으로 다채로웠고, 중국에까지 그 명성이 자자했었다.

3) 고려시대의 술

고려시대에는 송·원대의 양조법이 도입되었으며 전래의 곡류 양조법이 발전되어 누룩의 종류도 소맥국과 미국으로 이루어질 뿐 아니라 주품도 다양해졌다. 고려후기에 접어들면서 증류주 문화가 유입되는데 이는 몽골의 침입(1274년)으로 소주 고리의 이용방법이 도입되면서 급속하게 발전하였다. 특히 몽골의 기지가 있던 개성, 안동, 제주에서 성행하였는데 평안도에서는 수수를 원료로, 황해도·전라도에서는 주곡을 원료로, 제주에서는 좁쌀을 원료로 노주(밑술을 고아서 이슬같이 받아낸 술이란 뜻)문화가 발달하였다.

4) 조선시대의 술

조선시대의 대표주로 우리나라 주조사상 주목할 일은 조선시대에 오면서 지금까지 유명주로 손꼽히는 술들이 이 시기에 정착되었다는 것이다. 술도 고급화 추세를 보여 제조 원료도 멥쌀 위주에서 찹쌀로 바뀌고 발효기술도 단사입에서 중양법으로 바뀌면서 양보다는 질 좋은 술들이 제조되는데 이때 양주로 손꼽히던 주품들은 삼해주, 백로주, 이화주, 부의주, 하향주, 춘주, 국화주 등이었다. 특히 증류주는 국제화단계로 발달하여 대마도를 통하여 일본, 중국 등에 빈번히 수출되었다. 그 당시 우리나라는 자가제조가 허가되어 자유로이 발전되었으나, 중국에서는 관이 제조를 관장하게 됨에 따라 우리 술의 수출이 용이하여 더욱 발전되었던 것 같다. 조선후기로 접어들면서 지방주가 전성기를 맞이하는데 지방마다 비전되는 술들이 멋과 맛을 내면서 노출되기 시작한다. 이때의 명주로는 서울의 약산춘, 여산의 호산춘, 충청의 노산춘, 평안의 벽향주, 김천의 청명주 등이 유명하였으며, 한편 소주에 각종 약재를 응용한 술들이 새로 개발되었는데 전라, 황해도의 이강주, 전라의 죽력고가 유명하였다. 이 밖에 약주의 산패 방지를 목적으로 양조주(곡주)와 증류주(소주)를 혼합한 혼성주인 과하주 등이 여름에도 마실 수 있는 술로 개발되었는데 그중 김천의 과하주가 유명하다.

5) 조선 말기 및 일제강점기의 술

19세기 조선 말에는 실학자들의 주질 향상 및 새로운 술을 개발하고자 하는 노력이 고조되고, 국제화시대로 접어들게 됨에 따라 외국과의 교류가 이루어지면서 양주문화가 도입된다. 주세법이 생기기 이전에는 자가제조 및 판매가 자유로웠던 관계로 술도 다양하였으며 제조하는 장소 또한 많았다. 주세법 창설 당시 제조장 수는 155,832개나 되었다. 그러나 국권이 일본으로 넘어가고 조선 총독부정치로 이어지면서 일제 수탈작업의 일환으로 주세가 세금원으로 이용되면서 전통 향토주는 그 자취를 감추게 되고 신식 술이라는 획일적인 술들이 일제의 통제하에 제조되기 시작한다. 1907년 7월에 조선 총독부령에 의한 주세법이 공포되었고 같은 해 8월에 시행령이 공포되면서 전래주는 잠적하기 시작한다. 그래도 밀주가 성행하게 되자 1916년 1월에 주류 단속이 강화되는 가운데 모든 주류를 약주, 탁주, 소주로 획일화시켰다. 이로 인하여 전래의 전통주는 몰살당하고 1917년 각 지방마다 대단위 주류 제조공장이 새로 선정되었다. 여기에 수반하여 1920년을 기점으로 신기술이 도입되어 재래식 누룩을 사용하던 방법에서 흑곡, 황곡의 배양균을 사용하는 입국법이 활용됨과 동시에 전통주는 완전히 맥이 끊기게 되었다.

3. 재래식 술의 제조

1) 누룩의 쓰임

우리나라 술의 역사를 이야기함에 있어서 누룩의 쓰임을 빼놓는다는 것은 상상할 수도 없는 일일 것이다. 우리 조상들은 누룩이라는 효모를 이용하여 다양한 종류의 술을 만들어왔기 때문이다. 누룩의 크기와 모양은 각 지역의 풍토와 기후에 따라 조금씩 다르다. 모양은 대개 원판이나 네모난 모양이며 가운데 구멍이 뚫린 것도 있다. 누룩의 직경이 너무 작으면 수분이 쉽게 발산되어 숙성이 제대로 안되고, 너무 얇으면 곰팡이가 충분히 번식하지 않은 채 건조되어 버리기 때문에 향미가 좋지 않을 뿐 아니라 빚을 수 있는 술의 양이 적어진다. 반대로 너무 두꺼우면 수분 증발이 어려워 품온(발효온도)이 높아질 가능성이 있고 제조 후 건조가 제대로 되지 않을 수 있다. 누룩의 종류로는 진면곡, 요곡, 녹두곡, 추모곡, 미국, 이화주곡, 동양주곡, 홍국, 신국 등이 있다. 다양한 종류의 술을 담그기 위해 선조들은 다양한 종류의 누룩을 만들어냈다.

2) 대표적인 누룩 제조방법

누룩의 제조시기는 초복 이후가 가장 좋으며 중복 뒤나 말복 뒤는 그 다음으로 좋다. 누룩의 일반적인 제조방법은 다음과 같다.

① 밀을 거칠게 빻아서 고운체로 밀가루를 1/5 정도 빼고 남은 밀기울에 물을 조금 부어 바슬바슬하게 고루 버무린다.

② 밀기울이 겨우 엉킬 정도로 물을 넣고(2할 정도) 비빈 것을 누룩 틀이나 그릇 같은 것에 보자기를 싸는데 이때 물기가 많아서 질면 술이 붉고 곡자 냄새가 난다. 그러므로 물을 적게 사용하도록 하고 처음부터 물을 다 넣지 말고 반죽을 하면서 조절한다.

③ 짚을 깔고 디딘 누룩을 펴 놓고 그 위에 또 짚을 덮어 띄운다. 양력 7~8월 날이 더울 때는 헛간에 짚을 깔고 가마니 등으로 살짝 덮어 바람이 설렁설렁 들게 하고 자주 뒤집어준다.

④ 3일간 띄우면 40℃ 정도의 열을 내어 열 오르기 10일, 또 열 내리기 10일, 총 20일 정도 완성시켜 건조한 곳에 2~3개월 저장 숙성시킨 후에 사용하면 좋다. 저장기간은 최소한 1개월 이상이라야 한다. 이것을 일반적으로 곡자라 한다.

누룩

누룩고리

3) 약주와 탁주

세계 여러 나라에는 자연환경에 어울리는 그 나라 특유의 술이 전해 내려온다. 우리나라에서도 파란만장한 역사 속에 온갖 수난을 당하면서 지금은 그 맛이 달라졌지만, 현재 막걸리의 전신이라 할 수 있는 탁주, 그리고 그보다 조금 나은 약주가 전해지고 있다. 우리의 옛 조상들은 술을 빚을 때 다음에 열거하는 육재를 중요시하였다. 원료선택, 누룩 잡는 시기, 술 담글 때의 청결, 좋은 물, 깨끗한 용기사용, 온도관리가 그것이다. 문명이 발달한 지금도 그 원리는 변하지 않았다. 우리나라는 예로부터 벼농사를 주로 했기 때문에 당연히 쌀을 원료로 한 술이 발달했다. 따라서 탁주의 정확한 기원은 분명치 않으나 오랫동안 약주, 탁주의 구별이 없었던 것이 사실이며, 막걸리는 마구 걸렀다는 뜻에서 붙여진 듯하다. 약주란 본래 중국에서는 약으로 쓰이는 술이란 뜻이었는데, 우리나라에서는 약용주의 뜻으로 쓰이지 않고 술독 속에 발갛게 익은 술에 용수(술을 걸러내는 도구)를 넣어 떠낸 것을 가리켰다. 금주령이 심하던 조선시대에는 일반 청주나 소주에 약재를 넣어 약주 또는 약용주, 곡차 등으로 이름을 붙여 술이라는 사실을 감추는 방법으로 금주령을 피했다. 이렇듯 약주와 탁주에 관해서는 다양한 설이 있다. 여기에서 분명한 사실은 옛날에는 술을 빚은 단지의 맑은 술이나 용수를 박아 떠낸 술을 약주라 하고, 밑부분을 그냥 휘저어 마시거나 물을 타서 마시는 것을 탁주라 하였다는 것이다.

4) 재래식 소주

소주고리

우리나라에 소주는 고려후기, 원나라로부터 유입된 것으로 추정된다. 증류주가 먼저 개발되었던 몽골에서는 소주를 '아라키'라 하였으며, 칭기즈칸의 손자 '쿠빌라이'가 일본원정을 목적으로 한반도에 진출한 후 몽골인의 대 본당이었던 개성과 전진기지가 있던 안동, 제주도에서 많이 빚어지기 시작했다. 개성에서는 소주를 '아락주'라 하였으며, 평북지방에서는 산삼을 캐는 사람들의 은어로 '술' 또는 '아랑주'라 하였다.

또한 지방에 따라 소주의 이름이 각기 달랐는데 강원도는 '깡소주', 경북, 전남, 충북 일부 지방에서는 '세주', 진주는 '쇠주', 목포, 서귀포 등지에서는 '아랑주', 순천, 해남에서는 '효주'라 불리기도 했다. 한편 만주에서는 증류주를 '이얼키', 아라비아에서는 '아락(Araq)'이라고 하였는데 이 이름도 '아라키'에서 유래된 것이다. 원나라는 페르시아의 회교문화를 받아들였으며, 그 세력은 전 중국은 물론 한반도에까지 미쳤다. 몽골의 이러한 세력 확장에 따라 페르시아 증류법이 몽골, 만주를 거쳐 우리나라에 들어왔음을 알 수 있다.

소주가 우리나라에 들어왔을 당시 조선시대에는 상당히 고급주로 인식되었던 것 같다. 1490년(조선 성종 21년) 사간인 '조효동'은 '세종 때는 사대부집에서 소주를 사용하는 일이 매우 드물었다. 그 당시 소주는 사치스러운 술이었으며, 약으로 쓰여 '약소주'라고도 불렀다. 처음에는 약용으로 마시거나 왕이나 사대부들이 마셨던 술이었는데, 점차 일반서민에게도 보급되어 각 가정에서도 많이 빚어 마시게 되었다.

4. 세시풍속에 빚어졌던 절기주

일 년 열두 달 계절의 변화에 따라 우리나라의 명절과 세시풍속이 형성되어 왔다. 그래서 시절식 못지않게 매 계절에 산출되는 재료를 이용하거나 자연의 변화에 맞는 술을 빚게 되었고, 이러한 절기주는 술을 빚는 목적이나 용도에 따라 다양하게 발달해 왔다.

1) 1월에 설날의 세주

절기주는 설날의 '세주'부터 시작된다. 설날 아침은 새해를 맞는 기쁨이나 기대감보다는 두려움과 함께 경건함이 보다 깊숙이 자리 잡고 있어 그 어느 때보다 신성시했다. 따라서 세주는 연중 최고의 명절인 정초 차례를 모시기 위한 헌주인 만큼, 보다 그지없는 마음으로 법제한 누룩과 깨끗이 씻어 불린 쌀로 고두밥을 짓고 청수를 길어다 정성을 다해 맑은 술을 빚었다. 술은 하루아침에 익는 것이 아니어서 설날의 준비는 차례상에 올릴 술, 곧 세주를 빚는 일이 가장 먼저인 것이다. 설날에는 차례상을 물리고 나서 온 가족이 각기 한 잔씩의 술을 나눠 마시는 '도소음' 풍속이 있다. 차례를 모시고 남은 청주에 길경과 대황, 오두 등 여러 가지 약재를 넣고 끓여 '도소주'나 '초백주', '초주', '잣잎술'을 만들어 가장 어린 사람부터 한 잔씩 마시는데, 온 가족이 병에 걸리지 않는다는 믿음에서 비롯된 풍습이다. 도소주에 사용되는 약재의 효능으로 미루어 전염병에 대한 두려움이 상당히 컸던 것 같다.

2) 3월에 삼월 삼짇날 봄놀이 술

겨울이 가고 대자연의 기운이 솟구쳐 오르는 봄, 특히 삼짇날이 되면 '상춘' 또는 '답청'이라 하여 집집마다 남녀노소가 삼삼오오 모여 산을 오른다. 진달래를 따다 화전도 부쳐서 먹고 푸른 버들과 만개한 꽃을 감상하며 하루를 즐기는데, 이때 마시는 술이 새봄의 절기주인 '진달래술'이다. 찹쌀로 고두밥을 짓고 갓 따온 진달래꽃잎을 버무려 빚는 진달래술의 향취는 가히 싱그럽다.

3) 단옷날의 창포술

봄의 기운이 가장 왕성한 날이 5월 5일 단오이다. 단오일은 '5'라는 양의 수가 겹치는 날이라 하여 명절로 지내왔던 것이다. 문밖 출입이 자유롭지 못했던 처녀들에게 있어, 어쩌면 1년 중 가장 기다려지는 날이 단오절이었을지도 모른다. 단오절만큼은 산이며 들로 나들이도 가고, 또래들과 어울려 널이며 그네를 뛰는 등 자유로운 하루가 허용되었기 때문이다. 창포를 삶은 물로 머리를 감기도 하고 뿌리를 캐어 비녀꽂이를 하는 놀이가 여인네들의 습속이었다면, 잘 익은 '부의주'에 창포뿌리를 넣어 숙성시킨 '창포주'로 하루를 즐기는 풍속은 남정네들의 풍류였다. 악귀를 쫓는 의미 외에 아름다운 창포향에 젖어, 하루나마 세상사를 잊고자 했던 것이다.

4) 7월에 머슴놀이와 술 먹기(막걸리)

7월에는 날씨가 무더워져 지치기 쉽고 일의 능률도 떨어지는 때이므로, 주인은 일꾼(머슴)들을 쉬게 하고, 하루를 즐기라는 뜻에서 술잔치를 벌이는데, 백중절의 머슴놀이가 그것이다. 주인은 정성껏 빚은 '농주'라 하여 백주나 막걸리를 내어오고, 갖가지 안주를 만들어 하인이나 일꾼들로 하여금 마음껏 마시고 즐기게 하였다.

5) 8월에 8월 보름 한가위 동동주

무더위가 한풀 꺾여 서늘해질 무렵이면 연중 가장 풍성한 명절인 한가위가 돌아온다. 한가위에는 맨 먼저 수확한 햅쌀을 따로 저장해 두고 차례상에 올릴 술이며 떡을 빚는데, 햅쌀로 빚은 술을 '신도주'라고 한다. 서민들은 햅쌀 '동동주'를, 부잣집과 사대부 등 반가에서는 '방문주'며 '춘주'를 정성껏 빚어, 1년 농사의 풍요를 가져다준 조상신과 자연신에 대한 감사의 제사를 올리고 친척들이며 이웃과 함께 나눠 마시는 아름다운 풍속을 가꾸어왔다.

6) 1년의 마지막 날인 제야에 마시는 납주

1년 중 마지막 달 마지막 날을 납일 또는 제야라고 하는데, 이 제야에 마시는 절기주가 있으니 낯설기는 하지만 '납주'라고 한다. 납주는 찹쌀 고두밥에 식은 밥을 섞어 빚는 독특한 제조법의 청주인데, 맛이 쏘는 듯하면서도 부드럽고 향이 깊은 것이 특징으로 추위를 다스리며 새해를 맞이하기에 좋은 술이다.

이렇듯 우리나라의 대표적인 절기주들은 특별한 목적으로 빚은 술이 아니면, 대개가 두견주를 비롯하여 창포주, 국화주 등 가향주 성격이 강한 것이다. 가향주 역시 계절변화에 따라 그때그때 산출되는 자연물을 술에 넣어 마심으로써, 자연의 변화를 느끼고 즐기고자 한 것이라는 점에서 공통점이 있기 때문이다. 더불어 절기주를 즐기는 풍속에는 일월순천의 변화에 자연스럽게 순응하면서, 더불어 자연을 즐기는 조상들의 풍류와 지혜를 엿볼 수 있다.

5. 우리나라의 전통주

1) 술의 제조방법에 따른 분류

(1) 전통 소주류

문배주, 안동소주, 청송불로주, 옥로주 등이 있다. 쌀 및 보리 등 곡물을 주원료로 하여 발효, 증류, 숙성을 거쳐 만드는 재래식 고급소주이다. 평균 25~45도의 주도를 지니고 있으며, 우리 민족의 역사와 애환이 서려 있는 정통 민속주이다. 예전에는 '아라키주', '아락주'로 불리었으며, 아랍지방을 거쳐 몽골에서 전래된 고급주로서 조선시대 세종대왕 때 곡식의 낭비가 많아 소주 제조 금지안이 상정될 정도로 상류층에서 즐겨 마셨다.

(2) 약주류

가시오가피주, 산수유주, 홍삼주, 구기자주, 국화주 등이 있다.

백미와 찹쌀 및 기타 곡류를 주원료로 하여 발효된 술덧을 여과하여 13~15도의 주도를 지닌 맑게 거른 술이다. 삼한시대부터 그 유래를 찾을 수 있으며, 고문헌에 기록된 이름만 하더라도 수백여 종에 이르나 현재까지 계승, 보전된 술은 몇 가지 정도이다. 차례상이나 제사에도 쓰이며 풍류와 도를 즐기던 선비층이 애용하였다.

(3) 리큐르주

진도홍주, 계룡백일주, 전주이강주 등이 있다.

곡류를 주원료로 한 술덧을 증류하여 제조법에 따른 한약재나 과실을 침출시켜 우려내어 그 원료에 따라 독특한 향과 맛을 냄으로써 전통 주류의 다양성을 보여주는 대표적인 주종이다. 20~40도 정도의 주도를 지니고 있으며, 장기 보존될수록 맛과 향이 살아난다.

(4) 혼성주

과하주 등이 있다. 약주의 저장성을 높이기 위하여 약주에 소주를 넣어 빚은 술로서, 조선초기부터 서울을 중심으로 여러 지방에서 빚어졌다. 여름에도 부드러운 약주맛과 시원한 소주의 두 가지 맛을 동시에 느낄 수 있는 우리 선조들의 지혜가 담긴 술이다. 일제 식민시대 때에도 일본인들이 혼성주의 맛에 반해 가장 많이 공출해 가던 대표적인 술이다. 20~30도 정도의 주도를 지니고 있으며 약주와 소주의 오묘한 맛의 조화는 세계 어느 나라에서도 찾아볼 수 없다.

(5) 과실주 : 복분자주, 머루주, 나주배술, 오디주 외

우리의 국토에서 자라난 과실들은 예로부터 그 맛과 향이 뛰어나 과실을 이용한 전통주들이 많이 만들어졌으나, 현재까지 보존되어 내려오는 술은 그렇게 많지는 않다. 과실주들은 주로 약용성 주류로 애용되어 왔으며, 민간요법의 방편이기도 하였다. 복분자주의 경우『동의보감』,『본초강목』같은 한의서에도 기재될 정도이며, 약리효과를 경험한 소비자들도 꽤 있는 것으로 알려지고 있다.

2) 용도에 따른 분류

전통주를 용도에 따라 분류하면 다음과 같다.

① 상용주 : 연중 상시 음용하는 술로서 대부분의 약주가 포함된다.
② 기능주 : 목욕술, 맛술 등 특이한 목적에 이용되는 술이다.
③ 세시주 : 세시풍속에 따라 담그는 술로서 대보름의 귀밝이술이나 청명주, 단옷날의 창포주 등이 있다.

3) 산지에 따른 분류

우리나라에는 수백 가지가 넘는 전통주류가 존재하지만 다음에서는 지역별로 대표적인 전통주를 소개하고자 한다.

(1) 서울 문배주

원래는 평양에서 주조되던 술로 한국전쟁 이후 기술보유자인 이기춘 씨에 의해 서울에서 만들어지고 있다. 좁쌀과 수수가 원료로 사용되며 숙취가 없고 향이 좋으며 부드러운 맛을 자랑한다. 최근 국빈 및 외교사절단 리셉션에 국주로 선보이고 있다.

(2) 용인 옥로주

옥로주는 조선시대 말 전북 남원에 살던 유행룡이란 사람이 제조를 시작(1860년)하였다. 서산 유씨 가문으로만 전수된 전통소주. '물맛이 술맛'이란 전통주 제조비법상 유씨 일가는 '좋은 물'을 찾아 남원과 경기도 김포 등지로 양조장을 옮기다 최근 용인에 정착했다. 소주 특유의 '화근내'가 없고 뒤끝이 깨끗하다. 무색투명하며 쉽게 취하고 편하게 깬다. 한방약재인 율무로 빚어 종양 제거, 소화기능 개선 및 피부미용 효과가 있다. 알코올도수는 45도이다.

(3) 강원도 옥수수술

강원도는 배가 아프거나 특별한 날에만 쌀을 먹었을 정도로 주곡의 생산이 아주 적은 산간지역으로 해방 전까지만 해도 옥수수, 감자가 주식이었다. 강원도의 토질은 옥수수 재배에 적합하여 타 지방의 옥수수보다 그 크기도 현격히 크고 양도 많이 소출되었다. 자연히 술도 옥수수로 빚어져 농주, 제주, 내방객 접대용으로 쓰였다.

(4) 한산 소곡주

과거를 보러 가던 선비들은 술잔을 기울이다 과거일자를 넘겼고 물건을 훔치러 온 도적들은 술을 마시다 취해서 몸을 가누지 못했다. 그래서 소곡주를 '앉은뱅이술'이라 했던가. 소곡주에 들어가는 물은 '건지산'의 물로 염분이 없는 대신 약간의 철분을 포함하고 있다. 실제로 소곡주를 입에 담고 한참동안 음미하면 철분이 혀끝에 안겨주는 톡 쏘는 맛을 느낄 수 있다. 붉은 기가 감도는 노란색을 띠며 첫잔이 상당히 달콤하다. 과음을 한 후에도 머리가 아프지 않아 이 술을 찾는 사람이 많다고 한다. 알코올도수는 18도이다. 누룩은 통밀을 재료로 한 달 정도 배양해야 완성된다. 가장 맛있는 술은 10월에 빚어 저온에서 1백일가량 숙성시켜 1월에 생산된 술이다.

(5) 금산 인삼주

인삼주의 재료는 쌀과 인삼, 솔잎, 약쑥이다. 이 같은 재료들을 전통 증류기인 고리 같은 장치를 통해 증류한 술이다. 인삼주는 알코올농도가 43도로 위스키에 버금가는 취기를 전달하는 술이며, 보통 노란 색깔이 나는 민속주에 비해 이 술은 투명하다. 첫잔부터 인삼의 향이 입가에 남는다. 알코올농도가 높으므로 술이 약한 사람은 빨리 마시지 말고 작은 잔으로 천천히 마시는 것이 좋다. 현미 고두밥과 인삼가루, 약쑥, 솔잎 등이 재료로 사용된다. 발효기간은 총 60일. 발효시킨 다음 증류해 증류주를 만들거나 용수를 박아 채주해 약주로 먹을 수도 있다. 알코올도수는 43도이다.

(6) 경주 교동법주

노랗고 투명한 담황색으로 찹쌀 특유의 찐득한 감촉과 함께 순하면서도 강한 곡주의 맛이 우러난다. 특히 전통방법으로 제조하는 교동법주는 대량생산되는 경주법주와 맛이 다르다. 찹쌀죽과 누룩가루를 버무려 3~5일간 발효시켜 밑술을 만든다. 2차 발효를 시킨 후 60여 일간 숙성시키면 법주가 탄생한다. 알코올도수 16도이다.

(7) 함양 국화주

국화주는 알코올농도가 소주보다 약한 16%. 달짝지근한 맛과 은은한 국향이 가을을 담고 있다. 술맛이 꿀을 약간 섞은 것처럼 달짝지근하다. 음주 후 머리를 아프게 하는 아세트알데히드 등의 성분이 다른 술에 비해 적게 검출되는 것으로 알려졌다. 이 술의 재료로는 찹쌀, 야생국화, 생지황, 구기자 등이 사용된다. 빚는 기간은 총 20일. 야생국화 등을 달인 다음 찹쌀이 발효된 술과 섞어 15일간 숙성시킨다. 『동의보감』에 따르면 국화주는 청혈, 해독의 약리작용이 있어 고혈압예방에 효과가 있다고 한다.

(8) 진도 홍주

진도 홍주는 여느 소주와 마찬가지로 밑술을 증류해 만든다. 여기에 지초(지치

과의 다년초식물로 뿌리는 이뇨제, 청혈제, 습진, 부스럼 등에 한방약제로 사용됨)를 넣는 것이 다르다. 이뇨작용을 하며 복부팽만 제거에 좋다. 살균, 태독, 청혈 등의 효과가 있다. 알코올도수는 40도이다.

(9) 전주 이강주

이강주는 '울금'을 바탕으로 전주에서 탄생한 술이다. 울금나무의 뿌리인 울금은 조선왕실의 진상품으로 신경안정에 효과가 있는 약재이다. 술 색깔이 연한 노란색이며 은은한 계피향이 입안에 감돌며 꿀 등이 들어가 첫잔의 거부감이 없다. 백미 등을 재료로 한 소주를 만든다. 이 소주에 율금, 배, 생강, 계피, 꿀 등을 첨가한 다음 이를 숙성, 여과시키면 이강주가 만들어진다. 보관기간이 1년 이상이며 피로회복에 좋은 술로 알려져 있다. 알코올도수는 25도이다.

6. 전통주의 관광자원화 방향

이제 우리나라의 전통주는 우리나라 안에서만 사랑받는 술이 아니라 전 세계적인 명주가 되기 위한 준비를 하고 있다. 일례로 부산에서 열린 APEC정상회의 만찬에서 우리나라의 술이 건배주로 사용된 것을 들 수 있다. 이날 세계의 정상들은 우리나라의 한 회사에서 만든 '약주'에 대해서 뜨거운 반응을 보였다고 한다. 후진타오 중국 주석은 중국으로 돌아간 후에도 그 술을 계속 찾았다고 하니, 그날의 반응이 의례적인 것만은 아닌 듯하다. 위의 경우에서도 알 수 있듯이 우리나라의 전통주도 국제적인 경쟁력이 있는 것으로 보인다. 몇 가지의 사항만 보완한다면 전 세계인의 사랑을 받는 술이 될 수 있을 것이다. 이 부분에서는 우리나라의 전통주가 세계적인 '명주'가 되기 위한 방법을 생각해 보고자 한다.

1) 동일한 품질

우리나라의 전통주는 만드는 사람이나 장소에 따라서 맛이 천차만별이다. 물론 이는 다양한 맛을 찾는 사람들을 만족시켜 줄 수 있는 부분도 있겠지만 소비자들로 하여금 우리나라 전통주를 신뢰할 수 없게 한다. 정부에서 표준제조규정을 만든다거나, 기능보유자만이 그 전통주를 만들 수 있도록 하는 등의 품질표준화과정이 필요할 듯하다. 이를 위해서는 정부의 일관적인 정책의 추진이 우선적으로 필요할 듯하다. 단순히 일회적인 행정이 아니라 전통주 장인들의 제조기술이 안정적이고 지속적으로 전승될 수 있도록 지원을 아끼지 말아야 할 것이다. 또한 일반 국민들의 의식 또한 변해야만 하는데 우리의 전통주가 단순하게 집에서 담가서 먹는 술의 개념이 아니라 우리나라를 대표하는 문화상품으로 인식해야만 하고, 우리 스스로 전통주를 적극적으로 소비해야만 전통주 발전이 이뤄질 수 있을 것이다.

2) 용기의 개량

술은 그것을 담는 그릇에 따라 그 맛이 배가되기도 하고 반감되기도 한다. 우리나라에는 우리나라 전통주의 맛을 살려줄 만한 뛰어난 용기들이 많이 있다. 자기나 옹기 같은 우리나라 전통의 그릇들을 이용하고 보관이나 이동이 좀 더 쉽게 이뤄질 수 있도록 전통주 용기의 개량이 필요할 듯하다. 특히 세계화의 시대에 발맞추어 수출을 적극적으로 추진하기 위해서는 먼 거리의 수출과정에서 변질되거나 파손되지 않도록 기능적으로나 미학적으로 뛰어난 용기의 개발이 필요하다. 이는 '국순당'이나 '배상면주가'에서 출시되는 최근의 전통주를 보면 이전보다 많이 개선되었다고 할 수 있다. 하지만 앞으로는 단순한 유리병이 아닌 우리나라의 옹기나 도자기를 응용한 고유의 용기를 개발해야만 경쟁력을 갖춘 상품이 될 수 있을 것이다. 한국의 어떤 술을 떠올리면 특정한 모양의 용기가 떠오르는 정도의 수준에 이를 수 있도록 부단한 노력이 필요하다.

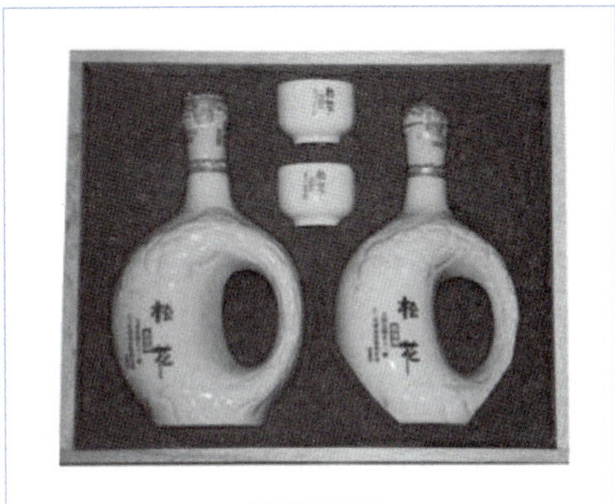

전통주 용기

3) 지명을 활용한 마케팅

이 부분은 현재도 어느 정도 이뤄지고 있다고 생각한다. 한산 소곡주, 전주 이강주, 안동 소주 등 각 전통주의 산지를 내세운 마케팅이 이뤄지고 있다. 하지만 전통주가 전 세계적으로 뻗어나가기 위해서는 좀 더 적극적인 지역마케팅이 필요할 것이라고 생각한다. 이를 위해서는 각 지역에 전통주를 알릴 수 있는 전통주문화관이 필요할 것이고 인터넷 등을 이용한 적극적인 마케팅이 필요하겠다. 앞으로 우리나라에서 개최될 인천아시안게임이나 대구세계육상경기대회 등과 같은 세계적인 행사를 통해 우리나라의 전통주를 적극적으로 홍보해야만 한다. 지명을 활용한 마케팅은 그 지역의 관광수입증대를 위한 좋은 대안이 될 수도 있을 것이다.

4) 한국음식 · 한국문화와 연계한 마케팅

현재 한국음식은 세계적으로 주목받고 있다. 또한 아시아에서는 '대장금' 같은 한류바람을 타고 한국문화에 대한 관심이 높아지고 있는 것도 사실이다. 이들이 한국음식에 대해서도 관심이 많으며, 음주문화에 대해서도 호기심을 가지고 있을 것은 당연한 일이다. 스테이크를 먹으면서 고량주를 마시는 사람이 없듯이 한국음식을 먹으면서 우리나라의 전통주를 찾는 것은 당연한 일일 것이다. 전 세계적으로 분포하고 있는 한국음식점에 우리나라의 전통주를 다양하게 비치해 놓은 다음 외국인들의 취향에 적합한 전통주를 찾아 적극적인 판매촉진 전략을 세워야 할 것이다.

5) 고유 브랜드화

한국의 전통주들은 영세한 사업체들이 만들어서 판매하는 경우가 대부분이다. 따라서 외국의 사례에서와 같은 유명한 브랜드를 찾아보기란 거의 어려운 것이 사실이다. 전 세계적인 마케팅을 하는 데 필요한 자본을 가진 기업들의 참여가 필요하다. '진로소주'나 '두산주류'와 같은 자본력과 기술력은 물론이고 소주판매를 통한 유통망까지 확보하고 있는 기업들이 우리나라의 전통주 시장에도 필요하다는 의미이다. 일본에서도 '진로소주'는 최고의 맛과 품질로 인정받고 있다고 한다. 소주에서의 성공을 발판으로 우리나라 전통주 시장의 확대를 모색할 시점이라고 생각한다. 물론 이것이 전통주 시장의 대기업 독과점으로 이어지는 것은 경계해야만 할 것이다.

6) 전통주 박물관의 설립

영국에는 스카치위스키, 프랑스의 와인, 독일에는 맥주 박물관이 수도 없이 많으며 일본에서도 큰 청주공장마다 박물관을 운영하며, 각 지방 특유의 옛날 주조비품을 전시하고 관광코스로 활용하고 있는 데 비하여 우리 식문화에서 주류가 차지하고 있는 비중이 대단히 높은데도 불구하고 우리나라에는 전통주 박물관이 거의 없는 것이 사실이다. 예를 들면 네덜란드 암스테르담에 위치한 '하이네켄' 박물관의 경우 네덜란드에서도 손꼽히는 관광지로서 우리나라 배낭여행객들이 반드시 들려야 하는 필수코스로 각광받고 있다. 우리나라의 각 지역에 널리 분포하고 있는 다양한 민속주를 위한 박물관 설립을 통해 관광자원 개발뿐만 아니라 전통주의 계승을 이뤄야만 한다.

7) 전통주의 항암효과

한약재가 첨가되어 있는 우리나라의 약주가 이미 항암효과가 있다고 알려진 일본의 청주보다 훨씬 더 뛰어난 항암효과를 가지고 있다는 것이 실험을 통해 입증되었다. 현대의 불치병으로 알려진 '암을 이겨내는 술'이라는 타이틀을 가지고 세계의 잠재적인 고객들에게 다가간다면 좋은 결과를 기대할 수 있을 것이다.

8) 퓨전주류의 개발

얼마 전 신문에서 산머루와인의 성공사례에 대한 기사를 읽은 적이 있다. 해발 900m에서 재배되는 고랭지 산머루로 생산되는 국내 토종와인인 '샤토무주'가 국내외 소비자들에게 인기를 얻고 있다는 기사였다. '샤토무주' 와인의 가장 큰 특징은 신토불이 산머루가 원료라는 점이다. 해발 900m의 고원에 위치한 농원에서 재배되는 머루는 와인 마스터에 의해 철저히 관리된다고 한다. 생산량 결정, 병충해 방제, 초생재배방법, 수확시기 결정, 와인의 발효와 숙성과정의 온도관리 등 관리 방법 또한 까다롭다고 한다. 이 산머루와인은 우리나라 전통의 맛을 지키면서 서양 소비자들의 관심을 끌 수 있는 와인의 형태로 만들어졌다는 점에서 주목할 만하다. 앞으로 우리 전통주업계에서도 이처럼 지속적인 연구개발을 하여 세계시장을 적극적으로 개척해야만 할 것이다.

[제7절] 전통공예와 관광

1. 전통공예의 의의

1) 전통공예의 정의

공예(工藝)는 실용적인 물건에 본래의 기능(用)을 살리면서 조형미(美)를 조화시키는 솜씨, 또는 그 제품으로서 인류의 시작과 더불어 의식주에 필요한 여러 가지 도구를 만드는 과정에서

시작되었다고 볼 수 있다. 공예는 미술 또는 조형예술의 한 부문으로 순수미술로부터 구별하기 위해, 19세기 중반부터 일반 대량생산방식을 통해 현대적인 디자인과 접목된 것을 지칭하는 용어로 발달하였다. 현재 한국에서 일반적으로 쓰고 있는 뜻으로서의 공예도 서양문명이 들어온 뒤에 받아들인 것이다. 그것은 'art' 또는 'fine art'가 미술이라고 번역되었을 때, 'craft' 또는 'technology'의 개념을 가지고 있는 말이 공예로 번역된 후부터 쓰여졌다. 공예라는 말은 옛날 중국에도 있었으며, 현재의 기술이란 말과 거의 같은 뜻이었다.

인간의 기술로 원료를 가공하여 생활에 기여하도록 하는 것이 공예인데, 기술의 시초는 손과 발이었고 힘은 인력에서 점차 기계나 동력으로, 원료는 천연물에서 가공한 합성물로 변천하였다. 또 모양에 있어서도 색채를 사용하여 다양하고 변화가 많은 모양을 창조하게 되었고, 더불어 생활은 양적 · 질적으로 확대되어 용도도 점차 많아져 현대의 공예로 발전된 것이다. 조각이나 회화는 실용이라는 점에 구속받지 않고 자유로운 구상에 따라 창작되는 예술, 이른바 순수미술(Fine art)인 데 비하여 공예는 실제 생활에 도움이 되는 물건을 예술적으로 만들어내는 이른바 응용미술(Applied art)이다.

결국 공예라는 말은 실용성을 추구하면서 미적 효과를 살려 만든 조형물의 총칭이라 할 수 있으며, 조형물의 성격은 재료, 디자인, 제작방법에 따라 결정된다. 예로부터 회화, 조각과 밀접히 관련되어 왔고, 특히, 장식의장(裝飾意匠) 면에서 중요한 역할을 맡아왔다. 또한 기계화된 제작수단을 활용하여 값싸고 질 좋은 공예품이 만들어지면서 일상생활과 밀접하게 되었고 활성화가 이루어진 것이다. 석기시대의 공예는 생활이나 주술에 필요한 석기와 토기 또는 목(木)제품이 고작이었으나, 청동기시대에 이르러서는 청동으로, 철기시대에는 철기로 그 재료가 바뀌어가면서 생활도구의 종류도 점점 늘어갔다. 다시 말해 문명이 발달할수록 공예의 종류와 그 재료도 다양해진 것이다.

공예는 크게 전통공예와 현대공예로 구분할 수 있다. 여기에서 전통(傳統)의 사전적 의미는 역사적으로 전승된 물질문화, 사고와 행위양식, 사람이나 사건에 대한 인상, 갖가지 상징군(象徵群)으로서 서구적인 것의 반대, 현대적인 것의 반대로 보기도 한다. 그러나 반대라기보다는 전통이 있음으로 해서 현대가 있을 수 있고 전통에 대비되는 서구가 있을 수 있는 것이다. 남궁승태도 특정한 문화가 시간과 공간을 초월하여 뿌리 내리고 있을 때, 그것을 전통이라 부른다고 하였다. 원래 전통이라는 것이 이어져 시간적 연장선에서 현재의 대비로 존재되어야 한다. 전통과 현대, 중간의 조선시대 성리학에 의한 전통문화의 억압과 배척, 일제의 전통문화말살정책, 해방 이후 서양화 · 산업화에 따른 훼손과 변모에 의해 전통문화와 현대문화는 시작이 다른 평행선을 긋게 되었다. 전통은 민족문화 발전의 기반, 가치관 정립의 기준, 민족사의 기본자료, 민족 정체성의 표상, 국민문화 향유권과 참여권의 대상으로서 그 역할의 중요성이 강조되고 있다.

전통공예는 전통적으로 민간에 의해 전하여 내려오는 기능, 기술, 기법 또는 토속 원재료를 근간으로 하며, 제조과정의 중요부분이 수공업적 특성을 가지는 공예분야로서 공예기술, 기술보유자, 작품 및 재료 등을 포함한 개념이다. 본 논문의 전통공예 역시 앞에서 서술한 일반적인 현대공예와 대비되는 전통공예를 총체적으로 포괄하는 개념이 아니라, 우리 민족이 과거로부터 축적되어 온 경험 양식을 가지고, 민족적 감수성을 포함하여 발전시켜 온 것 중 공예분야에 한정한다.

2) 전통공예의 역사

전통공예의 시원은 신석기시대로서 석기, 골각기, 토기, 편직물을 만들어 사용한 것부터 시작한다. 그 후 청동기시대는 유라시아대륙의 시베리아계 카라수크(Karasuk), 오르도스(Ordos)의 금속문화 유입으로 생활도구, 농기구, 장신구, 제기, 무구 등이 만들어졌다. 이어 철기시대에는 철을 제련(금 · 은 · 동 · 철 · 유기 등)하여 생활도구를 만들었다. 이어서 통일신라시대에는 당(唐)의 장인제도를 받아들여 신라화한 수공업적 생산체제를 세우고, 고려시대에는 관공장 및 전업적인 수공업집단인 소(所)에서 수공업제품을 생산했다.

조선시대의 공장(工匠)은 경공장과 지방의 각 도부읍(道府邑)에 소속된 외공장(外工匠)으로 구성된다. 『경국대전』에 따르면, 경공장은 중앙의 30개 관청에 129종의 장인(匠人) 약 2,800명이 소속되었다. 그러나 군역제가 무너지고 군포대납제로 바뀜에 따라 이러한 관청수공업제는 16세기에 들어서면서 무너지기 시작하였다. 이는 16세기 이래 조선왕조의 지배체제가 해이해지고 재정사정이 악화되어 방대한 관청수공업장을 유지하기 어려워진 데도 원인이 있었지만, 16세기 이래 무기제도 등의 특수부문을 제외한 장인들이 관장수공업장에서 벗어나고 장인의 등록제가 폐지됨으로써 관청수공업 자체가 축소되는 대신 민간수공업이 발달하여 장인들이 사영(私營) 수공업에 종사할 수 있는 사회적 조건이 마련되었기 때문이다. 또한 민간수공업의 발달로 관수품이나 지배계층의 생활품을 시장에서 구입할 수 있었다는 데에도 그 원인이 있다고 하겠다.

개화와 함께 기계 생산체제가 대폭 증대되자, 전통공예는 수요기반을 상실한 채 수공예기술을 유지하면서 점차 창작미술의 한 분야로 성격을 탈바꿈해 갔다. 위정척사(衛正斥邪)파는 수공예기술 전통의 복원을 적극 표방하였던 이왕직미술품제작소(李王職美術品製作所)에서의 수구적 전통을, 식민지적 개화의 추진세력에 의한 선전(鮮展)은 급진개화파의 주도이념을 실천하면서 새로운 미술로서의 공예를 각각 표방하였다. 결국 이 두 가지의 양립된 제작활동 기반이 수구와 개화라는 이원적인 공예구조의 형성에 토대를 제공하였다. 여기서 수립된 공예계의 이원구조가 근대기는 물론 해방 이후 오늘에 이르기까지 그 기본틀을 유지하면서, 이왕직(李王職)의 공예전통은 오늘의 전승공예 분야로, 선전(鮮展)의 미술공예는 실험적인 현대공예의 모태로 각각 계승되었다고 할 것이다.

2. 전통공예의 구성요소

문화재보호법 제1조는 문화재를 보존하여 민족문화를 계승하고, 이를 활용할 수 있도록 함으로써 국민의 문화적 향상을 도모함과 아울러 인류문화의 발전에 기여함을 목적으로 한다고 되어 있다.

보존과 활용에 대해서는 많은 연구가 있어왔는데, 굳이 순서를 따지자면 보존이 우선이다. 한 번 변형되거나 훼손되면 원형을 다시 찾을 수 없기 때문이다. 원형보존은 최소한의 마지노선과 같은 것이다. 그래서 국가가 지원하는 부분이고 문화재보호법을 제정하여 보존하는 것이다. 이런 점에서 문화재의 보존·관리 및 활용은 원형유지를 기본원칙으로 한다는 문화재보호의 기본원칙이 나온다(제2조의2).

그렇다면 무엇을 보존하기 위한 것인가. 무형문화재 제도에 한정하여 살펴보면 지정제도는 기술을 지정하는 것이고 인정제도는 보유자를 인정하는 것으로, 곧 공예기술을 보존하기 위함이라 할 수 있겠다.

공예란 야나기 무네요시가 말했듯 '쓰임(用)과 아름다움(美)'으로 표현될 수 있다. 일반 예술품과 다른 점은 쓰임의 요소가 더 강하다는 점에 있다고 하겠다. 일상생활에서 쓰이는 도구에 미적 가치를 추가한 것이다. 다시 말해 공예는 의, 식, 주 일상생활에 필요한 도구를 만드는 것에서부터 출발하였다. 그러나 기계화와 대량생산, 시장경제의 원리에 부딪치며 공예는 예술의 분야에 더 가까워지게 되었고, 일상생활에 필요한 도구는 기계공업이 대신 해주게 되었다. 산업에서 입지를 빼앗긴 전통공예는 예술의 한 분야로서 현존하고 있다.

일상생활에서 쓰이던 전통공예가 일제강점기와 6·25전쟁을 거치는 등 역사적 수난을 거치며 맥이 끊길 위기에 처하게 되었고, 서양문물의 도입으로 수요자가 감소하게 되었다.

그래서 전통공예기술은 변형과 소멸의 위기를 맞았다. 이에 전통공예 보존의 필요성을 인식한 국가에서는 전통공예기술을 무형문화재로 지정하여 보호하고, 전통공예기술 보유자를 무형문화재 보유자로 인정하여 보호하였다. 이러한 점에서 보면 무형문화재 보유자를 인간문화재라고 하는 것이 맞지 않음을 알 수 있다. 그 사람을 문화재로 지정하여 보존하는 것이 아니라, 무형문화재로 지정된 기술을 보존하기 위하여 기술을 가진 사람을 인정하여 보호하는 것이다. 문화재보호법 제2조의 무형문화재 정의를 봐도 알 수 있다. 즉 무형문화재란 연극·음악·무용·공예기술 등 무형의 문화적 소산으로서 역사적·예술적 또는 학술적 가치가 큰 것을 말한다고 정의하고 있다.

그렇다고 해서 무형문화재 보유자가 보호받지 말아야 한다는 것이 아니다. 문화재보호법 제5조2항에서 볼 수 있듯이 문화재청장은 제1항의 규정에 의하여 중요무형문화재를 지정할 때에는 당해 중요무형문화재의 보유자(보유단체를 포함한다. 이하 같다)를 인정하여야 한다. 무형문화재 보유자 없이는 기술을 재현할 수 없기 때문이다. 무형문화재 보유자가 법의 보호를 받는 것은 당연하지만 법의 취지를 설명하자면 그렇다는 것이다.

따라서 원형보존의 원칙이 적용되는 부분은 무형문화재기술이다. 전승자 감소, 전승자 소멸을 우려하는 점도 궁극적으로는 무형문화재 기술의 소멸을 우려하는 것이다.

전통공예는 전통적으로 민간에 의해 전해 내려오는 기능, 기술, 기법 또는 토속 원재료를 근간으로 하며, 제조과정의 중요부분이 수공업적 특성을 가지는 공예분야로서 공예기술과 기술보유자, 재료 및 작품을 포함한 개념이라고 할 수 있겠다. 이러한 전통공예를 전승하기 위하여 국가에서는 멸실 위기에 처한 공예기술을 조사·심의하여 무형문화재로 지정하고 공예기술을 보유한 자를 무형문화재 보유자로 인정하고 있다. 또한 보유자의 작품은 현재 전시용, 판매용으로 만들어져 장려하고 있다. 전통공예를 구성하는 다음의 3요소를 분석하면 다음과 같다.

1) 기술

무형문화재의 기술은 독창성과 문화적 창조의 원천을 개발하는 자원이며 문화다양성과 지속가능한 개발을 하기 위한 자원이다. 그러나 세계는 지금 세계화로 인한 무형유산의 소멸을 우려하고 있다. 우리나라도 이러한 점에서 무형문화재 기술을 지정하여 보호하고 있다. 무형문화재의 기술에는 예능종목과 기능종목이 있다.

문화재보호법 〈별표 1〉 중요무형문화재 지정기준을 보면, 공예기술이란, 도자공예·피모공예·금속공예·골각공예·나전칠공예·제지공예·목공예·건축공예·지물공예·직물공예·염색공예·옥석공예·수·매듭공예·복식공예·악기공예·초고공예·죽공예·무구공예 등으로 역사상, 학술상, 예술상 가치가 크고 향토색이 현저한 것을 말한다고 되어 있으며, 현재 공예기술로 43종목이 지정되어 있다.

〈표 4-1〉 중요무형문화재 지정 현황(2002.1.1 기준)

분야\구분		지정종목	보유단체	보유자
예능 종목	음악	17	13	50
	무용	7	4	12
	연극	14	13	32
	놀이와 의식	24	26	45
	무예	1	-	1
기능 종목	공예기술	43	-	63
	음식	2	-	3
총계		108	56	206

2) 보유자

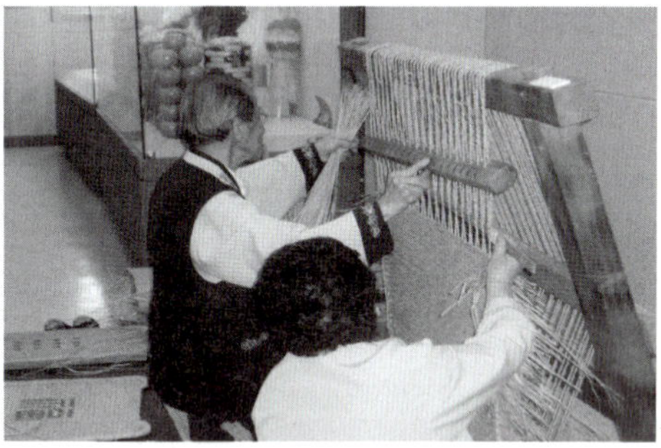

무형문화재의 전승시스템은 보유자-전수교육조교-이수자-전수장학생의 체계로 이루어져 있다. 전승시스템이 원활히 이루어지기 위해서는 보유자에 비하여 이수자가 많고, 이수자에 비하여 전수생이 많은 구조로 이루어져야 한다는 인식으로 설계되어 현재 무형문화재의 올바른 전수교육을 위하여 상부구조보다 하부구조가 많은 피라미드형으로 구성되어 있다.

무형문화재 기능보유자는 중요무형문화재 기능을 원형보존하여야 하고, 전수교육(문화재보호법 제24조)을 통하여 기능을 전승하여야 한다. 또한 중요무형문화재를 공개할 의무가 있다.

무형문화재 기능보유자 인력은 거시적으로나 장기적으로 봤을 때 문화산업과의 연결고리를 찾아주는 지원이 필요할 것이다.

〈표 4-2〉 분야별 전승자 현황

구분\분야		예능종목					기능종목		계
		음악	무용	연극	놀이와 의식	무예	공예기술	음식	
지정종목		17	7	14	24	1	43	2	108
보유단체		13	4	13	26				56
전승자	보유자	48 (1)	12 (1)	39	52	1	63	3	218 (2)
	전수교육 조교	92	19	75	60	1	44	4	295
	이수자	908	385	342	368	12	262	15	2,292
	전수 장학생	15		1	2		65		83
	계	1,063	416	457	482	14	434	22	2,888

자료 : 「주요업무통계현황」, 문화재청, 2003. 9, p. 145.

3) 재료와 작품

(1) 재료

전통공예작품은 그 지역의 지역성을 가진 향토적 생산물로 재료도 그 지역의 원재료를 사용한다. 그러나 원재료를 찾기가 어렵고 현대사회에서 잘 생산되지 않는 것들이라 재료비가 비싸다. 이런 점에서 국가는 재료비를 지원하고 있다.

〈표 4-3〉 원재료에 의한 공예품 분류표

분 류	원재료	상 품
목공예품	목재	목각(인물상, 동물상, 장신구 등), 가구공예
칠공예품	색칠, 수지	나전칠기, 문갑, 장식소품 등
염직공예품	염료, 직물	수예품, 인형, 민속의상, 매듭 등
도자공예품	점토, 고령토	민속도자기(청, 백, 분청), 공업도자기, 토기 등
석공예품	석재	석각(용기, 석등, 동물상, 장식용구, 벼루 등)
보석공예품	보석	옥, 수정, 산호, 인조보석, 장신구제품 등
금속공예품	금속, 비금속	금, 은, 동, 합금제품, 칠보 등
초자공예품	초자(硝子)	유리제품, 구슬제품, 초자세공품 등
죽세공예품	죽(竹)	죽세품, 합죽선, 태극선 등
초경공예품	초경(草莖)	완초, 목피, 수세미, 갈저, 완초벽지 등
피혁공예품	각종 가죽	각종 피혁제품, 민속악기 등
종이공예품	한지, 기타 지(紙)류	한지, 지공예, 조화, 함, 용기, 장식품 등
전승공예품	문화재소재, 전승공예기법	금관, 거북선모형, 가면, 민속악기, 갓, 서화용구 등
기타 공예품	기타 제품	휘장, 화각공예품, 석화 등

(2) 작품

무형문화재 기능보유자는 자신의 중요무형문화재기술의 입증을 위하여 1년에 작품 한 점씩을 문화재청에 제출해야 하며, 문화재청에 제출된 전통공예작품은 심사를 거쳐 전승공예대전을 통해 선별되어 수상된다. 전승공예대전 수상작품은 한국문화재보호재단, 한국관광상품명품점, 조달청 문화상품관 등에 상설전시되기도 하고, 순회하면서 전시되기도 한다.

3. 전통공예와 공예산업

공예산업은 한 나라의 문화를 바탕으로 발전해 온 특수산업으로서, 사회문화적인 측면과 경제적인 측면으로 나누어 볼 수 있다. 사회문화적인 측면에서는 국제친선, 문화교류 및 국가 홍보 전위대로 국위를 선양하는 기능을 수행하는데, 특히 우리 문화를 세계에 알려 국가이미지 제고가 가능함은 물론, 공예의 근간이 되는 지력과 창조력을 바탕으로 공산품을 비롯한 국가 전체의 경쟁력 제고와도 직결된다고 할 수 있다. 그리고 경제적인 측면에서는 노동집약적 산업으로서 고용창출이 가능하고, 현대디자인과의 접목을 통해 고부가가치 창출이 가능하다고 하겠다. 또한, 특정지역의 자연환경, 풍속, 유적 등의 특성을 소재로 하여 그 지역의 특유한 원재료를 가공하여 생산되는 경우가 대부분으로 공예산업의 성장과 함께 지역경제의 활성화를 도모할 수 있다. 그리고 공예품은 일상생활용품과 긴밀하게 연계되어 수요의 창출이 가능하다. 이와 같이 공예산업의 잠재적인 성장력은 매우 높다고 하겠다.

이렇듯 공예산업이 미래의 잠재력 있는 고부가가치산업으로 주시되고 있는 반면, 무형문화재 기능보유자가 만든 전통공예작품은 전승자가 줄어들고 수요가 거의 존재하지 않는 위기의 측면에서 주시되고 있다. 엄밀히 말하면, 공예산업 속에 전통공예작품이 포함된다 할 것이나 전통공예작품은 상품화보다는 기능의 전수를 추구하고, 기술의 입증을 위한 목적이 강하다고 할 것이다.

공예산업은 다른 예술이나 산업과는 달리 예술적, 산업적, 문화적 특징을 같이 갖고 있는 복합적 성격을 지니고 있어 교육, 취미, 산업 등의 다양한 분야에 널리 활용되고 있다. 그러나 공예산업은 그 복합적 성격 때문에 예술·산업 간 성격이 불분명하고 공예산업진흥정책 수립 시 나타나는 모순과 문제점이 있다. 예를 들면 문화산업진흥기본법에 의한 우수전통공예품 지정·표시제도의 경우, 공예품은 예술작품이므로 정부기관이나 특정집단의 심사 및 인증이 불가하다는 등 여러 가지 논란이 있어 각계의 의견수렴과정을 거쳐 그 시행을 유보한 바 있다.

4. 전통공예와 문화상품

문화의 산업화시대인 21세기는 세계적으로 동질화되어 가고 있다. 그러나 이렇게 물질주의 가치관이 만연하고, 획일화·동질화되어 가는 세계적 조류에서 현대인은 몰개성과 비인간화된 삶을 강요하는 산업사회의 구조적 모순으로부터 벗어나고자 하고 있다. 전통을 살린 문화상품은 이미 차별화되어 있는 것이고, 그 나라 그 지역이 종주국이기 때문에 경쟁의 우위는 거의 보장받은 것이나 다름없다. 따라서 21세기에는 향토성을 살린 전통문화를 바탕으로 한 산업이 국제경쟁의 가장 확실한 대안이 될 수 있는 만큼 전통공예산업이 바로 21세기가 갈구하는 이상을 해갈할 문화산업이라 하겠다.

문화산업은 협의의 개념으로는 창조성이 상품의 부가가치 형성에 커다란 역할을 하는 산업을 의미하며 광의의 개념으로는 문화와 예술 분야에서 창작되거나 상품화되어 유통되는 모든 단계의 산업을 의미한다. 한편으로는 이윤추구를 목적으로 문화와 예술 상품을 생산하고 시장에서 거래하는 것을 문화산업의 주요 활동이라고 정의하기도 한다. '21세기는 문화의 세기'라는 말이 시사하듯이 지금 세계 각국은 삶의 질을 향상시키는 근본 수단으로 문화에 대한 인식을 새롭게 하고 있으며, 문화를 국가발전의 핵심요소로 간주하여 문화의 진흥을 위한 계획 수립에 부심하고 있다.

문화상품은 다른 예술품이나 산업제품과는 달리 예술적, 산업적, 문화적 특징을 같이 갖고 있는 복합적 성격을 지니고 있어 교육, 취미, 산업 등 다양한 분야에 널리 활용되고 있다. 문화상품은 창의적 아이디어와 수공적 제작방식을 거쳐 실생활에 이용되므로 산업디자인의 모태가 되는 계기를 마련할 수 있을 것이다. 이런 특징들을 통해 한국의 대표적인 문화상품은 산업적으로 소규모 수공업에 의해 제조되는 노동집약적 산업의 상품이란 것을 알 수 있는데, 이는 문화상품을 제작하는 점에 있어 기업적인 사업이 되지 못하고 영세산업일 수밖에 없는 단점이 될 수도 있다. 하지만 대부분의 기계화된 산업제품들에 비해 문화상품은 상품을 만드는 데 있어서 디자인 변형이 용이하고 다양한 소재를 사용할 수 있으므로 그 특징을 잘 살리면 요즘의 기계적이고 일률적인 상품에 식상한 소비자들에게 구매욕구를 충분히 끌어내는 장점이 될 수 있을 것으로 보인다.

요즘 전통문양이라든지 전통소재만을 사용한 것, 또는 전통문양 등의 외형적인 요소를 포함한 것을 전통기념품, 또는 전통문화상품이라고 하여 문화상품의 범주에 포함시키고 있다. 그러나 전통문화작품과는 달리 문화상품이 철저하게 상업화되었다는 점에서 구별되어야 한다.

문화상품은 생산과정에 기예를 도입하여 대량생산할 수 있고, 캐릭터상품, 관광상품 디자인 등 창조적인 면이 중시되고, 상품화, 산업화의 개념이 강하다. 수요가 있다고 생각하기 때문에 요즘 지역축제 붐을 타고 지방자치단체가 관심을 가지는 부분이다. 그러나 전통공예품은 창조보다는 원형에 가까운 기술을 복원하는 데 그 목적이 있다. 수요창출, 관광활성화의 목적보다는 보존의 목적이 보다 강하다고 하겠다.

5. 전통공예의 관광자원화 방안

1) 무형문화재 전승교육시설 확충

무형문화재 전승지별로 전수교육관을 건립하여 전승기반 시설을 확충하고 전승의 활성화를 도모할 뿐 아니라, 지역주민의 전통문화생활공간을 제공하고 관광자원으로 활용하도록 하기 위하여 교육관을 건립하였다.

2) 공개행사 지원

중요무형문화재 전승자 공개행사 지원사업은 보유자 및 전승자들의 해당 종목기 · 예능의 원형 발표공연을 지원함으로써, 중요무형문화재 원형보존과 기 · 예능 향상을 도모함은 물론 우리 전통문화에 대한 저변확대와 보급선양 기회로 활용하기 위해 추진되고 있다.

특히 보유자뿐만 아니라, 전수교육조교에게까지 공개행사 지원범위를 확대하여 공연 · 전시의 활성화를 도모하였고, 이 밖에도 공예종목 보유자 작품전 개최, 각종 원형 공개행사지원, 전승장비 구입 · 제작비 지원, 중요무형문화재 해외공연 · 전시 등을 통해 중요무형문화재 공연이 원형전승을 위한 무대로서뿐 아니라, 국내외에 전통문화를 널리 알려 이를 발판으로 우리 전통문화를 관광자원화하는데 중요한 역할을 수행하고 있다.

3) 한국문화재보호재단 지원육성

한국문화재보호재단은 1980년에 설립되어 전통공예품전시사업과 전통문화교육 및 출판, 전통문화시설을 운영하고 있다. 또한 한국전통공예건축학교를 운영하여 10개 분야(자수, 침선, 매듭, 단청, 탈 제작, 도자기, 각자, 금속, 소목, 대목) 20개반에서 수강생을 배출하고 있다.

4) 무형문화재 공예품의 상품화

세계 각 나라마다 자국의 고유한 전통문화를 관광상품으로 개발하는 추세에 맞추어 문화재청에서도 무형문화재를 관광상품화하는 각종 방안이 마련되었다. 무형문화재 관광상품화를 위한 협의회를 구성하여 무형문화재 관광상품화 방안을 강구하고 있다.

5) 한국공예 해외전시

2002년 중국 북경에서는 '한국공예품 전람회(5.2~5.6)'라는 이름으로 조달청과 문화재청이 공동으로 주최하여 중요무형문화재 전승자 작품과 전통공예문화상품 370여 점을 전시하였다. 이 전시회에서는 공예제작 시연 등이 함께 이루어졌다.

2002년 일본 교토에서 있었던 '한국 전통문화의 향기전(8.31~9.16)'에서는 교토조형예술대학과 공동 주최하여 교토의 지역적 특색을 반영한 한국의 불교와 혼례문화를 주제로 200여 점의 전통공예작품을 전시하였다.

6) 전통공예 문화상품 개발

한국문화재보호재단에서는 매년 문화상품계획서를 제출한 신청자 중 전문가 심사를 거쳐 문화상품을 개발하고 있다. 이러한 문화상품의 개발에 보다 많은 사람들이 참여할 수 있도록 마케팅 노력이 필요하다.

7) 전통문화홍보교육관 건립

우리나라를 방문하는 외국 관광객 및 주한 외국인, 일반국민에게 전통문화를 널리 소개하는 역할을 수행하고 '우리 것'에 대한 국민들의 높은 관심과 배우고자 하는 욕구를 체계적으로 충족시켜 줄 수 있는 교육 및 홍보기능을 수행하기 위한 전통문화홍보교육관 건립공사를 착공하였다.

8) 전통 기 · 예능 조사연구

국립문화재연구소에서는 전통문화의 멸실과 단절을 막고 보존전승 자료를 구축하기 위해 전통음악, 전통무용, 공예기술, 전통의식, 전통음식 등 전통 기 · 예능에 대한 종합적인 조사연구사업을 진행하고 있다. 이 조사연구사업은 전통문화 기록보존의 마지막 시도라는 취지 아래 중장기 프로젝트로 추진하고 있으며, 이를 위해 관계 전문가와 공동연구를 추진 중에 있다. 특히, 이 사업은 문헌 및 현장조사와 더불어 영상기록 전문 제작사로 하여금 기 · 예능 전 과정을 영상 기록하도록 하여 전통문화의 영구 기록보존을 위한 다원적인 방법을 동원하고 있다. 이 사업의 성과물은 학술자료는 물론 전통문화의 지식기반을 확충하는 자료로 활용될 것이다.

9) 중요무형문화재 원형기록물 제작

중요무형문화재 원형기록물 제작사업은 보유자(보유단체)가 지닌 기·예능의 원형을 기록보존하고 전승하기 위한 것으로서 기록영상물 제작과 기록도서 발간을 병행하고 있다.

CHAPTER 5

종교와 관광

[제1절] 종교의 개요

1. 종교의 정의

종교는 라틴어로 Religio, 영어로 Religion이라고 해서 사람이 초인간적인 위력을 인식하고 이에 대한 신뢰의 정을 느끼며 희생을 바치고 기원, 예배하며 나아가서는 흔히 제사의식을 행하고 의무관념에서 복종, 종사하는 생활을 말한다. 그렇지만 학자들에 따르면 이런 정의만으로는 종교라는 현상을 충분히 설명할 수 없다고 한다. 이는 지금까지 나온 정의가 불충분하다는 것보다는 종교라는 현상이 그만큼 복잡하고 난해하다는 것이다.

여기서는 상식적인 수준에서 종교를 정의하고 종교의 기원문제에 대해 살펴보고자 한다. 그리고 여러 종교에 대해 간략하게 알아보고자 한다.

오늘날 종교를 상식직 수준에서 정의할 때, '신과 인간과의 관계'라고 한다. 이것은 물론 유신론적 관념을 중심으로 종교를 규정한 것이다. 그러므로 당연히 세계의 수많은 종교 중에는 이러한 종교적 개념에 해당하지 않는 것도 있다.

불교를 위시하여 인도의 자이나교 또는 원시적인 종교형태에서 볼 수 있는 초자연적인 우주적 능력이나 정령을 믿는 애니미즘과 같은 것들이 여기에 속한다. 이러한 종교는 신과 인간의 관계가 아니고 초자연적인 힘과 인간의 관계 혹은 초인간적인 원리와 인간의 관계를 말한다.

어떠한 형태의 종교든지 일반적으로는 인간의 삶을 중심으로 인간 이상의 어떤 실재와의 관계를 말한다. 그러므로 그리스도교에서 보는 바와 같이 신의 관념이 중심이 되면 종교적 교의는 신의 계시로써 인간에게 주어지게 될 것이며, 초자연적인 관념이 중심개념이 되는 것이다. 그러나 불교의 경우와 같이 어떤 우주적인 원리의 개념이 중심이 되는 종교에서는 그에 대한 신비적인 체험에 의해서 스스로 얻어지는 것이 가르침으로 나타난다.

2. 세계의 3대 종교

세계의 4대 종교라고 불리는 종교가 있다. 그리스도교, 불교, 이슬람교, 유교가 그것이다. 이 중에서 그리스도교를 제외한 세 종교에 대해 개략적으로 살펴보고자 한다.

1) 불교

불교에 의하면 인생은 괴로움의 바다이다. 생로병사가 고통이며 증오하는 사람과의 만남의 고통이며 사랑하는 사람과의 헤어짐이 고통이며 구해도 얻지 못하는 것이 고통이다. 세상 모든 것이 괴로움인 것이다. 붓다는 이 고통이 감정과 생의 욕망에서 온다고 보았다. 이런 욕망을 제거함으로써 세상의 고통스럽고 무상한 사물들의 흐름에서 벗어나는 길을 붓다는 제시했다. 이것이 일체의 고통이 없는 열반에 이르는 길이다. 열반에 이르는 팔정도(八正道)는 실천적인 방법으로 자력구원의 길을 보여준다. 불교는 신에 대해서는 아무 말도 하지 않는다. 긍정도 부정도 하지 않는다.

2) 이슬람교

서기 600년경 마호메트는 어떤 동굴에서 '알라'신의 계시를 받았다고 한다. 그는 자기가 받은 계시를 아브라함으로부터 예수에 이르기까지의 모든 계시를 결정적으로 완성하는 '예언자들의 봉인'이라고 믿었다. 신은 절대적으로 유일하고 단일하며 전능하다는 것이 마호메트가 가르친 교리의 핵심이다. 그가 계시를 받아 기록했다는 '코란'은 글자 그대로 신의 말씀을 받아적은 것이라고 간주되는 회교도의 경전이다.

3) 유교

이는 공자의 사상을 존중하는 교이다. 고대 중국에서 발생한 것인데 중국과 동아시아의 문화에 큰 영향을 주었다. 공자는 고래의 전통을 이어받고 자기 자신의 사색을 가하여 조상숭배, 극기, 인의 등 인생의 길을 가르쳤다. 그의 본지는 수기치인(修己治人), 즉 먼저 자기 자신을 수양한 후에 나아가서 남을 지도하는 데 있다. 따라서 가장 윤리적이며 한편 하늘(天)을 숭배하는 점에 있어서 도덕적 종교라 할 수 있다.

제2절 종교관광의 개요

1. 종교관광의 정의

종교는 인간이 만들어낸 가장 오래된 상징체계이자 문화요소 가운데 하나로 지역마다 그리고 종교마다 독특한 특성을 지니며 발달해 왔다. 즉 같은 종교라고 하더라도 지역의 자연적, 역사·문화적 배경과 그 전파경로 및 시기, 신앙집단의 특성 등에 따라 각기 다른 종교문화를 형성하게 된다. 이러한 이유로 종교는 지역의 문화를 이해하는 기본적인 요소로 인식되어 왔다. 오늘날과 같이 생활의 질적 향상과 교통의 발달, 인간성 회복에 대한 적극적인 참여의식 등 사회문화적인 여건변화는 성지 및 순례지 방문에 대한 인간의 이동을 자극하게 된다.

한국에서는 종교관광이란 용어는 아직 보편적으로 사용되고 있지는 않은 실정이며, 주로 종교관광은 사찰관광이나 천주교의 성지순례 정도로만 이해되고 있다. 종교관광의 개념을 좀 더 명확히 이해하기 위해서는 우선적으로 종교 관광이 특수목적관광인 문화관광의 일부로서의 의미를 가진다는 것을 인식해야만 한다. 일반적인 관점에서 볼 때 종교관광이란 종교적인 목적에 의해 동기가 부여된 여행으로 정의되고 있다(도경록, 2001).

Bernecker(1992)는 특히 종교관광이란 참여자들이 전체 혹은 부분적으로 종교적인 이유에 의해 발생된 관광의 형태로 보고 있으며, 또한 오늘날에 있어서 이러한 종교관광은 문화관광의 한 형태로 보일 수도 있음을 지적하고 있다. 이와 같은 현상이 발생하는 이유는 오늘날의 순례여행과 종교관광이 예전에 비해 다른 유형의 관광과 겸하게 되는 경향이 점점 늘어나기 때문이다.

이상에서와 같이 오늘날 종교관광을 정의함에 있어서는 여행자의 동기가 상당히 중요한 부분을 차지하고 있음을 알 수 있는데, 순례와 관광이 여행의 동기에 있어서 신성함과 세속적인 것을 대표한다는 이분법적인 시각으로 봤을 경우, 종교관광자로 정의되는 순례자와 휴가자로 정의되는 관광자는 여행의 동기를 구성함에 있어서 양극성에 위치하는 형태를 보이고 있음을 알 수 있다(Valen L. Smith, 1992). 이에 대해서 Adler을 포함하는 많은 수의 학자들은 순례와 관광이 여행의 동기라는 연속선상의 양극점이 위치하고 있다는 것에 동의하고 있으며 이를 정리해 보면 다음과 같다.

[그림 5-1] 여행동기에 따른 종교관광의 개념

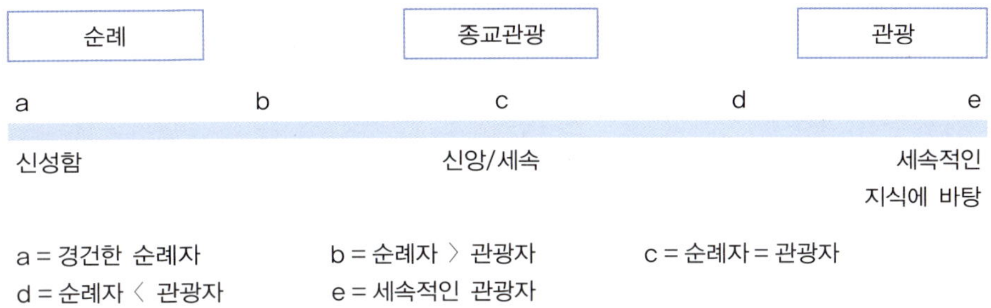

자료 : Valen L. Smith(1992)

이 그림에서 c에 해당하는 부분이 오늘날 종교관광으로 불리고 있다. Pearce (1991)에 따르면 이 영역은 관광에서 순례에 이르기까지 여행자들의 여행에 대한 다양한 관심과 활동을 반영하고 있다. 즉 종교관광은 극단적인 신성함이나 세속적이기보다는 그 사이에 위치하며 사회적인 가치, 지식을 기반으로 하여 중립적이며 이면적인 모습을 가지며 앞서 언급했듯이 개인의 가치와 속성에 따라 달라짐을 보여주고 있다. 따라서 복잡한 성격을 내재한 상품에서 흔히 볼 수 있듯이 종교관광상품의 분야도 여러 분야, 특히 역사문화관광 부문과 상충되는 면이 많다고 할 수 있다.

이러한 면면들을 살펴볼 때 오늘날의 종교관광은 휴가나 문화관광, 또는 지역에 따라서는 —특히, 이슬람교, 회교국가— 정치적 관광과도 밀접한 관계를 보이는데, 사실상 순수한 순례여행자라 할지라도 남는 여유시간을 이용하여 주변의 관광지를 둘러볼 수 있기 때문이다. 이러한 복잡적인 관광의 예는 로마와 같이 종교적 부분과 문화적 부분이 대등한 위치를 차지하고 있는 지역에서는 더욱 명확히 드러난다. 또한 종교적인 체험을 추구하는 세속적인 체험을 추구하는 경건한 순례자는 성스러운 영역에 대한 단순한 호기심을 충족시키고자 하는 세속적인 관광자들과 구분되어져야 할 것이나 그들의 방문목적과는 상관없이 모든 방문자들은 낮게는 인간적인 욕구를 충족시키는 것에서부터 높게는 상업적인 리조트에 비교될 만큼의 기대를 만족시키는 것에 이르기까지 상당한 수준의 서비스를 요구하고 있음은(Nolan, 1992) 종교관광의 범위에 대한 명확한 현대적 규정을 어렵게 하고 있다. 이미 널리 알려진 유럽지역의 순교성지들은 종교적인 순례자들뿐만 아니라 많은 관광자들을 불러들이고 있다. 많은 방문자들이 그들 휴가여행의 경유지로 혹은 순례와는 구별되어지는 단체종교관광의 일원으로 성지를 방문하고 있는 것이다. 그러나 이러한 유명성지의 관광자들의 관심은 경건함이나 심각함보다는 세속적인 측면에 더 기울여져 있고 그 지역이 가지는 종교적 의미에 관한 지식이 부족한 것이 사실이다. 또한 유럽에서 교회에 다니는 교인의 수가 감소하고 있음에도 불구하고 성지를 찾는 방문자 수는 점점 증가하고 있는 추세이다. 이에 따라 교회의 관리자들은 이들과 직접 접촉하고 이들에게 종교의 교리를 전달하는 포교의 수단으로 삼고 있으며 일부의 교회에서는 예배자들과 관광자들과의 혼란으로 예배자들과 관광자들과의 이용시간을 지정해 놓고 예배시간에는 예배자들만 이용할 수 있도록 하기도 했다(Mary Lee Nolan And Sideney Nolan, 1992).

이러한 현실속에서 로마 카톨릭교회의 관리들이 그들의 신앙과 관련된 광범위한 관광목적지를 관리해야 한다는 분쟁에 직면하게 되자 대성당에서 조그만 시골의 교회, 그리고 그들을 위한 편의 시설과 신성함에서 세속적인 것에 이르는 다양한 방문자의 체험 등 성지를 둘러싼 모든 활동들을 "종교관광"이라고 부르기 시작했다는(Lefeuvre, 1980) 것은 그 동안 종교적 활동의 하나로만 묶여왔던 종교관광을 새롭게 볼 수 있는 시각을 제공하는 것이라 할 수 있을 것이다.

〈표 5-1〉 종교관광에 대한 학자 별 정의 정리

연구자	종교 · 성지순례 관광 개념
Turner(1978)	사람들이 그들의 구조화된 역할과 상태인 일상세계로부터 평범하고 일반적인 인간성의 종교축제를 통하여 반조직적이거나 컴뮤니타스(Communitas:혼돈, 무질서)의 세계로 들어가는 신성한 장소로의 이동
G.H Jones(1980)	교회에 관련되거나 그에 준한 사명, 혹은 좀더 명확하게는 교회의 허가 하에 수행되는 여행이나 사명
Bernecker(1992)	참여자들이 전체 혹은 부분적으로 종교적인 이유에 의해 동기 부여된 관광의 형태
Vukonic(1992)	정화, 구원, 치료 등의 목적으로 거룩한 곳을 방문하는 것이며, 신자들이 신선에 의하여 거룩하게 된 자소를 여행하는 것
Hudman(1992)	신의 명령을 수행하거나 혹은 신에 대한 헌신을 하거나 개인과 가족의 보상을 얻기 위해 성전 혹은 거룩한 장소로 가는 여행
김상원(1992)	성지의 답사, 종교적 연구, 학문적 연구, 성직자의 자질과 견문향상, 그리고 개인적인 신앙심 제고를 위해 하는 여행
설혜심(1994)	성인의 발자취를 더듬어 영혼을 정화함으로써 천국행을 꾀한다는 원칙적 이상하에 실제적으로는 현세에서의 어려운 삶의 구조 내에서 구제와 희망을 주어 그 삶을 지속시켜 나아갈 수 있게 하는 역할
박용우(1994)	단순히 관광이 아니라 성지의 역사를 믿음으로 살펴보는 것
최창모(1997)	단순히 구약의 사건들이 일어난 장소를 확인한다거나 예수님의 생애와 그의 발자취를 따라 걷는 기도행위
Oursel(1998)	한 사람이 자신이 살고 있는 장소, 생활, 습관, 가족 등을 떠나 종교적인 목적을 가지고 자신이 자유롭게 선택한 어떤 거룩한 땅을 찾는 자발적이고 사심 없는 행동
구본식(2002)	사람들이 여행을 통해 거룩한 땅을 방문해 예배를 드리고 그 거룩한 장소의성인들을 통해서 복을 빌거나 받을 복에 대한 감사를 드리는 현상

2. 종교관광의 중요성

중세의 순례관광은 여행과 관광의 역사에서 중요한 위치를 차지한다. 그 이유는 첫째, 종교순례에는 가난한 서민층도 많이 참여하여 여행의 정신적 · 육체적 혜택을 공유할 수 있었고 둘째, 종교순례자들은 위험이 따르는 여행에 참여하여 육체적 역경을 정신적 보상으로 대체하고 셋째, 종교순례에서 순수한 정신적 활동과 함께 자신들의 관광활동을 활발하게 전개해 나가고 있었기 때문이다. 엄격한 의미에서 십자군(1095~1291)은 성지(Holy Land)를 이슬람교의 통치에서 해방시키기 위한 침략자(invaders)였지 관광객(tourists)은 아니었다. 그러나 십자군은 종교순례처럼 종교적 동기로 일어난 것이나 유럽을 다시 한 번 외부세계에 노출시키는 기회가 되었고 십자군 원정 중에 관광을 하고 기념품을 수집하는 등 관광적 행동을 즐기고 있었다. 이런 의미에서 십자군도 여행산업을 발전시키는 데 크게 기여하였다. 현대에 와서 문화인류학적 관점에서 관광을 '성스러운 여행(sacred journey)', 관광객을 순례자(pilgrim)에 비유하고, 디즈니랜드와 같은 관광지는 일종의 성지(聖地)로 탈바꿈하고 있는 것은 우연이 아님을 알 수 있다. 중세 이후 이러한 종교의식과 의례를 통한 인간의 공간적 이동규모와 범위는 점차 확대되어 성지순례여행(pilgrim tour)이라고 하는 초기 종교관광의 형태로 발전하게 되었다. 성지 및 종교유적지, 각 교당의 독특한 건축양식과 상징적 기호를 비롯하여 각종 종교집회에 이르기까지 종교문화는 이제 단순히 종교적 언어를 넘어서 관광수요를 유발하고 욕구를 충족시키는 관광자원으로서 새로운 가치를 형성하고 있다.

3. 종교관광의 특성

종교관광은 성지와 의례적 행위들을 중심으로 인간의 귀속행위가 표현되는 활동으로 해석할 수 있다. 이러한 종교관광의 대상은 때로는 성지지역 그 자체가 대상이 되기도 하고, 성지의 유적과 유물, 사원이나 종교축제가 방문객을 유인하는 요인으로 복합적으로 작용하게 된다. 이에 따라 종교관광의 영역은 크게 종교적인 동기의 순례성지와 역사적 가치와 예술적 매력을 가진 종교관광의 매력성, 종교와 관련된 축제행사와 다양한 이벤트들로 구성되는 것이다.

종교적인 관광매력성은 건축이나 종교예술품의 전시 또는 중요 역사유물과 같은 고유한 특성을 가지고 있으며, 이는 순례자들이나 종교관광객들에게 종교적인 관심 이외에도 과거 역사에 대한 향수, 도시생활로부터의 탈출과 같은 복합적인 동기에 의해 작용하게 되는 것이다.

우리나라에서도 종교관광지는 단순한 과거 건축양식에서 사찰과 교회를 대상으로 하고 있으나 특정인물을 중심으로 배치되는 성지나 유적을 포함하고 있을 뿐만 아니라, 종교적인 의례나 의식을 주관하는 특정기간까지도 포함되어야 하며, 특정종교의 교육이나 문화행사까지 포괄적인 종교관광으로 해석해야 할 것이다.

종교관광의 특성은 일반적인 여행이나 관광의 특성과는 다른 요소와 측면을 포괄하고 있는데, 이는 크게 다섯 가지로 나눌 수 있다.

첫째, 종교전문가가 대동한 관광여행의 형태를 가지게 된다. 이는 일반적으로 특정한 종교에 해박한 지식을 가진 전문가나 승려를 동반하여 특정한 종교유적을 방문하고, 이에 대한 다양한 문화와 행사를 경험하면서, 똑같은 순례의식을 같이 행하는 데서 다른 관광이나 여행과는 차별되는 특성을 갖고 있다.

둘째, 종교관광은 주로 종교전문가에 의해 모집되고, 홍보되는 특성을 가지고 있다. 또한 관광객의 모객에서 여행의 주관이 모두 종교전문가의 양해와 이해를 전제로 한 여행활동으로 구성되는 특성을 가지는 게 다른 여행이나 관광과는 근본적으로 차별화되는 특성이라 할 수 있다.

셋째, 종교관광은 주로 종교지향적인 단체나 종교단체를 중심으로 주최되어 이루어지게 된다. 즉 여행사나 순례지역의 관광사업체가 중심이 되기보다는 출발지역의 종교단체나 종교지향적인 집단의 모객을 중심으로 판촉과 홍보가 이루어지게 되고, 이는 동반하는 종교전문가와 안내원의 협조와 양해를 통해 구성되는 독특한 여행구조를 가지게 된다.

넷째, 종교관광은 참여하는 계층이 특정종교를 믿는 계층이거나 지향적인 계층의 방문객들로 구성되어 일관된 여행활동이나 방문경로를 가지는 특성을 지니게 된다. 이는 종교관광에서 다른 여행이나 관광과는 뚜렷하게 차별되는 속성으로 특정한 숙박시설이나 식음서비스, 방문시설에 구애받지 않는다는 것이 두드러진 차이점이라 할 수 있다.

다섯째, 종교관광은 일반적인 성수기와 비수기와는 다른 형태의 수요집중형태를 보이게 된다. 일반적으로 종교관광은 하계나 동계가 아닌 특정 순례기념일이나 종교기념기간을 중심으로 성수기를 형성하게 되고, 나머지 기간은 거의 비수기로 꾸준한 방문형태를 가지고 있어 일 년 내내 거의 불황을 타지 않는 속성을 가지고 있다.

4. 종교관광의 동기

종교를 기반으로 하는 인간의 신앙심은 관광동기를 유발하는 요인이 된다. 예컨대 교조의 성지를 직접 순례하고 초창기 신도들의 고난과 순교의 현장을 돌아봄으로써 신앙심을 키우고자 하는 욕구, 경전의 부족한 미비를 보완하기 위해 종교 발상지로 가서 구법하려는 열정, 교리를 타 지역이나 타국에 전파하고자 하는 욕구, 종교의 사회교육에 대한 욕구 등이 관광을 유발하는 요인이 된다(조성락, 1991). 또한 Russel에 따르면, 유럽의 종교관광지 방문자를 중심으로 한 그의 연구에서 순수 종교관광객의 동기를 다음과 같이 정리하고 있기도 하다. 첫째, 종교적 율법을 지키기 위해 둘째, 기적이 일어났던 곳이나 중요한 의미가 있는 지역에서의 기도와 예배 셋째, 종교적 위업의 용서를 구하기 위해 넷째, 질병의 치료를 위해 다섯째, 종교적 지도자와 함께 기도에 참여 여섯째, 종교적인 행사나 의식에 참여 일곱째, 가족적인 종교의식을 위해서 여덟째, 미래에 기적적인 일이 일어나리라 예상되는 지역을 방문하기 위해서 등이 그것이다.

그러나 오늘날의 종교관광은 종교의 교육적인 기능과 관광의 견문 확대 및 교양적 기능이 합목적적으로 적절히 결합된 양목적인 관광의 형태로 볼 수 있다(이항구, 1998). 또한 방문자들과 지역민들 모두가 방문 동기나 행동에 있어서 지극히 종교적인 것으로부터 아주 세속적인 것까지에 이르는 다양한 상태의 범주에 속하게 됨으로써 매우 복잡한 상호작용의 구조를 형성하게 되는데 이러한 현상은 관광 매력물의 유형에 따라 달라지는 경향을 보이고 있다(Mary Lee Nolan & Sideney Nolan, 1992). 오늘날 종교관광에 참여하는 이들이 종교 이외의 문화적 · 휴양적 동기에 의해 유인된다는 것에 주목할 필요가 있다. 즉 종교인들에게는 종교적인 의미를 가진 곳의 방문이 여행의 목적이 되고 있으나 그렇지 않은 이들의 경우, 그들은 종교가 가지는 독특한 문화 또는 종교적 영향을 받은 건축물, 그리고 종교의 역사 등에 흥미를 가지고 종교적인 장소를 방문한다는 것이다.

5. 종교관광의 대상

성지와 의례적 행사들은 관광매력물 중에서도 고전적인 것에 속하는 것들로서 신앙인 등의 숭고한 노력으로 이루어진 성지, 사원, 교회, 종교적 축제 등은 방문자들에게 강한 인상을 심어줄 수 있는 복합적인 매력물 중 하나이다. 서부유럽의 크리스천 순례여행지에서의 기초적인 조사를 바탕으로 볼 때 종교관광의 영역은 크게 세 가지의 범주로 개념화될 수 있다. 첫째, 종교적인 동기에 의해서 여행하게 되는 순례성지 둘째, 종교적 의미와 함께 역사적·예술적 가치를 함께 지닌 종교 관광매력물, 마지막으로 종교와 관련된 축제 등이 그것이다(Nolan, 1992).

종교적인 관광매력물들은 건축물이나 특별한 종교예술품들의 전시 또는 중요한 역사적 유물들과 같은 측면들이 관광객을 끌어들이는 것으로 보인다. 대도시에 위치한 몇몇의 성지들은 수많은 사람들을 끌어당기는 레크리에이션 지역과 마찬가지로 종교적인 목적으로 여행하는 수많은 여행객들의 방문을 받을 수 있는 잠재력을 가지고 있으며 그 대표적인 예가 로마에 있는 바티칸 시티이다. 이러한 종교적인 성지는 순례자들에게뿐만 아니라 대중관광의 목적지로도 선호되고 있는데, 이러한 현상은 옛것에 대한 향수, 종교적 관심, 도시생활로부터의 탈출 등의 이유들이 복합적으로 작용하여 나타나는 것으로 보인다.

우리나라의 경우 한국관광공사에 따르면 종교관광지는 단순히 구식건물 가운데 사찰과 교회만을 대상으로 하고 있으나 실제적으로는 사찰 및 교회뿐만 아니라 종교적으로 순교한 인물을 기념하고 기리는 성지 및 유적지 등이 포함되어야만 하며(한병신, 1997), 종교적으로 독특한 의식을 갖게 하는 여러 가지 요소, 즉 연등제와 같은 종교적 이벤트를 포함해야 할 것이다.

6. 관광상품으로서의 종교

관광객들은 다른 목적지와 차별화된 그 나라만의 독특한 문화적 속성을 느끼고 체험하고 싶어한다. 또한 경제성장에 따른 소득수준의 향상, 레저의 증대, 생활양식의 변화와 국민의 관광욕구 다양화·개성화에 따라 이에 부응하는 다양한 관광상품 개발이 적극적으로 요청되고 있으며 특히 문화관광상품에 대한 수요가 증대되면서 문화유산에 대한 인식의 재조명이 필요하다.

이러한 관점에서 한국사회가 전래고유의 무속신앙 터전 위에 불교, 유교를 위시하여 서양종교인 천주교, 개신교가 혼재하는 다종교사회라는 점은 충분히 좋은 문화관광상품 개발의 소재가 된다. 즉 참여를 통한 체험형 상품으로서 불교와 참선, 토착화된 유교 및 전통 무속신앙 등을 소재로 한 상품이나 종교문화의 본질을 체험할 수 있는 사찰, 서원의 자원중심형 상품, 향후 잠재성이 있는 분야로서 천주교 및 개신교의 성지순례 등을 중심으로 한 우리나라 종교유산을 활용한 상품화 방안은 기존의 문화상품화와는 차별화된 새로운 시도가 되고 있다.

1) 무속신앙

우리나라 무속신앙의 기원은 정확하게 밝혀진 바는 없으나 대체로 아시아 시베리아의 샤머니즘을 무속신앙의 연원으로 삼는다. 무속신앙은 제정이 일치되던 부족연맹사회에서는 종교적 위상이 높았으나 삼국시대 유 · 불 · 선의 3교가 유입되면서 종교적 의례만 남게 되었다. 고려시대는 불교와 함께 무속신앙도 대단히 번성했지만, 유교사회인 조선의 건국으로 점차 쇠퇴일로를 걷기 시작했다. 하지만 한국인의 생활과 정서 속에서 무속은 면면히 이어져 내려왔다.

흔히들 무속신앙을 미신이라 치부하고 종교로 간주하지 않기도 하지만 무속신앙은 한국사회 구석구석에 한국인 삶의 저변에 깔려 있는 신앙으로 자리 잡아 오늘에 이르고 있다.

무속신앙에서 축제와 같은 형태의 굿판, 특히 동제, 도당굿, 부락제라 불리는 마을굿은 외국인에게 매력적인 문화관광상품이 된다.

2) 불교

우리나라에 불교가 처음 전래된 것은 서기 4세기 무렵이고, 고구려의 불교 전래부터 따지면 한국 불교는 1600년이 넘는 유구한 역사를 갖고 있다. 한국 불교는 이 같은 역사의 무게에 걸맞게 신앙적으로 소중한 것을 많이 갖고 있다. 오랜 세월 동안 이 땅에 살다 간 수많은 불교 승려와 신자들은 삼천리강산 곳곳에 수행과 신심의 자취를 남겼고, 이 유적들은 시간이 흐르면서 오늘에 이르고 있다.

오늘날 우리나라 유형문화재의 70% 이상이 불교 유산이고 보면, 이들이 한국의 관광자원이나 매력에 지대한 역할을 하고 있는 것이 현실이다.

3) 유교

유교는 한국인의 생활에 너무나도 밀접하게 영향을 많이 미쳤는데, 특히 한국인의 윤리관 형성에 절대적인 작용을 하였다.

특히 조선시대에는 국가의 정치, 사회, 문화의 모든 면에서 중요한 주도권을 행사하였으며, 교육과 교화의 기능은 물론 종교적인 기능까지도 수행하였다. 현재는 유교교육과 교화의 중심지로서의 성균관, 성리학의 대가인 퇴계 이황 선생의 후학을 양성했던 도산서원, 율곡 이이 선생의 학통을 이은 기호학파의 중심지로서의 돈암서원 등을 포함하여 1백여 개의 서원과 235개의 향교가 있다.

4) 천주교

약 200여 년의 역사를 가진 천주교는 개신교와 비교해 볼 때 신도들의 열성과 조직력으로 각 교구마다 그 지역의 역사를 대변해 주는 성지가 잘 조성되어 있다. 전국 각지에 성지가 없는 곳이 없을 만큼 곳곳에 천주교 성지가 있고, 14개 지역의 교구들은 성지 조성에 적극적이며, 신자들도 다른 어느 종교의 신자들보다 국내의 성지순례에 열의를 가지고 있다.

대표적인 성지순례로는 천주교의 발상지라 할 수 있는 경기도 광주의 천진암을 비롯하여 명동성당, 새남터 순교성당, 서소문 순교터, 절두산 순교기념관과 당진 솔뫼마을, 안성의 미리내성지, 제천 배론성지, 전주 전동성당 일대, 대구 관덕정 순교기념관 등이 있다. 여기에서 천진암이 한국천주교의 발상지라면 제천의 배론성지는 황사영백서사건이 발생했던 곳으로 한국 천주교의 성장지로 볼 수 있다. 지금도 이상의 성지들은 신자와 함께 많은 관광객들의 관광대상이 되고 있다.

5) 개신교

약 110년의 짧은 역사에 비해 빠르게 성장한 개신교는 서양문명과 정신문화의 전파매개체로서 한국 근대화에 지대한 견인차 역할을 하였다.

개신교는 상대적으로 불교나 천주교와 같은 성지를 찾기가 쉽지는 않으나, 양화진 외인묘지, 소래교회, 장로교 새문안교회, 감리교 정동제일교회, 성결교 중앙교회, 침례교 공주교회, 성공회 강화성당, 구세군 서대문 영문, 화성 제일교회, 주기철 목사 유적지 등이 있다. 이외에도 한국관광공사의 '한국관광코스'에 개신교의 종교목록으로 위의 정동교회 이외에 영락교회, 순복음교회, 금란교회, 광림교회, 충현교회 등이 소개되어 있다.

6
CHAPTER

축제와 관광

[제1절] 축제의 개요

1. 축제의 개념

원래 축제란 단어는 사람(儿)이 말(口)로 신에게 기원하는 것(示)을 형상화한 글자인 '祝'과 제물(肉)을 손(手)으로 제상(示)에 놓는 모습을 형상화한 '際'가 결합한 단어이다. 즉 현실세계의 한계에 직면하거나 보다 나은 생활을 추구하기 위해 인간들이 그들의 소원을 성취하고자 꾸민 인위적인 마당이 축제인 것이다. 따라서 축제는 축(祝)과 제(際)의 두 가지 관점에서 볼 수 있으나 사회의 변동에 따라 현대사회에서는 제의 개념보다는 축의 개념과 놀이마당의 개념이 더욱 강조되고 있다.

일반적으로 축제는 인간이 가지고 있는 신 또는 우주에 대한 경외감과 인간의 본능적 욕구, 즉 유희본능이 복합적으로 작동하여 이루어지는 제도라고 볼 수 있을 것이다. 축제에 관한 저명한 이론가인 프레데릭슨은 축제(祝祭 : festivals)란 개인 또는 공동체에 특별한 의미가 있거나 결속력을 주는 사건 또는 시기를 기념하여 의식을 행하는 행위라고 정의한 바 있다. 한마디로 축제란 삶의 현실이 문화예술과 결합하여 제도화된 형식이라고 할 수 있을 것이다.

또한 마르틴은 축제적 시간이란 삶의 질을 구성하는 것에 대한 인식이며, 그것을 위해 공개된 공간과 자유로운 시간 그리고 사치라고 규정하고 있다. 여기에서 그는 자유로운 시간과 주일휴가 또는 각종 휴일들을 축제와 같은 것으로 보고 있다. 따라서 축제란 일상생활 속에서 행해지는 특별한 활동으로 대부분 신격화된 대상을 가지고 있으며, 시간적 · 공간적인 개념을 모두 주요대상으로 삼고, 그 목적은 삶의 질서를 회복하는 데 있는 것으로 볼 수 있다.

2. 축제의 특성

① 축제들은 종종 상징과 비유를 통해 재생되는 신화적 또는 역사적 사건들을 기초로 하고 있다.

② 대부분의 축제들은 특별한 음악과 춤들, 그 밖에 특수한 행동을 포함한 의식들과 행렬을 지켜 나간다든지, 일상과 구별되는 의상들 또는 가면들을 쓴다든지 하는 여러 개의 차별적인 특색들을 포함한다.

③ 축제들은 계절적인 순환(봄 · 추수기), 종교적인 축일(서양의 경우에는, 예컨대 사순절 · 부활절 · 만성절 등), 역사적인 그리고 애국적인 기념일들(독립선언 · 승전기념 등)과 일치하는 규칙적인 간격을 지닌 채 일어난다.

④ 종교적이거나 신화적인 본래의 축제내용들은 지역의 전통들에 의해 윤색된다. 다시 말해서 축제들은 그것을 만들어낸 문화와 결정적으로 연계된 독특한 맛을 지닌다. 오늘날 행해지는 많은 축제들이 사실상 전통적인 기층에 덧붙여진 현대적 특색들을 포함하고 있다. 그렇게 해서 본래의 사건이 지닌 현실성이 확인되고 축제의 기능이 보존된다.

⑤ 축제들은 부족 · 사회계층 · 지방 · 종교 등 좀 더 좁게 구획된 문화공동체들 안에서 이루어지기도 하는데, 대부분의 경우에는 전체인구 중 다수에 의해 인정되거나 종종 특별한 행정적 · 재정적 수단들을 통해 당국에 의해 지원되기도 한다.

⑥ 과거의 많은 축제들은 사회적인 갈등들을 해소하고 주민을 융합시키는 기능

을 하기도 하였다.

3. 축제의 기능

축제를 역사 · 사회 · 문화의 산물이라고 본다면, 전통사회에서의 축제는 종교적 · 윤리적 · 사회적 · 정치적 · 예술적 · 오락적 · 생산적 기능을 담당하였다. 이를 좀 더 구체적으로 살펴보면 다음과 같다.

① 종교적 기능이다. 신에게 제사를 지내고 풍농을 기원하는 그것은 종교성과 직접 관련될 뿐 아니라 앞서 말한 원초제의성과 연결된 축제의 기능이다.
② 윤리적 기능이다. 제천의례에서 하늘에 제사를 지낸 것은 천신을 공경하고 숭배하는 윤리의식의 작용이다.
③ 사회적 기능이다. 이는 사회성원으로서의 자기확인과 자기인식, 공동체의식의 고양, 사회통합적인 기능을 포괄하는 것으로 향토민의 일체감과도 통할 수 있는 기능이다.
④ 정치적 기능이다. 지역축제를 위해서는 그 지역의 대표들이 모이는 모임이 구성되고, 모임의 결정에 따라 일이 처리되는 정치형태를 갖추기 마련이었다.
⑤ 예술적 기능이다. 이 기능은 축제가 종합예술의 성격을 지니고 있다는 점이다.
⑥ 오락적 기능이다. 이 기능은 축제가 일상생활과 구별된다는 점에서 일탈성(逸脫性)은 축제의 큰 특징으로, 축제기간에는 일상에서 벗어나 자유로움을 만끽하는 이완의 극치를 이루게 한다.
⑦ 재충전의 기능이다. 축제의 이완은 단순히 즐거움을 위한 것이 아닌 긴장과 이완의 리듬 속에서 다른 일을 하기 위한 재충전의 작업이다. 그래서 전통사회의 축제는 이러한 과정을 통해 재생력을 강화하여 생산을 촉진시키는 것으로 귀결된다.

이와 같이 축제는 지역사회를 밝고 긍정적인 분위기로 전환시키는 기능이 있으며, 지식의 보급과 향상, 기술의 증진을 가능하게 한다. 따라서 축제는 그 자체가 목적이 아니라 다양한 목표달성을 위한 효율적인 수단으로 활용할 수 있다.

4. 지역축제현황

문화체육관광부의 의뢰를 받아 한국문화관광정책연구원에서 수행한 「한국 지역축제 조사평가 및 개선방안 연구」에서는 2016년에 한국지역축제의 수를 1,214개로 집계하였다. 2016년도의 지역축제 개최에 따른 총예산은 2914억원으로 나타났다. 2016년도의 지역축제이 총방방문객수는 1억 3125만명으로 집계되었다.

2016년도의 지역별 축제개최현황은 서울이 175개로 가장 많고, 그 다음이 강원도로 124개를 차지한다. 서울은 87개이며, 광역시로는 부산이 83개로 가장 많고, 울산과 대전광역시가 각각 19개, 15개로 가장 적은 수를 보이고 있다.

〈표 6-1〉 2016년 지역별 축제 수 및 백분율

시 · 도	축제 수(개)	백분율(누진율)	시 · 도	축제 수(개)	백분율(누진율)
서울특별시	175	14.5	강원도	124	10.2
부산광역시	56	4.6	충청북도	58	4.8
대구광역시	34	2.8	충청남도	75	6.2
인천광역시	32	2.6	전라북도	88	7.3
광주광역시	15	1.2	전라남도	105	8.6
대전광역시	35	2.9	경상북도	94	7.7
울산광역시	24	2.0	경상남도	107	8.8
경기도	161	13.2	제주도	31	2.6
			합계	1,214	100.0

자료 : 한국문화관광정책연구원, 「한국 지역축제 조사평가 및 개선방안 연구」, 2006.

[제2절] 지역축제의 문제점 및 관광자원화 방안

1. 지역축제의 문제점

1) 무분별한 축제의 양산

지방자치제가 시행되면서 1990년대부터 무분별하게 경쟁적으로 지역축제가 양산되고 있다. 이는 지방자치제도가 시행되고 지자체장이 선출을 통해 당선되면서 무엇인가를 해야 하고, 지역민에게 무언가 보여주어야 한다는 조바심이 큰 작용을 했다고 볼 수도 있다. 이에 지자체마다 경쟁적으로 축제를 개최하게 만들었고, 이러한 경쟁적인 축제의 양산은 시장분석이나 검증절차 없이 무분별하게 수립되어 결과적으로 산출 없는 투입만 증가하는 예산의 낭비를 불러일으켰다.

2) 근시안적 축제기획

축제의 성공은 타 지역에서 방문한 관광객과 지역주민의 만족도로써 평가할 수 있다. 즉 외래 방문객들은 축제의 참여를 통해 소비함으로써 만족하여 다음 축제에 기꺼이 방문할 것이다. 외부에서 온 관광객들이 여러 유형의 축제방문객 중 가장 핵심적인 요인이 될 수 있다. 이렇게 축제가 관광상품으로 성공하게 된다면, 지자체는 도비 또는 국비 보조금이 더욱 많아지게 될 것이고, 기업에서 협찬금을 받게 될 확률이 더욱 높아지며, 지역주민들로부터 적극적인 참여를 획득할 수 있는 잠재성도 더욱 증대될 수 있다.

하지만 이런 지역축제 행사를 주최 혹은 주관하는 지방자치단체들은 전문인력이 절대 부족한 상황에서 주먹구구식으로 축제가 이루어짐으로써 축제를 방문하는 관광객들의 참여기피가 지역주민들의 경제적 수익감소로 이어지는 악순환을 초래하게 된다.

3) 관주도형의 행사진행

축제의 역사가 짧은 경우에는 관주도형이 축제행정의 효율성 및 유관기관과의

협조문제 등에 유리할 수 있다. 그러나 축제가 어느 정도 자생력을 가지게 되었을 때는 민간단체 및 이와 유사한 기관이 축제를 주도적으로 운영해야만 프로그램의 편성이나 새로운 아이디어의 활용을 용이하게 할 수 있다. 또한 대체로 관주도형인 우리나라에서는 축제행정을 주도하던 담당자가 순환보직으로 이동을 하게 되면 축제운영에 대한 노하우가 전수되지 못하므로 축제의 지속적인 발전기회를 상실하는 경우가 많다. 따라서 행정조직에 축제전담부서를 설치하여 전문성과 지속성을 높여 나가거나 영속성을 가지고 있는 민간단체가 축제운영을 전담하는 등의 합리적인 축제운영 시스템을 구축해야 한다.

4) 차별화되지 않은 관광기념품

관광기념품은 교통 · 숙박과 더불어 관광소비의 3대 항목으로서 지역소득 증대 및 파급효과에 크게 기여할 뿐 아니라, 관광객의 회상과 만족도를 높여 재방문을 유도하는 데도 효과적이다. 그러나 우리나라의 경우 방문하는 축제현장이나 관광지마다 많은 기념품이 전시 · 판매되고 있으나, 독창적이고 지역의 향토성이 적절히 표현된 상품성이 있는 관광기념품은 그리 많지 않은 편이다. 따라서 대부분이 어디를 가나 구입할 수 있는 평이하고도 중복된 상품으로, 관광기념품으로서의 기능이 부실한 편이고, 더욱이 해외수입상품들까지 국산으로 둔갑하여 유명관광지에서 전시 · 판매되고 있는 실정이다.

5) 체류지향적 프로그램의 부재

대단위 우수축제를 제외한 대부분의 축제 프로그램을 면밀히 살펴보면, 1~2개의 개최장소에서 장을 열어 놓고 그 위에 천편일률적으로 노래자랑, 아가씨선발대회, 풍물놀이패 공연 등을 덧칠해 놓은 양상을 띤다. 그러므로 2~3일 정도 체류하면서 여러 가지 행사를 경험하면서 여가를 즐기고 싶어도 그 다음날도 같은 행사가 계속된다면 숙박을 감수하면서까지 머물 만한 이유가 없는 것이다.

2. 축제의 관광자원화 방안

축제에는 축제를 통합할 수 있는 정신적 지주개념이 있어야 하고, 축제의 상징과 이미지를 드러낼 수 있는 축제의 주요 테마가 설정되어야 한다. 특히 다양한 프로그램의 나열 이전에 집중적으로 지역축제를 상징하고 이미지화할 수 있는 주제가 무엇인가를 분명히 할 필요가 있다. 프로그램을 개발하고 처음에는 잔치로 시작하여 차츰 축제로 키워 나가는 쪽으로 방향을 설정하는 것이 좋다.

잔치축제로 만들어서 지역성과 전통성을 살려 나가는 것이 초기단계의 축제구성전략일 것이다.

첫째, 축제구성원들과 향유하는 시민들의 유기적 결합을 위해 축제의 개방성은 매우 중요하다. 여기서 개방성이란 함께 참여하는 것을 말하기도 하지만, 그보다는 축제운영자들이 배타성과 폐쇄성을 가지지 않아야 함을 뜻한다.

둘째, 축제의 성격을 분명히 해야 한다. 아무 특징 없는 학예회 수준의 행사를 벌려놓고 축제라고 우기는 일이 없어야겠다. 백화점식 축제나 체육관식 축제 그리고 운동회식 축제 또는 문화 엘리트를 위한 축제에서 민중적이고 역사적이며 생활과 유리되지 않는 축제를 기획 · 운영하기 위해서는 어떤 성격의 축제로 만들 것인가를 분명히 할 필요가 있다.

셋째, 관(官)은 축제를 지원해야 하지만, 축제에 간여하거나 축제를 통제하려 해서는 안된다. 지원은 하되 간섭하지 않는 문화정책의 제일원칙이 축제에도 적용되어야 한다. 축제의 문화자치는 문화향유권과 문화평등권을 보장하는 기본원리 중의 하나인 동시에, 축제의 정통성을 확보하는 주요한 요인이다.

넷째, 축제운영자들의 독선을 제어할 장치가 있어야 한다. 지금까지 축제운영자들은 지역의 문화 토호(土豪)인 경우가 많다. 문화나 축제 발전에 방해가 되는 위인들이 나서서 축제를 주관한다고 했을 때 파생되는 문제는 심각해진다. 특히 관료나 정치가들이 축제를 이용하려 한다면 그 축제는 머지않아 의미를 상실하고 말 것이다.

다섯째, 지역축제는 기획과 운영도 중요하지만, 문화예술전문가가 아닌, 주민들의 아마추어 정신이 중요하다. 이 경우 전문문화예술단체의 조언과 지원을 받는 것이 필요하다.

여섯째, 신흥도시의 축제는 구성과 기획을 치밀하게 준비해야 성공할 수 있다. 훌륭한 축제와 그렇지 못한 축제가 있다면 신도시에서 이루어지는 축제는 기획상품과 같은 성격을 가질 수밖에 없고, 그러한 기획력과 열정이 축제를 성공시키는 열쇠임은 당연한 것이다.

일곱째, 냉소적인 주민들을 어떻게 냉소적이지 않도록 유도하고, 나아가 축제의 중심으로 끌어들이느냐 하는 점이다. 이 문제를 어떻게 해결하느냐가 축제의 의의와 결과를 가늠한다고 볼 수 있다. 그러므로 참여까지는 아니더라도 냉소적이거나 배타적 공격성을 가지지 않게 하는 것이 최선이라고 본다.

여덟째, 재정의 확보와 집행이 공정하게 이루어져야 하고, 투명하게 집행되어야 한다. 대다수의 축제는 재정문제로 갈등을 야기하는 경우가 많은데, 그것은 축제구성원들의 폐쇄성과 배타성이 빚어내는 폐단임은 널리 알려진 사실이다.

7 CHAPTER

문화예술과 관광

제1절 문화예술의 개요

1. 문화예술의 정의

공연예술은 다른 예술들과 마찬가지로 그 영역을 명확히 정의하기는 쉽지 않다. 유럽국가연합은 공연예술을 '공연자와 대중, 그리고 예술작품의 실체적인 만남'이라 정의하고 있다. 이러한 정의는 연극, 오페라, 무용, 기악, 록, 음악당, 그리고 서커스까지의 다양한 분야를 포함시키고 있다. 냐호호(Nyahoho, E.)는 캐나다 통계청의 정의를 이용하면서, 공연예술은 극작가, 작곡가, 안무가, 연극, 배우, 무용가, 발레, 무용홀, 민속예술, 음악, 오케스트라, 코미디 등의 작품 등을 포함하고 가수와 배우, 음악가들을 합친 것이라고 정의하고 있다[1].

공연장을 매개로 하여 공연예술을 수요와 공급의 측면으로 나누어 공연예술에 대한 수요 측면에서 보면 소비자에게 질정한 감상능력을 요구한다는 점에서 일반 상품과는 다르고, 공급 측면에서 보면 일정한 예술적 재능을 갖춘 공연자에 의해 생산되는 서비스가 공연예술이라고 할 수 있다.

1) 사실 이것은 모두 부류의 경제활동에 대한 유엔의 국제표준산업분류표(ISIC)에 기초한 네 자리 하위집단 9214에 가깝다. 이에 비해 용역보다는 재화의 거래에 초점을 맞춘 이 네 자리 표준국제무역분류표(SITC)에서는 공연예술이 전혀 언급하고 있지 않고, 예술작품, 수집품과 골동품 등과 함께 표준국제무역분류 8960에 포함되어 있다.

2. 공연예술의 특성

공연예술은 대체적으로 다음과 같은 특성이 있다.

첫째, 공연을 매개로 생산과 소비가 동시에 이루어지는 무형재이다. 즉 소비자는 공연을 통해 즐거움과 신명, 감동을 느낄 수는 있으나 공연 후에 물질적으로 얻을 수 있는 것은 없다는 것이다.

둘째, 공연예술은 현재의 공연 관람을 통한 소비활동의 일환으로 공연에 참관하고 부가적인 정보를 입수함으로써 미래에 공연예술을 더 많이 소비하도록 하는 유익한 습관성(beneficial addiction) 효과를 발휘한다. 다시 말하면, 유익한 공연예술의 참관은 라이프스타일의 변화를 가져와 공연예술에 습관적으로 빠져들 수 있다는 것이다.

셋째, 소비자들이 관람하고자 하는 공연예술의 내용을 사전에 충분히 파악하지 못하기 때문에 관람(소비)에 대한 위험부담을 느끼기 마련이다. 따라서 위험을 줄이려는 시도의 일환으로 타인을 모방하려는 성향을 가지게 됨에 따라 스타급 작품에 수요가 치우쳐지는 경향을 갖는다. 여기서 '스타'란 막대한 규모의 수입을 올리면서 자신들이 종사하는 분야의 활동을 크게 점유하는, 상대적으로 소수의 사람들을 가리킨다. 영화 및 드라마, 공연 제작자들은 이러한 위험을 줄이는 방안으로 대다수가 '스타'를 활용하는 것도 이 때문이다. 실제로 영화를 보건 드라마를 보건 공연을 보건 상대적으로 인지도가 높은 '스타'가 하는 공연은 비교적 호응이 좋은 편이다. 스타들을 '흥행보증수표'라고 말하는 것은 이러한 공연예술의 특성과 무관하지 않다.

넷째, 공연예술은 총 치출액에서 인건비가 차지하는 비중이 매우 높은 노동집약적 산업이다.

다섯째, 공연예술은 심한 지역적 차별화를 가지고 있다. 이는 공연예술이 관객유치를 목적으로 이루어지는 것이기 때문에 인구밀도가 높은 대도시 지역이나 주요 도시를 중심으로 발전하고 있다는 점이다.

마지막으로 공연예술은 거대 기획사 및 공연단체들이 고용, 관객, 티켓 판매수입 등을 지배하는 과점적 시장형태를 띠고 있다.

스타마케팅
star marketing

스포츠 · 방송 · 영화 등 대중적 인지도가 높은 스타를 내세워 기업의 이미지를 높이는 마케팅전략. 정보통신산업의 급속한 발달, 경제의 통합주의화 현상, 문화산업주의의 등장 등과 함께 스포츠 · 방송 · 영화 등 대중스타들의 인지도가 높아지면서 나타난 마케팅전략이다. 현대의 대중문화는 단순한 문화차원에서 벗어나, 하나의 거대한 산업으로 자리 잡은 지 이미 오래고, 이에 비례해 대중 스타들의 이미지 역시 높아졌다.

스타마케팅은 대중적으로 인지도가 높은 스포츠 · 영화 · 방송 등의 대중스타를 내세워 기업의 이미지를 높이려는 마케팅전략이다. 그러나 넓은 의미에서는 대중문화에 한정하지 않고, 성악가 · 지휘자 · 화가 등 분야에 상관없이 한 국가 혹은 전 세계적으로 명성을 얻고 있는 인기스타를 내세워 펼치는 마케팅도 스타마케팅이다.

이런 점에서 영화나 드라마 등에서 특정 회사의 제품을 노출시켜 광고효과를 노리는 간접광고 형태인 PPL(products in placement)광고와는 구분된다. 스포츠 · 영화산업이 발달한 미국에서 가장 활발하게 이용되는 마케팅기법으로, 예를 들어 미국의 프로골프대회인 PGA에서는 출전선수들이 저마다 스폰서를 맡고 있는 기업의 로고가 새겨진 모자나 신발 등을 착용하고 경기를 한다.

PGA는 세계 각국의 텔레비전방송으로 중계되기 때문에 잠깐잠깐 비치는 로고를 통해 알려지는 기업의 이미지 효과는 다른 광고효과보다 훨씬 크다. 실제로 LPGA의 박세리가 소속팀인 삼성전자(주)에 미친 광고효과를 금액으로 환산하면 수천억 원이 넘는다고 한다. 이와 같이 스포츠 스타를 내세워 마케팅하는 것을 스포츠마케팅이라 부르기도 한다.

그 밖에 가수 · 영화배우 · 탤런트 등 인기 연예인을 내세운 스타마케팅도 있다. 스타의 이미지와 제품의 이미지를 동질화함으로써 소비자의 구매욕을 자극하고, 많은 비용을 들이지 않고 높은 광고효과를 올릴 수 있으며, 스타의 인기 상승과 함께 제품 판매량도 늘어난다는 점 등이 장점으로 꼽힌다. 반면 스타의 인기가 떨어지거나 스캔들 등으로 인해 갑자기 문제가 생길 경우, 제품의 이미지도 함께 나빠질 위험이 있다.

3. 공연예술의 환경변화

1) 국민 기본권으로서 문화복지 · 문화민주주의의 대두

: 문화예술의 대중화, 지역화로 시민과 친근한 공연예술의 중요성 증대

국민들의 경제적 부의 증대, 삶의 질 향상, 여가시간 확대 등은 예술에 대한 욕구를 지속적으로 증대시키고 있다. 특히, 평생문화학습시대를 맞이하여 예술에 대한 관심도는 국민의 여가활용의 중심에 서 있다. 그러나 이처럼 국민들의 예술에 대한 욕구가 지속적으로 증대하는 과정에서도 생활 속에서 예술을 접할 기회는 빠르게 증대되지 않고 있다. 따라서 국민들의 예술의 욕구 증대가 곧바로 예술에 대한 소비 증대로 연결되지 않고 있다. 이에 공급 측면에서 증가하고 있는 공연예술은 수요를 예술에 대한 선호도 증대로 연결시킬 수 있는 방안을 강구할 필요가 있고, 동시에 소비자들이 공연예술의 소비에 대한 각종 장애요인들을 제거하는 것이 선결과제라고 할 수 있다.

가장 우선시되는 것은 대도시와 지방의 문화적 격차를 줄이는 것이다. 현재 대도시와 지방 간에는 문화 인프라의 하드웨어 측면보다 지식정보시대에 더욱 중요한 역할을 담당하는 예술인과 예술행사 등과 같은 소프트웨어 측면의 격차가 더욱 심하다.

아울러, 지역별 문화향수 역시 중소도시에 비해 대도시에 거주할수록 높다. 따라서 하드웨어의 확보뿐 아니라 소프트웨어의 지속적인 확충을 통해 지역에서도 쉽게 공연예술을 접할 수 있는 기회를 증대시켜야 한다.

2) 국민 문화수요의 개성화 · 다양화 · 고도화

: '향유' 위주의 예술수요에서 '학습', '참여' 위주의 예술수요 증가

문화환경은 급속히 변화하고 있다. 이제 각종 공연관련 상품들도 저렴한 가격으로 손쉽게 구입할 수 있기 때문에 시장 확대는 놀라울 정도로 변할 것이다. 그리고 이들 수요는 매우 개성적이고 다양화되고 있다. 유치원, 초등학교, 중고, 대학, 일반대중에 이르는 예술수요자가 시장의 개발을 촉진할 뿐 아니라 예술의 질적 향상에 기여할 수 있는 대상으로 여겨지고 있다. 일본의 경우 아마추어 브라스밴드가 25,000개에 달하고 있는데, 이러한 예술참여 행위는 바로 순수예술의 시장 확대와 질적 향상으로 연결된다. 그러나 우리는 아직도 입시교육 위주의 예술교육이 주를 이루고 있다. 앞으로 우리의 문화정책은 예술 창작자에만 국한되지 않고, 예술 애호가, 동호인 등 예술참여자의 범주를 확대하고, 이들에 대한 적극적인 지원책을 모색해야 한다. 실제로 예술 향수자, 애호가 또는 동호인이야말로 가장 우선적인 예술소비자이며, 동시에 예술 창조자로 연결되기 때문이다. 이는 동네 축구가 늘어나 프로축구 시장의 잠재력이 되는 것과 마찬가지 논리이다. 지역의 공공시설이나 기관을 그들의 향수와 창조를 위한 공간으로 개방하고 적극적인 예술환경으로 개선해야 한다. 문화가 성장하기 위해서는 어느 한쪽의 노력만으로 이루어질 수 없으며, 세밀한 문화 네트워크와 긴밀한 유기적 관계가 문화를 숙성시키는 것이기 때문이다.

3) 공연예술의 융합화 · 퓨전화

: 고급문화와 대중문화의 경계, 장르별 통합 · 융합화 촉진

지식정보시대에 능동적으로 대처하기 위해서는 창의성을 제공하는 원천으로서의 역할을 수행하는 각 예술영역 간의 균형 잡힌 진흥정책이 필수적이다. 그러나 최근 우리나라의 문화진흥정책은 문화산업과 같은 영리부문을 진흥시키는 데 정책의 초점이 맞추어져 왔던 것이 사실이다. 오늘날 미국의 영상산업과 영국의 창조산업이 자국의 중요한 수출전략산업이 된 이면에는 순수예술과의 긴밀한 유대관계가 있기에 가능했다. 만약 실험적이고도 창의적인 순수예술과 자연과학의 도

움이 없었더라면 오늘날 미국의 영화산업과 영국의 창조산업은 그 탄생이 불가능했을 것이다. 따라서 고급문화와 대중문화의 경계가 모호한 상황에서 이 둘의 통합과 융합을 통한 새로운 예술의 탄생을 추구해야 한다.

나아가 최근 정보기술의 발달이 창작활동에 끼치게 될 막대한 영향을 감안할 때 향후에는 탈 장르 · 장르 간 융합 · 첨단기술접목분야에 대한 지원을 강화할 필요가 있다. 그리고 문학, 미술, 영상이 접목된 웹 아트 콘텐츠 개발을 지원하고, 장르 간 퓨전행사 및 사이버 미술전 개최 지원을 강화할 필요가 있다. 아울러 대중성 있는 공연예술작품에 대해서는 문화산업진흥기금을 활용하여 저리로 융자를 실시하는 방안도 강구되어야 할 것이다.

4) 공연예술계의 시장 · 경제논리 도입

: 국 · 공립 예술단체의 민간화 및 재정자립도 제고 요구 증가

예술은 창작과 향수 과정에서 다양한 외부효과(Externalities)를 창출하는 공공재적인 성격을 갖고 있기 때문에 각 나라에서는 다양한 방식으로 예술을 지원하고 있다. 그간 우리나라의 예술에 대한 지원정책은 철저히 공공지원 중심적으로 이루어져 왔다. 우리처럼 예술에 대한 민간지원의 전통이 부재한 상황에서 정부중심적인 예술지원은 불가피했다고 할 수 있을 것이다. 그러나 '예술적 창의성(Artistic Creativity)'은 정부에 의한 직접지원보다 민간의 자발적인 동기에 입각한 지원이 보다 소기의 성과를 거둘 수 있다는 점에서 향후 공공지원과 함께 민간지원을 활성화시킬 수 있는 제도적 환경정비가 요청된다. 이에 따라 공연예술계에도 끊임없이 시장, 경제 논리가 도입되고 있다. 따라서 정부의 역할을 분담할 수 있는 민간 지원구조를 확립하고 예술단체 스스로 경쟁논리를 갖출 수 있는 사회적 환경조성이 필요하다.

5) 공연산업의 역할 증대

서비스산업은 전체 산업에서 차지하는 취업자의 약 70%에 달하고 있으며, GDP에 대비해 봐도 51%로 제조업 34%에 비해 경제에 있어 큰 비중을 차지하고 있다. 아직 문화산업이 우리나라 전체 산업에서 차지하는 비중은 그다지 크지 않으나, 현재 고용효과 측면에서의 파급효과는 지대하다. 이러한 문화산업은 또한 서비스산업에서도 부가가치가 가장 높은 산업으로 기존 오프라인산업과 동반발전을 유도하며, 수출의 견인차 역할을 할 것으로 기대된다. 그중 공연예술은 문화산업에서 적극적인 역할을 수행하기에는 구조적 한계를 갖고 있어서, 직접적인 경제적 수익이나 산업화를 기대하기는 힘들다. 그러나 공연예술이 가지고 있는 특성 즉 새로운 생각과 감각을 적은 예산으로 쉽고 즉각적으로 형상화할 수 있다는 점과 오랜 역사를 통해 분야 내에 축적된 성과가 심대하다는 점 등을 통해 공연예술은 그 자체로 문화산업의 주체가 되거나 높은 수익성을 올리지는 못하지만, 분야에서 이루어진 다양하고 과감한 내용과 형식의 실험, 새로운 발상과 작품적 성과들은 다른 분야 예술의 중요한 자산으로 남게 된다.

그리고 공연예술이 문화산업과는 무관하다는 기존의 관념을 깨는 사례들이 많이 나타나고 있다. 공연예술 상품은 예술적 가치를 지닐 뿐 아니라, 나아가 문화산업을 지탱하는 기본적인 콘텐츠이며, 바로 경제적 효과를 기대할 수 있는 문화상품 자체일 수 있기 때문이다. 미국의 브로드웨이 뮤지컬은 공연을 통해 직접적인 달러 획득이 가능하며 관광산업과 연계된 시너지효과까지도 보여준다는 것이 그 단적인 예이다. 우리의 경우도 몇몇 작품은 장기적인 '작품 경영'이 가능하다는 좋은 사례가 되고 있다. 공연예술의 다각적인 발전가능성을 도모하기 위해 올바른 방향성을 가진 문화산업화가 필요한 시점이다.

[제2절] 문화예술의 구성요소

1. 뮤지컬

1) 뮤지컬의 의의

뮤지컬은 뮤지컬 코미디 또는 뮤지컬 플레이의 약칭이다. 뮤지컬은 19세기 미국에서 탄생하였는데, 그 근원은 유럽의 대중연극, 오페라 · 오페레타 · 발라드 오페라(俗謠歌劇) 등이다. 1728년 이와 형식이 비슷한 존 게이의 〈거지 오페라〉가 런던에서 상연되었는데, G. 에드워드가 제작한 〈거리에서〉(1892년 초연)를 첫 뮤지컬로 본다. 미국은 최초의 뮤지컬 코미디를 탄생시켰다. 19세기 미국에서 성행한 벌레스크(해학적인) 희극에 유럽에서 발달한 오페레타를 조화시킨 것이다. 작곡가 제롬 칸, 대본에 리처드 로저스, 작사자 오스카 해머스타인 2세 등이 등장하였다. 이들은 미국인의 꿈과 향수를 제재로, 미국의 민요와 흑인음악의 멜로디, 그리고 리듬을 적극 수용하는 노력을 아끼지 않았다. 이 일환으로 미시시피강(江)을 내왕하는 쇼보트를 무대로 인생의 애환을 그렸는데, 바로 〈쇼보트〉(1927)다. 이것은 오늘날 뮤지컬의 기초를 다졌다.

2) 뮤지컬의 특징

뮤지컬은 종합극(Total Theatre)이다. 기존의 연극적인 요소에다 음악과 춤이 곁들여진다. 물론 극작가, 연출가, 안무가, 배우, 가수, 무용가, 의상 디자이너들의 공동작업은 당연하다. 또한 뮤지컬은 '프리젠터이셔널극(Presentational Theatre)'이다. 무대 위의 배우가 관객을 끊임없이 의식하며 공연하기 때문이다. 뮤지컬에서 배우가 극중의 상대보다는 관객을 향해 노래 부르고, 또한 관객이 여기에 박수로 답례하는 것은 프레젠테이셔널극의 한 예라고 할 수 있다. 뮤지컬은 또한 '대중극(Popular Theatre)'이다. 뮤지컬 공연은 지적인 자극보다는 보고 듣고 즐길거리를 찾는 관객들을 충족시켜 주는 요소를 듬뿍 안고 있기 때문이다. 뮤지컬은 향락적이고 오락적인 것을 추구하는 데서 출발하였다. 그런 공연양식을 견지하면서 크게 타락하지 않고 오늘에 이를 수 있었다. 그러나 그 근본은 향락적인 것이다. 이러한 대중극으로서의 성격은 상업성과 연관을 맺고 있기도 하고 사회윤리와도 깊은 관련을 갖고 있다. 뮤지컬은 그 형식상 특수한 '약속(convention)이 필요한 극'이다. 여기서 약속이란 극작가, 연기자, 관객이 묵시적으로 인정하여 주는 것인데, 뮤지컬에서 이 약속을 제대로 알지 못하면 납득하기 어려운 경우가 발생한다. 예를 들면 〈웨스트 사이드 스토리〉에서 갱들의 싸움이 벌어지는 절박한 순간에도 배우들이 노래하는 장면은 일반적인 상식에 익숙한 관객에게는 생소할 것이다. 이외에도 〈미스 사이공〉, 〈레미제라블〉 등 수많은 작품 속에서 전쟁장면이나, 주인공끼리의 격한 감정이 충돌하는 상황에서 노래를 부른다. 그것은 뮤지컬만의 특성이다. 이런 극중의 노래들을 뮤지컬 넘버라고 부른다. 이들 뮤지컬 넘버들을 세심하게 들으면 극의 흐름, 극중 배우의 감정 등이 잘 스며들어 있음을 알 수 있다. 그래서 노래들이 낯설지 않고 드라마와 자연스럽게 어울려 관객들을 감동 속으로 몰아넣게 되는 것이다.

3) 뮤지컬의 종류

뮤지컬의 종류는 모두가 합의되어 있는 일정한 형태가 있는 것이 아니라 사람마다 분류방식이 다르고 나누는 종류가 다르다. 그것은 실제의 공연 또는 상연 등 실현화시키는 양식이나 방식 또는 다른 방식을 개척함으로써 뮤지컬의 영역이 계속하여 넓어지는데, 그것을 같은 부류로 포섭하는 것은 주관적일 수밖에 없기 때문이다. 게다가 뮤지컬의 역사가 한 축으로 발전한 것이 아니기에, 역사상 전개에서 그 전개의 한 축을 하나의 종류로 분류해 버리는 경우도 있어서, 뮤지컬 분류에 하나의 기준이나 체계는 존재하지 않는 것 같다. 일반적으로 받아들여지는 형태를 기준으로 뮤지컬을 분류해 보면 다음과 같다.

(1) 전기 뮤지컬

특정시대의 작품이나 어떤 작품의 특정부분을 소재로 한 레뷔의 한 종류를 가리키는 것이다. 이 형식은 한 작곡가의 노래 속에 담긴 자서전적인 이야기가 될 수도 있다. 이런 경우 작곡가의 원곡들을 메들리 형식으로 사용하면서 약간의 자서전적인 이야기를 곁들여 주인공이 사는 시대를 표현할 수 있다.

(2) 원맨쇼

이 형식은 플롯이 없다는 점에서 전기 뮤지컬과 공통점을 가진다. 일반적으로 슈퍼스타들이 과거의 유명 공연 중에서 선곡하여 앙코르의 밤으로 꾸미게 되는 형식을 취한다. 한 명만 나오기 때문에 당연히 그 한 명은 이름이 알려진 유명한 사람으로 설정하는 경우가 많다. 이 일인 공연을 한 편의 연극으로 만들기 위해서는 뛰어난 대본가와 영리한 연출가가 연극적인 이야기구조를 만들고 상당한 독창성을 발휘해야만 한다. 일인만이 무대에 서므로 관객들이 쉽게 지루해 할 수 있기 때문이다.

(3) 보드빌

보드빌은 서커스처럼 진기함을 모아둔 공연이다. 서커스가 근래에 들어 TV에 밀리고 있는 것처럼 예전과 같은 인기를 누리지는 못하나 아직까지 뮤지컬의 한 종류로서 기존의 유저층에게서 변함없는 인기를 유지하고 있다.

(4) 벌레스크

벌레스크는 보드빌의 한 형태로 보드빌보다 예술적 격을 낮게 평가한다. 그러나 격이 낮아진 만큼 통속적 재미는 더해진 것이 벌레스크의 특징이다. 벌레스크 공연에서 옷을 벗기도 하며 검열관이 생각하는 선을 넘을 정도까지 그 수위가 높았었다고 한다. 그러나 그렇다고 해서 포르노는 아니었으며 단순한 성적 호기심을 끄는 대신 풍자를 통해 웃음을 자아내는 것을 가장 큰 축으로 하였다. 벌레스크는 또한 스트립쇼의 뿌리라고 한다.

(5) 엑스트래버갠저

사실상 벌레스크에 가까우나 제작자들이 공연광고를 하면서 과도한(Extravagant) 경비를 들여 만든 공연이라고 현혹할 때 쓰인다. 따라서 벌레스크의 한 형태나 벌레스크로 보아도 무방할 것으로 보인다. 남북전쟁 직후인 1866년 뉴욕 브로드웨이의 니그로즈에서 공연된 〈검은 옷의 괴조(The Black Crook)〉가 있다. 원래 공연이 예정되었던 극장에 불이 나 서둘러 극장이 변경되었는데 이것이 오늘날 브로드웨이 무대 극장가가 생기게 된 계기가 되었다. 최초의 뮤지컬로 기록된 이 작품은 프랑스에서 온 발레단에 의해 황급히 공연된 것으로 음악과 춤을 배합한 일종의 멜로 드라마이며 당시는 뮤지컬 〈엑스트라바겐자〉라는 이름으로 불렸다. 이와 같이 당시에 뮤지컬을 지칭하던 이름이 그냥 당시의 연극을 지칭하는 하나의 용어로 굳어졌다고 볼 수도 있을 듯하다.

(6) 팬터마임

팬터마임은 영국에서 크리스마스 무렵에 주로 즐기던 화려한 오락공연의 형식이었다. 이것이 인기를 얻으며 하나의 뮤지컬 형식으로 인정받게 된 것이다. 팬터마임은 원래 할리퀸이라는 어릿광대의 마임을 지칭하던 단어였다. 대사 없이 몸짓표현만으로 사상 · 감정을 표현하는 모든 연극적 형식, 또는 그 연기자를 지칭한다. 팬터마임은 특히 아이들에게 인기가 많다고 한다. 현재 단과대학에서 흔히 볼 수 있는 '마임'이라는 것도 이처럼 대사 없이 몸짓으로 사상, 감정을 표현한다는 의미에서 '마임'이라 칭한다고 생각한다.

(7) 익살 풍자극 레뷔

레뷔란 하나의 주제를 가지고 특정한 에피소드나 내용 없이 다양한 형태의 노래와 춤, 코미디 스케치 등을 엮어내는 버라이어티 쇼를 말한다. 다양한 에피소드들의 옴니버스 형태로 진행되는 형태의 작품을 레뷔(Revue) 형식의 뮤지컬이라고 한다. 레뷔라는 용어는 그 독특한 취향을 살리고자 원래 오랫동안 남녀 간의 도덕적인 통념을 뜻하던 프랑스어에서 스펠링을 빌려왔다.

(8) 오페레타

오페레타와 비슷한 점이 많은 뮤지컬 연극은 사실상 우리가 '뮤지컬'이라고 일컬을 때 지칭되는 오늘날의 뮤지컬 극장들을 점령한 주요 양식이다. 희가극(喜歌劇) 또는 경가극(輕歌劇) 등으로 번역되나 오페레타의 내용은 희극적이지만 희극적인 오페라를 모두 오페레타라고 하지는 않는다. 따라서 희가극, 경가극이라는 말만으로 오페레타를 분류해 내기는 쉽지 않다. 보통 소형의 오페라를 오페레타라 하나 그런 말로 오페레타를 설명하기에는 너무 부족한 감이 있다. 오페레타를 보다 잘 알기 위해 전체 오페라극에서 오페레타의 위상을 보면, 오페레타라는 분야의 이해가 쉬워질 것이다. 오페라는 다음과 같은 종류가 있다.

① 오페라 세리아(Opera seria)

18세기 이탈리아 오페라로서, 페시타티브와 아리아를 중히 여기며, 중창이나 합창은 간혹 사용한다. 소재로는 신화나 고대 영웅적인 테마를 주로 사용하는 오페라이다.

② 그랜드 오페라(Grand opera)

17세기 초 이탈리아의 오페라 세리아에 대해 프랑스에 나타난 대가극이다. 이것은 19세기 프랑스의 특징 있는 양식으로, 서사적이고 역사적인 성질의 비극을 테마로 한다. 합창을 주로 다루고, 발레를 넣어 프랑스 사람들의 기호에 알맞게 했다.

③ 오페라 부파(Opera buffa)

18세기 초 이탈리아에서 생긴 희가극으로, 유럽 여러 나라에 퍼졌는데 19세기 중엽까지 성행하였다. 서민생활이나 인정미담을 주요 소재로 하였고, 그 취재나 형식을 확립한 것은 페르골레지였다. 모차르트의 〈여자는 모두 이런 것〉과 로시니의 〈세비야의 이발사〉 등이 이에 속한다.

④ 오페라 부프(Opera bouffe)

프랑스의 희가극으로 어원적으로 오페라 부파와 비슷한 점이 있으나, 양자 사이에는 다소 차이가 있다. 오페레타와 비슷한 가벼운 음악희극으로, 대화의 부분에 대사를 사용한다. 뒤니(Duni)가 창시자이다.

⑤ 오페라 코미크(Opera comique)

희가극의 일종으로 음악 사이에 대화와 독백이 있는 것이 특징이다. 코믹이라 하지만 줄거리가 희극적이어야 한다는 것은 아니다. 이는 18세기 후반 프랑스에서 생긴 것으로 처음에는 희극적이었지만, 후에 그와는 상관없이 대사가 있는 오페라가 되었다. 〈카르멘〉이나 〈마농〉 등의 오페라를 오페라 코미크라고 부르는 작곡가들도 있다.

⑥ 오페레타(Operetta)

경가극이라고도 하며, 극적인 진행에 있어서 대사를 동반한다. 여기에 노래와 무용이 들어가는 패도의 경우 음악적인 내용은 낮은 편이며 또한 오케스트라의 규모도 적다. 이러한 작품의 예로는 요한 스트라우스의 〈집시의 남작〉·〈박쥐〉 등이 유명하며, 밀뢰커의 〈거지 학생〉 등이 이에 속한다.

(9) 뮤지컬 코미디

뮤지컬 코미디를 설명하기는 그 용어상의 문제에서 매우 어렵다. 미국인들은 뮤지컬이란 이름으로 사실 뮤지컬 코미디를 지칭하며, 이 미국인들이 뮤지컬이라 부르는 뮤지컬 코미디를 영국에서는 뮤지컬 코미디로, 프랑스에서는 오페레타로 부르고 있다. 따라서 뮤지컬 코미디란 양식이 있음에도 그 형태를 분류해 내기는 쉽지 않다. 위의 용어상의 혼동처럼 뮤지컬 코미디는 오페레타, 뮤지컬 연극과도 비슷한 점이 많다. 오페레타는 좀 더 오페라의 형식에 가깝다는 점에서, 뮤지컬 코미디와 뮤지컬 연극은 그 진지성에서 차이가 난다. 뮤지컬 연극은 진지한 목적의식을 가지고 상연하는 것에 비해 뮤지컬 코미디는 이보다 가벼운 플롯과 노래, 춤으로 어우러진 대사로 구성된다.

(10) 뮤지컬 연극

뮤지컬 연극은 진지한 목적의식을 가졌다는 점에서 뮤지컬 코미디와 구분된다. 보통 뮤지컬 코미디를 포섭하는 보다 넓은 개념으로 사용되기도 한다. 뮤지컬 연극의 노래는 언제나 무대 상황을 앞서가는 복선을 제공하며 인물의 성격을 드러내는 역할을 한다. 살인이나 당시 사회의 심각한 문제를 소재로 하는 등, 단지 코미디라고 하기에는 심각한 주제를 다루기 때문에 뮤지컬 코미디와 용어로써 구별되기 시작하며, 뮤지컬 코미디와 다른 양식으로 분류되나, 사실상 소재의 차이를 제외하고는 뮤지컬 코미디와 거의 일치한다.

(11) 오페라극

오페라는 서정연극의 원형으로 뮤지컬과 함께 나란히 무대에 올려져 왔다. 〈카르멘〉, 〈아이다〉, 〈라보엠〉 등 우리에게 친숙한 오페라극도 많다. 오페라극은 뮤지컬 연극과 마찬가지로 진지한 주제를 가지고 있지만, 보통 음악이 작가의 주요한 의도이기 때문에 음악을 가지고 승부하려는 경우가 많다. 따라서 오페라극은 무용이 매우 취약하며, 좀 더 좋은 발성과 화음을 위해 사실상 무용을 거의 하지 않는다고 보아도 무방할 정도이다. 뮤지컬은 보통 노래의 형식을 빌리더라도 그 전달하는 가사 또한 강조되는데 거의 모든 오페라극에서는 배우(배우라고 하기보다는 가수라고 하는 편이 더 어울릴지도 모른다.)가 전달하는 음악과 감정이 대사

(가사라고 하는 편이 더 어울릴지도 모른다.)보다 강조된다. 한 노래에서 다음 노래로 넘어가는 경우 대사보다는 노래를 더 많이 하게 되므로 플롯의 연속성, 긴밀성이 떨어진다. 대사나 플롯에 집착하지 않고, 아름다운 음악을 듣고 싶은 사람들이 좋아할 만한 장르라고 생각한다.

2. 연극

1) 연극의 기원

연극의 기원에 대해 Aristotle는 모방 본능의 산물이라 했다. 그는 모방은 인간이 기쁨을 느끼게 하는 행위라고 주장했다. 비극은 진지한 행위를 모방하여 현재보다 나아질 수 있는 가능성을 찾고 싶은 본능에서 비롯되었고, 희극은 이와 반대로 더 낮아질 수 있는 인간을 모방하는 본능에서 나타난 것이라고 주장했다. Theodore W. Hatlen은 "연극이란 인간이 스스로를 확대하고자 하는 욕망의 산물"이라 했다. 즉 제한되고 왜소한 육체에 갇혀 있는 인간이 자유로운 상상력을 통해 나 아닌 다른 경지까지 이해하고자 하는 본능이 연극을 낳았다는 것이다. Samuel Selden은 그의 저서 『연극 속의 인간(man in his theatre)』에서 이렇게 말했다. "생존에의 욕망이란 신비로운 것이다. 그것은 논리이기보다는 갈망이다. 그것은 설명할 수 없으며 또한 억제할 수도 없다. 그것은 하등생물에서 고등동물에 이르기까지 모든 생명체에 내재된 욕망"인 것이다. Selden은 연극이 인간의 생존에의 강력한 욕망의 산물이며 이것은 다음과 같은 세 가지 요구로 압축될 수 있다고 말한다. 즉 '자기의 힘을 구사하고, 그 힘을 보존하며, 또 확대하려는 욕망'이 그것이다.

이처럼 인간은 자신의 힘을 구사, 보존, 확대하기 위하여 보다 큰 외부의 어떤 존재와 관계를 맺음으로써 '완전한 나'를 느껴보려고 한다. '완전한 나'를 만들기 위해 나 밖의 것, 나 밖의 인간들의 경험을 내것으로 하고자 하는 욕망이 연극의 기원이라 하였다. 연극의 기원을 노동에서 찾는 사람도 있다. 인간이 노동을 하는 동안 효과적인 능률을 올리기 위해, 그리고 고통을 덜기 위한 수단으로 고안된 것이라고 한다. 이와 같이 연극은 인류의 역사와 함께 발생되어 인간 본성의 복합적 표현과 사회적 생활요소의 여러 양태를 나타내고 있다. 언어가 발생하면서 본격적인 연극이 시작되었으며 여기에 인간만이 가지고 있는 자유로운 상상력이 가미되어 부단히 새로운 형식이 모색되어 발전된 것이다.

2) 연극의 개념

연극이란 한정된 시간에 상연되고 사라져가는 예술이다. 물론 희곡 자체는 영원히 고정되는 것이지만 연출이나 연기 또는 장치는 각 상연 시마다 다르며 더욱이 연기는 공연마다 다를 수 있기 때문이다. 이처럼 연극이 순간에 존재했다가 사라져가는 예술이라는 것은 연극의 약점일 수도 있지만 동시에 오늘 여기에 존재한다는 점에서 보다 싱싱한 힘을 지니고 있으며 이러한 생생한 감동이나 즐거움을 준다는 것은 모든 것이 기계화되고 유형화되어 가는 오늘의 사회에서는 그만큼 귀중한 것이라 하겠다. 프랑스의 유명한 연극배우 장 루이 바로는 연극의 연기와 영화의 연기를 비교해서 "연극의 연기는 오늘의 연기요, 영화의 연기는 어제의 연기다."라고 말했다. 이 말은 영화의 연기는 카메라에 의해서 포착되고 그 카메라에 의해서 포착된 연기, 그러니까 어제의 연기를 관객이 보게 되는데 연극의 경우에는 지금 이 순간 관객 앞에서 행해지는 연기를 관객이 볼 수 있다는 의미로 해석된다. 어제의 것을 본다는 것보다는 지금 이 순간에 행해지는 것, 이른바 실현예술이 보다 생생한 감동을 불러일으킬 수 있는 것은 물론이다.

3) 연극의 특징

연극은 인류 역사와 함께 진행되면서 각각의 종류와 형식마다 독특한 특징을 보이고 있다. 비극과 희극의 특징이 다르고, 사회문제극과 서사극의 특징이 다르다. 그러한 특성들은 연극의 일반적인 공통점을 포함하고 있는데, 그 일반적인 연극의 공통점들을 모아 이야기하면 다음과 같은 몇 가지로 분류할 수 있다.

첫째로 가장 큰 특징은, 연극을 그림이나 음악, 조각과 같이 어떤 특정 매체를 통해서 전달하는 예술이 아니라 같은 시대에 살고 있고 관객과 함께 호흡하는 배우가 어떤 사건과 인물을 '살아 있는 예술'로 전달하는 인간 상호 간의 예술이라는 것이다. 그렇기 때문에 관객이 보다 친밀감을 느낄 수 있는 직접적인 전달이 될 수 있는 것이다. 이것은 연극이 인류와 함께 시작했고 앞으로도 인간의 생활과 함께할 것이기 때문에 이러한 기본적인 특징은 연극이 남아 있는 한 영원히 존속할 것이다.

둘째로 연극은 종합예술이라는 것이다. 어느 한 분야의 단편적인 요소의 예술이 아닌 문학으로서의 희곡과 배우의 연기, 연출가의 연출, 기계적인 무대장치, 회화로서의 무대예술, 음악, 조명, 의상 등 여러 예술적 요소가 종합될 때 비로소 연극이라는 한 형태가 완성되는 것이다. 따라서 연극은 혼자서 할 수 있는 형태가 아니라 여럿이 모여서 하는 공동의 작업인 것이다. 이러한 이유 때문에 집단 속의 인간관계가 중시되는 것이며, 연극의 창조과정에서 민주주의적인 요소가 절대적으로 필요하게 되는 것이다. 이렇게 단편적인 형태의 예술이 아니라 종합적인 형태이기 때문에 시대적 분위기를 즉각적으로 반영하여 작품을 빨리 만들지 못하는 측면이 많다.

셋째로 연극은 어느 시대를 배경으로 무대에서 공연되는지 일단 무대에서 공연되는 순간에는 시간과 공간을 초월하여 현재의 사건 또는 인물로 바뀌게 된다.

넷째로 연극은 공연이라는 형태를 가지고 있으며, 이것은 관객에게 직접 전달하는 성격을 갖고 있다. 따라서 관객으로부터 직접적인 반응을 알 수 있으며, 극의 내용과 관객의 반응에 따라 공연장의 독특한 분위기를 조성할 수 있다. 즉 배우와 관객 간 상호전달의 직접적인 기능이 관객을 단순한 구경꾼 내지는 방관을 넘어 공감대를 형성하여 극의 한 부분으로 동화시킨다는 것이다.

다섯째로 연극은 실제 있었던 사건일지라도 과장 또는 각색을 통하여 새로운 허구를 만들어 무대에서 현장감 있게 전달할 수 있다는 것이다. 다시 말해, 소설이나 영화처럼 매번 똑같이 반복되는 것이 아니라 같은 연극이라 하더라도 매회 무대적 사실이 다르다는 것이다.

이렇듯 인간의 직접적인 행위의 예술, 종합예술, 현재적 사건으로 전환하는 성질, 현장성 등이 연극의 특징이다. 연극은 인간과 함께하면서 고급예술로 발전하였기 때문에 그 특징도 사람과의 관계에서 나타남을 알 수 있다.

4) 연극의 종류

(1) 비극

비극은 연극사 중 가장 오래된 형태의 극으로서 현재의 상식적인 비극의 개념과는 의미 차이가 크다. 연극에서 고전적인 비극의 개념을 Aristotle는 이렇게 말했다. "비극은 서술로서가 니라 배우가 행동으로 나타내는 형태이며 공포와 슬픔의 감정을 일으키는 사건으로, 이를 통해 이와 흡사한 감정을 정화하는 데 목적이 있다." 파렴치한 행위가 아니라 교훈적인 행동을 직접 무대에 서서, 서술이 아닌 배우의 행동으로 관객의 마음속에서 정화작용(카타르시스)이 일어나도록 하는데 목적을 두었다. 이러한 비극의 주인공은 행복에서 불행으로 떨어져야 하며 다시 행복으로 바뀌지 말아야 하며 완전한 인격자가 되어서도 안된다. 왜냐하면 완전한 인격자는 비극의 기회를 갖게 될 수 없기 때문이다. 그러나 그의 불행이 천한 욕망에 의한 것이 아니라 차원 높은 것을 위해 일하는 과정에서의 몰락이어야 한다. 그것이 아니면 주인공의 숙명적인 성격의 결함이나 판단 착오에 의해 이루어져야 한다. 몰락하는 과정에서 비극은 투쟁하는 인간의 모습을 나타내고 인간이 다른 동물과 다르다는 것을 자각하게 되는 것과 몰락하면서 깨닫는 차원 높은 인생의 인식 혹은 자기반성이 이전의 상태보다 승화되어 높은 차원으로 변하게 되는 것이다. 이러한 것을 봄으로써 관객은 인간의 존엄성을 강하게 느끼고 자기의 생에 대한 의욕과 감동을 받게 되는 것이다. 그러나 이것이 17세기에 이르러 현대적인 감상이 비극과 혼동되어 비극이 감상의 자극만으로 전락되고 고통이 오락을 위한 것으로 변해버렸다.

(2) 희극

희극처럼 다양한 형태는 없을 것이다. 웃음을 자아내는 요인은 개인의 성향, 생활환경, 교육 정도와 사회적 시대상황, 문화적 배경에 따라 무수한 것이 있을 수 있어 희극에 대한 정의란 있을 수 없다. 최초의 희극은 희랍에서 남녀 간의 본능을 재치있게 극화한 음담희극이었다. 로마시대에는 비난의 대상이 되는 인물이 계략에 걸려 꼼짝 못 하는 과정을 그린 계략희극을 많이 공연하였다. 젊은 남녀의 사랑이 역경 속에서도 행복하게 맺어지는 셰익스피어의 희극을 낭만적 희극이라 부르고 인물의 특수한 성격을 자아내는 희극을 성격희극(High Comedy)이라 한다. 버나드 쇼와 같이 사상을 희극화하여 전달하는 사상희극과 블랙코미디(Black Comedy)라는 희극이 있다. 다양한 종류의 희극이 있지만 공통점은 웃음을 자아내면서도 부정과 허위 · 모순에 대해 강력한 비판을 가하는, 보다 인간과 사회를 갈망하는 내용을 담은 데 있다. 그러한 내용은 산업화가 진행되면서 산업기계문명을 풍자하는 희극으로 나타나게 되었다.

(3) 통속극

19세기에 정형화된 통속극은 시민계층이 역사의 전면으로 나온 시대에 소시민들을 대상으로 하면서 오락적 기능이 강화되었다. Melo drama란 음악(melo)과 극(drama)을 결합한 것으로 항상 음악과 함께하였다. 통속극의 특징은 주인공이 극한 상황에서 우연적인 사건을 만나면서부터 긴장감과 함께 사건을 전개시켜 나가는 데 있다. 그러면서도 희극적 요소를 첨가한다.

극중인물들은 대개 성격이 분명한 인물로 설정된다. 그러면서 결과적으로는 권선징악적인 내용으로 정리된다. 비극이나 희극에도 통속극적인 요소가 없는 것은 아니지만 통속극은 예술적 요소보다도 오락적 요소가 강조되어 있는 것에 둘의 차이점이 있다.

(4) 소극

소극의 역사는 희랍에서부터 시작하여 로마 · 중세를 거쳐 서구에서 커다란 연극형태를 이루며 이어져 왔다. 희극과 소극이 모두 웃음을 자아낸다는 공통점이 있으나 소극은 웃음 그 자체를 목적으로 하고 있는 데 반해 희극은 웃음을 통해 문제 · 의견 · 비판하는 것을 특징으로 한다. 소극은 웃음을 자아내되 직선적이며 외향적인 것이 특징이다. 언어나 유머, 즉 이성적인 사고를 통해서가 아닌 감각, 즉 우스꽝스러운 행위나 직설적인 행위로 웃음을 자아내는 것을 말한다. 따라서 소극의 인물들은 특유의 제스처와 행동으로 실수를 연발하면서 사건을 풀어 나간다. 여기에서 관객은 상식 이하의 판단력밖에 없는 극중의 인물을 보면서 자신의 우월감을 느낀다. 그것은 곧 자신에게 새로운 삶의 의욕으로 전화된다. 이런 것과 함께 부정과 악에 대한 좌절과 분노를 익살스런 웃음으로 해소시켜 주는 것이 소극의 특징이다.

5) 연극의 형식

(1) 고전주의 연극의 형식

옛 희랍인들은 인간의 이성이 매우 중요하다고 생각했다. 인간이 다른 동물과 구별되는 것이 바로 이성 때문이며 따라서 감정은 이성에 의해 절제되고 억제되어야 한다고 하였다. 고전주의 연극에서는 인간의 감정을 억제하기 위해 나름대로 극중의 법칙을 정했다. 이것이 고전주의 연극의 특징인 삼일치법 즉 세 가지의 상황이 일치하여야 한다는 법칙이다. 시간의 일치, 장소의 일치, 행동의 일치를 말하는데 시간의 일치란 극중의 사건은 하루 사이에 끝나야 함을 말하고, 장소의 일치란 모든 사건은 같은 장소에서 일어나고 같은 장소에서 끝나야 한다는 것이다. 설사 변화가 있더라도 어느 특정 도시를 벗어나서는 안된다. 행동의 일치란 모든 사건이 직선적이며 선명하게 한 가지 목적만을 위해 구성되어야 한다는 것이다. 이러한 희랍적 연극이론은 17세기 프랑스에서 보다 세련되어지고 이론적 틀 또한 갖추게 되었다. '신고전주의'라고 불리는 이들은 연극형태의 순수성, 연극의 목적, 사실성과 품위의 개념, 그리고 삼일치법의 필요성을 강조하였다. 연극형태는 비극과 희극뿐이며 비극 속에 희극적 요소를 도입하는 것을 거부하였다. 또한 연극의 목적은 즐거움과 교훈에 있다고 생각하고 특히 교훈적인 요소를 강조하여 권선징악의 내용을 담아야 한다는 것이다. 또한 이들의 사실성은 환상적이거나 초자연적인 공상은 되지 않고 실제생활에서 일어날 수 있는 사건을 소재로 해야 한다는 것이며 – 그러면서도 성서의 사건이란 희랍신화는 오랜 세월을 통해

진실로 받아들여졌기 때문에 무방하다고 하였다 – 또 그 내용에 도덕성을 담아야 한다는 것이다. 사건은 모든 사람이 이해할 수 있을 정도로 보편성이 있어야 하며 또 그 내용은 동시에 인간의 품위를 지켜야 한다는 것이다.

(2) 낭만주의 연극의 형식

고전주의가 이성을 강조했다면 낭만주의는 감정과 본능을 중요시하였다. 고전시대의 계급적인 질서가 무너지고 새로운 시민사회가 형성되면서 낭만주의들은 자유와 평등을 부르짖었고 이것이 연극계에도 인간의 감성과 상상력을 통하여 답답한 현실의 틀을 벗어난 자유의 세계를 갈망케 했다. 낭만주의 연극이 환상의 세계를 배경으로 한 것은 이러한 이유에서였다.

이들은 사회악이나 허위에 물들지 않고 자유롭게 살아가는 인간의 모습을 주제로 삼았으며, 인간 또는 마귀에 대항해서 싸우는 인간의 모습을 즐겨 담았다. 이러한 내용은 프랑스혁명이나 미국의 독립전쟁에 간접적인 영향을 주었다. 또한 기존의 억압적인 질서에서 벗어나 인간의 각성과 자유를 구가하였다는 점에서 고전주의와 커다란 차이를 보이고 있다. 그러나 낭만주의 연극은 자유로움이 너무 팽배해 작품을 무대에 담을 수 없을 정도로 시간과 공간을 무시하는 경우도 많아졌다. 즉 미지의 공상적 세계와 이상국에 대한 동경이 현실성을 결여한 연극으로 향하게 만들었다.

(3) 사실주의 연극의 형식

19세기 산업혁명을 거치면서 유럽에서는 주로 도시 주변에 살았던 노동자들의 비참한 생활이 사회문제로 등장하였다. 정치적인 불안정은 물론, 전체 사회의 혼란이 큰 문제였다. 이런 상황에서 작가들은 사회현상을 파악하고 객관적으로 관찰해 그 병폐의 원인을 분석하여 보다 나은 사회상을 제시하고자 하는 의욕이 생기게 되었다. 이러한 의욕은 당시의 합리주의사상과 과학정신을 배경으로 하였으며 콩트, 다윈, 마르크스가 많은 영향을 끼친 대표적인 사상가이다. 사실주의 연극의 특징은 무엇보다도 무대장치에서 찾아볼 수 있다. 소도구가 낭만주의연극처럼 환상적이거나 과장된 것이 아닌 생활주변에서 언제나 볼 수 있는 것으로 대치되었다. 대사 처리에 있어서도 예전처럼 웅장한 시어를 구사하는 것이 아니라 일상용어를 사용하였다. 또한 중요한 것은 연극 진행에 있어서도 환상이나 우연적인 요소, 비약 등을 배제한 치밀한 논리적 전개와 원인과 결과의 연결 등이 강조되었다. 그러나 사실주의 연극은 현상적인 과학의 영역과 인생의 단면은 볼 수 있으나 인간의 무의식, 영적인 세계를 파악하는 데는 적합지 못한 면이 나타나면서 새로운 경향을 제시하는 작가가 나타난다.

(4) 표현주의 연극의 형식

표현주의 연극은 1910년 독일에서 비롯되었다. 초기에는 미술 분야에서 출발하였지만 다른 분야로 전파되었다. 1차 세계대전 후의 사회 혼돈과 가치관의 붕괴는 젊은층에게 환멸만을 가져다주었다. 여기에서 표현주의자들은 객관이라는 가치규범은 믿을 수 없으며 스스로 느낄 수 있는 주관과 스스로 파악할 수 있는 내적 현실만이 진실된 것이라 믿었다. 따라서 이들의 작품은 객관성을 상실하는 경우가 많으나 솔직하고 성실하다는 평도 받았다. 그러나 일부 표현주의자들은 개인의 심리나 주관적 견해를 이야기하는 것에 만족하지 않고 사회의 개혁과 적극적인 사회참여를 주장하기 시작했다. 이들을 행동주의자라고 부른다. 이들은 인간의 행복을 보장할 수 있는 이상적인 사회건설을 위해 사회조직의 맹점이나 모순을 지적 또는 고발하는 것이 자신들의 임무라고 생각했다. 그러나 이들의 지나친 주관적 표현과 다분히 도전적이고 사실을 필요 이상으로 과장하는 주제는 관객의 호응을 받을 수 없었다.

(5) 서사극의 형식

기존의 연극양식은 배우나 관객이 일치되어 극중인물의 슬픔과 기쁨을 함께 나누어 인간의 정신을 순화하는 것이었다. 그러나 서사극은 이러한 개념을 부정하고 우리에게 다가올지도 모르는 모든 사회적 병폐를 무대 위에 전개시키고 이에 대처할 수 있는 냉정한 판단력을 관객에게 배양하는 것을 목표로 하였다. 따라서 서사극은 무대에서의 사건이 우리에게 일어날 수 있거나, 있을 수 있는 일이라는 하나의 시범에 불과하다. 서사극의 창시자 베르톨트 브레히트(Bertolt Brecht)는 기존의 무대 약속, 즉 연극이 시작되기 전 극장의 불을 끄고 무대 위에 조명을 던진 뒤 극이 시작되는 현실과 단절되는 환상적인 수법을 거부한다. 현실과 동떨어진 몰입이 아니라 무대의 사건을 관객이 냉정하게 판단할 수 있도록 해야 하며 결코 극중의 인물로 빠져들어서는 안된다는 것이다. 또한 서사극은 특수한 상황, 욕망을 가지고 고민하는 단편적인 사건이 아닌 긴 시간 넓은 공간을 통해 진행되는 사건과 인물의 진행을 훑어보기를 원한다. 서사극의 이름도 여기서 유래한 것이지만 시대의식과 사회악, 사회의 모순이라는 보다 넓은 세계로 시선을 돌릴 것을 권한다. 서사극은 관객의 사회참여를 무엇보다도 중요시하며 연극의 효과란 극장에서의 즉각적인 반응이 아니라 연극이 끝난 후 관객들의 일상생활 속에서 나타나는 것이라고 주장한다. 연극은 재미가 있어야 하며 이러한 재미는 생산적인 재미, 즉 사회참여에서 얻어지는 재미를 말한다.

(6) 부조리 연극의 형식

부조리란 비논리 · 비합리를 뜻한다. 부조리 연극의 시초는 1919년에 인간의 존재, 사회규범, 기존 도덕에 대해 부정적 태도를 들고 나온 다다이즘으로부터 시작된다. 이것이 현실이란 혼란과 부조리의 환상에 불과하다는 초현실주의로 이어져 왔다. 진리란 상대적이며 이는 대하는 사람마다 그 파악하는 내용이 달라진다. 실존주의 철학가인 사르트르와 까뮈가 부조리 연극에 영향을 끼쳤다. 실존주의의 영향을 받아 인간의 고독, 숙명, 인간 상호 간 의사소통의 불가능에 작품의 초점을 두었다. 이들은 논리적이고 틀이 있는 작품을 지양하고 극은 어디까지나 극이며 현실은 더욱더 아님을 강조한다. 또한 이들은 부조리한 인간의 모습을 과장하여 인간들의 실존적인 면을 보여주고자 하였다. 따라서 부조리 연극은 황당하게도 서로 이해되지 않는 대화, 과장된 모습, 당황하는 인간의 모습을 보여주고 있다.

3. 무용

1) 무용의 개념

무용이란 신체를 통해 자신의 감정을 표현하는 신체의 움직임을 뜻하며, 인류의 발생과 더불어 생겨나 민족의 체험과 더불어 역사와 함께 발전함에 따라 무용의 개념도 점차 달라졌다.

무용은 '육체의 율동과 영혼의 매개자이다'라는 플라톤의 무용에 대한 정의는 오랫동안 무용의 정의로 통용되어 왔으나 현재 무용 철학가들의 정의와 다소 다르다. 무용이 신체의 운동임은 명백한 사실이지만 신체적 움직임의 측면만을 생각한다면 일상생활의 움직임이나 노동과 별반 다를 것이 없으며, 단지 그 시대의 무용적 현상을 보는 관점을 표현했기 때문이다. 근대 이후의 무용은 창조성의 표현이라는 것을 강력히 주장하기에 이르렀으며, 내면적인 개인 자신의 감정과 사상을 표현하려는 것이 최고의 주장이고 예술에서 창조성의 비율이 가장 중요시되면서 무용학자 렘멜은 '무용이란 항상 흐르고 움직이고, 그 움직임 속에 멈추고 또 흐르는 독특한 인간의 표현이다'라고 정의하였으며, 이것은 무용의 본질이 명백해지고 무용 창작의 방법론이 확립되고 나서야 비로소 완전해질 수 있었다. 요약하자면 무용이란 인간의 신체운동 혹은 움직임의 공간형식에 의하여 우리들의 사상이나 감정 및 감각을 표현하고, 아울러 미적 가치관을 나타내는 예술이라 해도 무관할 것이다(송수남, 1988).

한편 무용은 교육의 측면에서 볼 때 신체교육이라는 광범위한 의미에서 무용의 동작교육은 주어진 동작으로 말미암아 자발적인 형태와 리듬구조를 형성함으로써 신체적 · 정신적 · 미학적인 측면을 모두 만족시킬 수 있으며, 무용이 신체조건을 향상시키고 무용수의 복지에 기여되었을 때 좀 더 바람직한 결과라 할 수 있을 것이다(육완순, 1992).

2) 무용의 가치

우리나라 학교교육에서 무용교육은 대부분이 운동회나 학예회 준비를 위하여 일부 학생만 참여시켜서 행사 위주의 목적으로 하거나, 혹은 정해진 형을 그대로 받아들여서 춤추었던 기성작품을 모방하는 것에 지나지 않았다(이영숙 외, 1984). 그러나 표현활동은 오직 신체적인 기술만을 가르치는 것이 아니라 표현되어야 할 마음의 내용이 동시에 교육되는 것이므로 인간 형성을 위한 교육이라는 점에서 아주 중요하며 사회화가 시작되는 유년기 무용교육은 풍부한 표현력과 높은 정서 활동을 통하여 창조적인 인간과 심리적인 인간 형성에 큰 영향을 미치게 된다(구복자, 1976). 학교에서 무용교육의 목표는 예술적인 완전함이 아니라 창작, 그리고 선풍을 일으키는 무용교육이 아니라 창의적인 활동이 학생들의 인성에 미치는 유익한 효과에 있다고 볼 때(김주자, 1993), 학교에서의 무용교육은 창의력 개발과 함께 창조적인 인간을 형성하고, 각 개인이 지니고 있는 개성의 표현과 그 창의성이 중요시된다.

표현활동의 교육적 가치를 신체적 · 정신적 · 사회적 가치로 나누어 살펴보면 다음과 같다.

첫째, 신체적 가치로 다양한 미적인 신체운동에 의하여 이루어지고 있으며, 그 운동들은 미적인 운동과 풍부한 표현력을 갖춘 신체운동을 경험함으로써 리듬감각을 발달시키고 유연성, 평형성, 협응성 등을 길러 풍부한 표현력과 아름다운 신체를 기르게 된다.

둘째, 정신적 가치로 메마른 인간의 감정이나 불안정한 정서는 무용을 통하여 자기표현의 기회를 가지게 되므로 그것들을 완화할 수 있으며 인간의 미적 욕구를 충족시킬 수 있을 뿐만 아니라 무용의 창작과정을 통하여 개인의 개성을 확대, 신장시키고 새로운 미래를 발견할 수 있는 힘을 기르며 지적인 발달을 꾀할 수 있다.

셋째, 사회적 가치로 인격형성을 위한 교육인 만큼 사회적 발전에 기여할 수 있다. 무용은 개인의 생각이나 감정을 타인에게 표현함으로써 전달할 수 있고 서로의 사상을 교환할 수 있으며 이와 같은 과정을 통하여 사회 전체의 발전을 가져오게 된다.

오늘날 인간은 보다 쾌적하고 명랑하고 건강하게 살려고 노력한다. 즉 삶의 질을 향상시키려는 노력에 중점을 두고 있다. 이러한 노력은 어려서부터 습관처럼 길러져야 하며 누구나 그렇게 하려고 한다. 따라서 보다 재미있고 즐겁게 살고 싶어 한다. 즐겁게 사는 것은 단순히 희희낙락하며 사는 것이 아니라, 가능한 한 인간적 긍지를 살리고 높게 승화된 기쁨을 누리며 사는 것을 뜻한다.

Wankel과 Sefton(1989)은 즐거움의 의미를 즐거움, 활기, 우정 등의 감정과 슬픔, 귀찮음, 분노 등의 반대 감정들과 연관된 긍정적 태도로 보았다. Scanlan과 Simons(1992)는 '스포츠 즐거움'이라는 개념을 도입하여 즐거움을 스포츠 활동을 통해 가질 수 있는 열정, 좋아함, 재미 등과 같은 긍정적인 정서반응이라고 주장하였다. 또한 Gill과 Gross와 Huddleston(1983), 그리고 Gould와 Feltz, 그리고 Weiss(1985) 등은 긍정적인 정서반응이 운동 참여 동기를 유발시키는 요인으로 작용한다고 보고했다. Harter(1981)는 즐거움을 논리적인 구성 개념으로 인식하고 정서와 감정을 정의하였다. 이러한 의미는 즐거움이 흥미를 느끼게 하고 흥미는 재미를 불러일으키고, 재미는 즐거운 기분을 느끼게 하고, 즐거운 기분은 기쁨을 맛보게 하며 기쁨은 다시 마음에 즐거운 느낌으로 이해되는 상관관계에 있다.

3) 무용의 종류

(1) 궁중무용

궁중무용은 예부터 정재라고 불렀다. 정재의 뜻은 군왕에게 바친다. 예기와 재주를 국왕에게 보여준다는 뜻이다. 이것은 궁내의 여러 행사에서 여러 형태로 행하여지는 연희이다. 그리고 영화 〈왕의 남자〉의 한 장면이기도 한데 영화에서는 왕이 있고 그 앞에서 가무악의 연희공연이 펼쳐짐을 볼 수 있다. 여기에는 당악정재와 향악정재가 있다.

① 당악정재와 향악정재

당악정재는 당악으로 연주하고 향악정재는 향악으로 연주한다.

먼저 당악은 삼국통일시대에 들어온 당 · 송 · 명나라 등의 속악으로, 들어온 이래 악기주법이나 악보재현에 있어서 우리다운 향악으로 변화하게 된 음악이다. 현존하는 것으로 보허자, 낙양춘이 있다. 반면 향악은 중국에서 들어온 음악에 대칭되는 음악으로 삼국시대부터 조선시대까지 궁중에서 연주되던 전통음악의 한 갈래이다.

당악정재와 향악정재의 차이점이라고 말하면 당악은 중국 예술이고 향악은 우리 민족예술이라는 애매모호한 해석이 나올 수도 있는데 지금은 거의 차이가 없다.

당악정재는 중국의 '당'에서부터 전해 내려오는 궁중무용의 한 갈래로 고려시대부터 전해오는 춤인데 종류로는 사선무, 선유락, 처용무, 무애무 등이 있고 헌선도, 수연장, 포구락, 오양선, 연화대처럼 이후의 고려시대부터 전해오는 것이 있다.

향악정재는 한국에서 창작되어 전해 내려오는 전통 궁중무용의 한 갈래로 중국에서 내려온 당악정재에 대칭되는 의미에서 붙은 이름이다. 조선전기에 향악정재는 향악에 의해 추어졌고 당악정재는 당악에 의해 추어졌다.

그러나 조선후기에 와서는 이런 구분이 없이 향악정재라고 하면서도 당악을 연주하는 경우가 있었으며 춤사위도 별다른 구별 없이 혼용되는 상태로 변천되었다. 또한 당악에서만 쓰이는 구호, 치어 또한 조선후기에는 대부분 쓰지 않았으며 이 시기에 당악정재로 창작된 무용은 몽금척, 수보록, 하황은, 육화대, 장생보연지무 등이 있는데 사실상 향악정재라고 해도 지나치지 않을 정도로 변모되어 있었다. 조선후기에 와서는 당악정재와 향악정재의 형식적 구분이 거의 없어지고 단지 죽간자(궁중무용 때 사용하는 나무로 만든 무구)의 유무만 차이점으로 남았다.

향악정재든 당악정재든 문화적 가치가 대단한 이 예술을 계속 계승해 나가고 지키고 여기에 대한 창작활동 등의 형태로 발전시키면서 전통적인 면도 지키는 등의 노력이 필요할 것이다.

② 궁중무용의 종류

궁중무용의 종류는 수십 가지에 이르지만 향악, 당악의 대표적인 2가지만 알아보겠다.

가. 향악정재 : 학무

중요무형문화재 제40호 학의 탈을 쓰고 추는 궁중무용의 하나이며 학무라고도 한다. 고려 때 발생하여 궁중행사나 나례의식 등에서 연희되었다. 조선 선종 때에는 『악학궤범』에 기록될 정도로 규모가 커졌고 연화대무 처용무와 연이어 공연되는 궁중무용의 대작에 드는 춤이다. 춤은 〈보허자령〉의 주악에 따라 청학과 백학이 지당면(네모진 마루) 앞에 동서로 갈라 서서 북향한다. 어미 두 마리의 학은 몸을 떨거나 부리를 부딪치는 등의 무작을 벌인 뒤 지당판 앞으로 가서 연통을 쪼면 연통이 열리고 두 명의 동녀가 나온다. 이에 놀란 학은 뛰어 퇴장함으로써 춤은 끝난다. 우리 무용 중 조류의 탈춤은 이 춤 하나뿐이다. 새의 탈을 쓰고 추는 춤이기에 새의 행동에 어울리는 동작과 가락을 표현하는 독특한 예술성을 지닌 춤이다. 학의 탈은 광목과 닭털을 사용하여 만들기도 한다. 근래에는 백학 혼자만의 독무로 추는 경우가 많으며 지당판과 연통도 생략하는 것이 통례이다. 1971년 한영숙이 무형문화재 보유자로 지정되었다. 궁중무용 중 대작인 학연화대처용무합설의 한 영역을 차지하고 있는 점이 특징이다.

나. 당악정재 : 연화대무

중국 석지무의 일종으로, 두 명의 여자 아이가 고운 의모에 금령을 흔들며 추는 춤이다. 두 여자 아이는 연꽃에 숨었다가 꽃을 꺾으며 나타난다. 군왕의 덕화에 감격하여 가무로써 그 즐거움을 주려 왔다고 하여 무원 32명이 〈보허자〉와 더불어 세 곡조의 반주에 따라 춤을 춘다. 고려 이후 조선 말까지 행해졌으며 『악학궤범』에 보면 먼저 2개의 합립을 앞에 놓고 두 여자 아이가 나란히 가로선다. 악관이 〈오운개서조인자〉를 연주하면 여자 아이 두 사람이 죽간자를 들고 앞으로 나가서 '기석강화복주개 천반락사일시래'라는 구호를 한다. 끝나면 악관이 〈중선회인자〉를 연주하고 여자 아이가 춤을 추다가 미전사를 부른다. 끝나면 상대무 상배무 족도 등의 무작을 전개하고 음악이 〈오운개서조인자〉를 연주하면 죽간자가 앞으로 나가 서서 '아악장종, 배사화석, 선초육반, 요지운정'이라는 구호를 한다. 끝나면 죽간자는 물러나고 두 여자 아이도 재배하고 물러난다.

(2) 민속춤

민속춤 혹은 민속무용이라고 한다. 한국춤, 한국무용 이 두 단어가 상당히 다르다는 느낌을 많이 받는다. 무용이라는 말보다 민속춤이란 말이 더 잘 어우러지는 듯해서 민속춤이란 단어를 사용했다. 말의 어감이나 느낌으로 봤을 때 춤이란 단어와 무용이란 단어는 차이가 많이 나는 듯하다.

모든 춤이 다 그렇겠지만 민속춤은 비교적 인간의 감정 변화, 희로애락에 대해서 잘 나타내고 있다. 민속춤은 민간에서 전해지는 춤으로 종교적인 의미와 집단의 공동체적 의미, 그리고 민간계층의 오락적이면서도 표현적인 의미를 지닌다. 지신밟기 등의 민간신앙에 의한 굿 그리고 농경사회에서 비롯되는 세시풍속 혹은 축제의 분위기에서 행하여진 풍물굿 등도 모두 포함된다. 민속춤은 범위가 광대하더라도 우리 조상들의 생활 속에서 자연발생적으로 만들어져 모든 민중과 함께 호흡하고 공감대도 형성하면서 단순하고 소박한 감정을 표현하고 공동체적인 기능을 가졌다.

살풀이와 태평무 등 기방춤들도 다 굿에서 떨어져 나와 무대화된 것이라 결국 공동체적 성향은 모두 가지고 있다. 그리고 악 없이 춤추는 것도 불가능하다. 우리 민족춤은 해학과 골계적인 내용이 많고, 느린 박자로 시작하여 점점 빨라지는 형식을 취하고 있다. 그리고 장단의 변화가 다양하고 춤사위 역시 일정한 형식에서 벗어난 창의력이 바탕이 되고 있으며 개인에 따라 즉흥성이나 자연미에 따라 충분히 멋스럽게 표현할 수 있다. 춤사위는 고대의 주술적인 종교의식에서 유래된 의식적인 움직임도 있고 동물을 모방한 움직임 등을 통해 자연스럽게 발생한 것으로 삼국시대에는 무예에서 춤사위를 따오기도 하고 농경문화를 흉내냄으로써 민속무용은 오락적이고 예술적으로 다양하게 발전해 왔다. 현대사회에서는 대중의 힘이 발휘되지 못하고 있지만 오랜 세월 동안 다양한 형태로 발전해 온 민속춤의 대중성에 대하여 특히 높게 평가한다.

여기에는 각 지방의 풍물굿, 탈춤, 학춤, 허튼춤, 병신춤, 승무, 살풀이, 태평무, 한량무 등의 춤이 있다.

(3) 풍물굿

풍물굿 혹은 농악이라고도 한다. 풍물굿이라 하면 흔히 북, 장고, 징, 꽹과리를 연상시킨다. 춤과 연상되지 않을지 몰라도 풍물굿도 민속춤의 한 분야로 풍물판에서는 악도 치고 춤도 추는 정말로 농경사회의 대표적인 민족춤이 아닌가 싶다. 풍물굿은 바다나 하늘 그리고 땅에게 제사를 지낸다는 등의 주술적인 의식 목적도 지니고 있고, 우리 조상들은 풍물굿에서 새로운 에너지를 느끼고 삶의 노고도 풀어내고 잠시나마 고단한 현실을 잊음으로써 행복을 느꼈다. 풍물굿을 하면 풍물패가 있기 마련인데 남사당 같은 집단은 유랑생활을 하면서 사람들에게 풍물도 치고 악도 칠 뿐 아니라 걸립패로서 번화 돌리기, 재주 넘기 그리고 상모도 돌리고 극도 하고 춤도 추면서 확실히 연예적인 성격을 띠었다. 농사판에서 다 같이 치다가 유랑극단에 의해 즉 무대화의 형태를 띠게 되었다는 것이다.

(4) 살풀이

살풀이 또한 우리나라의 대표적인 민속춤이다.

살풀이는 우리나라의 민속춤이니만큼 자신의 방식대로 추는 사람들도 있고 굳이 뭐가 다르다거나 맞다고 할 수 없는 거지만 지금 무대화되면서 정형화되어 있는 것은 이매방, 한영숙류가 대표적이다. 예로부터 한 해의 액을 막기 위해 굿을 하고 '살'을 푸는 춤을 추었는데, 무당들은 신행위로써 엄격한 의식성을 갖추었다. 반면에 일반인들은 굿판에서 흥으로 신명에 도달한 일종의 주술성 있는 허튼 춤을 추었다고 할 수 있다. 결국 살풀이춤의 기원은 이러한 굿판의 춤에서 찾을 수 있으며 현재 계승되고 있는 살풀이춤은 종교적 관련의 춤이 아닌 시나위권의 무악 살풀이가락에 맞추어 추는 아름다운 춤사위로, 예술적인 가치를 지닌다고 할 수 있다.

굿판에서 추던 허튼 춤은 아름답게 다듬어지면서 뒷날 기방예술의 하나가 되었으며, 이 변천과정에서 기생들의 한풀이춤이 되었는지도 모른다. 특히 호남지방에서는 판소리와 병행해서 이루어지기도 했다. 살풀이춤의 춤사위가 점과 선의 조화를 이루면서 은은한 곡선미를 갖추고 있는 이유는 한복의 아름다움에서 영향을 받았다고 할 수 있으며, 동작에 있어서 여백미가 드러나는 것은 동작을 남발하지 않고 절제된 동작으로 표현한 데서 나온 것이라 할 수 있다. 따라서 살풀이춤은 단순한 슬픔의 춤이 아니라 슬픔을 바탕으로 하되 그것에 머무르지 않고 그 비탈을 넘어 정과 환희의 세계로 승화시키려는 인간 본연의 이중구조적 심성을 표현한 춤이라 하겠다.

(5) 남무

대표적인 민속 남무에는 한량무가 있다. 그리고 동래학춤도 있다. 덧배기춤이라고도 부르는 사람들이 있는 한량무는 굿거리장단에 맞춰서 남성의 멋을 한껏 부리고 여자가 나타낼 수 없는 또 다른 맛을 낸다. 그리고 학춤은 학의 형상을 보고 옛 한량들이 춘 춤이다. 그리고 마당에서 자유롭게 추는 춤이며 예전의 동래학춤은 남성 5인무로 시작했다고 한다. 지금의 학춤은 여럿이서 추고 있다. 학춤은 자유로움 속에서 또한 질서가 보이는 멋진 춤이다.

(6) 탈춤

탈춤은 얼굴에 탈을 쓰고 쓰는 춤으로 서민의 대표적인 놀이이다. 탈춤을 보면 탈을 쓰고 양반들을 풍자하는 내용이 많다. 북부지역은 '탈춤'이라는 명칭으로 전승되어 오며, 중부지역은 '산대놀이', 남부지역은 '들놀음(야유)'과 '오광대'로 불리고 있다. 탈춤 속에는 한국인의 낙천적인 성격과 삶의 여유가 있다. 그 속에는 흥미 있고 풍자적인 맛이 있는 것이다. 탈춤 과장 하나하나가

풀려 나가면서 평소의 울분이나 갈등을 해소하고 이어지는 뒤풀이를 통해 춤을 추는 사람과 이를 보는 관중은 한데 어울려 마음껏 신명풀이를 한 뒤에 비로소 넘치는 생명력을 되찾는다. 탈춤은 귀족이나 평민의 구별없이 춤을 추던 상고시대나 부족국가시대가 지나고 삼국시대나 조선전기에 공동체적인 기능이 청산되고 고급예술을 지향하는 상층문화로서의 춤이 나타난 것에 대한 반대급부로 나타난 민중의 춤이다.

(7) 의식무용

불교, 도교, 유교, 무속성을 띠는 무교 등이 있다. 민속춤은 주술성을 띠는 무교적인 사상이라고 한다면 의식무용의 춤은 시공을 초월한 종교의식이 수반된 심오한 춤이다. 의식무용의 특징적 요소는 기복적인 요소와 토속신앙의 혼합요소가 적고, 순수한 마음의 정화를 위한 춤이기 때문에 춤사위의 종류가 몇 가지 되지 않고 움직이는 형태가 간결하고 평이하다. 유교춤은 양반계층에 의한 것으로 유교적인 이념을 바탕으로 하고 예악적 의식을 통해 나라를 다스리고자 하는 의미를 내포하고 있기 때문에 그만큼 대중성과는 거리가 멀 수밖에 없다. 그러나 불교춤은 서민계층에 의해 향유되기 때문에 대중적인 성향을 띤다. 그리고 불교무용은 불교의 발생지인 인도나 중국에서도 이미 소멸되고 오로지 우리나라만이 지닌 중요한 유산으로 남아 있다. 신에 대한 경의를 표하고 축복을 기원하는 춤이 주류를 이루고 있으며 종교적 정신을 바탕으로 이루어진 것이기 때문에 절제적인 성향이 농후하게 나타나는 것이 특징이다.

여기에는 나비춤, 바라춤, 법고춤 등이 있다.

승무는 탈춤에서의 노장춤, 상좌춤, 목중춤, 법고춤과 같은 중춤과 한량무에서의 중춤과 농악에서의 조리중춤과 같은 여러 민속적인 중춤을 토대로 하여 민간연향에서 판놀음을 벌이던 창우(倡優)들 가운데 뛰어난 무원들이 판놀음의 중춤으로 발전시킨 것이기 때문에 민속춤에 속하지 의식무에 속하지 않는다.

① 바라춤

불교의식 무용의 하나로 법당의 불전에서 제를 올릴 때 추는 춤이다. 제금보다 큰 바라를 양손에 들고 빠른 동작으로 전진 후퇴, 또는 회전을 하며 활달하게 추는 춤으로 불교에서는 모든 악귀를 물리치고 도량을 청정하게 하며, 마음을 정화하려는 뜻에서 춘다고 한다.

춤의 종류에는 천수바라춤, 명바라춤, 사다라니바라춤, 관욕게바라춤, 먹(막)바라춤, 내림바라춤 등의 6가지가 있다. 무복은 고깔에 장삼을 입으며, 타령 비슷한 장단으로 반주한다.

(8) 신무용

신무용은 전통적인 것을 바탕 삼아 새시대에 부합하는 새로운 형태로 만들어진 무용이다. 우리나라에서는 1900년대에 들어 서구식 무대를 갖춘 원각사가 생기면서 점차 무대화되기 시작했다. 우리나라에 외국의 민속무용이 최초로 소개된 것은 1920년이다. 러시아에 유학을 갔던 한국 학생들이 돌아와 러시아의 음악과 민속무용을 선보이면서 눈길을 끌었다. 그 이후 신무용이라는 말은 1926년 일본의 한 무용가가 한국공연에서 '신무용의 공연'이라 이름 붙인 것에서 비롯되었다. 이렇게 외국의 신문화와의 접촉을 통해서 춤의 무대화 개념과 표현의 다양성을 인식하고 변화를 시도함으로써 신무용의 탄생과 함께 한국무용사를 장식하게 되는 것이다. 이 시대의 대표적인 무용가로는 최승희, 조택원,

김민자, 조용자 등이 있다. 최승희에 대해서 말하면 신무용시대를 대표하는 최고의 무용수로서 많은 창작활동과 공연 등을 통해서 신무용을 크게 발전시키는 데 이바지했다. 그리고 그녀는 북한으로도 가서도 무용수로서의 활동을 활발히 펼쳤다. 그리고 우리나라 전통춤의 독보적인 존재인 한성준이 있는데 그는 고전적인 민속무용의 춤사위를 정리하고 체계화시켜 우리 신무용사에 큰 전환점을 제시하였다.

신무용의 종류로는 화관무, 부채춤, 장구춤 등이 있다.

화관무

화관무는 머리 위에 화관을 얹고 조선시대의 형식적인 무복의 하나였던 '몽두리'를 현대감각에 맞추어 고쳐 만든 광수포에 가슴띠와 통치마를 걸치고 손목에는 여섯 가지 색상의 넓은 한삼을 끼고 추는 우리나라 신무용이다. 궁중무와 복식만이 유사할 뿐 궁중무와는 연출이 전연 다르며 매우 화사하고 고운 춤으로 궁중무 복식에 오색 구슬로 화려하게 장식한 화관을 쓰고 긴 색한삼을 공중에 뿌리면서 춘다. 항상 상체를 곱게 유지하는 차원 높은 품위를 갖춘 기본형과 더불어 찬연한 귀태와 화려한 무세를 보이는 궁중풍의 무용이다.

(9) 창작무용

신무용시대를 거쳐 1930년대를 지나면서 한국무용은 큰 전환기를 맞이하게 된다. 우리의 전통무용 동작에 발레나 현대무용의 동작이 수용되면서 극형태의 형식을 갖춘 무용이 등장하게 된다. 이것은 새로운 주제 및 내용에 따라 무용동작을 도입함으로써 창작무용이라는 새로운 장르가 탄생되었다.

창작무용은 주술적이고 전통적인 마인드에 현대무용의 발레의 동작을 접목시키면서 발전시켜 왔다. 한국 창작무용의 기본정신은 한국춤의 전통성을 찾아내고 보존하는 창작작업의 일환으로 이루어진다. 그리고 주제나 기법 등의 표현이 매우 다양하고 한국적인 것을 찾으면서 서양의 것을 접목시키려 하는 것이다.

그리고 본격적으로 무대화되면서 무대에서의 요소 등의 효과에 대해서도 많이 달라지게 된다. 또 다른 새로운 무용의 시대가 온 것이다.

하지만 지금의 한국 창작무용은 또 다른 혼란이 시작되고 있다는 생각도 해본다. 창작품 공연을 보면, 작품에 대한 아이디어나 시각적인 표현은 뛰어나더라도 역시 고민해야 할 것은 대중성과 예술성이다. 그래서인지 어떻게 하면 마임공연이 될 수도 있고 어떻게 하면 연극이 될 수도 있는 것이다. 이것은 모두의 고민일 수도 있는 대중성과 예술성에 대한 문제점이 아닐까 싶다. 그리고 이것이 필연이라고 생각되는 것은 우리 전통문화에 발레 및 현대무용의 다양한 외국무용들이 들어왔기 때문에 부딪혀야 할 어쩔 수 없는 상황이기도 하다. 깊은 역사와 무궁무진한 발전성을 가진 것이 우리나라 춤이라 생각한다. 우리나라 춤은 앞으로도 더 많은 노력으로 발전해 나갈 것이다.

[제3절] 문화예술의 문제점과 진흥방안

1. 공연예술의 문제점

첫째, 공공극장의 자체 기획공연 횟수가 극히 미미하다는 점이다. 이런 현상은 다른 통계와 마찬가지로 도청소재지, 시·군소재지에서는 더욱 심하다.

둘째, 처음부터 민간운영자들이 참여해 온 예술의 전당 평균 가동률이 80%가 넘는 데 비하여 지방정부가 운영하는 문화예술회관의 평균 가동률은 절반의 수준도 되지 않는다는 점이다.

셋째, 같은 대도시라 하더라도 민간이 운영하는 것이나 다름없는 예술의 전당과 국가조직이 운영하는 국립극장은 기획공연 수, 가동률에서 현저한 차이가 난다는 점이다.

넷째, 국립극장 중심의 전국문예회관 총 공연 수의 대부분을 대관공연으로 채우고 있다는 점이다. 대관공연을 주도하는 이들은 물론 민간예술단체와 기획사들이다. 그러나 이런 현상을 두고 민간부문의 유통조직들이 활성화되어 있다고 말할 수는 없다. 왜냐하면 대부분의 공연횟수를 민간베이스에서 채우고 있기는 하지만 프로그램 양의 척도라 할 수 있는 가동률을 감안하면 – 지방의 경우는 특히

ㅡ 활성화로 보기에는 설득력이 떨어진다고 본다. 더구나 기획 · 대관공연을 막론하고 그 질에 관한 문제제기도 계속 이어져 오고 있는 형편이다.

이와 같은 결과가 나타나는 이유는 한마디로 공공 공연예술 유통기관이 제 기능을 하지 못하는 것으로 정리될 수 있다. 공공극장이 중앙 또는 지방정부의 하부조직으로 기능함으로써 자율성, 다양성, 창의성이 결여되고, 예산편성과 집행의 경직성은 물론 프로그램 기획을 위한 예산은 전체 예산의 10% 이내로 제한되어 있어 이것이 기획 공연 수는 물론 재정자립도를 올리지 못하는 요인으로 작용한다. 보다 중요한 것은 예술경영기능을 수행할 전문인력이 절대로 부족할뿐더러 전문인력이 참여할 수 있는 통로가 원천적으로 차단되어 있다는 점이다. 결과적으로 이런 원인들이 가동률과 관객점유율을 떨어뜨리는 데 기여하고 있다. 한마디로 예술경영의 개념을 찾아볼 수 없는 총체적 부진이라고 말할 수밖에 없는 것이다.

유통기능의 부실은 기껏 북돋고 지원하여 꽃을 피워온 창작예술의 영속성을 담보하지 못하고 이리저리 누수되는 결과를 초래하고 있다고 볼 수도 있다. 예술경영의 소홀이 결국 공연예술의 생산부문에 대한 지원을 밑 빠진 독에 물 붓기식으로 만들었다 해도 지나친 억측은 아닐 것이다.

수십 년간 공연예술을 지원해 온 측에서는 항변할 것이다. 그간 문화복지, 문화촉매 혹은 순회공연을 위한 지원이 얼마였는가 하고. 그러나 여전히 지방공연장의 가동률, 관객점유율은 낮고, 여전히 관객사이즈도 작다.

공연자는 외국인이나 재외국민 초청의 경우 그 출연료, 항공료, 체재비 총액의 20%에 해당하는 소득세와 소득세액의 10%(총 소득액의 2%)에 해당되는 주민세를 더하여 총 22%의 원천세를 내게 되어 있다. 종합하면 어떤 공연이든 매표 총액의 16~41%에 해당하는 공공 부담금을 기본적으로 지불해야 하며 외국인 초청의 경우 출연료, 체재비, 항공료 등 출연자와 관련된 경비 총액의 22%를 추가해야 한다. 따라서 통상 매진되는 경우의 총 입장료 수입의 70~75%선인 공연 제작비를 감안할 때 이런 경우 흑자실현은커녕 적자를 얼마나 줄이느냐가 당면과제가 되어버리고 마는 것이다. 기업의 협찬으로 다소 적자를 메우는 경우도 있지만 미국처럼 민간지원이 관습화되어 있지 않은 우리나라에서 이는 불안정한 재원일 뿐이다. 특히 연극분야는 공연을 하면 할수록 적자만 누적되는 경우도 드문 일이 아니다. 일본을 제외한 미국, 프랑스, 영국, 독일, 스웨덴 등 대부분의 국가들이 공연예술 분야의 공연장 입장료에 대하여 부가세를 부과하지 않고 있는 것은 공연예술이 이익을 내기 어려운 적자사업이므로 그만큼 공공의 지원이 필요하다는 것을 인식하고 있기 때문이다. 미국의 경우 대표적인 영리분야인 브로드웨이 뮤지컬 입장료에도 일체의 세금이 없고 다만 소득이 있을 경우 소득세만 부담시킨다. 국내에서도 교육, 사회복지, 종교 등과 같은 분야의 단체들과 박물관, 미술관, 도서관 등의 입장료에도 부가세 면세 지원을 하고 있음에도 공연예술 분야의 극장 입장료에는 적용받지 못하고 있다. 부가세는 원칙적으로 소비자인 관객이 부담해야 하는 것이지만(공연자는 소득이 발생할 경우 소득세를 별도로 부담하고 있다) 이는 현실적으로 어렵다. 왜냐하면 입장료에 부가세를 더할 경우 가격이 높아지므로 결국 관객의 구매욕구를 떨어뜨리는 결과를 초래할 수 있기 때문이다. 더욱이 국가의 지원을 받는 예술단체나 극장이 기획하는 공연물에는 부가세 부담이 없으므로 민간공연자가 부가세를 감안한 입장료 가격을 산정할 경우 필연적으로 경쟁력의 약화를 초래하여 부득이 부가세를 스스로 떠안을 수밖에 없게 된다.

민간의 공연예술 유통기능을 저하시키는 또 다른 것으로는 최근 들어 공공극장들이 대관료를 앞다투어 인상하는 현상이다. 이런 현상은 공공극장들의 경제논리나 재정자립도에 대한 압박이 거세지면서 가장 손쉬운 수익확대 방법으로 선택하고 있는 것이기도 하다. 심지어 체육시설에서처럼 일정비율의 할부대관료를 정식으로 채택하고 있는 움직임도 나타나고 있다. 이런 움직임은 아직까지 막대한 프로그램 공급자인 민간 공연자의 기능을 약화시켜 결국은 공공극장의 공연 수를 스스로 줄이는 결과를 초래할 수 있다는 점에서 심각하게 받아들여야 할 대목이기도 하다. 낙후되어 있는 극장경영을 근본적으로 개혁하려는 움직임보다는 그렇지 않아도 어려운 민간영역의 부담을 늘리게 되는 조치는 재고되어야 할 일임에 틀림이 없다.

공공극장의 기획프로그램에 관해서도 짚고 넘어가야 할 부분이 있다. 국민의 세금으로 운영되는 공공극장은 이미 시장에서 상품성이 검증된 작품들을 다시 끌어들여 수익을 올리기보다는 창조적 역량을 실은 새로운 작품들을 끊임없이 개발해 내는 역할에 무게중심을 두어야 할 것이다. 더불어 효율적인 마케팅을 통하여 보다 많은 관객이 창조한 작품을 향유토록 해야 함은 두말할 나위가 없다. 그런데 공공극장이 비싼 개런티를 들여 유수한 해외 예술가와 단체들을 초청하려 하거나, 민간기획사에 의해 형성된 시장을 잠식하는 것 또한 민간의 고유영역을 배려하지 않는 것이라 할 수 있다.

공연예술이란 기본적으로 관객을 전제로 한다. 관객이 없는 공연, 관객과의 의사소통이 없는 공연예술은 무의미할 뿐이다. 그러나 한국의 공연예술계는 그동안 관객의 문제에 관해서 별로 해놓은 것이 없다. 많은 기획자들이나 행정가들은 '우리나라엔 쪽수(관객규모)가 적어 고민'이라고 한탄만 해왔을 뿐, 거기에 대한 준비는 게을리하였을 뿐만 아니라 자신들이 할 일이 아니라고 여겨왔던 게 사실이다. '작품만 잘 만들면 관객은 오게 되어 있다'는 생각에 젖어, 불특정 다수를 향한 홍보에만 의존해 왔다. 작품을 제작하기 전에 관객에게 먼저 물어보는 일은 '예술가가 할 짓'이 아니었으며 예술행정가들은 관객의 부재를 항상 작품의 완성도 부족에서만 찾는 일이 많았다. 하물며 관객을 작품 구상단계부터 제작, 감상, 평가에 이르기까지 동반자로 인식하는 일은 꿈에서도 생각해 볼 수 없는 일이었다.

마케팅 전문가인 Alan Andreasen은 예술단체들이 종종 범하게 되는 오류 중 첫 번째로 자신들이 내놓는 예술 프로그램은 근본적으로 옳은 것이며 관객들은 이 프로그램을 통하여 풍요롭고 폭넓은 체험을 할 가치가 있다고 믿는 것이라 지적한다. 그리고 가치 있는 예술에 참여하지 않는 것은 소비자의 무지와 무관심에서 비롯된 것이며 이것이 자신들의 성공을 가로막는 주요 장애물이라고 생각한다는 것이다. 따라서 모든 조사나 홍보는 소비자의 무지와 무관심을 측정하고, 그들을 설득시키기 위해서 고안된다는 것이다. 그는 이런 현상을 판매지향주의에 편향된 결과라 지적하고 결론적으로 관객에게 먼저 물어보는 마케팅 지향주의를 받아들일 것을 권고하고 있다(Alan Andreasen, 1985).

'작품만 잘 만들면 관객은 오게 되어 있다'는 생각도 따지고 보면 예술을 공급하는 이들의 '오류'에 속한다. 극장의 객석 점유율이 낮은 것에 대하여 이의를 제기하지 않는 것도 마찬가지라고 할 수 있다. 이런 의식이 제대로 된 소비자 조사나 관객개발 시스템이 부재하는 원인이 되고 있는 것이다.

관객의 조사와 개발, 관리에 대한 인식이나 시스템이 없는 예는 우리나라를 대표하는 두 극장인 예술의 전당과 국립극장에서 단적으로 드러난다.

예술의 전당에서 있었던 오페라 페스티벌은 많은 이들이 성공한 공연으로 꼽는 데 주저하지 않는다. 2만 4천여 명이라는 관객이 동원된 것은 획기적인 일임에 틀림없었다. 성공의 원인으로는 종전보다 획기적인 가격파괴와 패키지 판매, 소위 레퍼토리 시스템, 오디션에 의한 참신한 배역의 구성, 언론의 지원 등을 꼽을 수 있을 것이다. 그러나 오페라 관객의 극대화라는 모처럼의 성공을 지속적으로 활용할 수 있는 기회로 마무리하지 못한 것은 아쉬움으로 남는다. 2만 4천명의 명단을 확보하여 DB화했더라면 계속되는 오페라 공연의 DM홍보, 관객수요 조사, 관객특성 분석, 홍보효과 분석, 정규회원 유도 등 관객개발을 위한 다목적자료로 활용할 수 있었을 것이다. 국립극장의 해설이 있는 금요발레도 마찬가지로, 공연에 왔던 관객들을 국립발레단의 정규 공연과 연결시키는 작업을 다하지 못했다. 7회(무료) 6,970명, 10회(유료) 6,882명 도합 13,852명을 동원하는 성과를 올렸지만 이 많은 사람들이 정규 공연의 관객 점유율을 높이는 데 기여했다는 증거는 찾기 힘들었다.

미국의 NEA는 광범위한 관객조사(SPPA : Survey of Public Participation of the Arts : 국민 예술참여 조사)를 3년마다 실시하고, 단순한 조사 결과뿐만 아니라 관련된 논문과 리포트를 계속하여 발간함으로써 예술기관의 중장기적인 홍보와 마케팅, 관객개발을 해나가는 데 커다란 도움을 주고 있다. 그리고 SPPA와 관련이 없다고 하더라도 조사부(Research Division)에서 매년 각종 리포트와 노트 등을 내놓아 예술기관 종사자들이 예술시장의 흐름을 이해하는 길잡이 역할을 하고 있기도 하다. NEA뿐만 아니라 개별 예술기관들도 그들의 실정에 맞는 시장조사를 하고 있다. 이제까지 우리나라의 관객조사는 문화정책개발원의 문화향수 실태조사가 거의 전부였다. 이것은 3년마다 공연예술정책에 참고하기 위해서 시행하는 포괄적인 조사이지 현장의 관객 마케팅에 이용하기 위한 것은 아니다. 미국의 SPPA처럼 수많은 소논문들이 양산되어 예술경영자들의 지침서로 활용되는 것과는 차이가 있는 것이다.

2. 공연예술의 활성화 방안

우리나라 공연예술의 활성화와 관련된 정책과제를 제시해 보면 다음과 같다. 첫째, 공연예술의 진흥과 관련하여 우선적으로 지적되어야 할 점은 공연예술 분야는 일종의 국가의 사회간접자본(Social Overhead Cost)으로서 사회 일반산업의 발전은 물론이고 문화산업의 전반적인 발전을 위한 인프라 역할을 수행한다는 점일 것이다.

아직까지 보다 많은 연구가 이루어져야겠지만 미국의 공연예술 가운데 비영리연극 분야에 대하여 타 장르보다 2배 가까운 정부지원이 이루어지고 있다. 그 이면에는 정부가 비영리연극단체를 지원함으로써 파생되는 부가적 효과가 상업연극단체나 대중문화산업(Audio-visual industry)으로 흘러감으로써 예술산업 전체의 발전을 도모할 수 있다는 점에 기인하고 있다는 것이다. 향후 우리나라의 예술산업진흥정책을 추진하는 경우에도 공연예술산업의 내적 중요성을 보다 깊이 인식할 필요가 있다.

둘째, 공연예술에 대한 지원방식의 합리화이다. 공연예술에 대한 지원과 관련하여 강조되어야 할 점은 정부의 정책목표설정과 그 수단선택의 합리화이다. 예를 들면, 최근 정부가 강조하는 '예술적 창의성의 증진'이라는 정책목적을 설정할 때 직접지원방식이 소기의 목적을 달성할 것인지, 아니면 간접지원방식이 바람직한 것인지 등을 신중히 고려할 필요가 있을 것이다.

셋째, 공연예술진흥정책과 관련하여 고려해야 될 사항으로는 공연예술의 경제적 특성이 심미성 내지는 예술성을 요구한다는 점에서 통상적인 재화와는 다른 시평(time horizon)[2)]을 요청하기 때문에 보다 장기적인 관점에서 공연예술진흥정책을 추진할 필요가 있다는 점을 강조할 필요가 있다.

2) 시평(時評)은 어떤 대상에 대하여 그 당시의 비판이나 평판을 말하는 것이다.

8 CHAPTER 대중문화와 관광

[제1절] 대중문화의 개요

1. 대중문화의 정의

문화의 개념과 마찬가지로 대중문화라는 개념도 사용 맥락에 따라 때로는 여러 가지 모순되는 요소로 채워질 수 있는 사실상 '비어 있는' 개념적 범주라고 할 수 있다. 따라서 대중문화에 대한 여러 가지 정의가 존재하는데, 일반적으로 대중문화는 한 인간이나 집단의 특정 생활양식(해변에서의 휴가, 크리스마스 축제, 젊은이의 하위문화 등), 정신적 · 지적인 작품이나 실천행위(일일연속극, 팝뮤직, 만화, 웹툰 등)를 의미한다. 대중문화 개념에 대한 여러 가지 논의를 구체적으로 살펴보면 다음과 같다.

1) 단순히 많은 사람이 좋아하는 문화

단순히 많은 사람이 좋아하는 문화를 대중문화로 정의하는 방식은 '많은 사람이 선호하거나 좋아하는 것'의 존재범위가 너무 넓기 때문에 대중문화에 대한 정의로는 거의 무의미하다고 할 수 있다. 대중이라는 용어는 양적으로 큰 범위를 포함할 것을 요구하지만 양적인 크기 자체만으로는 대중문화를 정의하기에 충분치 않다. 예를 들어 공인된 고급문화, 즉 수적으로 많은 사람이 향유하고 있는 고급문화도 이러한 정의에 따르면 대중문화가 된다. 따라서 대중문화에 대한 엄밀한 규정이 불가능하다.

2) 고급문화 이외의 문화

이러한 태도는 고급문화를 개별적인 창조활동의 결과, 즉 형식상의 복잡성과 도덕적 가치, 비판적 통찰력 등을 포함하고 있는 문화로 바라보는 견해이다. 반면 대중문화는 대량 상업문화 또는 열등한 문화, 즉 도덕적 · 심미적 · 미학적 반응을 요구하지 못하는 문화로 바라보는 경향이다. 그러나 고급문화와 대중문화의 구분은 명확한 근거에 기초한 것도 아니고, 대중문화 또는 고급문화의 개념 역시 고정되어 있는 것이 아니다. 따라서 이러한 대중문화 개념은 고급문화를 우선시하는 일부 집단의 엘리트주의가 반영된 개념이라고 할 수 있다. 주로 정치적 우파들이 이러한 대중문화 개념을 선호한다.

3) 대량문화

대중문화란 대량소비를 위해 대량생산된 상업문화라고 생각하는 것이 대중문화를 대량문화로 바라보는 태도이다. 대중을 조작하는 문화, 즉 마비된 정신이나 무감각한 상태에서 수동적으로 소비되는 문화가 바로 대중문화라는 것이다. 미국화 내지는 미국식 합리주의와 개인주의에 대한 우려가 반영된 대중문화의 정의방식으로, 고급문화의 전통적 가치도 위기에 처해 있지만 노동계급의 전통적인 생활방식 역시 '대중문화의 유혹'에 의해 위태로운 처지가 되었다는 것이다. 주로 정치적 좌파들이 이러한 주장을 펼친다.

반면에 대중문화 또는 대량문화를 긍정적으로 바라보는 견해는 "대중문화의 텍스트와 실천행위들은 대중적 환상의 형태로 나타나고, 집단적 꿈의 세계로 간주되기에, 대중문화는 그것이 없었으면 결코 경험하지 못했을 만한, 더 많고 다양한 꿈을 가져다준다"고 주장했다.

4) 민중문화

대중문화는 민중으로부터 시작된 문화이자 사람들을 위한 사람들의 문화라는 견해이다. 대중문화는 현대 자본주의사회에 대한 상징적 저항이 주로 나타나는 영역으로 간주되며, 낭만적으로 형상화된 노동계급의 문화와 동일시된다. 주로 팝과 록(rock) 음악에 대한 비평적 분석에서 발견되는 입장이다. 그러나 민중문화론에서 말하는 민중의 범주가 모호하며, 대중문화가 상업적으로 제공된 것이라는 사실을 비껴가고 있다는 단점을 지니고 있다.

5) 대중문화를 사회 피지배계층의 저항력과 지배계층의 통합력 사이의 투쟁의 장으로 보는 입장

대중문화를 위에서부터 강요된 문화도 아니며 아래로부터 자발적으로 일어난 대항적 문화도 아니라는 입장이다. 대중문화를 지배문화와 피지배문화 간의 이데올로기적 투쟁이 일어나는 영역으로, 계급갈등뿐만 아니라 인종, 성, 지역, 세대, 성별 등과 같은 여러 요소도 포함되는 개념이다.

영화, TV, 음반 등의 문화산업에 의해 생산된 왜곡된 문화라는 대중문화 비판론자의 입장과 문화산업의 왜곡을 거치지 않고 대중들이 직접적으로 자신을 표현하는 장이라는 대중문화 긍정론자의 두 가지 입장인 대중과 대중문화를 고정된 존재로 바라보고 있다는 점에서 비판하고 있다. 즉 대중을 창조적 주체로 고정하거나 수동적 수용자로 고정시켜 보면서 대중문화를 정태적인 속성을 가진 개념으로 정의하여서는 안된다는 주장이다. 대중과 대중문화는 시시각각 변하는 존재이기 때문이다. 특정 상황에서 여러 가지 다른 형태의 연결망을 형성하여 자신들의 의견을 표출할 만한 잠재력을 지니고 있는 대중은 고정된 하나의 의미로 정의될 수 있는 대상이 아니라 구체적이고도 특수한 역사적 · 사회적 상황에 따라 다양한 형태로 형성될 수 있는 대상이다. 따라서 이러한 입장에서의 대중문화 개념은 결과가 아닌 과정으로 대중문화를 바라보는 태도라고 할 수 있다.

2. 대중문화의 특성

대중문화는 일반적으로 다음과 같은 특징을 지니고 있다.

첫째, 문화의 생산자와 소비자가 분리되어 있다. 바로 이 점에서 대중문화는 문화의 생산자와 소비자가 일치되어 있는 민속문화 또는 민중문화와 다른 성격을 지닌다. 여기서 말하는 대중문화의 생산자는 신문 · 방송 · 잡지 · 출판 · 영화 · 음반 · 광고 · 패션 등과 같은 대중문화산업이 된다. 그리고 소비자는 대중문화산업이 생산한 문화상품을 소비하는 불특정 다수인 대중이다. 현대사회에서 대중은 광범위한 공간에 산재되어 있으며, 익명의 원자화된 개인들로서 수동적인 존재들이다. 따라서 소비자인 대중은 대중문화산업의 문화상품 판촉활동에 의해 쉽게 조정되는 성격을 지닌다.

둘째, 대중문화의 창조자는 대중문화산업에 고용되어 있거나 계약관계에 있다. 즉 대중문화의 창조자는 앞에서 지적한 대중문화산업체들 가운데 어느 하나에 고용된 사원이거나 특정업체와 계약을 맺고 창작활동을 하는 것이다. 대중문화의 창조자는 문화산업의 요구와 타협하여 문화창조행위를 하지 않을 수 없게 된다. 이 점에서 대중문화의 창조자는 자신의 독창적인 창조행위에 전념할 수 있는 고급문화의 창조자와 구별된다고 할 수 있다.

셋째, 대중문화산업이 이윤창출을 목적으로 생산되는 상업주의 문화이므로 그 문화상품의 유통과정은 일반소비재와 마찬가지로 자유시장의 경쟁원리에 따르게 된다. 따라서 대중문화산업들은 관련 산업체와 시장점유율을 놓고 치열한 경쟁을 하지 않을 수 없다. 특히 신문 · 잡지 · 방송 등과 같은 대중문화산업들은 독자와 시청자라는 시장의 점유율을 높임으로써 광고수익도 증대되므로 치열한 경쟁을 하지 않을 수 없다.

넷째, 대중문화상품은 대량생산되는 것이므로 상품이 규격화되지 않으면 안된다. 그 결과 대중문화상품은 표준화되고 개성이 없는 상품이 되고 만다.

다섯째, 대중문화는 복제기술의 발달과 함께 성장해 왔으며, 개인의 산물이 아니라 대중문화산업이라는 복합조직이 생산하는 상품이다. 그러므로 대중문화라는 상품은 복제기술과 조직이 결합되어 생산되는 상품이라 할 수 있다.

여섯째, 대중문화의 상품은 유행성을 지닌다. 그 까닭은 2가지로 볼 수 있다. 하나는 기본적으로 소비재이므로 즉각적인 만족을 준 다음 더 이상 생명력을 갖기 어렵기 때문이다.

3. 대중문화의 기능

1) 대중문화의 순기능

첫째, 문화의 민주화에 대한 기여를 들 수 있다. 과거 소수의 계층만이 누리던 문화가 대중매체를 통해 대량으로 전달되면서 누구나 쉽게 문화적 혜택을 누릴 수 있게 된다.

둘째, 대중에게 신속한 정보를 제공해 준다. 대중매체가 새로운 정보와 지식을 신속하게 제공하기 때문에 사람들이 적은 비용으로 필요한 정보를 얻을 수 있다.

셋째, 대중의 삶의 질을 향상시킨다. 대중에게 오락과 휴식을 제공하여 인간의 삶을 더욱 풍요롭게 만든다.

2) 대중문화의 역기능

첫째, 대중의 문화를 획일화시킬 수 있다. 대중매체가 같은 내용을 일방적으로 전달하기 때문에 사람들의 가치관과 행동을 획일화시켜 개인의 독창성과 개성이 상실될 가능성이 있다. 또한 저급한 내용을 제공하게 되어 문화의 질이 낮아질 수 있다.

둘째, 지나친 상업성의 추구를 들 수 있다. 대중문화가 상품화되어 이윤을 지나치게 추구함으로써 선정적이거나 폭력적 내용을 제공하게 되어 문화의 질이 낮아질 수 있다.

셋째, 왜곡된 정보의 전달 및 여론조작이 우려된다. 대중매체는 왜곡되거나 잘못된 정보를 제공할 우려가 있으며 대중문화를 생산하는 소수에 의해 여론이 조작되기도 한다.

넷째, 정치적 무관심을 초래할 수 있다. 오락성이 강한 대중문화로 인하여 대중이 정치적 현상이나 사회문제에 대해 무관심해질 수 있다.

[제2절] 한류문화의 개요

1. 한류의 정의

한류라는 단어는 합성신조어로서, 특성 또는 독특한 경향을 뜻하는 접미사 '~류(流)'에 한국을 뜻하는 '한(韓)'을 붙인 것이다. 이러한 합성 방식은 특정 국가의 문화가 해외에서 인기를 얻는 현상을 설명할 때 주로 사용하는 방식이었다.

1998년부터 본격적으로 대한민국의 대중음악이 해외로 진출하기 시작하면서 현재의 한류라고 볼 수 있는 현상이 나타났다. 당시 한류라는 단어는 사용되지 않았지만 대만, 중국, 일본에서 대한민국의 배우나 한국문화 전반에 대한 인기가 높아지면서 시작됐다고 할 수 있다. 이후 한류라는 단어가 처음 공식적으로 사용된 것은 1999년 대한민국 문화관광부에서 대중음악의 해외 홍보를 위해 〈韓流-Song from Korea〉라는 이름으로 음반을 제작했을 때였다.

2. 한류의 발생요인

① 한국 대중문화의 특성 : 타 문화에 비해 사람을 끄는 장점이 있다. 예를 들면 드라마에서 참신한 줄거리와 구성, 배우들의 수려한 외모, 뛰어난 연기력, 호소력 있는 주제나 소재들이 있다.

② 한류의 상품적 가치 : 시장에서 더 큰 경쟁력이 있다. 이는 한류의 작품성과 예술성을 인정하고 대중성을 강조하기 때문이다.

③ 한류 수용 국가들의 과도기적 경제 · 문화 · 정치적 상황 : 경제적으로는 성장했지만, 그에 맞는 문화가 없으므로 한류로 대체하고 있다.

④ 문화적 근접성 : 유교문화권(한국-중국), 중국 주변 위치 문화(한국-베트남), 종족적 동질성과 역사적 접촉에 의한 상호 친밀감(한국-몽골)이 있다.

3. 한류의 확산 배경

한류열풍의 배경은 주로 국제관계학의 관점에서 찾아볼 수 있다.

1980년대 들어 세력적 피크를 이루던 동아시아 가치 논쟁이 이 지역의 잇따른 외환위기로 인해 크게 흔들리기 시작했다. 특히 중국은 유교문화권의 종주국이나 사회주의적 이데올로기의 잔존 때문에 문화적 구심점 역할을 수행하지 못하였다. 또한 일본은 과거사의 뿌리 깊은 악연과 민족적인 폐쇄성으로 인해 동아시아 가치의 문화적 모델로써 역할을 수행하는 데 뚜렷한 한계를 보이고 있다. 실제로 한류는 일본문화 배제라는 또 다른 단면을 반영하고 있는 것이다.

그동안 동아시아 지역에서 문화적 전초기지의 역할을 담당하던 홍콩의 기능 상실이 한류 발생의 주요인 중 하나가 되었다. 홍콩영화가 최고조에 달할 무렵 영화 이외에 매력적인 콘텐츠가 부재하다는 점이 큰 약점이 되었다. 특히 1997년 중국 본토에 편입된 이후 문화적 경쟁력이 크게 퇴보한 것도 한 요인이 되었다. 홍콩의 연예계를 장악하던 자본, 배우, 기술자, 인력 등이 미국 할리우드로 그 무대를 옮기게 된 것이다.

따라서 한류는 자본주의 가치가 빠르게 확산되고 있는 동아시아 지역에서 일본과 홍콩이 남긴 공백을 절묘하게 파고듦으로써 나타난 문화적 트렌드라 평할 수 있다. 이 지역의 문화적 정체성의 혼돈과 궤를 같이하고 있는 것이 바로 한류인 것이다.

4. 한류의 유형

한류현상은 상당히 넓은 문화적 영역에 걸쳐 있으며, 그것이 나타나는 국가나 사회에 따라 그 영역들이 차이가 나타난다.

중국, 베트남, 타이완, 몽골 등지에서는 한국에서 제작된 TV 드라마가 상영되면서 한류의 바람이 일기 시작하였고, 또한 중국과 타이완에서는 젊은 가수나 밴드들이 댄스를 곁들이며 부르고 연주하는 빠른 템포의 음악도 폭발적인 인기를 얻으면서 다른 영역의 한국 대중문화와 한국산 상품이나 브랜드에 대한 구매욕구로 급속히 확산되었던 것이다.

홍콩이나 싱가포르에서는 영화가 드라마보다 먼저 인기를 얻었지만 곧 드라마에 대한 관심으로도 연결되었다.

한국문화를 항상 부분적으로 수용하였던 일본에서는 일부 영화들이 많은 관객을 동원하기 시작하다가 2004년에 드라마 '겨울연가'가 방영되면서 한류 바람이 다른 나라 못지않게 거세게 불고 있다.

유형별로 살펴보면, ① 영화, ② 드라마를 위시한 TV 프로그램, ③ 한국 인기 가수나 배우들의 현지 콘서트, 공연, 방송출연, 모델활동, ④ 한국 음악, 영화, TV 드라마를 녹음, 녹화한 오디오 및 비디오테이프 및 콤팩트디스크(CD), ⑤ 동영상 애니메이션 및 캐릭터, ⑥ 인터넷 게임, ⑦ 전자출판 등으로 그 유형이 다양하다. 한국 정부 측의 평가에 의하면 이중게임, 애니메이션, 캐릭터는 그 기술이 이미 세계적 수준에 올라 있고, 영화, 음악, 방송영상물 등은 아시아 최고수준을 자랑하고 있다. 지난 몇 년간 이 상품들의 수출 증가세는 1970년대 한국상품 수출의 증가세를 훨씬 능가하고 있다.

한류현상이 있는 곳에서는 한국 TV 드라마가 가장 일반적이고 중요한 몫을 차지한다. 중국, 베트남, 태국, 몽골, 타이완, 홍콩, 싱가포르, 일본 어디를 가나 한국

드라마는 큰 인기를 얻었다. 게다가 중국이나 대만 같은 곳에서는 한국 대중음악, 그중에서도 젊은 가수나 밴드가 춤추고 연주하며 부르는 강력한 록풍이나 랩스타일의 음악이 청소년과 학생층에서 열광적인 반응을 불러일으켰다. 이 두 나라와 베트남 같은 곳에서는 TV 드라마와 인기 연예인을 통해 발라드풍의 한국음악이 소개되기도 했다. 흥미로운 점은 한국보다 부유한 일본, 싱가포르, 홍콩과 같은 곳에서는 원래 한국 영화가 TV 드라마보다 더 인기를 얻었다는 사실이다. 대표적인 드라마와 K-POP을 살펴보면 다음과 같다.

- 음악 : 한국 가요, K-POP
- 드라마 : 한류 드라마, K-드라마
- 언어 : 한국어
- 기술 : 스마트폰, 자동차
- 음식 : 한식
- 게임 : 대한민국 게임
- 기타 요소 : 대한민국 애니메이션, 웹툰, 대한민국의 상징[특히 태극기, 애국가(북한에서는 2000년대 후반 KBS에서 처음으로 대한민국의 애국가를 부른 뉴스가 있음)가 최고라고 언급한 적이 있다. 지금은 사라졌다.

5. 한류의 경제적 효과

2019년 한류 관광객은 주로 '칼군무'를 앞세운 K-POP에 이끌려 우리나라를 찾았고, 1인당 평균 120만 원가량을 지출한 것으로 조사됐다. 2020년 한국관광공사의 '한류관광시장조사연구' 보고서에 따르면 2019년 한류 관광객 1인당 지출액은 1천7달러(약 121만 원)로 추정됐다.

〈표 8-1〉 한류관광의 경제적 파급효과 : 협의

부문		경제적 파급효과(USD1,000)					
		생산	소득	부가가치	간접세	고용[a](명)	취업[b](명)
숙박업		360,273	86,031	182,498	12,187	2,302	3,090
음식업		378,601	61,256	141,597	21,361	2,436	4,839
쇼핑업	한류	298,894	36,930	89,494	8,682	1,212	1,757
	일반	587,340	141,871	301,294	24,763	4,657	7,692
쇼핑업 합계		886,234	178,801	390,788	33,445	5,869	9,449
관광교통업		105,399	19,416	38,053	–*	426	785
여행업		213,316	51,946	106,667	10,772	1,734	2,524
의료/미용		35,100	7,563	15,731	860	277	386
문화서비스		23,588	6,055	12,290	595	182	266
오락/스포츠		52,549	8,496	26,056	5,753	292	481
계		2,055,060	419,564	913,680	84,974	13,518	21,819

주) 고용파급자 수를 계산할 때 환율은 조사기간 평균을 적용함(USD1=1,196원)

* : 세금 납부액보다 정부 보조금이 더 많기 때문에 파급효과는 없는 것으로 나타남

a : 임금근로자만을 포함; b : 임금근로자와 자영업자 및 무급가족종사자를 포함

일반 쇼핑비가 302달러(약 36만 원)로 가장 많았고, 숙박비 184달러(약 22만 원) · 식음료비 155달러(약 18만 원) · 한류 쇼핑비 138달러(약 16만 원) 등이 뒤따랐다. 2019년 한류 관광객 규모는 전체 인바운드 관광객(외국인 방한객) 수의 7.4%인 111만 6천422명으로 추정됐다. K-POP이나 한류 스타뿐만 아니라 음식 · 미식 · 템플스테이 등까지 '광의의 한류'로 포함했을 때는 그 규모가 인바운드 관광객 수의 55.3%인 855만 3천234명으로 커졌다.

2019년 한류 관광객이 우리나라에서 지출한 규모는 11억 2천413만 달러(약 1조 3천507억 원)로 추정됐다. 이에 따른 생산 유발효과는 20억 5천506만 달러(약 2조 4천693억 원), 고용 유발효과는 1만 3천518명으로 추산됐다.

한류 관광객을 우리나라로 이끄는 데는 K-POP의 영향력이 큰 것으로 나타났다. 대다수 관광객들은 주로 유튜브를 통해 정보를 획득하는 것으로 나타났다. 특히 대다수는 K-POP 선호도가 한국 관광을 결정하는 데 영향을 미치는 것으로

나타났다.

이들은 한국에서 K-POP 관련 활동으로 'K-POP 스타 관련 상품 구입'을 비롯해 '지하철 등 K-POP 스타 광고 현장 방문', '기획사 공식 상품 판매처 방문', '뮤직비디오 촬영지 등 방문', 'K-POP 스타가 운영하는 카페 방문' 등을 경험하는 것으로 나타났다. 현재 한류 팬의 주된 연령층인 10~20대가 추후 경제적 능력을 갖췄을 때까지 한류를 계속 좋아할 경우 관광산업 측면에서 얻을 수 있는 미래 가치와 파급 효과를 고민할 필요가 있다고 할 수 있다.

[제3절] 한류문화와 관광

1. 한류관광의 개념

한국관광공사(2019)에 따르면 한류관광은 한국문화에 대한 선호를 직접적인 계기로 하는 방한 관광을 의미한다. 협의의 의미로는 한류관광은 한국 대중음악(K-POP) 및 미디어상의 한류 콘텐츠를 향유하며 이러한 선호로 인해 한국 관광을 결정하게 된 방한 관광을 의미한다. 그리고 광의의 의미로 한류관광은 미디어에서 쉽게 접할 수 있고 전 세계적으로 유행하는 한류 콘텐츠 중심의 협의의 한류관광을 넘어서 한국 전통음악, 출판, 음식, 뷰티, 스포츠, 의료관광, 패션 등에 대한 선호를 게기로 하는 방한 관광을 의미한다. 한류관광은 단순히 한류 콘텐츠와 직접 연계된 외국인의 관광행동뿐만 아니라 광의의 한류관광으로서 한국과 한국의 문화에 대한 선호를 계기로 한국을 방문하는 관광형태를 의미한다.

코로나 이후 한류관광이 대폭 성장할 것으로 예상되고 있다. 방한 여행객의 규모는 2000년 500만 명선에서 2019년 1,750만 명 규모로 대폭 성장하였으며, 이 중 한류관광객 추정 규모는 2019년 기준 222만 명으로, 연 13.9%의 증가율을 보이고 있다.

공항 출국장에서 한류관광객을 대상으로 한 조사에서 방한 관광을 결정하는

데 가장 크게 영향을 미친 문화요소로 '한국 음식'(28.8%)이 지목되었으며, 선호하는 한국문화에 대한 응답(45.4%)과 가장 먼저 좋아한 한국문화에 대한 응답(26.9%)에서도 '한국 음식'이 가장 높은 비율을 차지하고 있다.

한류관광객은 일반 관광객과는 다르게 일반 소비재 및 가치소비를 추구하는 경향이 있어서 한국에서 일상적으로 구매할 수 있는 식료품 등의 일반 소비재와 자신이 선호하는 한국문화에 관련된 상품들, 공연 티켓 등에 높은 비용을 지불하고 있다.

한류관광 산업에 대한 조사들은 공통적으로 'K-POP'을 비롯하여 한국의 드라마, 음식, 뷰티, 예능프로그램, 패션 등이 방한 관광에 대한 전 세계적 관심을 높이고 있다고 지목한다.

직접 체험형 상품에 대한 수요가 높아지고 있고, 팬덤 형태의 체류형 관광이 증가하면서 SNS를 통해 새로운 한류관광지에 대한 수요가 높아지고 있다.

K-POP 콘서트 관람 및 팬미팅과 다른 관광 요소를 연계한 단순 관람 중심의 패키지 상품을 넘어서 K-POP 댄스와 노래를 직접 체험할 수 있는 체험형 상품이 큰 인기를 끌고 있다.

하지만 K-POP 팬들은 주로 10~20대에 분포하고 있고 방한 관광의 실수요는 경제력이 있는 20대 중반 이상~30대라는 점에서 현재의 K-POP 팬덤이 모두 가까운 시일 내에 방한 관광을 할 수 있는 한류관광객이라고 보기는 어려우며, K-POP 한류관광은 한류스타에 대한 개인적 선호에 기반하기 때문에 일반관광과의 연계가 제한적이라는 지적도 있다.

이에 반해 한국 드라마는 그 인기 및 영향력이 K-POP에는 못 미치지만 한국 연예인 전반에 대한 선호와 드라마 촬영지, 드라마 속 한국문화에 대한 호감을 기반으로 하는 한류관광을 유도하기 때문에 보다 큰 파급효과가 있다.

한류관광객들이 대체로 높은 추천의향과 재방문의향을 보이며 한류관광 경험이 SNS를 통해 확산됨에 따라 한류관광객의 규모는 지속적으로 증가하고 있다.

2. 한류관광의 중요성

코로나 팬데믹 이후 관광산업 활성화와 과거 수준 회복을 위해 매력 있는 한류 자원을, 외국인 관광객과 연계한 혁신적인 대응이 필요하다. 관광산업은 지역 내에 있는 관광자원을 통해 외부 관광객에 의해 부가가치가 창출되기 때문에 다른 지역과의 차별화를 위해서는 지역자원의 매력도를 발굴하고 이를 상품화하는 노력이 필수적이다.

2022년 현재 코로나가 극복되고 일상회복이 추진되는 현재 시점에서 코로나 팬데믹 이전 상황으로 관광산업을 활성화시키기 위해서는 기존의 올바른 정책방향과 함께 2년간의 산업 공백을 메우기 위한 적극적이고 근본적인 정책의 전환이 요구되는 상황이다.

수도권에 집중된 외국인 관광 패턴은 한류라는 새로운 자원을 활용한 지역 관광 활성화가 필요하다. 현재 K-POP 공연 및 관광 인프라와 대중교통시설은 서울을 비롯한 수도권에 집중되어 있어 지방관광 활성화 차원으로 지방에서 개최된 K-POP 공연들이 해당 지역에서 실질적인 경제효과를 창출하지는 못하고 있다. 하지만 남이섬의 예시에서도 볼 수 있듯이 한류 콘텐츠의 로케이션으로 활용된 장소들이 새로운 콘텐츠를 통해 다시 활용되고 독자적인 스토리텔링을 기반으로 관광지로 자리 잡은 경우도 많기 때문에 지역의 자원을 충분히 활용하여 관광상품을 적극 개발한다면 한류관광 산업을 활성화하는 것이 가능함을 알 수 있다.

한류관광이 잠재적 방한 수요층의 관광 트렌드에도 부합한다는 측면에서도 미래 관광 시장 형성을 위해서도 중요하다. 기존 지역문화자원, 지역생태자원을 특화한 개별 관광형태의 모델이 아닌 장기관광, 투숙관광, 단체관광을 통한 부가가치 창출을 위해서는 새로운 관광상품이 필요하며, 이를 위해서 지역에 소재하고 있는 한류 자원(영화, 드라마 촬영지 등)을 통한 새로운 관광상품 개발이 필요하다. 현재 한류관광의 주요 요인 중 하나인 K-POP의 수요층은 경제력이 부족한 10~20대 학생들이 많아서 방한 수요층과 실제 방한객들 사이에 아직 차이가 있지만 이들이 경제적 능력을 갖추게 될 가까운 미래를 고려한다면 한류관광에 대한 수요는 지속적으로 증가할 것이므로 지역과 연계한 한류관광은 지역발전의 지속가능성과 깊은 관련이 있다.

이러한 잠재적 방한 수요층과 한류관광의 미래가치를 고려하여 지역차원에서 관광 관련 인프라를 갖춘다면 한류관광을 통해 지속가능한 지역발전을 달성할 수 있을 것으로 전망한다.

한류의 소프트 파워를 지역산업의 하드 파워와 연계될 수 있도록 콘텐츠 믹스와 전략적 콘텐츠 개발을 통한 지역산업 연계 발전 전략이 필요하다. 한류콘텐츠와 연계하여 한국의 농업·농촌의 고유 경관을 보전·정비하여 관광자원으로 활용하고, 직접 농촌 체험활동 프로그램과 연계하면서 외국인 대상 새로운 한류관광의 상품 개발이 가능하다. 예를 들면, 생태관광으로서 철원 DMZ 철새도래지, 제주 저지곶자왈 등 한국의 고유한 자연을 연계한 관광을 한류 콘텐츠와 연계한 관광상품 등의 개발이 필요하다. 또한 MICE산업을 연계한 규모의 경제 확보에도 필요하다. 예를 들면, 제주 컨벤션센터 활용 국제회의 연계, 한류 팬 페스티벌 등 대규모 회의, 행사, 전시회 등과 연계된 기획 프로젝트의 추진 등이다.

3. 한류관광의 주요 사례

한류관광의 대표적인 성공사례로는 아시아 지역에서 한류열풍을 이끌었던 드라마 '겨울연가'의 촬영지 '남이섬'이 있다. 남이섬은 드라마 로케이션으로 처음 주목받기 시작했으나 '나미나라 공화국'이라는 독자적인 브랜딩을 통해 드라마의 인기가 사그라든 이후에도 관광명소의 명성을 이어오고 있다. 이외에도 다양한 문화권에서 오는 관광객들을 배려하여 이슬람 기도실 설치, 가톨릭 미사 집전 등의 서비스를 제공하여 방한 관광객들 유치에 성공하였다. 춘천시의 통계에 따르면 2019년까지 집계된 남이섬 외국인 관광객은 총 116만 5,772명으로, 내국인 관광객에 비해 꾸준한 증가세를 보이고 있다. 이처럼 최근 전 세계적인 한류열풍에 힘입어 한류 영상콘텐츠의 촬영지들이 관광명소로 떠오르고 있으며, 이러한 인기를 기반으로 아시아권 해외 콘텐츠들의 로케이션으로 재활용되거나 체험 및 숙박시설로 목적이 변경되기도 한다.

최근 K-POP의 전 세계적 유행을 계기로 K-POP 팬들의 방한 관광이 늘고 있으며, 투어 패키지와 체험형 상품이 큰 인기를 끌고 있다. 싸이의 '강남스타일'이 유행하면서 강남구 외국인 관광객이 2011년 대비 4배 가까이 증가하였으며, 이후 BTS의 세계적인 흥행으로 멤버들이 방문한 장소들을 따라가는 '방탄 투어'가 유행하는 등 한류관광이 활성화되어 BTS의 외국인관광객 수 증가 효과는 연평균 79.6만 명, 그에 따른 생산유발액은 약 1조 6,300억 원으로 추정된다. 에스팀타운트래블의 '글로벌 패키지'와 인터파크의 '공연+숙박' 패키지는 K-POP 공연 관람을 목적으로 방한하는 한류관광객들을 적극적으로 유치하고 있다.

유튜브 등의 인터넷 동영상 플랫폼을 통해 세계적인 인기를 얻은 원밀리언 댄스 스튜디오에서는 K-POP 댄스를 체험해 볼 수 있는 원데이 클래스를 운영하여 전체 수강생 중 60~70%를 외국인이 차지할 정도로 한류관광객의 관심을 얻고 있다.

국내 음반제작사인 킹스튜디오는 한류관광객을 대상으로 K-POP 녹음체험 콘텐츠를 마련하여 유명 K-POP 가수들과 동일한 방식으로 녹음 및 뮤직비디오 제작까지 할 수 있도록 하며, 이렇게 발생하는 매출이 전체 매출의 60%를 차지할 정도로 큰 인기를 얻고 있다.

한국 음식을 직접 만들고 먹어볼 수 있는 체험형 콘텐츠 또한 한국문화의 체험 명소로 자리 잡아 한류관광객들을 유치하고 있다. 미디어를 통해 널리 알려진 한국 음식들을 주제로 하는 체험 프로그램들이 정부와 지자체, 민간기업들에 의해 운영되고 있다.

충청북도 증평군은 매 계절 '장이 익어가는 마을'이라는 프로그램을 운영하여 전통 한식을 체험하고자 하는 외국인 관광객들의 인기를 얻고 있으며, 프로그램 참가자들이 SNS를 통해 경험을 공유하면서 점점 더 많은 관광객들이 증평군을 찾고 있다.

풀무원은 '뮤지엄김치간'이라는 외국인 대상 김치학교를 무료로 운영하여 김장 문화에 대한 한국어 교육, 김치 만들기 체험, 디지털 콘텐츠 기반의 사업을 추진하고 있다.

4. 관광과 한류의 발전방향

1990년대 말부터 지속되어 온 한류의 열풍에 힘입어 한류관련 관광상품의 대부분이 드라마 촬영지라는 것과 한류 관련 문화상품이 영화, 드라마, 콘서트 등에 국한되어 있다는 것도 그 한계를 보여주고 있다. 또한 한류를 받아들이는 국가 내에서도 한류가 지나치게 상업주의만을 추구하고 있다는 비판을 받고 있다. 이는 한류를 받아들이는 국가의 보수적인 세력에 의해 반한감정으로 나타나고 있기도 하다.

이처럼 우리나라에서 한류에 대한 질적, 양적 발전이 없는 한 한류열풍은 계속 될 수 없을 것이다. 물론 한류의 지속적인 발전이 있어야 한류관광 역시 계속해서 성장할 수 있을 것이다. 한류열풍과 한류관광이 지속될 수 있는 방법에 대해서 알아보도록 하자.

1) 한류의 전 세계화

1990년대 말부터 생겨난 한류현상은 그 영향이 아시아 영역에만 국한되어 있다고 볼 수 있다. 기존의 아시아 국가에는 한국의 드라마, 영화, 가요와 같은 문화상품을 통해 한류현상을 주도했다.

기존 아시아의 한류상품들은 같은 동양적인 문화를 기반으로 해서 근접 국가의 사람들이 사회경제적 발전과 변동과정 속에서 겪는 갖가지 경험과 복잡한 감정을 수준 높은 다양한 대중문화와 상품을 통해 담아냈기 때문이다.

그러나 유럽이나 미주 지역에도 한류가 어느 정도는 영향을 주고 있지만, 그 영향력은 매우 미미했다고 할 수 있다. 따라서 앞으로 유럽이나 전 세계적으로 우리나라 고유의 문화나 특성을 통해서 깊은 인상을 심어주어야 할 것이다.

2) 다양한 분야의 문화상품 및 관광상품의 개발

지금까지 한류열풍을 이끌었던 대부분의 문화상품들과 관광상품들이 드라마, 영화, 가요, 음반, 콘서트 등에 의존했던 것은 사실이다. 그러나 앞으로는 좀 더 새롭고 다양한 측면에서 한류 문화상품과 관광상품의 개발이 필요하다.

새롭게 개척할 수 있는 분야에는 스포츠나 뮤지컬, 온라인 게임, e-스포츠 분야가 될 수 있다. 스포츠의 경우 전 세계인이 즐길 수 있는 하나의 매체라고 볼 수 있다. 그중에서도 태권도나 씨름, 택견 등과 같은 한국 전통무예는 외국인들에게 큰 매력물이 될 것이다.

또한 앞서가는 기술력을 바탕으로 세계 최고 수준을 자랑하는 온라인 게임과 e-스포츠 분야도 한류열풍을 이끌기에 충분한 것들이다. 하지만 기존에 우리나라가 가지고 있는 고유문화를 어떠한 방식으로 개발하고 포장하여 외국인들에게 전달하는가도 중요한 문제가 될 것이다.

9

CHAPTER

문화관광개발

제1절 문화관광개발의 개요

1. 일반적 관광개발의 개념

개발이란 사전적 의미로 "토지나 천연자원 따위를 개척하여 유용하게 만듦", "지식이나 재능 따위를 발달하게 함", "산업이나 경제 따위를 발전하게 함", "새로운 물건이나 생각 따위를 만듦" 등을 의미한다. 따라서 관광개발이란 "인문적 관광자원 개발, 사회적 관광자원 개발, 산업적 관광자원 개발, 천연적 관광자원 개발, 관광상품 개발, 관광 프로그램 개발 등의 유형적 · 무형적 관광자원의 개발"을 의미한다고 볼 수 있다.

공급 측면에서의 관광개발은 인간의 관광욕구를 충족시켜 주기 위한 사회의 필요성에 의해 나타났다. 최근 경제성장과 여가시간 증대, 사회적 인식과 가치관 변화 등에 따른 관광수요의 증가는 관광개발에 대한 관심을 증대시키고 있다. 특히 관광개발에 따른 국가 및 지역의 경제적 효과는 관광개발에 대한 관심을 보다 증대시키고 있다.

관광개발은 수요와 공급 간의 조화로서 각종 편익효과의 제고를 추구하는 데 기본목적을 두고 있으며, 이러한 기본목적의 구체적 내용은 지역 또는 국가의 균형 있는 경제발전을 도모하고, 궁극적으로는 총체적 사회편익의 극대화 실현에 있다고 하겠다. 다시 말해서 관광개발은 고용기회 유발, 소득증가, 세수입증대 그리고 경제구조 다변화 등의 경제적 편익을 제공함으로써 지역과 국가의 경제 활성화와 성장에 효과적인 수단으로 자리함으로써 사회가 추구하는 경제 · 사회적 목표에 기여하는 데 의의를 지니고 있다.

개발은 정치 · 경제 · 사회 · 문화 등의 모든 측면에서 적용될 수 있는 포괄적 용어이며, 관광개발은 이러한 개발의 범주에 속하므로 개발이라는 개념부터 단계적으로 접근할 수 있다.

관광개발은 주체와 대상에 따라 목적과 내용이 달라질 수 있다. 개발주체가 공익성을 띠고 있는 공공부문이냐, 아니면 영리추구를 목적으로 하고 있는 민간부문이냐에 따라, 그리고 관광개발 규모에 따라 목적과 내용이 다를 뿐만 아니라, 개발대상이 관광공급 측면이냐 또는 수요 측면이냐에 따라, 또 중점이 관광자원, 관광시설, 관광서비스, 관광홍보, 관광진흥, 관광마케팅 중 어느 것이냐에 따라 관광개발의 정책과 방향이 달라질 수 있기 때문에 이에 대한 정의를 간단명료하게 내리기란 용이하지가 않다.

박석희는 관광개발은 관광자원을 관광객이 가능한 한 이용하기 용이하도록 함과 동시에 관광객들을 적극적으로 유치하고, 한편으로는 교통시설 · 숙박시설 · 식음료시설 등을 운영함으로써 관광욕구 충족을 통하여 관광객 복지를 증대시키며, 나아가 지역개발의 수단으로서 지역발전을 도모하는 일련의 행위라고 하였다.

이장춘은 관광개발은 관광자원개발로서 2가지 개념에서 정의된다고 하였다. 하나는 관광자원이고 다른 하나는 개발이다. 따라서 관광자원이란 "인간의 관광동기를 충족시켜 줄 수 있는 생태계 내 유 · 무형의 여러 자원으로서 보존 · 보호하지 않으면 가치를 상실하거나 소멸할 성질을 내포하고 있는 자원"이고, 개발은 "주어진 현상에 인간의 지혜와 노력 및 자본을 투입하여 보다 나은 현상을 창조해 나가는 과정(Process)이다"라고 하였다.

이항구는 "관광개발은 관광지개발뿐만 아니라 관광산업의 촉진을 기하기 위하여 관광대상으로서의 가치 있는 모든 유 · 무형의 자원을 개발하는 것이다"라고 하였다. 결론적으로 관광개발은 관광사업을 적극적으로 진흥시키고 내 · 외국인에게 관광인식과 심신의 위안을 줄 수 있도록 지역발전과 수지개선에 기여하도록 하는 것이다. 다시 말해 관광개발은 일반적으로 관광자원의 특성에 따라 관광활동상의 편의를 증진하고, 관광객 유치와 관광소비 증대를 도모하려는 개발사업이다. 이러한 개념은 관광자원 개발이나 관광지 개발 그리고 관광소비행위 제고를 통한 경제수단의 일환으로 관광개발을 인식해 온 것이 기존의 사고방식이었다고 할 수 있을 것이다.

이와 같이 학자들의 개념정의를 종합적으로 정리하면, 관광개발은 첫째, 관광객 욕구를 충족시켜 주기 위하여 둘째, 관광자원가치를 증진시키기 위하여 셋째, 관광객 이용편의를 증진시키기 위한 교통체계와 각종 관광이용시설을 정비하고 넷째, 지역과 국가의 경제뿐만 아니라, 나아가 사회발전을 도모하기 위한 일련의 과정으로 정의할 수 있다. 그러나 관광개발의 개념은 관광현상의 다양화에 따라 이에 대응하기 위한 광의의 의미를 내포하게 되고, 이러한 추세는 시대 변화에 따른 관광에 대한 개념변화를 계속적으로 요구하게 될 것이다.

2. 관광개발의 목적

관광이란 사회현상은 그 주체가 되는 인간과 인간을 둘러싼 사회 · 정치 · 경제적 환경변화에 매우 민감하게 작용하기 때문에 관광개발계획의 목표와 전략수립에 많은 어려움이 따른다.

오늘날 관광개발의 주요목적은 저개발지역의 집중적인 개발을 통해 고용기회 증대와 교역의 원활화를 도모하는 데 있다. 그러나 이외에도 관광개발사업은 증가하는 관광수요와 지역과 국가의 균형개발이라는 2가지 요청을 동시에 충족시켜야 하므로 거기에는 한층 더 효과적인 수단과 그 양면의 조화가 최대의 과제가 된다. 따라서 국가차원에서는 관광객 효과와 국민경제적 효과를 포함한 종합적 효과를 추구하는 데 있고, 지역차원에서 관광개발은 경제효과를 위주로 한 지역 발전을 목표로 관광소비증대에 전적으로 의존하게 된다. 다시 말해 지역차원에서는 관광산업을 중심으로 한 관련산업을 발전시키는 것이 제1차적 목표가 되고, 이로써 지역주민의 소득증대와 고용창출 및 조세수입증대 등의 결과로써 생활환경의 개선과 향상이 개발효과로써 기대되는 것이다.

그러나 관광개발의 목적을 좀 더 기본적 차원에서 살펴보면 첫째, 관광공간을 제공하기 위하여 둘째, 지역이나 국가경제를 발전시키기 위하여 셋째, 관광자원의 가치를 증대시키고 넷째, 관광자원과 관광객보호이다. 이들 목적을 달성하기 위한 관광대상은 자연 · 인문관광자원, 교통기반시설, 각종 이용시설자원, 정보조직과 제공체계, 각종 서비스체제 등이며, 이들에 대한 구체적 내용은 다음과 같다.

1) 관광공간 제공

관광객에게 관광할 수 있는 관광공간을 제공한다는 것은 관광개발의 중요한 목적이다.

관광객에게 여가시간을 이용하여 매력적인 관광공간, 즉 자연과 문화 등의 환경에 접하여 스트레스 해소, 교육적인 목적, 위락활동 등의 관광욕구를 충족시키기 위해 관광개발을 하는 것이다. 이렇게 함으로써 지역민과 자국민의 건강을 증진시키고, 근로의욕 고취, 생활의 질을 향상시킬 수 있고, 국가 간에는 문화교류를 비롯하여 외화수익을 증대시킬 수 있다.

2) 경제발전

관광개발은 해당지역과 국가경제를 발전시킬 수 있다. 관광개발로써 개발투자효과, 고용증대, 관광소비에 의한 관광수입 증대 등의 경제효과가 지역과 국가개발을 촉진하여 궁극적으로 경제발전을 도모한다.

3) 관광자원의 가치증대

자연적 관광자원은 자연 그 자체로 매력적인 관광자원이 될 수 있지만, 많은 자원들은 그 자체의 매력으로는 관광객을 유인할 수 없다. 따라서 자연과 인문관광자원은 관광객을 유인할 수 있는 매력성을 가미해야 진정한 관광자원으로 거듭날 수 있다. 그곳에 위락시설 · 숙박시설 · 편의시설 등 관광시설이 적절하게 추가됨으로써 관광객이 관광활동을 하는 데 즐거움과 재미를 더하거나 편리해질 수 있어야 관광수요가 증가할 수 있을 것이다.

4) 관광자원과 관광객보호

관광객의 관광활동과정에서 발생하게 될 각종 자연적 또는 인위적 사고 등에 대하여 사전에 방지하는 것도 관광개발의 중요한 목적 중 하나가 된다. 관광객의 관광활동에서 야생동물의 불법적인 포획이나 야생식물의 무분별한 채취를 미연에 방지하는 것도 관광개발의 목적이 된다.

[제2절] 관광개발의 대상과 범위

1. 관광개발의 대상

관광대상(tourism object)이란 관광행동을 일으키게 하는 매력이나 유인력을 지닌 것으로 관광객의 욕구를 충족시키는 모든 대상물을 말한다. 따라서 관광개발 내용은 관광대상물의 모든 것을 다루는 것이다. 관광개발은 자원이 가지는 관광

효과와 관광가치증대가 과제인바, 이를 효율적으로 수행하기 위해서는 대체로 다음과 같은 내용들을 검토하여야 한다.

첫째, 관광자원의 정비와 보완을 중심으로 한 개발을 들 수 있다. 관광자원에는 자연자원 · 인문자원 등이 있는데, 이러한 관광자원들은 관광개발을 통해서 인간의 관광욕구를 충족시킬 수 있다. 이때 관광자원의 개발방향은 자원특성을 고려하여 추진되어야 한다.

둘째, 관광편의를 도모하는 기반시설의 개발을 들 수 있다. 여기서 기반시설이라 함은 관광지에 이르기까지의 도로를 비롯한 교통수단과 관광지에서 필요한 숙박시설 · 식당시설 · 오락시설 · 스포츠시설 · 레크리에이션시설 등의 수용시설을 총칭하는 것이다. 이러한 제반시설들은 관광자원의 특성과 조화를 이루어야 한다.

셋째, 관광을 진흥시키기 위한 제도정비가 필요하다. 흔히 관광개발이라 하면 시설개발 중심으로만 생각하므로 이 방면의 개발정비에 치중하는 구체적인 진흥시책과 제도의 정비도 무시할 수 없다.

이러한 내용을 중심으로 한 구체적인 관광개발대상은 관광개발의 기본목적이 되는, 곧 관광사업의 근거를 제공하는 것으로서 첫째, 자연과 인문관광자원 자체 둘째, 교통기반시설 셋째, 각종 시설자원 넷째, 관광관련 정보조직과 제공체계 다섯째, 각종 서비스개선 등에 관한 것이다.

2. 관광개발의 범위

관광개발의 관광활동에 수반되는 모든 직·간접현상이 관광개발의 범위에 속한다고 보아야 할 것이다. 다시 말해 관광자원개발이나 관광시설개발만을 관광개발의 범위로 한정하여서는 안되며, 보다 광범위한 인식 확대가 필요할 것이다. 관광개발대상의 범위가 되는 관광개발부문으로는 관광시장, 관광상품, 관광선전, 관광자원개발, 관광숙박시설, 관광기반시설, 관광인력계획, 국내관광, 복지관광, 국외여행 등의 관광, 여가 레크리에이션, 관광기업, 제도, 기구, 조직, 행정, 금융, 세제, 법률 등과 같은 관광현상과 관련되는 제반분야가 관광개발대상의 범위에 속한다고 보아야 할 것이다.

3. 관광개발의 유형

관광개발유형을 분류하는 데 일반적으로 고려되어야 할 기준으로는 ① 관광개발주체의 특성과 개발된 자원의 특징, ② 관광자원 개발방법, ③ 관광개발배경과

정황, ④ 관광개발의 공간구조 등을 들 수 있다. 그러나 특수한 경우에는 대부분 공간적 측면에서 관광개발유형이 지역에 국한되기도 한다. 이러한 기준에 의거한 관광개발유형의 분류는 다양한데, 이를 학자별로 살펴보면 다음과 같다.

1) 관광지개발과 매력창조방법에 의한 관광개발의 4가지 유형

① 호수 · 산 · 계곡 등을 포함한 자연경관을 이용하여 개발하는 방법
② 위치를 이용하여 개발하는 방법
③ 지명도를 이용하여 개발하는 방법
④ 무에서 유를 창조해법으로 하여 개발하는 방법

2) 자원특색에 따른 지역별 관광개발의 5가지 유형

① 온천 관광개발형
② 계절적 휴양지 관광개발형
③ 고지와 산악 관광개발형
④ 해안 관광개발형
⑤ 전원과 농촌 관광개발형

3) 관광개발의 발전과정에 따른 관광개발의 3가지 유형

① 기존자원에 특별한 인공적 관광시설을 가미함으로써 개발하는 방법
② 일상생활과 깊이 관련되어 생활의 일부처럼 관광사업이 인식되고 개발을 시행하는 방법
③ 관광단지 개발계획에 의해 최근 개발된 지역을 개발하는 방법

4) 관광대상, 곧 객관적인 자원활용 면에서의 관광개발의 6가지 유형

① 자연관광자원 활용형
② 인문관광자원 활용형

③ 교통편 활용형
④ 지명도 활용형
⑤ 관광대상 창조형
⑥ 지역산업 활용형

관광대상, 곧 객관적인 자원활용 면에서의 관광개발유형에 대한 각각의 내용을 살펴보면 다음과 같다.

(1) 자연관광자원 활용형

매력적인 자연환경 그 자체가 관광객을 유인하는 훌륭한 관광자원이 될 수도 있다. 그러나 보다 많은 관광객을 유인할 수 있도록 기존의 자연관광자원에 관광자원의 가치를 증대시키는 관광개발이다. 구체적인 관광지로는 산악관광지, 해안관광지, 온천관광지가 있고, 자연감상 · 피한 · 피서 · 스키 · 해수욕 등의 관광활동이 이루어지고 있다.

(2) 인문관광자원 활용형

유 · 무형의 인문관광자원을 활용하는 관광개발방식이다. 구체적으로는 우리 일상생활과 관련 있는 관습이나 풍속, 유물, 유서 깊은 역사적 건물이나 역사유적지, 문화재 등을 활용한다.

(3) 교통편 활용형

관광자원의 자연적 · 인문적 관광자원보다 그 자체만으로는 훌륭한 관광자원이 되기가 쉽지 않다. 이는 관광객이 관광자원 그 자체로 인해 유인력을 갖지 않는다는 점을 고려하여 관광자원에 사회기반시설인 교통편을 확충하여 접근성을 용이하게 하는 관광개발을 의미한다. 다시 말해 교통시설이용상 편의와 이점을 살리는 방법으로 고속도로의 인터체인지, 철도역의 정차역, 도로변의 휴게소, 항만 · 공항 등의 주변은 관광자원의 가치가 그다지 뛰어나지 않아도 관광개발이 가능하게 될 것이다.

(4) 지명도 활용형

기존의 관광자원이 지닌 지명도를 활용하여 관광개발을 하는 방법이다. 실제로 관광자원가치가 그다지 우수하지 못한 경우라도 잘 알려져 있는 경우에는 접근성, 편의시설 등의 확충을 통해 관광객에게 관광자원의 매력성을 증대시키는 관광개발로 관광객들이 많이 방문하게 할 수 있다.

(5) 관광대상 창조형

특정매력이 없는 관광대상을 인위적으로 개발하거나 관광의 저해요인을 해소하는 개발방법이다. 그러나 이러한 유형은 일반적으로 개발비용이 많이 들어 국가차원이나 공공기관과 거대한 자본을 지닌 민간대기업에서 이루어지는 경우가 대부분이다. 따라서 문화관광자원의 개념은 민족문화유산으로서 보존성 · 역사성 · 예술성 · 학술성 등 문화의 가치가 있고 관광객을 유인할 수 있는 매력을 지닌 자원을 의미한다. 이러한 문화관광자원의 종류로는 문화유적관광자원, 민속예술관광자원, 역사교육관광자원, 전통생활체험관광자원, 종교 · 성지순례, 문화시설관광자원 등이 포함된다고 할 수 있다.

(6) 지역산업 활용형

지역특성을 기반으로 관광자원을 연계시킬 수 있는 개발형태로서, 지역산업인 농림, 어업 등을 활용하여 농업박물관, 마리나, 광업박물관 등을 건설하여 관광자원화하거나 관광토산품 · 향토음식 · 민속축제 등과 같은 관광상품을 개발하는 방식이다. 이러한 개발유형은 지역경제성장을 촉진함으로써 가치가 높게 평가되므로 지역차원에서 중요하게 강조되고 있다.

[제3절] 문화관광자원의 개념과 유형 및 개발효과

1. 문화관광자원의 개념

세계관광기구(WTO)에 의하면 협의의 문화관광에 대한 정의로 "연구여행(탐구여행), 예술문화여행, 축제 및 기타 문화행사 참여, 유적지 및 기념비 방문, 자연·민속·예술·연구여행, 성지순례 등 본질적으로 문화적 동기에 의한 인간들의 이동"이라 하였고, 광의의 문화관광은 "개인의 문화수준을 향상시키고 새로운 지식·경험·만남을 증가시키는 등 인간의 다양한 욕구를 충족시킨다는 의미에서 인간의 모든 행동을 포함하는 것이다"라고 하였다.

따라서 문화관광자원의 개념은 민족문화유산으로서 보존성·역사성·예술성·학술성 등 문화의 가치가 있고, 관광객을 유인할 수 있는 매력을 지닌 자원을 의미한다. 이러한 문화관광자원의 종류로는 문화유적관광자원, 민속예술관광자원, 역사교육관광자원, 전통생활체험관광자원, 종교·성지순례, 현대문화시설관광자원 등을 포함한다고 할 수 있다.

2. 문화관광자원의 유형

이들 각 유형들의 특징과 예는 아래의 표와 같다.

유 형	특 징	사 례
문화유적관광	유·무형의 문화유적을 관광하면서 한 민족의 우수성과 민족적 자긍심 회복	왕릉, 궁궐, 매장문화재, 민속자료
민족예술관광	타 민족과 다른 민족예술적 성격을 특화	하회별신굿탈놀이, 무당춤, 종묘제례악, 전통축제
역사교육관광	특정분야에 대한 배움의 욕구충족	유교·불교문화 연구, 풍수지리 연구
전통생활체험관광	타 민족과 다른 전통적인 삶을 재현	하회마을, 낙안읍성 등 전통민속마을 관광
종교·성지순례	종교발생지, 순교지 및 종교적 의의가 깊은 곳 순례	마니산, 동학발생지, 기독교 박해현장
현대문화시설관광	과거의 문화와 현대적인 문화시설을 관광함으로써 문화의 발전과정 이해	박물관, 극장, 각종 전시관, 공연장, 문화의 거리, 조각공원 등

3. 문화관광자원의 개발효과

문화관광자원의 개발효과는 문화적인 측면에서 전통문화의 개발과 보존, 문화적 자부심 함양 등이 기대된다. 사회적으로는 축제참여를 통한 주민연대감의 강화와 주민단합에 의한 지역정체성의 구축 등의 효과가 기대된다. 경제적으로는 문화관광수입 및 특산물의 생산과 판매를 통한 소득증대 및 지역하부구조의 발전 지역 내 취업기회의 확대에 의한 지역경제의 활성화가 기대된다. 이외에도 무공해산업으로써 지역의 환경을 심하게 훼손시키지 않고 전개할 수 있는 환경적 이점도 있다. 이를 요약하면 다음의 표와 같다.

구 분	기대효과
문화적	• 전통문화의 개발과 보존 • 문화적 자부심의 함양
사회적	• 주민연대감 강화 • 지역정체성 구축
경제적	• 지역특산물 개발로 지역산업육성 및 소득증대 • 문화관광의 개발로 문화관광수입 증대와 지역하부구조의 발전 • 지방중소기업의 견실한 발전으로 지역일꾼 양성과 이농인구의 방지 • 지역 내 기업 간 교류로 지역경제 활성화

참고문헌

강근철, 한류 이야기, 이채, 2006.

강보영, 무형문화재 관광상품화에 관한 연구, 숙명여자대학교 대학원 석사학위논문, 2002.

강신겸, 동북아 관광지도와 한국의 선택, 삼성경제연구소, 2005.

강원식 · 이경명, 우리 태권도의 역사, 상아기획, 2002.

강인희, 한국의 맛, 대한교과서, 1987.

강인희, 한국식생활사, 삼영사, 1990.

강현두, 한국의 대중문화, 나남신서, 1999.

경기문화재단, 경기문화재단백서 1997-2002.

고부자, 우리 생활 100년 : 옷, 현암사, 2001.

고정민, 한류 경제학, 삼성경제연구소, 2005.

고추, 김치 그리고 한국인, 풀무원, 2004.

공예문화상품 제작 · 유통실태조사, 문화관광부, 2000.

곽영호, 겨레의 얼 한국전통음악의 맥, 도서출판 광명당, 1999.

곽영효, 제1편 국악이론 미 · 한국의 전통음악, 국악춘추사, 1999.

구미래, 한국인의 상징체계, 교보문고, 1992.

국기원, 태권도 교본, 오성출판사, 2008.

국립국어연구원, 우리 문화 길라잡이.

국립중앙박물관, 국립박물관연보, 2003.

금상문 외, 이슬람세계의 정치와 국제관계, 오름, 1999.

김경집, 신나는 놀자판.

김광근 외, 관광학원론, 백산출판사, 2001.

김구, 백범일지, 하나미디어, 1992.

김매자, 한국무용사, 삼신각, 1995.

김명희, 전통발효식품, 보성, 2006.

김문환, 문화경제론, 서울대학교출판부, 1998.

김성기, 포스트모더니즘의 사회이론에 관한 연구, 서울대학교 대학원 박사학위논문, 1993.

김성기, 한국의 전통문화, 월인출판, 2001.

김성수 외, 우리나라 공예의 역사와 유래, 한국의 전통공예기술, '97문화유산의 해 조직위원회 · 한국문화재보호재단, 1997.

김성혁, 관광사업론, 백산출판사, 1997.

김성혁 · 이정규, 가치패러다임을 이용한 여행사 선택행동분석, 관광학연구, 제22권 제2호, 한국관광학회, 1998, pp. 227-234.

김성희, 연극의 이해, 태학사, 1999.

김소영, 우수 문화관광상품의 선정 및 인증제도, 한국문화관광정책연구원, 2002.

김승찬 외, 한국의 민속문학과 전통문화, 삼영사, 2002.

김승찬 외, 한국의 전통예술, 한국문화재보호재단, 2001.

김영종, 신사회학개론, 형설출판사, 2000.

김우창, 한국 사회의 자생적 발전, 한국 유네스코 주최 한국사회의 자생적 발전에 관한 심포지엄 발표논문, 1984.

김재수, 대중문화란 무엇인가, 자유출판사, 1987.

김정록, 씨름 교본, 서림문화사, 1990.

김종호, 韓國의 씨름, 체육문화사, 1993.

김준철, 양주 이야기, 살림출판사, 2004.

김진, 종교문화의 이해, 울산대학교출판부, 1998.

김창남, 대중문화의 이해, 한울아카데미, 1998.

김한곤, 문화관광상품개발과 관련한 2003년 공예정책방향, 2003.

김해숙 외, 어울림, 전통음악개론, 1999.

김효의, 현대 연극의 쟁점, 연극과인간, 2004.

김휴종, 스크린쿼터제와 한국 영화산업, 삼성경제연구소, 1998.

김휴종, 한국 영화산업, 돌파구는 없는가, 삼성경제연구소, 1999.

남정걸 · 권이종 편, 사회교육 및 청소년 프로그램 편람, 교육과학사, 1988.

노먼 제이콥스, 강현두 역, 대중시대의 문화와 예술, 홍성사, 1980.

농림부, 전통주의 품질개선 연구개발, 농림부, 1996.

뉴스플러스, 1996. 6. 20.

동아일보, 일본 광고계도 한류 세대교체 진행중? 2011. 8. 30.

류한구, 교육방법으로서의 놀이의 인식론적 고찰, 교육과정이론의 쟁점, 교육과학사, 1987.

리재선, 우리나라의 민속놀이.

매일경제, 오디션 열풍, 한류 관광상품으로 재탄생, 2012. 3. 15.

무형문화재 보존을 위한 유네스코 국제연수 워크숍 1~4차.

문화관광부, 문화산업백서, 2003.

문화관광부, 자료로 보는 문화상품, 2000.

문화관광정책에 대한 국민여론조사, 한국문화정책연구원, 2000.

문화재청, 문화재보존관리 및 활용에 관한 기본계획, 2002.

문화재청, 주요업무통계현황, 2003. 9.

박건영, 한국 전통발효식품(된장, 김치)의 발암안정성, 항돌연변이 및 항암 가능성, 식품과학과산업, 1997.

박귀현, 한류의 경제적 효과, 무역연구소, 2005.

박록담, 전통주: 빛깔있는 책들, 대원사, 2004.

박록남, 한국의 전통 민속주, 효일문화사, 1995.

박명진, 문화연구-새로운 시각의 모색을 위하여, 문학과 사회, 문학과지성사,

1997.
박승한, 씨름, 지역발전연구센터, 1994.
박용재, 뮤지컬감상법, 대원사, 1999.
박은용 · 최원희 · 황철산, 북한학자가 쓴 조선의 민속놀이.
박호표, 관광학의 이해, 학현사, 1998.
반정화, 일본인 문화관광객의 선택행동분석, 관광연구, 14, 대한관광경영학회, 1999, pp. 49-66.
발터 벤야민, 현대사회와 예술, 문학과지성사, 1980.
배상면, 전통주 제조 기술 : 탁주 · 약주편, 배상면주류연구소, 2002.
배상면, 전통주의 우수성과 산업화 방안, 한국식품과학회, 1999.
배장섭, 헤겔의 가족철학, 얼과말, 2000.
변시민, 문화와 사회-사회학적 고찰, 박영사, 1963.
비트겐슈타인, 이영철 역, 문화와 가치, 천지, 1991.
새로운 한옥을 위한 건축인 모임, 한옥에 살어리랏다, 돌베개, 2007.
서태양, 문화관광론, 대왕사, 1999.
성경린, 국악의 과거와 장래, 예술원보, 1959.
성기숙, 한국전통춤연구, 현대미학사, 1999.
세계파이낸스, 日여성관광객들, 韓 과자에 열광… 과자한류? 2012. 2. 1.
손대현, 관광론, 백산출판사, 2000.
손원익, 문화 · 예술활성화를 위한 조세정책방향, 한국조세연구원, 2000. 10.
손태룡, 한국음악개론, 한국음악사, 1996.
손홍대, 공예품의 인터넷 전자상거래 활용 방안에 관한 연구, 경일대학교 대학원 석사학위논문, 2001.
송숙 · 이영, 문화관광 경쟁력 있는 관광상품인가? : 전라남도 문화 관광자원을 중심으로, 한국관광학회 학술대회 발표논문집, 2006.
스티븐 시트론, 뮤지컬, 기획 제작 공연의 모든 것, 열린책들.
신대철, 우리음악 그 맛과 소리깔, 민속원, 2001.
신영훈, 우리가 정말 알아야 할 우리한옥, 현암사, 2005.

신영훈, 한옥의 향기, 대원사, 2000.

신우성, 관광자원의 이해, 기문사, 2004.

신우성, 세계관광과 문화, 대왕사, 2009.

신윤환 · 이한우 편, 동아시아의 한류, 전예원, 2006.

신중성 · 김선희, 사진을 이용한 종교경관의 관광지리적 이해, 1998.

심우성, 우리나라 민속놀이.

심우성, 한국 전통예술 개론, 동문선, 2001.

아이러브 뮤지컬, 효형출판.

안대희 외, 관광자원론, 대왕사, 2012.

앤소니 기든스, 현대사회학, 을유문화사, 1998.

야나기 무네요시(이길진 옮김), 공예의 길, 신구, 2001.

야나기 무네요시, 공예문화, 신구, 1993.

엄미란, 한국 뮤지컬산업의 현황과 발전방안에 관한 연구, 동국대학교 문화예술 대학원 석사학위논문.

여행신문, 전문가 6인이 진단한 온라인 여행업의 전망, 여행신문, 2001. 7. 6.

염초애 외 2인, 한국음식, 효일문화사, 1992.

오기현, 한류 그 실체는 무엇인가, 통일한국, 2002. 10.

오승지, 한국춤의 실체, 도인, 2003.

우리전통문화연구회, 우리 전통문화와의 만남.

원용진 · 한은경 · 강준만, 대중매체와 페미니즘, 한나래, 1993.

유경문, 납세자 의식구조 조사에 따른 세제 · 세정 개력의 기본방향에 관한 연구, 한국경제학회 · 한국재정학회 공동학술대회 발표논문, 2001. 2. 15.

유경문, 분권화시대의 조세체계 개편방안, '98지방재정세미나 최종보고서, 한국재정학회, 1998. 10, pp. 197-290.

유시융 · 박대한 · 변관인 · 김철원, 관광학원론, 대망사, 2003.

유준상 · 안대희 · 김용순, 관광의 이해, 대왕사, 2008.

유태종 · 홍문화, 식품사전, 생활한방연구서, 상아탑, 1990.

윤숙자, 한국의 저장 발효음식, 신광출판사, 2001.

이강수, 미국대중문화의 전파와 수용에 관한 고찰, 예술학계, 1980.
이경희 · 박문수, 일본 지진이 중국인 방한관광수요에 미친 영향과 시사점, 산업연구원, 2012.
이동연, 문화의 독점 강화와 다국적 문화산업의 지형, 한국사회와 언론, 제10호, 1998.
이두현 외 8명, 한국의 공연예술, 한국연극사, 현대미학사, 1999.
이미혜, 관광개발론, 대망사, 1999.
이서래, 한국의 전통 발효식품, 이화여자대학교출판부.
이서영, 한국의 발효식품, 이화여자대학교출판부, 1986.
이성재, 재미있는 국악 길라잡이, 서울미디어, 1994.
이승주, 한국현대공예정책연구, 홍익대학교 대학원 석사학위논문, 2002.
이엔앙, 방송수용자의 이해, 한나래, 1998.
이용교, 길거리 문화와 청소년 복지, 한국청소년복지학회 춘계학술대회 발표논문, 한국청소년복지학회, 1999.
이인경, 무형문화재 행정의 발전방안연구, 중앙대학교 행정대학원 석사학위논문, 2003.
이정규, 문화관광객 구매행동특성에 관한 연구, 세종대학교 대학원 박사학위논문, 2000.
이정호 (알콩달콩 신비한)된장 이야기, 오성출판사, 2001.
이종명, 우리나라의 전통놀이, 배영사, 1997.
이종원, 청소년 문화활동 실태와 자율참여의 과제, 청소년문화의 현실진단과 대안모색, 한국청소년학회, 1998.
이창후, 태권도의 철학적 원리, 지성사, 2000.
이천기, 도자상품의 인터넷 마케팅 연구-문화관광상품을 중심으로-, 경기대학교 조형대학원 석사학위논문, 2002.
이태종, 문화관광의 활성화를 위한 정책방향 : 경상북도를 중심으로, 한국사회와 행정연구, 서울행정학회, 2000.
이필우 · 김동건 · 유경문 · 정세정, 상속세 · 증여세의 포괄적 과세방안에 관한 연구, 한국재정연구회, 2000. 2.

이한창, 역사와 문화와 공업, 신광출판사, 1997.

이현주, 뮤지컬 라이프, BOGDOO.

이후석, 관광개발론, 백산출판사, 1999.

이후석, 관광자원의 이해, 백산출판사, 1997.

이훈종, 국학도감(15) : 사라져가는 한국의 전통문화를 젊은이들에게 이해시키기 위하여 그림으로 연재 소개한다, 전국한자교육추진총연합회, 2003.

임돈희 · 임장혁, 중요무형문화재 보존 · 전승의 과제, 문화재, 제30호, 문화재관리국, 1997, p. 97.

임주환 · 권오준 · 이명우 · 임봉구, 환경친화적 관광지개발론, 대망사, 1998.

장사훈, 한국 전통음악의 이해, 서울대학교출판부, 1981.

장사훈 · 한만영, 국악개론, 흥인문화사, 1975.

장자크 루빈(김애련 역), 연극이론의 역사, 폴리미디어, 1993.

장지연, 산업도자와 공방도자의 문제점-접시를 중심으로-, 경희대학교 교육대학원 석사학위논문, 1999.

장지현 외 11인, 한국음식대관, 한국문화재보호재단, 2001.

장철수, 무형문화재의 성격과 체계, 한국정신문화연구원, 1996.

장호수, 문화재학 개론, 백산자료원, 2002.

전미영, 도예문화의 대중화를 위한 교육프로그램 개발에 관한 연구, 충남대학교 대학원 석사학위논문, 2000.

전예원, 티비방송과 대중문화, 1983.

정미래, 불화를 통한 불문화의 재인식과 문화 생산, 2003.

정범구, 문화 · 예술관련 세제의 문제점과 개선방향, 2000.

정병웅, 사찰관광개발을 통한 종교관광활성화에 대한 연구.

정진수 등 저, 대중예술의 이해, 성균관대 공연영상문화연구소 기획.

조광익, 문화관광의 이해를 위한 이론적 패러다임 : 신중간계급론을 중심으로, 관광학 연구, 한국관광학회, 2006.

조근태, 우리 연극 100년, 현암사.

조명환, 문화관광론, 백산출판사, 2000.

조선일보, 아시아나항공_IT투어 · 한류 테마관광 · 노선증편 제2의 비상 시작한다, 2012. 1. 30.

조선일보, 日 점령한 한류열풍, 인물검색 20위권에 한류스타 5명 포함됐다, 2011. 11. 11.

조정옥, 민속학술총서, 먹거리, 민속주 1-2, 놀이마당터, 2001.

조정형, 다시 찾아야 할 우리의 술, 서해문집, 1991.

조정형, 우리 땅에서 익은 우리 술, 서해문집, 2003.

주택문화사, 한옥의 재발견, 2002.

청주 공예문화산업산업단지 조성계획, 2000. 11.

최공호, 한국 근대 공예의 이원구조 그 형성과 전개, 한국미술사교육학회, 1994.

최영민 · 허지현 · 최현식, 관광과 세계문화, 백산출판사, 2008.

투니버스 제작, 한국 만화영화 40년사.

한국관광공사, 2006 상반기 한류 및 한류관광동향, 2006.

한국관광공사, 2010-2016년 관광통계.

한국관광공사, 한류 및 한류관광 협력 활성화 방안 연구, 2022.

한국관광공사, 한류관광마케팅 파급효과 분석 및 향후 발전방향 연구보고서, 2004.

한국관광공사, 한류트렌드-2005년 총괄, 2006년 방향, 2005.

한국문화정책개발원, 문화예술관련 세제 개선 방안 연구, 2001.

한국문화정책개발원, 전문예술법인 · 단체 지정육성제도 발전방안, 2000.

한국산업사회학회, 사회학, 한울아카데미, 2004.

한국식품과학회, 한국식품연구문헌총람(1), 1971.

한미라 외, 한국인의 생활사, 일진사, 2004.

한복려 · 한복진, 종가집 시어머니 장 담그는 법, 둥지, 1995.

한복진, 전통음식, 대원사, 1989.

한복진, 조선왕조 궁중음식, 화산문화사, 2002.

허균, 전통미술의 소재와 상징, 교보문고, 1999.

홍장표, 씨름 총론, 홍경, 1997.

2009 서울국제공연예술제(2009 SPAF) 프로그램.

A. Kappler, Facts about GERMANY, Frankfurt a.M., 1993.

Bering Rudiger, 한눈에 보는 흥미로운 뮤지컬의 세계, 예경, 2005.

Ch. Jenks(김운용 역), 문화란 무엇인가? 현대미학사, 1996.

Clifford Geertz(문옥표 역), 문화의 해석, 까치, 1998.

Historisches Wörterbuch der Philosophie, Stuttgart, 1976.

Hofstede(차재호 외 역), 세계의 문화와 조직, 학지사, 1995.

J.L. 스타이안(윤광진 역), 표현주의 연극와 서사극, 현암사, 1988.

L.A. 화이트(이문웅 역), 문화의 개념-문화결정론과 문화진화론의 입장, 일지사, 1977.

M. Hoppe, Exploring GERMANY, München, 1995.

Manfred Brauneck(김미혜 · 이경미 역), 20세기 연극, 연극과인간, 2000.

SBS CNBC, 한류 관광객, 머물 곳이 없다? 부동산 펀드 투자처로 '호텔' 주목, 2012. 3. 8.

참고 사이트

http://blog.naver.com/violist0428/110001812805

http://da2003.digital-architecture.or.kr/ddugi/html/menu3/menu3_5_13.htm

http://design.skku.ac.kr/index/course/소논문/근대도시주거.hwp

http://gunnet.co.kr/history/korea/word-01.htm

http://hanok119.com/

http://k.daum.net/qna/kin/home/qdetail_view.html?qid=2f2dB&boardid=GH

http://korean-house.wo.to/

http://myhome.naver.com/hweeya/index.html

http://phy2002.com/index5.htm

http://ryvius.snu.ac.kr/submit_text.html

http://santacruzchili.com
http://seoul600.visitseoul.net/seoul-history/sidaesa/txt/6-10-1-3-2.html
http://tong.nate.com/busoong/21298107
http://web.edunet4u.net/~hanok
http://www.at.co.kr/kr_uleung.htm
http://www.encyber.com/travelworld/index.php
http://www.hallyudreamfestival.or.kr/
http://www.hanok.org/housestory4.htm
http://www.hotpepperpaste.com
http://www.ianaid.co.kr/special/k1.htm
http://www.koreanculture.net/한국전통문화
http://www.ksuf.com
http://www.sauce.or.kr(농산물유통공사)
http://www.sempio.com(샘표식품)
http://www.ssirum.or.kr
http://www.travelinfo.co.kr
http://www.traveltimes.co.kr
http://www.visitkorea.or.kr/
http://www.yonginss.com
http://www2.donga.com/docs/magazine/news_plus/news183/np183ii030.html
http://www2.rda.go.kr/food/korean/main_total.htm(향토음식연구회)
http://ynucc.yeungnam.ac.kr
http://youhoa.hihome.com/framest_report1.htm
https://adeukes.tistory.com
https://m.blog.naver.com
국립중앙박물관(www.museum.go.kr)
김치엑스포(http://kimchi.munhwa.com/)
동남아시아(http://cafe.naver.com/car30/6400)

문화관광부(http://www.mct.go.kr)

문화관광부(www.mct.go.kr)

문화재청(www.ocp.go.kr)

배상면주가 홈페이지(www.soolsool.co.kr)

산성누룩 홈페이지(www.noolook.co.kr)

조선대학교 김치연구센터(http://www.식품미생물.kr/)

중소기업청(www.smba.go.kr)

청주시 공예종합정보센터(www.koreacraft.org)

한국공예문화진흥원(www.kcpf.or.kr)

한국관광공사 홈페이지(www.knto.or.kr)

한국관광공사(www.knto.or.kr)

한국관광명품점(www.souvenir.or.kr)

한국무형문화재기능보존협회(www.kpicaa.co.kr)

한국문화경제학회(www.acekorea.or.kr)

한국문화관광정책연구원(www.kctpi.re.kr)

한국의 전통 의복(http://ktc.lil.to)

한국전통주 홈페이지(www.koreansool.co.kr)

한류문화연구원 홈페이지(www.hallyuculture21.co.kr)

한복이야기(http://myhome.naver.com/korean_dress)

저자약력

안대희

세종대학교 대학원 경영학 박사(관광경영 전공)
미국 호텔총지배인 자격증 취득(AHLA)
와인소믈리에 자격증 취득(OGMI)
와인소믈리에 자격증 취득(AHLA)
음료관리사 자격증 취득(AHLA)
조주기능사 실기 및 필기시험 출제위원
현) 대원대학교 호텔카지노경영과 교수

조문식

경기대학교 대학원 관광경영학 석사
경기대학교 대학원 관광경영학 박사
대한관광경영학회 부회장
한국관광산업학회 부회장
현) 세명대학교 항공서비스학과 학과장

정민섭

경희대학교 대학원 관광학 박사
한국서비스교육진흥협회 서비스전문강사
현) 사단법인 미디어전략연구소 문화관광센터장
[**연구 및 수행프로젝트**]
임실N치즈축제의 정책기획 컨설팅 보고서(임실군청)
A study on entertainment video game content industry using virtual reality technology(한국엔터테인먼트산업학회)
도시학생수 감소에 따른 폐교부지 활용방안(국회예산결산특별위원회)
호텔공익 마케팅에 대한 고객 인식이 이미지 및 고객행동의도에 미치는 영향
Korean-Asean 관광협력구축 사업 코디네이터(한국관광공사)
경기도 숙박관광활성화 방안 연구(경기도 의회)

윤지현

이화여자대학교 사범대학 외국어교육학과 졸업
경기대학교 일반대학원 관광경영학과 관광학 박사
농림축산식품부 농촌정책국 평가위원
한국농어촌공사 Rural-20 프로젝트 심사위원
한국관광공사 심사위원
한국관광협회중앙회/한국산업인력공단 관광종사원 평가위원
현) 백석대학교 관광학부 교수
[**연구 및 논문 수행프로젝트**]
오대산 스토리 자원에 대한 OSMU 기반 디렉토리 맵 구축 최종보고서(2013)
영월 펫힐링복지마을 조성 기본구상 연구보고서(2013)
가축유전자원시험장 부지 활용방안 컨설팅(2013)
영월 서부시장활성화 방안 연구보고서(2012)
산청군 관광여행상품개발 및 관광숙박시설 활용방안 연구(2012)
부천시 창의적 만화관광 조성방안 연구(2012)
[**저서**]
호텔관광마케팅, 최신관광법이해, 관광학개론 등

문화관광론

2014년 1월 30일 초　판 1쇄 발행
2023년 1월 30일 개정2판 1쇄 발행

지은이 안대희 · 조문식 · 정민섭 · 윤지현
펴낸이 진욱상
펴낸곳 백산출판사
교　정 성인숙
본문디자인 이문희
표지디자인 오정은

등　록 1974년 1월 9일 제406-1974-000001호
주　소 경기도 파주시 회동길 370(백산빌딩 3층)
전　화 02-914-1621(代)
팩　스 031-955-9911
이메일 edit@ibaeksan.kr
홈페이지 www.ibaeksan.kr

ISBN 979-11-6639-299-3 93980
값 27,000원